四川大学"中国语言文学与中华文化全球传播"双一流学科群专项资助

传播符号学书系 · 国际视野

传播符号学书系 · 国际视野 ｜ 主编：赵毅衡　执行主编：胡易容　饶广祥

认知符号学

自然、文化与意义的现象学路径

COGNITIVE SEMIOTICS:
A PHENOMENOLOGICAL
APPROACH TO NATURE, CULTURE, AND OTHER MEANINGS

［瑞典］约伦·索内松
（Göran Sonesson）

著

胡易容　梅　林　董明来　等

译

社会科学文献出版社
SOCIAL SCIENCES ACADEMIC PRESS (CHINA)

总　序

　　传播学与符号学的学科发展时间起点相近而路径不同。符号学的学科化始于索绪尔于 1907～1911 年在日内瓦大学讲授《普通语言学》课程，其以语言符号为对象系统阐述了结构主义符号学的基本理论框架。传播学始于 1905 年布莱尔在威斯康星大学开设的新闻学课程。正如语言之于符号学，新闻也成为传播学的第一个门类及核心对象，学界至今仍将"新闻"与"传播"并称。

　　在百余年的学科发展进路中，尽管符号学与传播学发展路径截然不同，但两者理论逻辑的深层联系却将两者密切联系在一起。施拉姆在《传播学概论》中辟专章写"传播的符号"，并指出"符号是人类传播的要素"。① 符号学在经历三代学人并发展出四种典型模式之后，近三十年来的重要发展方向之一是与当代传媒诸现象结合。法国学者皮埃尔·吉罗认为，传播学与符号学从某些方面来说是"同义语"；约翰·费斯克则将传播学分为注重研究"意义"的"符号学派"和注重研究效果的"过程学派"。② 我国学者陈力丹对传播学的基本定义是"研究人类如何运用符号进行社会信息交流的学科"③。从学理上讲，传播学须通过"传播的符号研究"以洞悉"意义"的实现；反之，符号学也必须跨越狭义的"语言"而进入当代传媒文化这一最庞大的符号景观。对两个不同发展传统的学科来说，符号学可以从理论繁复的"玄学"处落地于具体的文化传播现象；传播学也可以借助符号学丰富理论提升学理性。受美国新闻传播学传统的

---

① 威尔伯·施拉姆：《传播学概论》，何道宽译，中国人民大学出版社，2010，第 61 页
② Fisk, John. *Introduction to Communication Studies*. London：Routledge, 1990. xv.
③ 陈力丹：《传播学是什么？》，北京大学出版社，2007。

影响，当前我国传播学过多倚重社会学方法，故而学界有观点认为，传播学应归属于社会科学而非人文科学。暂时搁置这个争议，仅就传播内容而言——其作为"符号"构成的"文本"，具有无可争议的"意义属性"。作为研究"意义"的学问，符号学可与社会学研究方法互为补充，为传播学提供基础理论。

从当今传媒文化发展的现实来看，传播学与符号学对彼此的需求更加迫切。人类正在经历由互联网引发的传媒第三次突变①，传播研究的问题正在从"信息匮乏"转向"意义需求"。20 世纪兴起的传播，以电视、广播、报纸等大众传媒为主。此时传播学研究的关键点，是信息如何到达、获取——这与"信息论"方法是相适应的。若将此问题置于当今"传媒的第三次突变"背景下来看，"后真相"时代社会信息的需求，已经从匮乏转变为"在过载的信息中寻找意义与真知"。"人类命运共同体"这一宏大命题的基本条件，不仅是经由全球化媒介实现的信息通达（这在技术上早已经不构成壁垒），还必须包括人类整体的"意义共同体"。即，当代传播学应对"传媒突变"的策略，须以更开放的姿态从"信息到达"向"意义交流"转进。一方面，"传播"应回归于"交流"这一受传交互的意涵；另一方面，"信息—通达—行为"的过程结果论研究，应向"意义的共享、认知与认同"深化。

当前，打破学科间的壁垒正在成为国内外学术发展的共识和趋势。国际上将"符号学""传播学"的融合领域通称为"符号学与传播学"。该领域影响较大的学派包括法兰克福学派、巴黎学派、布拉格学派、伯明翰学派、塔尔图学派、列日学派，等等。目前，国际上众多知名高校设立了"传播学与符号学"专业或课程，如美国宾夕法尼亚大学、康奈尔康大学，加拿大圣劳伦斯大学，澳大利亚昆士兰大学，保加利亚索非亚大学，丹麦哥本哈根大学，意大利都灵大学，等等。世界著名的德古意特出版集团从 2011 年开始推出"符号学·传播·认知"（semiotics·communication·cognition）大型系列丛书，迄今该丛书已出版数十部。国内学界也很早注意到

---

① 赵毅衡：《第三次突变：符号学必须拥抱新传媒时代》，《天津外国语大学学报》2016 年第 1 期。

了符号学与传播学的学理共性。陈力丹在《符号学：通往巴别塔之路——读三本国人的符号学著作》（1996）①中指出：符号学不仅是传播学的方法论之一，而且应当是传播学的基础理论。随着符号学在中国的不断扩展，将符号学和传播学结合起来研究的学者越来越多，话题也越来越广。"传播符号学"已成为新闻传播学研究的重要发展方向。

值得追问的是，中国传播符号学研究，是否仅仅指借用西方符号学理论和术语来解释当今中国面临的问题？这关涉到中国符号学的话语建构总体背景。

中国传统文化符号丰富多彩，并曾有着优渥的符号学土壤。《周易》或许可被解读为世界上第一部呈现全部人类经验的符号系统。②从狭义的符号学思想的源头来看，在古希腊斯多葛学派（The Stoics）讨论符号和语义问题的同时，中国的"名家"也在讨论"名实之辩"。名家代表学者公孙龙（约公元前320年～约公元前250年）与芝诺（约公元前336年～约公元前264年）的出生年代仅差16岁。仿佛两位思想者约定好，在那个伟大的轴心时代远隔重洋思考这个符号与意义的问题。遗憾的是，尽管先秦名学充满思辨的智慧，却并未成为"正统"而得到很好的延续。名学被其他学派批评为沉溺于琐碎的论证。此后，在儒学取得正统地位时名学自然被边缘化了。应当承认，中国传统符号学思想没有对世界符号学运动形成实质性影响。

20世纪，符号学曾一度在中国有所发展。1926年，赵元任曾独立于西方符号学两位开创者提出符号学这一术语并阐述了自己的构想，并写成《符号学大纲》。③遗憾的是，赵元任的符号学构想也缺乏后续传承。中国错失了20世纪符号学发展的两个黄金时期：一个是20世纪上半期的"模式奠定与解释阶段"，这一阶段形成了索绪尔结构主义语言学、皮尔斯逻辑修辞学、卡西尔—朗格文化符号哲学及莫斯科—塔尔图高技术文化符号

---

① 陈力丹：《符号学：通往巴别塔之路——读三本国人的符号学著作》，《新闻与传播研究》1996年第1期。

② Zhao, Y., "The fate of semiotics in China", *Semiotica*, 2011 (184), 271 - 278.

③ 赵元任：《符号学大纲》，载吴宗济、赵新那编《赵元任语言学论文集》，商务印书馆，2002：177 - 208。

形式论等基础理论模式；另一个是索绪尔及其追随者引领的世界性结构主义思潮。此后，符号学经历了一个相对平缓的发展期。尽管有格雷马斯、艾科、巴尔特、乔姆斯基等一批重要学者在诸多领域做出重要贡献，但这些贡献大致是在前人奠定的基础模式上进行再发现或局部创新。符号学自身的发展方式，也转而通过学派融合来实现。

20世纪80年代，中国学术从"文革"中复苏时，符号学发展第二阶段已接近尾声。符号学对中国学界成了不折不扣的舶来品。重新起航的中国符号学研究，很大程度上是由一批在海外游学留学的学者带动的。他们译介西典、著书立说、教书育人，影响了一批中国学者。① 王铭玉认为，中国的符号学研究起步较晚但起点较高，在非常短的时间内基本上追赶上了国际研究潮流。② 他将中国符号学发展分为三个阶段。第一个阶段指20世纪80年代上半段（1981～1986年）。这一阶段可称为"学科引介"阶段，以译介工作为主。如1981年王祖望翻译了西比奥克（Thomas A. Sebeok，当时的译名为谢拜奥克）的《符号学的起源与发展》③；史建海发表了《符号学与认识论》④；金克木发表了《谈符号学》⑤；等等。随后，一批符号学经典论著在国内翻译出版：菲迪南德·索绪尔的奠基之作《普通语言学教程》（索振羽等译，北京大学出版社，1986）、池上嘉彦的《符号学入门》（张晓云译，北京国际文化出版公司，1985）、特伦斯·霍克斯的《结构主义和符号学》（瞿铁鹏译，上海译文出版社，1987）、罗兰·巴特的《符号学原理》（李幼蒸译，生活·读书·新知三联书店，1988）、皮埃尔·吉罗的《符号学概论》（怀宇译，四川人民出版社，1988）、艾科的《符号学理论》（卢德平译，中国人民大学出版社，1990）。到20世纪80年代末，中国学者自己撰写的符号学专著相继面世。余建章、叶舒宪的《符号：语言与艺术》（上海人民出版社，1988）、赵毅衡的《文学符号

---

① 赵毅衡：《中国符号学六十年》，《四川大学学报》（哲学社会科学版）2012年第1期。

② 王铭玉、宋尧：《中国符号学研究20年》，《外国语》2003年第1期．。

③ C. 皮尔逊、V. 斯拉米卡《信息学是符号学学科》，张悦校，《国外社会科学》1984年第1期；T. 谢拜奥克《符号学的起源与发展》，王祖望译，《国外社会科学》1981年第5期。

④ 史建海：《符号学与认识论》，《内蒙古社会科学》1984年第8期。

⑤ 金克木：《谈符号学》，《读书》1983年第3期。

学》（中国文联出版公司，1990）等是我国学者贡献的最早一批符号学专著，代表了中国学者在符号学理论方面独立探索的"重新"开始。

从 1991 年开始，传播学与符号学各自获得了巨大的发展，应用中的边界频繁交叉。传播研究对于符号这一术语基本上无法回避。符号出现在传播学的各个门类中，如：教育传播、电视新闻、广告、艺术设计、建筑。这些文献大多运用了符号学术语与典型分析方法。其中，比较多的是应用索绪尔的能指与所指结构关系及其各种延伸形式，理论深度有限，且这一时期的应用多处于一种对问题解释的自然需求状态，缺乏从方法论本身进行学理性反思。丁和根将 1994 年到 1999 年称为国内"传播符号学"的"起步期"，并认为此后进入一个"发展期"。① 20 世纪的最后几年，传播符号学的学科方法论受到了更多重视，如周军的《传播学的"前结构"：符号活动的社会根源和基础》（《现代传播——北京广播学院学报》1994 年第 1 期）、陈道德的《传播学与符号学散论》（《湖北大学学报》（哲学社会科学版）1997 年第 2 期）。但此时具体研究新闻或电视的门类符号理论仍然占据较重要位置。如：唐迎春、徐梅发表的《论新闻传受的不对等性——从符号学角度的解读》（《国际新闻界》1997 年第 6 期）；刘智专著《新闻文化与符号》（科学出版社，1999）。2000 年之后，学界明确提出"传播符号学"并以之为研究主题的学者逐渐成为传播学领域的一种声音。

清华大学李彬较早地系统介绍传播符号学。他从狭义和广义两个层面界定了传播符号学的学科范畴，提出狭义的传播符号学，是"为新闻传播学所关注、由新闻传播学所推展、被新闻传播学所吸纳的与符号学相关的研究内容……"；广义的传播符号学则是"一切与新闻、传播相关的符号、话语、文本、叙事等方面的研究"。② 他这一时期的文章随后结集为专著《符号透视：传播内容的本体诠释》（2003）。书中开篇即指出："……其实，传播符号不仅是人类传播的'生命基因'……，而且也是人类文明的'精神细胞'。"③ 从研究方法和理论立场来看，李彬教授的研究有两个特

---

① 丁和根：《中国大陆的传播符号学研究：理论渊源与现实关切》，《新闻与传播研究》2010 年第 6 期。
② 李彬：《批判学派在中国：以传播符号学为例》，《新闻大学》2007 年第 3 期。
③ 李彬：《符号透视：传播内容的本体诠释》，复旦大学出版社，2003。

点：一是，将符号学作为传播内容研究的方法；二是，将符号学归于传播学批判流派的方法之一。[①]

南京大学丁和根教授从话语分析与意识形态分析论入手，关注意义的生成与批判，并上升至方法论的学理性探讨。他的《大众传播研究的符号学方法论》（《新闻大学》2002 年冬季号）是这一时期传播符号学方法论讨论最为周详的文献之一。他认为，话语（文本）分析和叙事学的研究取向，已经成为整个传播符号学的重中之重。因为"话语分析最能够体现符号学的整体性思维和研究方法，是传播学研究借鉴符号学方法的便捷之途"。[②] 其次，他也倾向于认同符号学路径的批判取向。他认为，传播符号学虽然不能等同于批判学派，但与批判学派理论有着天然的内在联系和共同的学术取向。符号的方法更着眼于深度思辨而不是表层量化，为批判学派提供研究方法和理论资源，是传播符号学重要的意义和价值之所在。

上述两位学者的共同特点是将传播符号学作为传播学中的批判传统看待。如果将他们的研究称为传播符号学中的"批判分析学派"，那么李思屈、隋岩、曾庆香等教授则偏向于"符号实践与建构"。

李思屈教授从广告及消费文化入手，进入消费洞察与建构性操作。从 1998 年开始，他贡献了一系列广告符号学的论文。主张建构又富含思辨的思路在李思屈教授两部代表性著作中体现得也非常充分。在《东方智慧与符号消费：DIMT 模式中的日本茶饮料广告》（浙江大学出版社，2003）中，他结合中国传统智慧，提出了用以指导广告传播实践的"DIMT"模式；而《广告符号学》（四川大学出版社，2004）是国内冠以"符号学"进行广告研究的第一部系统著作。这一思路在他近年的研究中一以贯之，如《传媒产业化时代的审美心理》（浙江大学出版社，2008），立足符号学，兼备质性与量化分析，对当代大众传媒产业和大众消费案例做出了翔实的分析。隋岩教授的《符号中国》从理论、实践两个维度探讨符号的含指项、同构、元语言机制、自然化机制、普遍化机制；并从中国文化符号传播实践中梳厘出象征中国的历史符号的变迁，探究鸦片、东亚病夫、缠足等负面能指

---

① 李彬：《批判学派在中国：以传播符号学为例》，《新闻与传播评论》2005 年第 5 期。

② 丁和根：《中国大陆的传播符号学研究：理论渊源与现实关切》，《新闻与传播研究》2010 年第 6 期。

符号背后的传播机制，思考如何提炼、打造代表中国、传播中国的强符号。中国传媒大学的曾庆香偏重从新闻话语入手，以新闻传播的符号叙事为基础分析了网络符号、新闻报道、北京奥运会等案例①。她注重建构实例分析，并注意到图像符号这一常常为话语分析所忽略的领域。

　　上面已经提及，一些学者从不同角度对我国传播符号学的发展进行了观察和分期。若以"传播符号学"的总体发展来看，2008 年是一个不可忽略的节点。这一年不仅研究数量大幅攀升，更有内在结构的质变。这一年尤其值得一提的是，已回国任教于四川大学的赵毅衡成立了符号学－传媒学研究所（ISMS），并创办了国内第一份打通传播学与符号学的学术期刊——《符号与传媒》。此后，他带领的符号学－传媒学研究所为中国传播符号学打开了全新的局面。在学科建设方面，四川大学设立了迄今全国唯一一个符号学交叉学科博士点，从 2009 年起招收传播符号学方向的硕士、博士研究生，培养了一批以符号学为方法论的文化传播研究有生力量。在成果出版方面，四川大学符号学－传媒学研究所组织出版、翻译的符号学几大系列丛书——《中国符号学丛书》《符号学译丛》《符号学开拓丛书》《马克思主义符号学丛书》《符号学教程》就超过 80 部。在组织机构方面，赵毅衡、蒋晓丽等教授发起成立的"中外文艺理论学会·文化与传播研究专业委员会""中国新闻史学会·符号传播学研究委员会"是符号学与传播学融合发展的全国性学术共同体，汇集了我国该领域主要的学者。此后，四川大学符号学－传媒学研究所还与天津外国语大学、同济大学、苏州大学、南京师范大学、西北师范大学等国内机构发起成立了"中国符号学基地联盟"，以共同推进中国符号学的发展。从 2008 年至今，我国传播符号学发展处在一个高峰期，参与人数、学术发表量乃至涉及学科都有了极大的拓展。

　　应当说，经过近 40 年的努力，中国符号学发展确实取得了长足的进步。在老一代学者的引领、培养下，该领域的新一代学者的学术素养并不输于大洋彼岸的同人。摆在当今中国传播符号学研究者面前的问题转而成为：中国符号学以何种姿态处身全球化学术语境。换言之，若今天正在发

---

　　①　曾庆香：《认同·娱乐·迷思：北京奥运会开幕式的符号分析》，《当代传播》2009 年第 5 期

生的知识更新在符号学领域引发的变革，将酝酿第三次世界性符号学运动，那么中国学者将如何跻身国际学界？

此问题的答案，或取决于中国学者如何解答人类面临的符号传播与文化变革共通问题。可以观察到，全球学界正在进行一场新的赛跑，且几乎站在同一起跑线上。并且，当今国际符号学发展涌现出许多新的动向。如：塔尔图学派在继承科学与文化交融传统的基础上在生命符号学领域有所拓展；当代美国符号学的研究具有方法论的综合性色彩，并在认知论、行为主义及非语言主义方向卓有成就；法国符号学发展表现出极强的语言文学特性，并与后结构主义文化研究发生融合。[①] 以艾科为代表的意大利符号学界，在艺术门类结合方面成绩突出——建筑、绘画、电影均有出色成绩，并在一般理论方向上关心意识形态研究。其中，意大利都灵学派的社会符号学特色鲜明；德国符号学则依然体现出优良的哲学传统，并与现象学传统、存在论传统以及阐释学传统融合；北欧符号学既具有浓厚的哲学思辨色彩，又融合了经验研究的新技术手段。丹麦、芬兰、瑞典等国的符号学结合了主体哲学、认知学等跨学科传统，与美国的系统论（贝特森）语用论及行为主义（莫里斯）传统遥相呼应。

纵观当今国际符号学界，多元化、流派融合的学术话语为新理论提供了足够多"素材"——它们就像一锅适合新事物发生的"原子汤"。更重要的是，当今传媒文化的剧变，为符号学乃至整个人文科学供了理论创新条件，同时也提出了亟待解决的现实问题——物理学对宇宙起源解析的突进冲击了哲学与宗教的世界观；人工智能正在改写"智域"的主体和边界；媒介剧变重铸着人类社会连接结构；生物工程，尤其是基因科学的进展，让人类不断尝试僭越造物主的角色……。

与此相对的是，在人类技术文明进步的同时，人类的生活意义却进入了空前危机：消费社会的物化和异化使得传统社会的信仰边缘化而伦理缺失；数字化生存的现实让"真""谬"关系发生了某种不对称的"后真相"转向；诉诸感官沉浸的碎片信息令传统文化生活的仪式感走向消失。在内爆的信息冲击下，人们失去了意义的追寻方向。国与国之间、民族与民族之间的

---

① 李幼蒸：《理论符号学导论》，社会科学文献出版社，1993，第22页。

文明冲突却没有因媒介技术带来的传播便利而稍减——恐怖袭击、暴力冲突甚至大屠杀有了更大规模的杀伤性手段；核威胁、生化武器以及具有更恐怖杀伤力的人工智能武器，仍是悬在全人类头上的达摩克利斯之剑。

　　这个时代对"意义交流"的需求比以往更加凸显，构成了学术发展的问题导向。而问题发展的基础则植根于所在的知识传统。做出卓越贡献的学者，也必然植根于其所在的学术土壤。符号学界常常热衷谈论皮尔斯与索绪尔的区别，但从学术传统的根源来看，他们的理论却有着共同的西方哲学起点：从研究对象来看，古希腊以来的语言逻辑修辞传统在索绪尔的理论模式中得到了充分体现。众所周知，索绪尔将研究范围界定于"以表音体系，且是以希腊字母为原始型的表音体系"①，这一研究对象即是西方语音中心主义的承袭。而皮尔斯的符号学起点，是亚里士多德以来的西方逻辑学。皮尔斯的逻辑修辞符号学模式，在某种意义上可看作是他的理论抱负——"构建亚里士多德传统能适应于各门学科的科学的逻辑"——的结果。此外，据说皮尔斯能背诵康德的《纯粹理性批判》。另一位康德主义的继承人——恩斯特·卡西尔则提出了"人是符号的动物"这一关于"人"的新定义。

　　上述学者的理论，都深刻植根于特定文化土壤与理论传统，并与社会发展的需求相结合。就西方符号学的知识传统来看，"东方中国符号"无论是作为对象，还是作为理论思考方式，都未能被恰当地纳入考虑。包括汉字在内的中华传统符号也仅仅是偶尔被作为"东方符号奇观"而加以误读式关照。这种忽略"文化生成生态"的"线性符号达尔文主义"②，其根本指向有悖于文化的多样性本质。

　　由上，摆在中国学者面前的课题，是对传播学和符号学的双重创新——既融通传统中国文化符号遗产，也接轨当下独特的中国传媒变革现实。在这场学术创新话语竞赛中，中国学者提出的理论模式或贡献，应然是基于中国问题生发的，同时关涉"人类意义共同体"的一般规律。由

---

①　费迪南·德·索绪尔：《普通语言学教程》，高名凯、岑麒祥等译，商务印书馆，1980，第51页。
②　胡易容：《符号达尔文主义及其反思：基于汉字演化生态的符号学解析》，《兰州大学学报》（社会科学版）2018年第3期。

此，当下中国传播符号学者在国际学界的发声，也应有意识地从追随西方理论的阐释，转向融通中西与新意独出并重。其中，涉及中国的对象问题的思考，则必须走出"东方主义"式二元对立框架，以越出仅仅通过与"西方"的比较来实现自身意义的存在。同时，中国传统文化符号思想所蕴含的"意义"必须在"人类意义共同体"的整体语境下被关照和阐发——这应是中国传播符号学界努力方向，也是本套丛书的初衷。"传播符号学丛书"是四川大学"符号学－传媒学研究所"（ISMS）发起并策划出版的一套丛书，旨在推进"传播符号学"的学科建设。本套丛书包括"国际视野"与"理论探索"两个子系列：前者主要译介传播符号学领域的国外优秀成果，旨在展现国内外传播符号学交叉发展的前沿视野和最新动态；后者力图展现中国学者在传播符号学领域的探索和努力。此种兼容并包的思路，是希望读者从这套丛书中能直观比较当前传播符号学国内外学者的视点，同时也在国际学术对话中为推动中国哲学社会科学话语体系的建构而尽绵薄之力。

胡易容

己亥夏四川大学竹林村

前　言

　　20 世纪兴起的两个重要的跨学科倡议中，认知科学和符号学占据了重要地位。二者都对人文和社会科学影响深远，却各有所长。符号学长于建构精致的理论，而认知科学则更擅长提供经验性研究方法。在过去的 20 年间，"认知符号学"经历了创建、独立发展等多个阶段，它整合了认知科学与符号学的跨学科方法优势。目前，认知符号学已成为一个多学科领域，汇集了多种视角、理论、方法和成果，并涵盖了符号学、语言学和认知科学及其他人文社会科学的内涵和观念。这些观念反映了人类文化区别于与其他物种的根本特征。

　　认知符号学历经多次重铸，其内涵也因每次"再发现"学术语境而有所不同。认知符号学在这些历程中逐渐走向成熟。瑞典隆德大学研究者早年就特别关注图像与格式塔等问题，并考察其与语言的异同。从这一问题出发，他们又延伸出对儿童在符号使用方面的兴趣，进而扩展到人类符号源头的演变。

　　本书作者约伦·索内松（Göran Sonesson）介绍道："此前，隆德大学的研究方向是文化研究，因而我们从人类文化演化入手，着力探索究竟是什么令动物王国中出现独特的智人特征，并最终发展出语言、图像及其他复杂的人类符号。这些研究引发了我们对认识论和符号学方法论的强烈兴趣。"索内松是瑞典隆德大学认知符号学研究中心的首席教授，长期以来尝试寻求整合符号学之外的方法作为符号学方法论的有益补充。他从术语到内涵深入探讨了认知符号学，并在该领域的组织方面做了许多重要工作：他作为创始成员于 2014 年发起成立了国际认知符号学会（IACS），参与主编了《认知符号学》期刊，并在隆德大学发起、组织了首届国际认知符号学大会。本书选编了他的部分重要理论文章，旨在向中国符号学界呈现两方面的工作：一是展示认知符号学的理论视域及其与现象学的关联；二是提供符号学的经验性研究的方法路径。

　　赵毅衡教授对本书提供了学术指导；胡易容负责策划、选编，并就相关学术问题征求原作者意见后进行适当处理。具体的分工情况如下：胡易容翻译《导论》、第一篇，并对全书术语和行文进行统稿；梅林翻译第五、七篇，校对第二、四、六篇；董明来翻译第三、六篇，校对第一篇；薛晨翻译第二篇，校对第三篇；盛佳贞、杨蓝分别翻译第八、九篇；赵星植校对第三、七篇；彭佳校对第八、九篇；汤文莉翻译第四篇，并与杨登翔、尹彤共同参与全书格式统一编辑；许夏敬负责重新绘制原文图表和注释并编制图表目录；陈翰衢、杜杨玲、陈振鹏参与引用文献及注释等规范统一编辑。

目录 认知符号学

下篇　文化、传播与演化

表目录

图目录

导论：符号与意义的探寻

胡易容/译

　　我像许多年轻人一样，一度渴望成为一名小说家。在等待灵感迸发的过程中，我选择了研习文学。但文学没有带给我什么新东西，反倒是语言学向我展现了语言这一日常对象的全新视域。当时，让我为之着迷的，是此后备受诟病的结构主义语言学（从语音学到语法学，都令我充满兴趣），而对在语言学中占据统治地位的乔姆斯基范式（Chomskyan paradigm）却甚为不满。在我看来，它不过是乔姆斯基（Noam Chomsky）的某种臆想，而无关语言。至于语用学，在我看来是不充分的，它将语言之外的所有意义类型都视为传递语言意义的辅助手段。似乎只有符号学充分地同等对待各种不同意义类型。在我多次去巴黎探望家姐时，这种印象得到强化。在巴黎的书店中，我发现了许多我曾在语言学中接触过的作者，如罗曼·雅各布森（Roman Jakobson）、埃米尔·本维尼斯特（Emile Benveniste）、路易斯·普列托（Luis Prieto）、格雷马斯（Algirdas Julien Greimas）等。

　　我不自觉地接受了格雷马斯的影响。当时巴黎的格雷马斯研讨会，可能是世界上唯一能做符号学博士论文的地方。不过我并不喜欢理论上的"某种先在性"（priori）特征，尤其不喜欢所有意义生而平等的预设。在我看来，符号学既关注符号间的"差异"，也关注它们的共同基础。我的理论基础是在语言学打下的，但我深受语言学术语使用差异的困扰。在我探索不同符号领域之间真正差异时，它造成了真正的障碍。

　　我先后在巴黎和墨西哥城工作了近十年。在巴黎的格雷马斯小组中，我主要致力于姿势（gesture）的符号学研究。而后，作为民族语言学者，在墨西哥从事玛雅语言研究。在此期间的工作，除了让我了解姿势语和玛雅语言之外，令我感受最深的是人类文化间的巨大差异。这为我此后研究文化符号学打下了基础，同时也增强了我对符号"差异"的研究兴趣。再后来，受到瑞典人文研究委员会的召唤，我回到瑞典向学界介绍（姗姗来迟的）符号学。从那时起，我一直在瑞典从事符号学研究。

迄今为止，我对意义研究的主要贡献无疑是图像方面的，或通常所说的视觉符号学。进入这个领域主要是受好奇心驱使。要理解语言，必须考虑整个交流情形。在交流中，除了语言要素本身之外，主要就是视觉现象。我对知觉与认知心理学以及胡塞尔现象学都兴趣浓厚。从 20 世纪 70 年代末开始，我任教于隆德大学，主要讲授符号学与现象学相关内容。当时，符号学与认知科学的结合，还远远没有像现在这样时髦。这一研究兴趣引领了我的探索——从语言到姿势，再到图像。我也特别关注语言与视觉传递意义时的异同，而非它们在交流中的相互关系。

在图像符号学中，我的贡献至少有两个方面。一方面，是对图像符号的阐释。此前，尽管许多学者表达了对艾柯（Umberto Eco 1968；1976）和古德曼（Nelson Goodman 1968）所恪守的传统图像理论的疑虑；真正的皮尔斯论者也从未放弃他们对像似符作为基础的信条，但我却是唯一为这些未经证实的理论提供了完整阐释的人。在拙作《图像观念》（*Picture Concept*）（Sonesson 1989）中，我从理论和经验本质两个层面提供了图像符号的完整阐释。

我的实证性论述主要采取了知觉与认知心理学的立场，这种经验性研究我早已驾轻就熟；而理论层面的论证则更具我个人的原创特色——它们是对于古德曼图像符号可能性观点的有力反驳，也涉及与小有名气的学者阿瑟·珀曼（Arthur Bierman 1963）之前观点的讨论。其中，最重要的辩论之一是围绕"回归论"（argument of regression）展开的，该论点认为，相似性普遍存在于事物之中，因而不能构成符号关系的基础；另一重要辩论是"对称论"（argument of symmetry），其主要观点是：相似性是对称的，符号关系则不是。我的观点是：像似性要么必然被应用于（因其他原因而成为）符号指向的事物；要么必须成为（从人类生活世界普遍凸显的）事物的一种属性，以分别引发"初始的"和"次生的"像似符（Sonesson 1993；1998；2001）。在反驳对称论时，我指出，根据心理学家伊利洛·罗施（Eleanor Rosch）和阿莫斯·特维斯基（Amos Tversky）的实验，被视为常识的对称实际上是非对称的。例如，我事先认识一对双胞胎中的一个，对我而言，他就比另一个更像我认识的人——这挺尴尬。由此我相信，有效的比较总是从具体的关涉要素而来，该要素要么更为人熟悉，要么更显著。

其次，我尝试融合两类不同的图像分析理论模型，以最终创建贡布里希曾构想的"视觉图像语言学"（Sonesson 1988；1989；1998）。这两类理论模型，一类是主要由法国符号学家提出的图像分析框架，另一类是在图像心理学中完成的实证性工作。第一类模型的最重要贡献者，无疑是让-玛丽·弗洛奇（Jean-Marie Floch 1984）和费利克斯·舒曼（Felix Thurlemann 1990），但是有必要将他们的模型从格雷马斯范式赋予的"先在性"（priori）中解放出来，以观察其他的可能变化。后一类模型的真正先行者是心理学家詹姆斯·吉布森（James Gibson 1982），他探索了与其他心理学家相反的路径，始终坚持图像感知与直接感知的差异。无论是从吉布森一脉入手，还是从现象学出发，都不难看出，结构主义者对图像符号的解释是完全错误的。实际情况是，此类观点（如图像的双重表达）在当时就已经过时了——但我一直认为，理解它们"为何"注定过时是非常重要的。

我相对较近的一项贡献与文化符号学相关。我将它理解为文化结构模式之间的差异研究。这一观念令我得以拓展了塔尔图学派（Lotman et al. 1975）用以探索交互主体性的分析工具。就"自我"（ego）来看，某人的视点定义了模型，"转而"（Alter）与他或她发生会话，"此时"（Alius）此人是唯一的言说者。因此，文化符号学就成为研究历史的潜在工具。例如可用来理解美国的征服史、现代性、全球化以及世界范围内的移民史。

这类研究在我的一系列论文中均有呈现（Sonesson 2000；2004）。此外，有一条相当独立的工作线索，是我对艺术史中"表演"的研究。激起我研究兴趣的是分析戏剧、演出、仪式及许多此类现象的"公开展示"（spectacular）的集会（Sonesson 2000b）。这些分析转而为理解城市空间中如林荫道、咖啡屋及其他公共场所的展示奠定了基础（Sonesson 2003）。

在此之后，我进入了一般符号学的研究。这一分支的研究经历对我也相当重要。作为一个"老派左翼知识分子"，我倾向于相信，我们所生活的（特定）社会为所有符号源提供了重要的关联。

符号学与其他学术领域一样，首先是一种知识传统，在过去的数百年间经历了不断提问、回答以及再提出新问题的过程。但我们有责任去尝试更多创造性工作——以有助于在上述基础上建立起人文社会科学与自然科学之间的沟通之桥。符号学的领域绝对不应像索绪尔所说的那样被预先确定，对此我已经有过深入讨论（参见 Sonesson 2006c）。我拒绝将符号学视为一种方法、模式，甚至也不将其视为语言哲学的分支。我认为它是一门科学，或应该如此。有些科学是由其所描述的现实领域来定义的，如艺术史、法国研究；另一些则以其对全部或部分现实世界的特定视角来加以定义，如社会学和心理学。在我看来，符号学属于后者，它关注"事物如何携带意义"，并以这一研究旨趣为定义。然而，我也相信符号学研究旨趣的适用范畴并非毫无限制。也许西比奥克（Sebeok）"意义与生命共存"的说法过于笼统。我宁可说，符号学研究的范畴，以"一定程度的意识参与"为限。

长期以来，许多符号学者都认为，符号并非符号学分析的基本单位。既然符号学确实是一种关于符号的科学，这里就出现了一个悖论。然而，我非常希望将符号学重新定义为"关于意义的科学"（Sonesson 2006b）。这不是由于我接受了反对艾柯和格雷玛斯将符号作为基础单元的观点。我认为这种符号观本身是成立的，其不仅涵涉了语言学所讨论的定义（尽管其可能是索绪尔主张的那种浅表的语言观），而且至少界定了图像和一些姿势符号。然而，仍有许多意义在符号之外。符号观念无助于分析这些潜藏的意义。正如它未充分考虑症状如何指向特定的病症：一旦知晓了所有症状，也就知道了病症（而此时病人通常已死）。这确实是解释工作通常开展的方式。当我们掌握所有表现，我们也就知晓了内容。这也是为什么我们最好不要在这些情况下讨论表达与内容。图像符号与语言符号恰恰相反，它们各自包含于"分化"（differentiated）（该术语提出者是让·皮亚杰，参见 Jean Piaget 1945；1970；参见 Sonesson 1992；2006b）的两种单元中。其中，表现单元可"直接进入"但并"不在焦点上"；而另一单元

"内容"则只能经由表现通达，它正是我们兴趣的"焦点"所在。这些论述建立在胡塞尔的基础上（Edmund Husserl 1913；1939；参见 Sonesson 1992；2006b）。最初，我的兴趣在于语言与图像构建方式的差异，从其中一种符号去解读另一种符号——以系统性地理解符号资源可能差异的成因。而今，我认为更重要的是发展和演化观念本身。在默林·唐纳德（Merlin Donald 1991）描述的不同的发展阶段中（在儿童发展中也可能是并行的），我们必须明确指出，符号功能的出现——就在模仿阶段的某个点，它远在语言与图像出现之前，但不一定是在工具使用之前。情况显示，不仅人类（或许还包括一些高级灵长类）之外的大部分动物没有独立的符号使用能力，连人类的幼儿也需要经过几个阶段的学习，才能掌握语言和图像符号的性质。确实，在我参与的欧盟的 SEDSU 项目中，我和其他灵长动物学家和心理学家均未找到符号使用界限的清晰确证（http：// www. sedsu. org/）。

在符号学领域有无数令人赞叹的成就。皮尔斯（Charles S. Peirce 1998）无疑是其中最重要的两三位学者之一。但皮尔斯的术语非常晦涩，而我无意成为皮尔斯的"犹太法典"众多阐述者的一员。事实上我也并不执着于"皮尔斯原文考证"。皮尔斯著作有大量观念，留待人们阅读和探索，但人们无法确知这些观念是不是皮尔斯的本意。皮尔斯的符号观也许并不同于前文所述，至少在他众多的定义中不是这样。问题并非像老生常谈的那样，皮尔斯与索绪尔恰恰相反，对所有符号而非仅仅对语言感兴趣。皮尔斯晚年曾声称，"符号"（Sign）一词于他的本意来说实在是太窄了。他曾建议代之以"中介"（mediation）、"分支"（branching）、"表意"（semiosis）等术语。在我看来，皮尔斯的描述实际上非常接近"传播或交流"（communication）的情形，或更确切地说，接近于意义（从某人或某事物中）传达（a signification is conveyed）的情形。在此意义上，它也适用于对知觉的描述。遗憾的是，皮尔斯从未将这一普适性观念从过于严格限制的符号观念中分离出来（参见 Sonesson 2006b）。

非常不幸，布拉格学派的奠基性工作今天被严重忽略了，同样受到忽略的还有叶姆斯列夫（Louis Hjelmslev）和普列托（Luis Prieto）等人的工作。我受到前者的理论吸引，因为这些理论可以将社会作为一种社会文化世界进行严密分析，其中一些事物，因从属于人类生活世界而被视为理所当然；其他事物只是看来明显无争议性，因为它们包含于这一特定社会的经典日常之中（参见 Mukarovsky 1974；1978）。布拉格学派在交流情形中考虑的社会维度与皮尔斯的抽象表意完全不同。遗憾的是，直至今日当学者们试图将社会维度纳入他们的符号学工作时（如 Guther Kress 和 Theo Von Leewen），多会借助罗兰·巴尔特（Roland Barthes）的模糊观念，而非从布拉格学派那里寻找理论资源，后者建立了更多有用而精确的观念（这种情况也适用于描述做了许多相近工作的巴赫金学派）。另一方面，叶姆斯列夫（Louis Hjelmslev 1943）和普列托（Prieto 1975a）的研究兴趣则在于形式主义。他们的工作揭示了系统特征，例如将口语从大多其他符号源中分离开来加以关照。我在尝试论述图像与语言的差异时，从他的观点中受益良多。最近，在我批评迪肯（Deacon 1997）关于符号学的语言专属性观点时（Sonesson 2006b），他们的观点依然有用。

极少有符号学者像列日学派（Group μ 1977；1992）那样，将严格又富有创造性的标准设置得如此之高。让-玛丽·克林肯贝里（Jean-Marie Klinkenbery）曾跟我说，若我是比利时人，肯定会成为列日学派的一员。我将这番话视为一种很高的赞赏，有时也遗憾自己不是比利时人。显然，佩雷尔曼（Chaîm Perelman）和列日学派这两种传统推进了当今时代的修辞学，他们都源自比利时，分别在布鲁塞尔和列日。不过，无论是不是比利时学者，我都在他们的基础上构建自己的理论，并尝试将其拓展到不同领域。总体上，我沿袭了布拉格学派的做法，将规范（norms）作为社会基础性要素。不过，这一补充当然也取决于一个先在的区别，即：规范究竟是被视为生活世界理所当然的"常态"（normalcy），还是作为特定社会需求的"规范性"（normativity）。我的第二个贡献在于阐明了规范的决裂——这是列日学派所关心的问题，即，生活世界中真正卷入的相邻关系和部分与整体间关系；那些越出规范的部分依然从属于生活世界的其他维度。在这当中，必须考虑与预期比较相似性的多少，以及符号层级的多少；还须考虑预期之外的流通渠道、社会功能和结构类型的整合（见 Sonesson 1996；2004）。

对我而言，艾柯特别重要，不仅由于他提出了许多符号学的基础问题，也由于他尝试给出的答案于我而言并不充分。我的学术活动因艾柯而得以进一步展开。事实上，我发现了艾柯的一些错误，比如，当他论辩说图像是习规性并由特征组成；再如，更近些时候的相关讨论，尤其是他关于电视图像作为镜像的论说，以及关于"镜像非符号"的论说。实际上，这些例子就是我所谓的"直接感知"。在我早期的研究中（Sonesson 1989；2001）我反对他第一阶段关于像似性论述的论点（《结构的缺席》〈La Struttura Assente〉，Eco 1968）。其中，他认为图像既是规约性（conventional）的又由特征构成，因而具有双重表达的特性（正如语言既与语音有相似结构又与语词相连），由此，电影就具有三重关联。我也反对艾柯在《符号学理论》（*Theory of Semiotics*，Eco 1976，我称为他的第二阶段，见Sonesson 2001）中的观点。其中，他仍将图像视为规约性的，但不再由特征构成。在我看来恰恰相反，图像基于像似理据性来构建，但仍然由某种特征组成（它符合图像感知的心理原则）。在反对艾柯（Eco 1997）关于像似性的第三个论点时，我认为镜像在"个别符"（token）的意义上能被视为符号，就像皮尔斯的风向标的例子那样。更确切地说，一个给出的"镜像图形"是符号，正如时空中坐标指向的特定星座一样。尽管镜像比艾柯所承认的更像图像，但电视画面与镜像却有所不同。电视画面极易篡改，即使今天实时传输的电视很少被篡改（这是艾柯所认为的理想例子），但这并不能改变电视画面易于篡改的基本事实（见 Sonesson 2003）。

最后，我看不出艾柯对符号学特定分支观点的要义所在，他认为姿势符号研究是科学，又说一般符号学则是某种哲学，且是语言哲学的一部分。我的不满并非要刻意另辟蹊径，而是在于，如果一般符号学是一种哲学流派，它将与具体的符号资源缺乏连续性，这将造成极大不便。因为一般符号学关注更宽泛的主题和问题而非仅限语言。如果按照艾柯的观点，一般符号学应定义符号是什么，则具体学科将仅对接受这种哲学观念的人有效。当然，我并不是说科学可以脱离哲学，而是说符号学像其他科学一样，可以由不同哲学观念推导出来（见 Sonesson 2006b）。

在我对符号学的印象中，真正的文化英雄反而是一些很少自称符号学家的思想者。比如胡塞尔，他只在早期关于"符号的逻辑"的文字中用过一次这一自我称谓来描述自己的写作；再如，皮亚杰在晚年谈及符号功能时使用过这一术语；恩斯特·卡西尔（Ernst Cassirer）也审慎地使用它；列夫·维果茨基（Lev Vygotsky）、詹姆斯·吉布森（James Gibson）、阿伦·古尔维奇（Aron Gurwitsch）以及卡尔·布勒尔（Karl Bühler）等人则从未使用这一术语。在此，我必须表达对胡塞尔的赞赏。同样，我也欣赏他忠实追随者和最好的批评者古尔维奇（尤其关于自我功能方面）。对他们的赞赏不是由于他们创建了一套哲学体系，而是作为学者投身于对有意义现象的反复省思。在"现象学"一词被发明以前，或至少在我听说以前，我就"自然而然地"进入了现象学领域。比较胡塞尔的未发表遗作（Nachlass）手稿与皮尔斯《皮尔斯选集》（*Collected Papers*）手稿的细节非常有趣。胡塞尔反复对一些显而易见的世俗现象（既在日常意义上，也从技术角度）试着进行详尽分析；皮尔斯则不停探索表意过程的抽象定义。我认为胡塞尔的优势在于更贴近事实——当然是意识的事实。至于吉布森，他不仅开创了图像的知觉心理，而且他的知觉理论实际上是早期现象学的绝佳案例。奇怪的是，吉布森常常与胡塞尔使用相同的例子。尽管吉布森在公开发表的文献中从未提及胡塞尔，但据说至少有一个学生在他的课堂上经常提到胡塞尔。如果吉布森从未阅读过胡塞尔，那他们肯定有某种精神上的投缘。或者说，这种工作上的一致性表明，现象学（在常识意识上）毕竟不那么主观。

卡西尔（Cassirer）和布勒尔（Bühler）有意思的地方在于他们整合一般"哲学的"反思与实证信息的能力。同样的情形也能在果维茨基的研究中观察到，尽管他非常正式地坚持现象心理学（一种描述心灵的方式）与现象学哲学（关于世界如何向我们显现，但既然世界只能通过心灵显现，两种结构就同一化了）。正如我此前所说，这是我所认为的符号学精神——将传统意义的哲学反思与实证经验研究相结合。基于同样的原因，我并不太喜欢艾柯将一般符号学视为一种哲学的建议，或许应当说，一种值得做的哲学倒是一种符号学。

我非常欣赏皮亚杰（Piaget）和维果茨基（Vygotsky）的工作，尽管他们的观点常被描述为彼此相反，某种程度上也确实如此。众所周知，他们无法就社会与个人何者优先达成一致——这是一个先有鸡还是先有蛋的问题。我认为他们之间存在某种误解，他们使用"社会"（society）这一术语时，并非严格指向同一件事。若以维果茨基所说的"个人"为出发点，构成的社会的基础是共同文化价值，因而被全体社会成员理所当然地接受。用齐美尔（Simmel）的话来说，这是一个施加于我们的社会。卡西尔（1942）就此反驳道，这不仅是"一个文化的悲剧"，也不仅是结构性暴力凌驾于个人，还是一个全体成员成长和学习所需的共同基础。

皮亚杰说的社会，是个人经历漫长旅途之后的终结：是一个基于对话、模仿，如今还有怀疑等要素构成的互动意义上的社会。这里的社会不是基于特定场域（比如米哈伊·巴赫金或于尔根·哈贝马斯的政治域）而言，而更多是一种科学化的讨论，其更接近皮尔斯所说的科学社群。长时间以来，皮亚杰的理论各阶段都被认为某种意义上是与他作为科学家相契合的。自然而然地，皮亚杰所说的社会也就是科学家意义上讨论的含义（见 Sonesson 2003）。

就主题而言，我认为探讨符号资源或意义的多元性差异性，是符号学最重要的贡献之一（尽管这一看法未必能被所有自称符号学家的人接受）。这一点可以从如下两方面加以理解：一是符号资源有许多类，选择其中一种会改变它们的讯息传递方式；二是除了符号还有许多其他类型的意义。前面我已经讨论了与其他意义相对的各种符号，接下来，我们对符号资源多样性问题稍加补充。

我们知道，语言决定思维的观念来自威廉·冯·洪堡（Wilhelm von Humboldt）、爱德华·萨丕尔（Edward Sapir）和本杰明·李·沃尔夫（Benjamin Lee Whorf）。皮亚杰则从另一方面思考了（不同阶段的）思维对语言的决定作用。他的弟子汉斯·弗斯（Hans Furth）甚至认为，既然聋哑儿童与正常儿童经历了同样的发展阶段，这表明语言没那么重要。但他忘了，即使是聋哑儿童可能也需借助其他符号资源作为思考的中介。维果茨基似乎对思维与不同符号表意类型的相互关系开启了更宽广的界面，但他在实践中也极少考虑语言之外的例子。探求普遍的符号学无疑是正确的，但我认为，在已经做的工作中太少尝试对不同符号形态之间的差异性的界定。古德曼以他"形成世界的方式"（ways of world-making）更明确地表达了再现（思索）世界的多种不同方式。但最后，古德曼关于唯名论形而上学的规定使得任何描述性探索都变得不可能。抛开缺点不谈，该领域最深刻的思想家仍是戈特霍德·E. 莱辛（Gotthold E. Lessing）。乌多·贝尔（Udo Bayen）也做了重要工作，他将莱辛的观察转化为皮尔斯和叶尔姆斯列夫式的现代符号学术语。我尝试由此出发，应用认知心理学关于"记忆"的"双重代码"的观点来评论他们的研究（见 Sonesson 2007a）。然而，无论这项襁褓中的工作的发展状态如何，它无疑都比克莱斯和凡·卢温（Kress & Van Leuwen）对语言与图像的差别的武断结论更有价值。后者对符号学造成了极大伤害，因为他们的工作并未对图像符号学做出更严肃的贡献，而是被语言学家们囫囵地接受了。

当然，符号学中一如既往地仍有许多未解决的问题。目前最重要的任务，可能是加强认知科学与符号学的整合。符号学像许多其他科学一样，随着时间推移而从哲学的岩浆中分离出来。认知科学非常不同于其他科学，它代表了全面融合各种科学的路径，包括生物学、神经科学、计算机科学、哲学、语言学和认知心理学。这场现代艺术联姻得到了计算机的祝福。在计算机上模拟理论可能性有时是有用的，但最重要的问题在于，认知科学在理论与经验事实之间建立了密切的关系，这也是认知科学取得的最重要成就。符号学早就该这样做了，一些符号学家如马丁·克拉姆潘（Martin Krampen）、勒内·林德肯斯（Rene Lindekens）、保罗·博伊萨克（Paul Bouissac）以及包括我在内，很久以来都主张在符号学中应用心理学、生物学及其他学科的数据。既然认知科学已经意识到这一点，现在必须加强整合。我确信我们在这方面能有所作为。认知科学中再现（representation）的概念正如符号学中符号（sign）的概念一样，目前都过于笼统和模糊，无法胜任任何理论工作。它也无助于否定表象的存在，正如乔治·拉考夫（George Lakoff）、马克·约翰森（Mark Johnson）及他们的追随者所做的那样。我们需要理解世界的"不同"再现方式。其前提，是我们要对"再现"（或"符号"）加以定义。

另一场与生物学的会面是在符号学范围内进行的。有生物学思维的思想家反对生物符号学归属于所谓人类符号学（anthroposemiotics）。在他们看来，后者不过是包含了所有其他门类符号学的巨大"垃圾箱"（waste - basket）。从严格意义上说，人类符号学倒必须是生物符号学的一部分，因为人类表达意义的方式并不能完全脱离其作为动物世界的一员。因此，我们需要再次采取一种比较的方法：人类在何种意义上与其他动物是一样的，以及他们何以不同？为了解答这一问题，并有助于在生物符号学框架内整合人类符号学，后者首先需要通过人类符号学，或更确切地说，通过经典符号表意方法来描述。生物符号学也需要限制其符号学帝国主义的倾向，并非所有的生命都是符号学的——只有意识到生命存在的那些生命才属于符号学。意义是一种意向性的观念。

哪个问题更重要，以及哪个问题有希望在不久的将来得到阐明？这取决于符号资源的演化和发展。在当下，以及在历史时间维度之中，我们自身以及整个人类如何发展这些符号能力，用姿势、图像，当然也包括语言来进行表意。增加这种历时维度的思考，有助于表明分类法一直是符号学理论的特征。它也为符号学提供了其他学科所不具备的言说可能：它向我们表明，在一系列的发展阶段中，生命通过演化和发展如何成为有意识的生命——生命的符号化。

上　篇

现象学与意义理论
Phenomenology and Theory of Meaning

I. 来自胡塞尔讲台的视野：现象学在认知符号学中的角色

胡易容/译　董明来/校

摘要：

本文的目的是考察符号学、认知科学、现象学——它们来自不同的传统，这些传统甚少被共同提及——如何被和谐地组织进一个共同的研究范畴：现象学式的认知符号学之中；并且考察它们如何各安其位、各司其职。在本文的第一部分中，（传统）认知科学和符号学之间的关系通过不同的观点被阐明。第二部分考量一般方法论，尤其考量现象学方法论，并且比较由胡塞尔与皮尔斯所创立的现象学方法论观点。进而，我将讨论选择现象学方法会导致的一些本体认识论后果。最后，我将论述现象学式的认知符号学在新一轮启蒙运动中可能起到的关键作用。

平安夜，胡塞尔赠送他的年轻朋友雅恩·帕托什卡（Jan Patočka）一件特殊的礼物。那是一个由轻质木料精心制作的桌面型的讲台。这个礼物是胡塞尔的导师和朋友托马斯·马萨里克（Tomáš Masaryk）生前于 1878 年在莱比锡赠予他的。由此，像帕托什卡在他的人生中稍后的日子所写到的那样，"我就成了他的这个'传统'——启蒙传统的继承者……"（Kohák 1989）。

一　引论

在 20 世纪的英美文化圈和北欧大部分地区，由于胡塞尔现象学背负坏名声，将现象学与启蒙传统结合看来有些自相矛盾。然而胡塞尔（Husserl 1954）在《危机》（*Crisis*）中却明确地采取了捍卫西方文化传统的立场。事实上，还能有什么比胡塞尔为他本人设立的计划更为理性主义呢？构成这个计划的，是试图清楚明白地理解那些通常被认为是理所应当的东西。

然而，我们首先还要面对更多奇怪的组合。本文的论题有置我于可耻的折中主义的危险境地。另外，我试图表明，符号学、认知科学以及现象学不仅能够（无意识地）同床共枕，还能够在完全清醒的状态下同舟共济。

从 20 世纪 90 年代，许多人先后提出了"认知符号学"的术语：达代西奥（Daddesio 1996）1996 年提到它，而莫伦廷（Margariñosde Morentin）大约 20 年前在他的网页上就已经提出这一术语。其实在此之前，包括勃兰特（Per Aage Brandt）和克林肯贝格（Jean-Marie Klinkenberg）等一些学者，就口头上提出了这个术语。目前尚不清楚该术语是否指向相同的内容，但至少在本文中，我们将援引该术语以赋予符号学更具经验性的操作模式，并将关于意义的基本问题整合进认知科学的框架。这种整合与时下认知科学的进展密切相关。认知科学如今重点关注的是：在与其他动物的关系中，如何看待人类的演化与发展（Donald 1991，2001；Deacon 1997）。与此同时，认知科学中的一个分支特别关注意识问题，并且常常从现象学中获得启示（Thompson 2007；Gallagher 2005；Zlatev 2008）。由此，现象学启发下的认知符号学就可以被一种普遍的操作所辩护——这种操作把这两个独立交叉点（意识与认知科学、意识与现象学）转换为三个领域的共通联合体。

但是，还有更坚实的理由来提出这种综合。其中许多原因已在我早期的工作中提出。我从学术生涯一开始，就已经与现象认知符号学结下不解之缘，而当时我还不自知，或者说只是没有使用这一术语而已。如今我的基本立场仍一如既往——我在我 1978 年的博士论文（Sonesson 1978），以及题为《整体语言学的倡导》（Sonesson 1979）的纲领性论文中为这一立场辩护。这个立场是：理论语言学需要一个普适的符号学框架，而这种整合的符号学理论只能建立在与经验研究相结合的现象学方法论的基础上。在这方面，我始终都并未直接追随胡塞尔，而更多地追随他的弟子阿隆·

古尔维奇（Aron Gurwitsch）。古尔维奇努力将经验研究与现有的心理学理论纳入考察，但又常常用现象学来反驳这些研究。但事实上，胡塞尔本人也曾将格式塔心理学的理论和发现融入自己的研究。①

胡塞尔意义上的现象学方法可以视为一种尝试，试图阐明存在于意识场中的结构。除了其他各种相关性研究（因为至少还有胡塞尔本人的著作需要考虑），胡塞尔之后，几乎没有任何方式来研究这种意义上的纯粹现象学。就此而言，现象学仅仅停留在诸现象自身之上。此外，我们将不得不引入一个冗长对话，涉及一些有相当不同启示的著作，包括我早期的工作（Sonesson 1989）以及古尔维奇的工作（Gurwitsch 1957）。古尔维奇可能是第一个这么做的人，虽然利科（Paul Ricoeur）应该被认为是这一路径的标志性开拓者，至少从他关于隐喻的著作（Ricoeur 1975）来看确实如此。② 正如汤普森（Thompson 2007：267 ff.）指出的，自胡塞尔时代以来，关于胡塞尔的文章已经太多，这不利于现象学方法新的运用。虽然和现象学的口号一样，我认为有必要回到事情本身——自从 1989 年以来（Sonesson 1989），我一直在做一些现象学的原创性工作，尤其涉及符号和"图像意识"（*Bildbewusstsein*）问题——但是我也相信（被胡塞尔以及皮尔斯所激发），研究者群体也必须卷入这个过程。这意味着，你无法真正独自面对现象（这至少与胡塞尔声称的不同），而是在整个过程中一直伴随着与其他思想者的讨论——以及伴随着我们经验的世界，与整合在经验研究中被反思的一样。在此，"经验研究"一词在它被给予和被限制的意义上使用，它与第三人称限制视角的研究相应（Zlatev 2009）。毕竟，这是传统的概念所意谓的东西。

由此，通过阅读其他探讨这类现象的学者的著述，现象学的思考也能得到进一步丰富。我在 1978 年的书中，对法国结构主义已经持相当强烈的批评态度，对皮尔斯也持怀疑。在《图像观念》（Sonesson 1989）一书中，我从皮尔斯那里推演出更多启示，并在此后持续有所收获。不过，这样的事之所以发生，是因为我相信，皮尔斯有相当一部分工作是极佳的现象学

---

① 这在理论上如何可行当然是个问题，但胡塞尔从未讨论它，甚至古尔维奇的尝试也并不能完全令人满意。他试图从现象学哲学与现象学心理学的差异来解释这一现象。

② 关于一个从当代认知科学角度对现象学的介绍（见 Gallagher & Zahavi 2008）。

研究范例。但我认为，不加分别地以三分法处置经验世界所有事物相当武断，其他分类法完全可能有其独到优势。对皮尔斯的现象学论证，也只能尝试过后再定论。实际上，在胡塞尔所谓"想象的自由变化"（free varia-tion in the imagination）中，就涉及相关问题的讨论。一旦弄清实施三分法的基础原则是什么，就能探查其变化的可能，进而也就能明确是否有三种可能，或者有更多或者更少可能。

由于英美和北欧文化对现象学普遍存在误解，人们假设，只要你把自己的基础设立在现象学之上，即是以常识作为出发点。这可能是用民族方法学（ethnomethodology），因为它们声称自身起源于现象学（Garfinkel 1967）。但就胡塞尔现象学而言，这一解释却存在根本误区。因为，现象学在某种意义上与常识是相反的；它指导我们思索常识，是为了超越它们。不过，现象学也并不总能独自做到这一点，我们常常需要通过实证研究来发现新事物，也需要批判性地讨论其他理论。我们甚至需要讨论与胡塞尔理论相反的假设，以便发现想象中的变化因素。这也是我最近从事生物符号学研究的出发点（Sonesson 2006b，2009；见 Zlatev 2009）。在这个过程中，我学到了新东西，但同时也发现生物符号学理论的一些方面（正如皮尔斯理论那样）存在缺陷。这个缺陷可以形容为——阳光之下，只见灰猫。换言之，生物符号学理论将所有类型的意义（也许有些事物甚至因缺乏感受主体而不成其为意义）都视为符号，而未考虑个中差别。

本文将上述问题的解决方案建立在符号学、认知科学与现象学结合的基础上。我对照搬整套框架的想法持强烈批评态度，无论这整套框架是来自皮尔斯、胡塞尔还是其他思想家。因为，这更像一种信仰的转换，而非一个科学过程。尽管任何科学理论都必须内在一致，但这样一个理论仍然必须被分为部分而被获知——通过各个部分的条块分割，从第一人称、第二人称以及第三人称角度讨论并且"经验化"（experienced）（Zlatev 2009）。同时必须澄清，我们从事的是符号学与认知科学的结合这个特定研究领域，并以现象学为研究方法，而不是这些领域各自的既有理论。接下来，我将首先探索认知符号学的领域，进而在这一领域的关系中考察现象学方法。在此过程中，我将论及该论语的本体—认识论的预设。最终，我将回到启蒙传统与当下的相关性。

二 认知符号学的构建

认知符号学的要旨可被理解为，打通认知科学与符号学的基础知识和模式。① 可能由于基于某种需要，认知符号学的术语似乎已被发明了数次。这些需要首先来自探讨人的心灵或思想时无法脱离人类交流的特殊方式，反之亦然。这与人类生活世界特有的主体间性本质相关，而与动物的"周围世界"（Umwelten）② 相对（见 Section 2.4）。一方面，认知科学根本缺乏的，是意义观念。在认知科学中，被赋予意义的现象，要么在被讨论时并未被当作其所是，要么未被充分描述（见 Section 2.2）。在认知科学关注意识问题的分支中（如 Thompson 2007），意义被概括为主体性的产物，却并未就其本身得到阐明。另一方面，符号学所欠缺的，事实上是（实验以及对相应情形之观察意义上的）经验研究（见：Section 2.3）。再一方面，对于充分理解符号学理论，以及对于将其与认知科学融合这一任务而言，现象学都必不可少。没有现象学方法所提供的阐明，符号学与认知科学的所谓融合，将面临成为一种折中拼凑的风险。

1. 符号学的角度

对于符号学究竟谈论什么这个问题，几乎不可能在所有符号学研究者中达成共识。事实上，许多符号学家甚至毫不关心如何界定该学科的边界。由此可以理解，为什么博伊萨克（Paul Bouissac 1999）这样的符号学家，将符号学的主要内容描述为一种"元分析"；因此，构成它的就是"对大量专门化的科学出版物进行阅读（它们从一个或者多个研究领域发表的文献中被选出），以及从一个或几个考察领域发表的文献中选取特定专题文献，并把局部结论通过一个更为包容性的模型联结，而非谨守特定专家的关注领域"（Bouissac：4）。这一界定，确实考虑到了符号学家所做的许多工作，也可以说是一种认知科学与其他学科的跨学科视角。研读和

---

① 一个更好的术语可能是"符号学的认知科学"（semiotic cognitive science），迪肯曾在演讲中使用过这该词，但我现在无法确定它的具体日期。目前看来"认知符号学"（cognitive semiotics）似乎更有可能被作为一种观念得到确立。

② 译者注：术语"Umwelten"在生物符号学中也被译为"环境界"，本书统一采用"周围世界"。

讨论，以及随之而来的比较、整合，必须从特定的视角出发。可以说，就定义而言，认知科学确实比符号学在元分析方面做得更好，因为它本身就是多个学科传统的产物，而符号学则在继承索绪尔和乔姆斯基的语言学传统（Saussurean and Chomskyan linguistics）时，受限于他们对学科领域严格的边界预设。这种预设要求其依照特定的符号学范式（如索绪尔和乔姆斯基语言学），而不应当受到任何其他学科污染。

然而，如果将焦点集中于研究实践而非定义，且如果我们忽略那些自称符号学家却没有做任何创新贡献的人（他们只从事一般性艺术史、文学史、哲学史等），就有可能分离出这一学科的最小公分母（见 Sonesson 1996）。符号学的研究对象，如同心理学和社会学一样，并不存在某个单独的"处所"：就像社会和心灵一样，意义也与其他一切事物纠缠在一起，并依据特定的立场及相关观念从一切事物抽象而来。符号学的特定观点即是研究观点自身，正如索绪尔（1973：23）曾经说过的那样，[①] 或者用此后皮尔斯的话来说，符号学是间接呈现其他事物的一种中介（见：Parmentier 1985）。从这个意义上说，符号学涵盖面比符号本身更广泛。众所周知，翁贝托·艾柯（Umberto Eco）和格雷马斯（Greimas）的追随者都希望符号学能摆脱符号概念的束缚，而皮尔斯理论阵营则持续扩展符号本身的外延。但可以说，这是因为这些学派对符号有不同的定义界定方式，它们要么是模糊的，要么不够明确。

如果符号学是一门"科学"，则我们首先必须解释科学的概念本身。粗略地说，人们可能认为，科学是用不同的方法和模型，对现实的一个特定部分进行描述、分析以及阐释的方式，这种方式是秩序化和系统化的。在此，我们可能会想要引入一种区分，这个区分的一边是自然科学，另一边则是遵循艾柯呼吁的传统阐释学观念的社会和人文科学（1985/1988：351）。这将事实阐释从阐释之阐释中分离出来。通常情况下，人们会补充

---

① 正如普列托（Prieto 1975a）令人信服地展示的那样，这是索绪尔的著名论断"视角创造了语言学的对象"的真正含义。正如索内松（Sonesson 1989：28）所观察到的那样，索绪尔将其延伸至其他"符号科学"中（Saussure 1974：47）。在此，普列托似乎在没有引述维科的情况下，理所当然地接受了维科（Vico 2004）的假设。本文后面将详细讨论这个论断。

如下说法：第一种取向的知识涉及可用规则解释的现象；第二种取向的知识仅指独特的现象；并且，当第一种知识被解释时，第二种知识的理解却可能出现严重错误，这种错误甚至是在一开始就形成的。并非所有科学都研究特定现实的一部分。不过，一门科学可以被定义为关注一个特定的现实领域，或被定义为将特定观点运用于整个现实（Sonesson 2004）[①]。例如，法语研究关涉法语语言和文学，语言学关注所有语言（或所有语言的共性）；同理，宗教史描述宗教的历史发展（和史前史）构成的这一特定现实领域。即使在自然科学领域，一些学科也有其专门领域，如地理学、天文学和气象学。医学和牙医学等应用性学科更是如此。

然而，符号学却没有特定对象域，心理学或社会学也没有。实际上，一切事物都可以从其符号学、心理或社会学特性得到研究。自然科学领域也存在同样的情况：面对相同的主题，化学和物理学往往持有不同观点。不仅如此，符号学、心理学和社会学只是将他们的观点应用于人类世界，至多包括生物世界（通常指动物，而不包括植物）。因此，观点式路径需要领域式路径的补充支持。化学、物理学领域更宽广：它们远远超出了人类的世界，但二者都把同样的观点运用于人类世界，以及人类世界背后的东西。这是符号学、心理学和社会学做不到的。与化学和物理学不同，生物学不仅仅是另一种观点，而且也有特殊的领域：它只涉及鲜活的生物。这也许可以解释为什么诞生了生物符号学这样的专门研究领域，但没有（至少我不希望有）化学符号学。

如上所述，符号学是一门科学，其观点适用于人类以及其他动物产生的相应现象。因此，它关注生命赖以进入"世界"的诸种形式和构造。通过研究这些现象，符号学应该持有一种人类（或者相关的人类某个部分特性，抑或在某种程度上可能延伸到具有这些特征的相关物种）的"立场"来理解世界。事实上，正如索绪尔（Saussure 1974：47）认为的那样，符号学对象仅仅作为那些观点而存在，这些观点用于某种物质对象；这就是为什么，在符号学对象未消失的情况下，索绪尔这样的观点不能转变。索

[①] 这似乎很符合皮尔斯的观点；根据这个概念，"在紧密相关的科学之间，唯一的自然分界线是这些不同科学拥趸组成社会群体之间的划分"（CP 8.342），而它们本身就取决于其试图解决的问题的类型。

绪尔如此断言，是因为他希望普通语言学的对象（和其他门类符号学）从当时与语言有关的相关不同科学背景中凸显出来。符号学对象可能会再次消失，这已经被当代认知科学许多实践所证明。但是，索绪尔的主张不应被视为一种唯名论式的信仰。正如普列托（Prieto）所说（Prieto，见1975a：144；1975b：225 f.），在既定语境下，索绪尔这段话可以仅被解释为在言说者立场的重构。因此，符号学的任务不是发展出某种特定的哲学立场，而是为意义使用者在生活世界持续的意义实践构建模型。我们不能像哲学家纳尔逊·古德曼（Nelson Goodman 1968）那样，因为关于图像的民间概念不自洽就否定这个概念，而应努力发现其特殊的系统性。从符号学的角度来看，研究者对现实是否采取"唯名论者"观点或其他观点无关紧要。我们必须重建的，是生活的生活世界观，这当然不是（纯粹）唯名论的。即使是唯名论者，也必须以某种方式接受观念和想法的存在，以作为人类社会的成员生存和活动。而对唯名论思想的符号学阐述，无法以唯名论术语来实现。

我同样认为，做出如下这些和安伯托·艾柯（1985/1988：323 ff.）类似的论断也没什么意义：一方面，一些特定的符号学科学致力于研究事件的解释习惯，比如那些研究语言、手势、交通标志、图片等；另一方面，有一种普遍的符号学，它仅仅假定符号概念，以允许我们在统一框架内谈论表面不同的事物。奇怪的是，艾柯甚至声称，不同符号观点的事实表明，符号学是一种哲学活动。但上述情况至少表明，符号学是各种不同的哲学和（或）科学活动。实际上，一个更充分的结论是，符号学可以实践不同的哲学观（就像社会学、心理学、考古学、文学史等学科那样）。因此，可能会出现结构主义符号学、唯名论符号学、现象学符号学等等——正如可能会有过程的和后过程考古学、实证主义和后现代艺术史等。

普列托（Prieto 1975a）从语言学的角度出发，认为符号学必须被限制在系统内所有用户共享的知识之内。以此类推，我们必然会意识到，为了把使用系统的前提考虑进来，有必要将至少一个层次的分析，降低到用户常识层次以下。为了解释一种知识的操作（但又是隐性的运作方式），这是必要的。这种运作方式对于具体行为是奠基性的；对于任何意义系统而言，这个行为都是构建性的。毋庸说，原则上这种知识必须是意识可获得的，否则，现象学家就将徒劳无功（见 Sonesson 1989：26 ff.；2007）。

　　符号学倾向于从定性的，而不是定量的角度思考所有现象，但它的目的是系统地阐述规律，而不是被还原为对特定对象的阐释。也即是说，包括语言学在内的所有符号科学都是"规范性（nomothetic）科学"，它们关注普遍性，而不是关注像如艺术史和大多数人文科学那样的具体科学。这些具体科学把一系列单独的现象作为其对象，这些具体对象的共同本质和联系被视作理所当然（正如索绪尔传统所理解的语言学那样），但与自然科学及社会科学（根据大多数概念）相反，符号学关注质而非量——亦即，它关心范畴甚于数字。因而，符号学与社会科学和自然科学一样，具有寻求普遍规律的特性。它是一种追求规范性而非个别性的科学；同时，它强调范畴经验，而较少定量讨论，这是人文科学特有的特征。符号学并不局限于任何单一的方法，而是使用复数的方法：从文本具体分析（文本分析）到经典的实验技术，以及令人想起哲学（系统分析）中被发现的方法——想象中的变化。此外，如果与大多数人文学科相比较的话，模型的构建是符号学的一个特殊之处（这并不是说这些模型必须像人们通常认为的那样，取自语言学）。的确，符号学不同于传统的"人文主义"方法，它借助一个模型引导实践者进行分析，而不是单纯依靠"无辜的眼睛"（innocent eye）的力量。有两类非常一般的模型，可以分别称为分析型的和综合型的，但或许更为关键的是这样一个观察：大多数真实的模型，都兼有分析型和综合型两个方面的特征。科学分析通常是通过综合的方法进行的，也即一种暂时的综合，随后在与分析对象的相遇中加以修正。

　　然而，在实际应用中符号学的实验数量非常少。在多数当代符号学重要学者看来（如 Greimas 1970），符号学是一种纯粹或自主的科学，类似于结构语言学（Itkonen 1978）。其他学者，尤其在美国，倾向于把符号学视为许多不同科学的交汇点，一种人文和社会科学共同的跨学科框架，这一框架还涉及生物学和神经病理学等领域。我的方法与上述两者不同之处如下：我认为，涉及同一研究对象（包括：意义、标志、文字、手势、图像、照片以及其他可能的符号形式）的所有学科的结果都与符号学相关；但只在它们从特定的符号学观点被审查、补充和重新定义之后。与大多数受人尊敬的符号学传统不同，我一直主张反对学科自主假设。我自己的工作很大程度上基于对实验结果的解释（最重要的工作见 Sonesson 1989）。但是，直到最近几年，我才直接参与实验设计。勒内·林德肯斯（Rene Lindekens）和马丁·克拉姆彭（Martin Krampen）等学者，在结构主义的全盛之日开始了他们的试验研究，把他们自身奠基于符号学模型智商；他们或许应被视为实验符号学的先驱，因此在某种意义上他们也是认知符号学的先驱。林德肯斯（Lindekens 1971：178 ff.）用实验方法表明，在照片的发展过程中，随着照片的对比或微妙变化，对照片的阐释也发生了相应变化。埃斯佩（1983a，1983b），在一个类似的实验中展示了不同因素之间有趣的相互作用，并得出了一个普遍的结论：相同的照片在不同的对比中可能具有非常不同的情感导入。克拉姆彭（Krampen 1991）在对儿童绘画的研究中使用了实验方法。在符号学领域中，就像在（心理）语言学领域中一样，当然还有更多的实验工作；这些领域已经发展成为符号学之外的特殊领域，比如手势研究。然而，一般来说，这是符号学需要从认知科学，以及认知综合之前的一些科学（比如认知与知觉心理学）中借鉴的方面之一。

2. 认知科学的三个时代

呼吁作为一个整体的认知科学，已经不再有意义了。从完全不同的角度来看，认知科学可以被实践，也确实已经被历史地实践了。"认知科学"这个学科名本身就有一些自相矛盾的之处，因为正如我们所知，它最初的目的是消除认知，甚至消除意识。心理生活可以在电脑上模拟这一事实应该表明，心理观念可以被完全抛弃。人们认为，意识不过是一组基于人类大脑产生的代码片段计算。杰里·福多（Jerry Fodor 1987）为思维语言的辩护就是这一观点最明确的版本。通过丹尼尔·丹尼特（Daniel Dennett 1987）意向立场的形式，这一观点仍在认知科学中很有影响力：人类就像电脑一样工作，但人类有一种额外的扭曲——在没有任何有用的理由的情况下，人类恰好认为他们是有意识的。

在认知科学的第二个时代，一些研究人员意识到，在一个人类的生活世界之外，若不从他们外在的身体形式携带其关系，人类（以及，根据某些解释，一些计算机程序）不能实现其功能。这就引入了"情境"（situatedness）的概念，此概念由此在认知科学中扮演了重要的角色；同时，这也导致我们补充入了"具身性"（embodiment）概念，这些观念将现象学和其他与意向性相关的思潮引入认知科学。在此之前，许多现象学家和意识哲学家（最著名的是休伯特·德莱弗斯［Hubert Dreyfus 1992］和约翰·希尔勒［John Searle 1997，1999］）粗暴地反对认知科学。这些情况一度阻碍了学科交叉发展。然而，情境和具身性都可以被赋予——而且已经赋予了——其他更机械论的阐释。此前就一直存在的概念如中介、意图、意识、同理心、主体间性等，尽管都是意识研究领域内的重大主题，但对于作为整体的认知科学而言，仍然是非典型性的。这类研究典型被如埃文·汤普森（Evan Thompson 2007）、肖恩·加拉格尔（Shaun Gallagher 2005）、丹·扎哈维（Dan Zahavi）（Gallagher & Zahavi 2008），以及其他几个研究者所实践。① 事实上，这些概念对于大多数仍然被描述为主流的认知科学来说，都不啻一种诅咒，无论是在其正统版本之中，还是更加含蓄和混淆的方式中都是如此。这一主流与拉考夫和约翰森（Lakoff & Johnson 1999）、丹尼特（Dennett）、弗多尔（Fodor）等人的工作相关。②

在露西·萨奇蔓（Lucy Suchman 1987）和她的追随者看来，"在情景中的"（situated）这个术语表达了将语境纳入考虑的需求。这也适用于具身性，因为我们自己的身体是我们所有行动的首要语境。"具身性"（Embodiment）是一个比"语境"（context）更精确的术语，并且"情境"（situadedness）也许可以更精确地被定义。无论如何，即使"在情境中的"（situated）和"具身认知"（embodied cognition）是当前流行的术语，但主流认知科学似乎仍然未将它们引向意识研究的方向。然而，在认知科学的第二种传统中，形成这种语境的身体并不是作为被生活的身体，亦即，不是作为一种意义的身体，而是神经科学研究的身体。当

---

① 在 2007 年（Sonesson 2007b），我批评了瓦雷拉、汤普森和罗施（1991），他们对胡塞尔有严重的误解，他们将胡塞尔的许多真正贡献都归功于梅洛－庞蒂；有趣的是，汤普森（Thompson 2007）的新书中不仅用了更大篇幅来讨论胡塞尔，而且还列出了一个"勘误表"（mea culpa）作为附录，其中明确指出了他和瓦雷拉在胡塞尔问题上的错误之处，这些错误基本上是受德雷福斯阐释的误导。

② 我的第一个传统似乎与汤普森（Thompson，2007，p. 4 ff）所称的认知主义（cognitivism）一致，但另外两个传统只是与他的联结主义（connectionism）和具身活力论（embodied dynamicism）有部分交集。

前，拉考夫和约翰森与他们的追随者构成了主流认知科学的核心。尽管他们的工作极其混乱和矛盾，他们理论中不同层级具身性的分合不定（兹拉特夫的论述最为清晰，［Zlatev 2005，2007］），以及对西方哲学不合逻辑的攻击（见 Haser 2005），已经清楚地证明了这一点；尽管他们工作包含了部分对现象学传统的肤浅引述。只要对他们的文献，尤其是最近出版的文献细加阅读就会发现，他们实际上回到了与传统认知科学实践完全相同的观念，只是用人脑替代了电脑而已。他们所论的身体被还原为大脑的神经元和突触。因此，具身性在这一传统中当然就无法成为语境的一部分。即使他们的工作因他们的学术影响而被解读，本文的评价也仍是不变的事实。

另一个相关的问题，来自认知科学这一名称中"认知"（cognitive）这一关键词。在认知心理学的传统学科以及在发展心理学中，例如，在皮亚杰（Piaget）的传统中，"认知"一词有相当明确的含义界定。该词的大多数意义明显与知觉（perception）、无意识过程及共情的含义对立。至少原型性地，或者作为目标状态，它涉及理性操作，例如对于论证或问题解决而言的那些典型事物就是如此。虽然我不知道在认知科学中对"认知"是否有更明晰的定义，但很明显，此处"认知"一词的意义已经更宽泛也更模糊：最初，它相当于一切可以被诸如电脑这样的认知设备所模拟的东西；如今，它似乎代表了任何可以位于大脑中的事物。根据思维语言假说（由弗多尔［Fodor］首先提出）；甚至范畴知觉和其他基本的知觉操作都是建立在认知上的。当代认知科学的代表人物拉考夫（Lakoff）和约翰森（Johnson）似乎也声称，在更传统的意义上，思维可能会被还原为非常简单的操作，在这种情况下，"认知科学"（cognitive science）就成为一种误称。如果说，认知科学的第一个传统将思想转化为计算机，那么第二个传统引入了一种卷入了大脑的新还原论；因此，唯有第三个传统，才为一种通达意义的路径带来了些许希望。

在此，我试图组织一种全新认知科学观念来替代第二种传统，其以现象学为认识论视野，既包括经典的胡塞尔现象学，也包括意识研究中的最新成果。并且，我赞同塞尔（Searle），在很大程度上，他的心灵哲学要么是心照不宣的现象学盟友，要么是而殊途同归的平行理论。

3. 认知科学的符号学转向与符号学的认知转向

与认知科学一样，符号学通常被认为是一种跨学科的视角（认知科学无疑更频繁地被这样看待），这种视角偶尔会获得独立学科的地位。奇怪的是，人们可能会说认知科学和符号学或多或少涵盖了相同的知识领域；或者更确切地说，他们对世界采取极为类似的视角——他们都考量自然科学所描述的世界对人类及动物显现的方式。认知科学（很显然只在第三代中）强调这个世界呈现的场域，亦即精神领域，也强调其特有的操作，亦即在其各种表现中的意识；而符号学坚持物理世界因被赋予意义而经历的转变。

如果符号学只是一种模型、一种方法或一种哲学立场，那么它对认知科学几乎没有什么帮助。但如上所述，符号学不能简单地用这些术语来考虑，它也不是一种意识形态批判，或者，用保罗·博伊萨克（Paul Bouissac 1999）的术语来说，一种元分析（meta – analysis）。符号学必须就其自身而被视为一门科学（见 Sonesson，1992，1996，2004）。最明显的原因是，如果符号学没有被错误地等同于法国结构主义，那么它就已经使用了许多不同的模型和方法，也从不同的哲学观点被实践；同理，它也不是简单的元分析或其他跨学科的观点，因为关于符号学的原创性，这种观点什么都不能告诉我们。符号学是跨学科的和元分析交织的结果：符号学以意义为观照世界的视角。但无疑，在现象学地阐明意义之前，当中的意涵仍是模糊的（如 Sonesson 2006a）。

认知科学与符号学的学科史曾非常不同。认知科学通常被描述为将语言学、认知心理学、哲学、生物学和计算机科学等完全不同的经验学科的知识基础加以整合的结果。因此，认知科学并不是一个世代延续的研究传统，而是代表了几十年前单独发展起来的几个研究传统的新近融合。符号学则以一种更为经典的方式，从哲学的无定形群体中发展而来，并且在遭遇其经验基础时仍存在一些问题。可以说，符号学的基本概念是符号，而认知科学的基本概念则是"再现"——尽管符号学拒绝符号概念的传统由来已久，例如，在格雷马斯及其追随者的工作中，可以看到这种传统（见 Greimas 1970；Greimas & Courtès 1979）；近来，认知科学已经远离了再现的概念（Varela，Thompson & Rosch 1991）。从方法的角度来看，符号学常被夹在单一文本分析和理论建构之间；而认知科学更依赖实验方法（包括计算机模拟）。这些差异可能在一定程度上解释为什么符号学与认知科学此前很少相互交流。

另一方面，最近在认知科学领域出现了一些令人振奋的进展。夸张点说，这些进展甚至可被称为一种"符号学转向"：最近知识界对意义等问题研究的兴趣浓厚，这种兴趣尤其体现在有关人类（某种程度上也包括其他动物）的个体发展和物种的系统发生史中。泰伦斯·迪肯（Terrence Deacon 1997）是一位神经科学研究者，他的研究成果在认知科学领域备受赞誉。然而，他选择沿用一套皮尔斯的术语来表达他的一些主要观点，皮尔斯可能是符号学的主要文化英雄。① 不仅是迪肯，另外两位对人的本质感兴趣的研究者，现在都把重点放在符号概念上（他们通常使用"symbol"这一术语）。从普遍意义上讲，唐纳德（Donald 1991）的情境阶段（stages of episodic）、模仿（mimetic）、神话（mythic）和理论式文化（theoretical culture）就是如此。它似乎更适用于托马塞洛（Tomasello 1999），并非因为他对经典符号学者如皮尔斯、米德、巴赫金和维果茨基的引用，而是因为他的理论分析的总体推进，从那些仅仅可能显得如此的诸情形中，分离出带有目的的解释行为。在此研究基础上，兹拉特夫（Zlatev 2003，2007，2008）从诸如线索和联想这类更基本的全体生物系统（生命形式）的特征出发，清晰地探索了涉及模仿和语言等更高层次意义涌现的条件。

有趣的是，符号学阵营中也正在出现真正的"认知转向"尝试，最明显的代表是达代西奥（Daddesio 1995），他试图将认知科学的经验知识基础吸收到符号学中，在这方面他遵循了第三代认知科学对意识的处理方式，尽管他弄错了拉考夫和约翰逊的代表性。他支持借助认知科学的主要论证是：作为符号学的特权，对符号和符号系统的研究，必须辅以通向这些符号的途径的探索，而这些途径更为合宜地被认知科学所研究。同意这个观点很容易。然而不幸的是，达代西奥将行为主义的物理还原说（Physicalist reductionism）作为美国符号学的特征，与索绪尔、卡西尔、胡塞尔、布拉格学派等其他传统中的认知相提并论；在社会层面、主体交互层面之

① 我无意贬低迪肯的贡献——事实上，每当他不求助于符号学术语时，我都觉得他很有说服力——我之前曾对他使用皮尔斯术语的方式表示过严重的担忧，因为这既模糊了符号学的核心问题，也模糊了迪肯自己提出的问题（见 Sonesson 2006b）。

外，还有第三层面的意义——这种意义不排除心灵世界，仅仅是因为它是多个心灵世界相互作用的产物。对于心灵世界，第一层面显然是否定的，在第二层面是一种忽视甚至是缺乏关注。① 达代西奥似乎把符号学和特定的哲学立场联系在一起。但正如我们在上文（2.1）中看到的那样，这种观点是不可持续的。无论这些符号学家之间多么不同，忽视符号和意义之间的关系，或忽略进入其内部的路径都是错误的。达代西奥无疑指明了一个在符号学或认知科学中均被忽略重要研究领域，该领域必须作为一个整体来考虑（包括后者在认知心理学和遗传心理学领域中的先驱），即：符号与其他被赋予意义的人工制品的相互关系，以及主体进入它们的方式。

4. 认知符号学的需要

若要确定认知符号学的重要性，从达代西奥的主要论点出发是有用的，无论是从他的一些正确论点出发，还是从我对他观察批评出发都是如此。如果我们从符号学中的行为主义学派出发，就会发现达代西奥正确地强调了符号和意义之间的关系的研究，及其经由意识向我们展示的方式研究。另一方面，如果我们从其他符号学的传统入手——这些传统认为符号和意义从根本上是主体间性的结构，那么另一个问题就涉及这些结构是如何被个体意识所理解。此外，如此这般的主体间性如何出现的问题，就显得更宽了。在这两种情况下，只要我们的追溯涉及人类和其他动物的演化和发展，这些问题就会激化。

可以这样说，符号学的奠基者们已经注意到了符号与意识理解符号的方式之间的关系。例如，索绪尔说符号学（索绪尔式符号学 semiology）是社会心理学的一部分，并且他多次提到"社会交往"（social intercourse，在原文中这个词就是英文）。但索绪尔对这些关系的兴趣仅仅到此为止。皮尔斯当然将心灵包含在了符号的定义中。但众所周知，皮尔斯给"心灵"一词赋予了非常特殊的含义，这可以从他认为心灵（或者，至少是他习惯说的"准心灵"）根本不需要与任何一种意识相结合这一事实得到证明。皮尔斯无疑对

---

① 我无疑是在简化问题：按照这种思路，索绪尔的工作中，在社会解释和完全形式主义阐释之间存在明显的模棱两可之处。

那些通常被认为是心理学和认知科学的话题有很多话可说；事实如此，正如科拉彼得罗（Colapietro 1989）所详细记录的那样。然而，由于皮尔斯忽略了意识的特殊性，他无法确切阐述符号以及符号与我们（作为有生命的生物）理解符号的方式之间的关系。更确切地说，他没有告诉我们，意识与符号之间的关系跟其他关系（尤其是不同符号之间的关系）有何不同。①

　　如上所述，一旦演化和发展进入讨论，主体和符号之间的互动就变得比以往任何时候都更加专门化。演化的当代研究表明，构成人类独特性的东西，不仅是他们的语言，还包括我们使用图像的能力，以及许多模仿行为和指标（至少在它们完整的、自发形成的形式中是如此）。很明显，符号过程本身必须有一个多样的、层次分明的结构；它拥有这个结构的方式，在我们的哲学中仍是难以想象的。唐纳德（Merlin Donald 1991，2001）提出了一种进化尺度（在 Nelson［1996］与 Zlatev［2003］对儿童发展所做的探索中，有类似的东西），其中情景（episodic）、模仿（mimetic）、神话（mythic）和理论（theoretic）四个不同阶段对应于人类记忆的相应类型（参见图 1-1）。根据这种观点，本来是生活在当下此刻的非人猿类，由于它们已经有"情境"（episodic）记忆的能力，就相当于能够根据事件发生的时间和地点来再现事件。第一个过渡先于语言发生，并且在消失时仍然保持完好（唐纳德认为这个过渡发生在直立人阶段），它带来了"模仿"（mimetic）记忆。模仿记忆与工具使用、模拟、仿照、狩猎协作、复杂的社会结构和简单的仪式等能力相对应。只有第二次过渡带来了有着"语义"（semantic）记忆的语言，也即，一个可以组合的单元的库。这种记忆允许创造叙事，也即神话，这是一种表达现实的全新方式。

---

①　当然，这并不是说皮尔斯不知道我们是如何通达符号的（正如一位匿名审稿人提醒我的那样）。皮尔斯最著名的形而上论断之一，即"人是一种符号（sign）"（也即一种规约符号［symbol］）。由于人类本身就是符号，他们可以被符号吸引，进入符号社区，使用符号，用符号思维等等（见 CP 7.583）。事实上，皮尔斯以许多其他的方式观察到人类生命和世界有着同意血缘，尤其是当他向我们保证，从长远来看我们最终会通达真（即，到达最终的解释项，见 EP 502 f.）。这是对维科（Giambattista Vico）解释学假设（见 Vico，2004）的一个有趣概括。根据维科的假设，我们可以理解其他人以及他们所生产的作品。这是一个人文与社会科学的主题，而不是自然科学研究的对象。皮尔斯一如既往地否认了两者的差异。但就算我们接受"人类是符号"这一论断，它并没有告诉我们，与两个词之间的关系相比，人类（尤其是意识）和符号之间的关系有什么特殊之处。

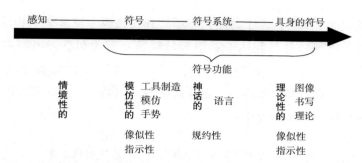

图 1-1　唐纳德与符号有关的进化模型，以及符号系统和具身符号

有趣的是，唐纳德认为发展并未就此止步。尽管人类和其他动物之间没有更多的生物差异需要考虑（但如果没有这三个早期阶段的铺垫，第三个过渡显然不可能）。唐纳德所说的"理论文化"（theoretical culture）假设了外部记忆的存在，亦即这些设备提供了在人类思维之外保存和交流知识的可能（尽管最终当然只有人类思维才能接触到这些知识（见 Sonesson 2012d）。理论文化的第一次出现与绘画的发明不谋而合。这是人类知识第一次可以存储在有机体之外。在偏好转移到了视觉上之后，语言在此后几千年时间里进一步转变成了书写。正是这种在有机体外部保存信息的可能性，才引发了后来科学的产生。

在我看来，唐纳德的第二阶段（模拟、技巧、仿制和姿势）的不同表现（至少在一定程度上）是像似性的（基于相似性）——但在很大程度上，它们还不是符号，而只是符合某种类型的"个别符"（tokens）——类型的成员。在模仿和语言之间的某个地方，出现了符号功能（尽管唐纳德只是拐弯抹角地指出了这一点，提到了交往的意向性系统的使用，以及指称的区别）。事实上，在唐纳德的模仿中似乎发生了很多事情，但它们并没有被考虑进来，尤其是因为唐纳德没有停下来考虑与皮亚杰符号功能的部分重叠。我们必须从通常不具像似性的身体行为，转到具有模仿性的行为；从模仿的直接形式，转到不同类型的再现性模仿。① 最后，第四阶段

---

① 兹拉特夫（Zlatev 2007，2009b）建议将模拟阶段细分为原型模拟阶段、第二模拟阶段、第三模拟阶段和（在下一阶段的边缘阶段的）后模拟阶段。索内松（Sonesson 2012d）讨论了非符号的模仿行为与符号的模仿行为，以及与以学习为目标的模仿的中间阶段之间的关系。

产生了独立于有机体的人工制品，如图片和比例模型以及文字和理论。因此，图像的出现令符号到达了后语言阶段而具有像似性。书写则恰恰相反，它在很大程度上是规约性的。但理论阶段重新以像似性为重要元素——这正是皮尔斯所坚持的，也是斯特恩菲尔特（Stjernfelt 2007）最近在对皮尔斯的阐释中的关注点。

表 1 – 1　唐纳德对记忆类型与累积性质的关联分析

记忆的类型	积累的类型	具身的类型
情境性的	注意力区间（时间/空间中的事件）	
模仿性的	被自我和他人所拥有的行动序利	自身的身体
神话的	被自我和他人共同生产的易逝的人造物	自我和他人之间的交互关系
理论性的	被自我和他人共同外在化的持久的人造物	处于和自我与他人的外在关系中

前语言能力阶段要求记忆位于主体自身的身体中（见表 1 – 1）。但很明显，它只能在这样一种程度上作为记忆而发生作用：在这种程度上，它多少是能与如此这般的身体分离的。他人的活动必须以其特殊性看上去区别于其他人的身体，这样它才能自我重复。这就预设了个别符（token）和类型符（type）（即，相关性）之间的区别，这种区别先于符号功能的区别。

语言产生后的阶段，符号被预设为获得了自己的"身体"，即独立于人类而存在的能力。语言似乎至少需要两个人在场才能存在：他们以某种方式在彼此之间维持着这种存在。但仅仅两个人知道一幅画的存在是不够的：必须存在某种独立于有机体的人工制品，在这个人工制品上，图像被铭刻。图像必须脱离使用它的人的身体（和思想）。当然，从定义上讲，书写是语言向独立人工制品的转换。理论的情况可能不那么明显：为什么两个人不能在他们之间接受一个理论呢？胡塞尔（Husserl 1962）早在唐纳德之前就指出，复杂的符号系统，如数学和逻辑，只有在独立于人类有机体存在的情况下才能发挥作用。在图像方面，埃文斯（Ivins 1953）已经观察到，是它们的可被复制性（如，弗洛拉斯［Floras］的论述）使它们成为科学的装备。艺术史学家们常说，图像作为永久性的记录，并非不可避免地独一无二，相反，它们注定要被复制。的确，它们允许知觉的重复行为，就像早期的记忆记录一样。

这当然主要是在马克思主义文献中被称为"物化"的过程的东西。正如卡西尔（Cassirer 1942：113 ff.）所说，这一过程绝不仅仅是"文化悲剧"，而是（人类）文化的先决条件。

因此，要理解人类文化的特殊性，我们需要探索主体与符号的相互作用。这至少是需要认知符号学的原因之一。

三　从方法论到本体论认识论

如前所述，在现象学式的认知符号学的星云中，现象学不是作为一个实体领域进入的，而是作为一种方法进入的。无须过于强调我们的立场，让我们把一个方法定义为一系列操作，这些操作的目的是产生关于研究对象的具体类别信息，并且可以通过有秩序的阶段而被运用于研究对象。这在某种程度上无疑过于简单，但对于我们的目的来说，已经足够。同理，让我们把模型决定为一种简化，但多少仍具有图像性的研究对象之再现；这种再现比真实的事物更易操作，并且（在理想情况下）更适于再现一个具体范畴的对象之种类，而非再现一个单独的对象。因此，当方法论的操作应用于模型时，它产生了关于被考量的对象的范畴信息。

在前一节中，我认为符号学不能被认为是一种方法或模型，因为，就像所有其他科学一样，符号学使用了大量的模型和全套的方法。当一个特定的模型和（或）方法被用于符号学时，它显然会与其在某个特定时期的表现形式之一相混淆。或许它最可能被与称为法国结构主义的符号学运动相混淆，这个运动流行于 20 世纪 60 到 70 年代，但它已经在大多数其曾影响过的领域失去了相关性，虽然它仍然在格雷马斯学派中幸存，并且在拉丁美洲以及欧洲南部仍深具影响力。关于法国结构主义，或许仍可以正确地说，它既试图应用一种语言模型（其本身可以随意地从索绪尔和叶尔姆斯列夫［Hjelmslev］的语言结构主义中派生出来），也试图实现该语言学派的方法（但事实上彻底失败了）。

正如我在上文（在第 2 节中）中所提出的那样，符号学并不局限于任何单一方法，而被认为使用了几种方法的复合，如文本分析、经典实验技术、系统分析和文本分类（见 Sonesson 1992，1996）。① 符号学也并不一定像人们通常认为的那样，依赖于从语言学中继承下来的模型，尽管如果与大多数人文科学相比较，"构建模型"仍然是符号学的特征之一。事实上，符号学不同于传统的"人文学术"的进路。通过借用引导其实践者在他们的努力中进行充分分析的模型，而不是单纯地依靠"无辜的眼睛"的有限能力，符号学似乎部分地占据了后者的领域。在从语言学、哲学、医学和数学中借鉴了它的模式之后，符号学目前正处于完整阐述其适当模型的路上（见 Sonesson 1992，1993，1994，1996，1998）。

1. 多元方法中的现象学

然而，还有另一种观察不同方法的办法，涉及它们通达知识的不同方式。兹拉特夫（Zlatev 2009：179）提出了一种方法之间的三分法，这些方法可以根据研究人员对"数据"的视点类型而被分类成第一人称、第二人称和第三人称方法（参看表 1 - 2）（同时参阅 Thompson 2008：303 ff.，338 ff.；Gallagher & Zahavi 2008：13 ff.）。②

表 1 - 2　根据视角类型分组的方法示例，用于发展综合认知符号学理论

视角	方法	这种方法所适用的研究
第一人称	概念分析 现象学还原 想象性的（本质的）变更	规范性的意义 感知 精神想象
第二人称	共情 想象性的投射	（比如在对话分析中的）他人， "高等"动物
第三人称	试验 脑成像 计算机模型	孤立的行为（比如时空性的发音） 神经过程

注：根据 Zlatev，2009 重新结构。

---

① 鲍伊萨克（Bouissac 1999a，b）还谈到了在符号学和其他领域获得知识的四种方式，它们部分符合我的划分：实验和推理有明显的对应之处。而对我而言，意外发现乃是有可能在其他阶段，通过其他策略所发生的东西。并且，元分析作为一种特殊的系统分析，在第一部分已经提到。

② 正如 Thompson（2008：301 ff.）所指出的，第三人称方法实际上应该被称为客体的方法，因为它们根本不涉及任何人格。这很符合维尼斯特/特思尼耶尔（Benveniste/ Tesniere）把"第三人称"理解为"非人"的解释，我试图将这种观念推广到文化符号学当中。

从兹拉特夫的表中可以看出，根据所研究现象的性质，需要使用不同的方法。因此，它们被用于获得不同种类的知识。研究意识（的内容）需要第一人称的方法，研究其他主体需要第二人称的方法，而所谓的分离观察方法则需要第三人称。现象学并不与实验研究竞争。正如兹拉特夫所观察到的那样，"现象学从未被作为一个提供'解释'的方法，例如去回答为什么是猫而不是岩石在（至少在西方文化中的）我们看来是有意识的生物，甚至它更加不是一种'因果性的'解释，比如解释，对于意识而言，什么东西在因果性方面是必须的"（Zlatev 2009：174）。然而，一旦你接受了不止一个科学上可行的方法（作为一名现象学家你通常会这么做），你就必须承认，任何特定方法操作的实现，都必须来自特定的视角，而不是伴随一个经常被描述为来自乌有之地的观点的东西。这应该会让你意识到明确表达这种视点的重要性。

然而，在我看来，有两点需要注意。不同的方法可能被运用于这样一些东西，从一些观点出发（尤其是从像自然科学这样的第三人称视点），这些东西可以被描述为同一个对象或情形。但是由此产生的知识总是不同的，因此关联或三角关联就绝不会是直截了当的。对这一事实最明确的说明，是对由实验主体在一个实验中的测试时间中书写的"协议"（protocols）（该术语由经典认知科学引入）的使用。在这种情况下，来源于测试的知识不同于包含在协议内的知识，尽管两种知识可能有一些有益的关联。另一个情况在神经现象学的程序中（见 Thompson 2008：329 ff.，349 ff.，等），现象学的报告被置入与大脑扫描结果的关系之中。

另一点同样重要。就我们参与的科学方法程度而言，所获得的全部知识将是客观的或主体间性的类型（和这个术语在普通语言中被使用的情况相同，它的意义是"非完全主观的"）。虽然生活世界（尤其是日常的感知）总是主观 - 相对（Subjective - relative）的，但正如胡塞尔所坚持认为的那样，生活世界的结构本身并不是相对的。如果我们考量规范性意义（和规则），这些意义就当然是与特定社会文化生活世界相关，但对于身处于生活世界的任何人来说，它们都是客观的。然而，这种与个人意识内容相适应的自省，在任何科学方法中都不是直接问题，因此并不能被现象学所通达。类似地，第二人称方法只是用于发现不同主体之间交互的客观关系时，才与科学有关。"共情"（empathy）和"想象性投射"（imaginative projection）等术语可能更普遍地应用于这样一些方法，被一个主体用于理解另一个主体——由此，它们必不可少，但在科学上并不相关。当然，这种"生活世界方法"（Lifeworld methods）（或者说，生活世界的操作）具有其自身结构，从而，作为研究的对象，它们就与现象学分析相关。的确，从这个角度来看，第一人称和第二人称方法之间的区别似乎很难维持，尽管它们无疑都与第三人称方法对立。

再次，对这一观察必须做一些解释。从生活世界的视角来看，可以说这三种知识的存在方式可以明确区分。第一种为主体而存在；第二种在他（或她）与另一主体的互动中，为主体而存在；第三种则独立于任何主体而存在。与之相关的是，似乎有三种"生活世界的操作"（Lifeworld operations），这卷入了关于你自己的知识、关于他人的知识，以及最终对客观现实的知识；这些都是被考量的科学方法之基础。因此，只有那些预先完成了生活世界的相应操作的人，才能通达后者。①

重要的是对如下情况进行一种特别地观察，（如上面在讨论意识结构的客观性时所提到的那样）现象学描述可能指向意识的普遍结构，它们或为人类所共有，或处于更低等级的诸种普遍性结构之中，例如那些对于一个具体的社会—文化性生活世界特有的事物，如一个文化中区别于另一个文化中的语言使用规范、习惯动作等。

事实上，语言学中使用的一些分析方法，本质上确实是现象学的，尽管这一事实可能对所获得的结果是不利的（Sonesson 2007d；Zlatev 2008）：这种情况没有得到承认，甚至没有被实践者充分意识到。形式上，观念化（ideation）非常类似于交流（我们使用了叶尔姆斯列夫的术语来描述一个过程，这个过程在从布拉格到巴黎的 20 世纪早期的语音学中，是众所周知的），所不同的只是，变化被运用于一个语言的领域，以观察是否对其他领域也会产生相应结果（Sonesson 1989）。同样地，这种变更也属于同一

---

① 这段话似乎有点拐弯抹角地触及了诠释学中古老的争论，即，被称为"领会"（Verstehen）的这种操作，用艾贝尔的话说，是否都仅仅是一种心理行为，或是某种以一种特殊的方式加入了探查知识之过程的东西（见 Radnitzky 1970，Vol. II，p. 26 ff，100 ff；Ferris，1988/2002，p. 258 ff）。

个类：它在生成语言学或认知语言学中被运用于句子，以判断它们是否仍然符合语法。从而，从形式上说，这与现象学采取的步骤是相同的，区别在于所应用对象具有较低的普遍性。但是，观念化不考量在与另一种语言领域的关系中那种必要的东西；它基本上是内在于这个领域的。观念化考量那个被语言（和其他）分析所预设的东西。因此，与语言研究相关；观念化不会问，哪些内容对应哪些表达，也不会问哪些句子是符合特定语言语法的所有句子之种属的一部分，但是需要追问，为了使得某物成为一个符号、一个语言符号、一个句子、一段话语、一个语言等东西，何种属性必须存在。从这个意义上说，布勒尔（Buhler 1934）、叶尔姆斯列夫（Hjelmslev 1959，1973）和科瑟尤（Coseriu 1978）的研究是应用于语言的现象学的优秀例子。

实际上，在这里多加注意可能是有益的。正如胡塞尔所见，现象学的任务是解释人类获得关于世界知识的可能性；作为一种哲学努力，现象学是关于我们经验世界的构成方式。相反，心理学不是关于世界的，而是关于体验世界的主体。然而，胡塞尔声称，现象学哲学中的每一个发现，在现象学心理学中都有类似之物，因此，这可以看作是心理科学中的一个传统（见 Husserl 1962；Gurwitsch 1974）。如果意识是一种联结主体与世界的关系，那么现象学关注的是对象一极，而心理学关注的是主体一极。这个公式可能实际上产生一种误导，因为现象学心理学不是关于日常语言意义上的主观（或心理）的东西：它与现象学哲学是关于同样的客观结构，只是强调主体的行为。从这个意义上，我们应该更确切地说，类似交换和语法判断等语言学方法是现象学心理学的一部分。①

如果上面的观察是正确的，那么人们可能会想知道兹拉特夫使用"三分法"（triangulation）这一术语的任务是什么。当从第三人称方法的角度，存在各种不同测试结果，其与第一人称方法的自我描述并不相同时，人们通常倾向于将后者解释为前者的附带现象。甚至更严重的是，当从第三人称的方法出发，得到大脑扫描结果变化或类似情况，而这些描述不同于第

---

① 我个人的印象是，现象学哲学与现象学心理学之间很难划清界限。区别无疑是需要的，但它需要现象学的解释。

一人称方法形成不同的自我报告，前者通常被视为后者发生的原因（或至少相对于比后者更接近原因）。事实上，我们所拥有的无疑只是相关性，它可以用很多其他的方式来解释。但是，如果从长远来看，这些相关性没有被证明是错的，那么它们已经是重要的发现。至少在一种情况下，它们变得至关重要：为了比较人类和其他动物，例如灵长类动物，我们不可能使用第一人称方法。在某些情况下（尤其是类人猿），第二人称方法可能是合适的。幸运的是，尽管困难重重，但这些方法在非人类灵长类动物身上得到了越来越多的应用。但基本上，我们只能通过第三人称来了解动物。这也适用于在某个年龄段之前人类幼儿，这个年龄可以是可变的，取决于该任务是否需要拥有语言，还是一些符号的交流方式就可以了。因此，只有将第一人称法、第二人称法和第三人称法结合起来，才能全面比较人和其他动物，以及成人和婴儿。

此外，有可能做一种"前载现象学"（front‑loaded phenomenology）（Gallagher & Zahavi 2008：38 ff.），也许更恰当地描述是，它是以现象学加载的实验科学，因为它将特定现象的现象学描述结论设置为情境测试的出发点。但是，这种实验可以用来确认或否认现象学描述的想法必须慎重考虑。

2. 现象学方法的本质

现象学是一种描述性方法。[①] 因此，它确实应该被看作一种经验方法。现象学的方法是基于这样一个事实，即，在事件的正常过程中，对于（至少是人类的）意识来说都是可获得的一切事物，是作为存在于意识之外的事物呈现于此意识面前的。

意识是对于某物的意识，此某物在意识之外。这就是在布伦塔诺‑胡塞尔传统（Brentano‑Husserl‑tradition）中被称为"意向性"（intentionality）的东西：意识的内容是意识的内在，恰如存在外在于意识一样。因此，我们可以将意识流中的一个特定阶段描述为一种行为，在此行为中，

---

① 当然，正如乔丹·兹拉特夫（Jordan Zlatev）向我建议的那样，现象学可以考虑由几种方法组成，因为当中肯定涉及几种方法论操作（下文将对此做更多介绍）。独立完成当中的一部分操作并非不可能，虽然据我所知，胡塞尔从未考虑过这种可能性。在当前的语境下，我没有对这个问题表态，而是选择了遵循传统的现象学方法。

意识之外的事物成为我们关注的主题。在完成这样的行为时，我们被引导到意识之外的事物。在一个常用的例子中，胡塞尔认为我们被卷入了对于一个立方体的知觉。那么，意识中给出的立方体是作为意识之外的存在给出的。该行为本身并不是有意识的（事实上，它在某种程度上是共同意识的，但不是作为意图明确的主体）。① 然而，有可能将意向性的光束反转，将它引向行为本身，以研究它们在意识中的组织方式。一旦我们这样做了，我们就转换了领域：我们进入了现象学。事实上，这种转向意图行为本身的转变被称为"现象学还原"（phenomenological reduction）。

这有一个必然结果：为了将行为看作是具有价值的行为，我们不得不忽视该行为所针对的对象是否存在。这就是所谓的"悬置"（epoché），即信仰的中止。我们不能把"悬置"理解为对心灵之外世界存在的怀疑，甚至不能把它理解为一种方法论上的怀疑，笛卡尔就是在这种意义上提出这个观点的。世界仍然在那里。它只是短暂地被置入括弧。在胡塞尔的意义上进行现象学分析还有另一个要求：我们必须针对每个行为的一般结构，而不是个体特征。这种对一般事实的指向性（directedness）被称为"本质还原"（eidetic reduction）。

为了达到普遍性的层次，我们必须经过想象中的自由变更，这也称为"观念化"（ideation），通过这种变化，我们改变行为的不同属性，以便能够确定"星丛"（Constellation）哪些属性是必要的，哪些可以舍弃。如果像胡塞尔一样，我们从感知开始，我们可能想要改变感知立方体的不同方式。确实有许多感知行为仍然是对一个立方体的感知，甚至更具体地说，是对同一个立方体的感知。当然，最值得注意的是，立方体可以从不同的侧面、不同的角度来观察，或从只有局部的某个窥视孔观察等。但是，假设我将立方体看作一个比立方体更多的东西，特别是看作一个骰子。由此，我为最初的原始立方体添加了一个变化，现在它不再是简单的立方体（尽管在这种情况下，它仍然是一个立方体）。接下来的问题是：这仍然是一种知觉行为吗？胡塞尔显然不会这么想。我不同意（见 Sonesson 1989）。

---

① 这一观察本身是胡塞尔现象学研究的一个重要结果，但我们必须在下面忽略它，以免把事情过分复杂化。

在这种特殊的情况下，胡塞尔和我碰巧从这个观念化行为特别的案例中得出了不同的结论。这个事实相当重要——在现象学运动的历史上，类似的事情肯定已经发生过很多次了，甚至在胡塞尔重复他自己的一些分析时也发生过。这并不意味着现象学分析的结果可以任意改变，就像人们常说的主观方法一样。相反，所有从事现象学的人都同意现象学经验的基本结构。但是胡塞尔反复呼吁一个现象学家共同体的必要性，他们能够印证现有的现象学分析。[①]

尽管胡塞尔经常使用一套术语（如："本质直观"［Wesenschau］），但在一个给定的例子中，现象学的结果并没有以任何一种启示的形式展示它们自身。现象学的方法假设完成一项艰巨的工作，而这项工作必须反复地进行，以确定一个可靠的结果。至少，在实际操作中，这是胡塞尔所做的事情：从胡塞尔死后出版的《胡塞尔全集》（Husserliana）之卷帙浩繁可以看出，胡塞尔反复地重复着同样的描述和变化，但对结果并不完全满意。的确，正如所有的科学努力一样，现象学方法的结果总是暂时的。这就是胡塞尔用另一个颇具误导性的术语"明证性"（Evidenz）所指称的东西。皮尔斯当然认为这是（潜在的无限）解释项的序列。[②] 一些早期的现象学家，如阿隆·格威施（Aron Gurwitsch）和莫里斯·梅洛－庞蒂（Maurice Merleau－Ponty），再次经历胡塞尔式的艰苦分析，发现了关于知觉、意识领域和具身性的新事实。我自己承担了阐明图像符号结构的艰巨任务，发现某些情况下胡塞尔本人的工作不够细致（Sonesson 1989）。最近，汤普森（Thompson 2007）致力于提升应用胡塞尔对于心象（mental images）的分析。工作无止境，但是正如所有的科学努力一样，我们似乎总是越来越接

---

① 有关这方面的更多的最近的二手文献，参阅 Zahavi & Gallagher 2008，ch. 2。

② 这确实是对皮尔斯所说的话的一种普遍的阐释，但仔细阅读皮尔斯的文章，似乎不可避免地会得出这样的结论：对皮尔斯来说，真相是预先被赋予的，尽管我们只能近似地获得真理——正如他经常解释的那样，人类和世界是同样的东西，所以从长远来看，我们终将触及真相。一个关键的例子是，在写给威廉·詹姆斯（EP, 502f）的信中有这样一段话："换句话说，我们的理性类似于支配宇宙的理性；我们必须如此假定，否则就会限于任何发现都不可能的绝望之中。在胡塞尔那里，似乎没有任何这种形而上学的历史主义假设。现在，可同样参阅斯特恩菲尔德（见注释 57，Stjernfelt 2007：432）中关于皮尔斯的内容，此书认为皮尔斯与其说是持有的，与其说是一种符合论的理论（corresponding theory），倒不如说是一种自洽性的理论（coherence theory）。

近真理。①

皮尔斯无疑也对现象学感兴趣。根据他的定义，现象学是一种特殊的科学门类，它"确定和研究普遍存在于现象中的各种要素类型，此处，现象一词意味着在任何时候以任何方式存在于头脑中的任何事物"（EP II，259）。皮尔斯声称这个词取自黑格尔（Hegel），但正如斯特恩菲尔特（Stjernfelt 2007：441，注释153），他对这个词的使用与他阅读胡塞尔的时期是相符的，而且，皮尔斯和胡塞尔的用法的确有明显的相似之处，而在黑格尔的著作中并未发现类似用法。② 后来，皮尔斯将同样的研究称为"显象学"（phaneroscopy）（译者注：或称为"皮尔斯现象学"）并描述如下：

> 有这样一种研究，它基于直接观察"显象"并归纳观察结果，将多个具有广泛的分类的"显象"进行符号化，并描述每个类的特征；该研究表明，尽管它们之间有着千丝万缕的联系而无法被孤立出来，但显然它们的特征是完全不同的。（CP 1.286）

如果将"显象"（phaneron）一词换"现象"（phenomenon），就可以得到一段根据胡塞尔所描述的现象学方法（当然是现象学和本质还原）的文本。事实上，我们已经看到皮尔斯自己在他早期对这种研究的描述中这么做了。然而，皮尔斯的文本是这样继续的：

> 这就毫无疑问地证明了，一个很短的名单包含了所有这些最广泛的"显象"范畴；最后，我们开始了一项艰苦而艰巨的任务——罗列这些范畴的主要分类。

---

① 我对现象学方法的描述是基于我自己对胡塞尔研究的阅读所得，以及我自己对使用这种方法的尝试。现象学方法的一个更有原则的最近描述可以在如下文献中找到（Gallagher & Zahavi 2008；Thompson 2007：267 ff.）。

② 斯特恩菲尔德（Stjernfelt 2007：141 f.）引用了许多皮尔斯对现象学的定义的例子，这些例子都很清晰地表明了其与胡塞尔的相似之处。他还记录了两位学者对彼此的负面看法，显然是因为他们都没有真正读过对方。在整本书中，（Stjernfelt 2007），尤其是在141 ff. 页，斯特恩菲尔德给出了很多关于胡塞尔和皮尔斯相似性的例子。有趣的是，这种双向关系研究的先驱是斯皮格尔伯格（Spiegelberg 1956），他在其他地方被认为是严格的胡塞尔意义上的现象学运动史的最权威的历史学家。在这里，我们只关心这当中的相似点，以及它是如何导致不同的。

当然，胡塞尔也希望通过这种方法建立一些非常广泛的范畴。然而，事先声称可以建立一个如此宽泛范畴的简短列表，似乎与他对现象学的整体观点不相符。当我们意识到皮尔斯的短列表肯定是由一组三元项包含着另一组三元项，以及一些二元素和一些单个术语，胡塞尔和皮尔斯的区别变得更加明显。① 这种递归三元组织是皮尔斯符号学的必然结果，它先于任何现象学调查；亦即，这是先验的，这并非说，它们是通过想象性自由变化确定的，而是说，它们在（法语的）日常语言意义上的任何观察发生之前就被决定。这是皮尔斯的现象学第一个不合理的假设。另外一个不合理之处，是它涉及的原初的三分式内容：第一性（Firstness）、第二性（Secondness）和第三性（Thirdness），它们都是一些意义，这些意义被设定为通过三分式的层级结构体现出来。因此，从胡塞尔现象学的终点来看皮尔斯现象学，（至少）这两个假设必须被证明是正确的：所有类别都是三分的（除了上面提到的外），以及三个原始分类的具体内容。

就此而言，皮尔斯的"显象学"可以被视为由胡塞尔的想象性变化引发的一种可能的变种——这是一个未必真确的变种，在具体的例子中，它或许正确或许未必。最明显的例子即是皮尔斯的第一、第二和第三组三分法。

然而，之前讨论的三分法，我要提及一下，一个现象学的重要方法论补充，它至少在其明确的形式中必须归功于皮尔斯：图表的使用，因为它们是图像符号，在图像本身之中，抑或伴随某种被投射于图表之上的进一步的先设，图表可以让我们直接"看到"变化的结果。我们都以这种方式使用图表，例如，上面我自己的图1-1以及早期著作中的许多其他表格和数字（如Sonesson 1989），兹拉特夫的表1-1，上文转载的表1-2等；正如胡塞尔（例如当讨论时间意识）和皮尔斯偶尔也在文本中这样做过（皮尔斯在他原有图像基础上，以程序化方式做了额外的补充）。皮尔斯多次提到的图表对于解决现象学问题的重要性，仍然是斯特恩菲尔特（Stjernfelt 2007）新书的核心观点和基本主题。

---

① 例如"再现体"，它是缺少细分的第一性；而"对象"是被二元划分的第二性；"解释项"则是被解分为不同类型的三元体。然而，尽管像似符号是第一性，它有三种类型：图像、图表和隐喻。

3. 皮尔斯的三分法和卡尔维诺的三分法

（经验）世界的所有分节都是以三分出现的这个观点，是无法证明的，也不可能被反驳。然而，如果我们不是生活在《傅科摆》（*Foucault's Pendulum*）一书中被艾柯拙劣模拟的世界里，那么世界以这样的方式构成的可能性就微乎其微。当然，我们不是在谈论世界"真正的"所是，而是谈论它呈现给现象学描述的方式；并且，至少根据上文的引述，当皮尔斯在谈论他的三元层次结构时，他所思考的似乎也是如何进入一种现象学观察（因为，即使承认皮尔斯准心灵［quasi－minds］的存在，皮尔斯也承认它是通过通常的人类心灵，我们有权触及现象）。皮尔斯式的话语世界受到数字的神秘束缚已经到了这个程度，他的研究是更大范围的西方传统的一部分，并伴随着（至少部分虚构的）东方来源。后者将世界（如我们所经历的）理解为建基在固定的量化关系之上；这些关系具有深奥的含义。这是一个从古代到布鲁诺（Giordano Bruno）和卢勒斯（Raymond Lullus）不断被证明的世界概念（见 Yates 1964，1966；Eco 1995）。像这样的概念，很大程度上在西方历史中，至少对一些知识分子群体而言，是常识世界的一部分。然而，这并不表明这种观念在现象学上是合理的。正如第 1 节所指出的那样，现象学的任务是超越常识。

当然，从现象学的观点出发，或许从某些明确界定的观点来看，根据在表达（再现体）和内容（对象和/或解释项）之间可能发生的不同关系，确实有三种符号，即有像似性（iconic）、指示性（indexical）和规约性（symbolic）的符号。很长一段时间以来，我确实发现这种划分在直觉上是令人满意的，尽管我仍然不能确切地说清，要得到这种结果，必须从何种角度改变想象力。因此，人们可能会觉得，被纯粹的规律或一个规范所联系起来的表达和内容之间的区别实在太重要了，以至于不能合并成一种单一的关系，即规约性的关系（二者均是皮尔斯意义上的"习惯"［habits］，这将在下面讨论）。但是，即使这种划分在现象学上是相关的，这并不能推出，想象力的所有其他变化必然导致三种划分。因而，符号本身由三部分组成的观点，在现象学上并不能作为一个理所当然的事实而被证明。正如我在其他地方（Sonesson 2007d）所论辩的那样，在确定模型有效的领域以及划分依据的标准（相关属性）之前，某事物是否有两部分或三部分的问题没有意义。由于索绪尔符号的领域是内在于符号系统的，且其内容始终与它所解释的"现实世界"对立，因此它在这样一个程度上也将是一个三元概念：在符号系统之外的现实被包括在要分析的域中。至于皮尔斯的符号，如果把所有的划分标准都包括在内的话，它实际上包括六个实体，因为有两种对象、三种解释项，但只有一种再现体。

除了必须经常作三种划分之外，还有三种分类的内容问题。第一性、第二性和第三性的意义远不止一个必需的分段的第一、第二和第三类，这个分段把世界三分。通常，皮尔斯只是简单地宣称，第一性本身就是存在的，第二性必然与其他事物相关，而第三性则需要一种更复杂的关系（要么是三者之间的关系，要么是关系之间的关系，或者两者兼而有之）。这三个类别比较正式的定义之一如下：

> 第一性是事物本身的存在方式，它是积极的，不涉及任何其他事物。第二性是事物本身存在的方式，它是以第二种方式存在而不牵涉第三种。第三性是事物本身的存在方式，它把第二和第三性相互联系起来。（《一封写给威尔比夫人的信》，CP 8.328）

在这里，第一性和第二性几乎可以理解为以某种扭曲了的方式，与胡塞尔（Husserl 1913, Vol. II, part 1：225 ff.）对独立部分和依赖部分的所做的区别相等同；例外的是，关于双向的和单项的依赖性之间的区别，没有任何附加说明（与叶尔姆斯列夫［Hjelmslev 1943］一样，斯特恩菲尔特［Stjernfelt 2007：167 ff.］也明智地评论了这一点）。这就提出了第三性何为的问题。如果它涉及两个术语之间的关系，而不是只像第二性可能被理解成的那样，只卷入一个术语和一个关系，或者卷入一个诸关系的关系，那么为什么我们不应该继续定义第四性，等等？当然，皮尔斯声称，超越第三性的所有关系都可以分解为几种关系，但是第三性本身无法这样处理。目前尚不清楚这是否确实是一种现象学事实。实际上，抛开别的不说，这必须取决于第一性、第二性和第三性的究竟是什么。例如，第一性中是否真的没有关系存在？当它被用来定义一个符号，例如定义像似符时，它必须已经被预设为关系的一部分，这甚至在它被视为一个符号（即相似关系）之前。① 确实，皮尔斯一再说，第一性不能这样理解。那第二性呢？第二性之所以为"二"是由于它由两个要素组成吗？——在这种情况下，它岂非由两件事情和一种关系，共三个要素组成？或者，还是应该把第二件事情想象成由一种元素相联系的关系（Sonesson，即出版）？同理，第三性则将不得不包含三个联结点，其中一个已经被一个描述关系性质的元素所充满。

然而，皮尔斯在很多地方都会为每个范畴赋予更具体的内容。由于不可能检视皮尔斯全部著作提供的所有这些对范畴（仅部分重叠）的描述，因此有关每个类别将不得不在几个实例中来处理：因为我无法避免像在上面提及的那样，第一性是短暂而难以作为它自身被把握的瞬间；的确，它是此刻、是品质、是可能性（"除了可能性意味着与存在之物的关系，而普遍第一性是存在自身的模式"［CP 1.531]）；"新鲜、生命、自由"（freshness, life, freedom）（CP 1.302）；"自发性"（spontaneity）（CP 3.432）；"不确定性"（indeterminacy）（CP 1.405）；"行动主体"（a-gent）、"开始"（beginning）（CP 1.361）；它也是"直接的、新的、主动的、原创的、自发的、自由的、生动的和有意识的"（immediate, new, initiative, original, spontaneous, and free, vivid and conscious）；在"全合成和全分化"之前，"没有统一，没有部分"（CP 1.357）。

至于第二性，则涉及诸如"一个主体或实体对另一个主体的粗暴行为"（CP 5.469），"对努力的经验"（the experience of an effort）、"反应"（reaction）、"抵抗"（resistance）和"反对"（opposition）（CP 8.330），作为"彼时彼地"（then and there）的"实在性"（actuality）（CP 1.24; cf. "个性体［haecceity]"）（CP 1.405），"意志"（willing）、"感知经验"（experience of perception）、"存在性"（existence）（CP 1.532）、"依赖性"（dependence）（CP 3.422）、"患者"（patient）（CP 1.361）等。

最后，第三性是"一个主体相对于另一个主体的精神或准精神的影响"（CP 5.469），是"法则"（law）（CP 1.26）、"习惯"（habit）（CP

---

① 因此从符号角度来看，像似性只是作为像似的（iconic）基础才开始是潜在地有趣的，正如我们将在下面的 3.2 节中看到的那样。

1.536）、"一般规则"（general rule）、"未来"（future）（CP 1.343）、"认知"（cognition）（CP 1.536 - 537）、"再现"（representation）（CP 5.66）、"媒介"（mediation）（CP 2.86 - 89 和 1.328），等等。

经过几十年阅读皮尔斯的作品，我确实在这些范畴中找到了一种自洽性，但它肯定不采取任何描述充要条件的普通定义所能包含的形式。并且，尽管有从表面上看是范畴之多样性的东西，它们的内容肯定比纯粹的数字定义所包含的内容更加具体。事实上，根据这些描述，第一性、第二性和第三性听起来很像维果茨基（Vygotsky 1962）所说的"连锁—概念"（chain - concepts）的东西，它们是孩童（当时被认为是野蛮人）所特有的。维特根斯坦基于"家族相似性"（family resemblances）提出了这类模糊概念，并指出这种概念在日常语言中普遍存在，这个类型的模糊概念似乎重新获得了活力。罗施（Rosch）构思了基于原型（prototype - based）的范畴概念，据此，一个范畴是由一个中心的范例来定义的，该范例似乎令对该范畴最重要的东西具身化，而该类别中其他成员与原型的距离各不相同。在一系列实验中，罗施表明，这个解释模型在心理学上是有意义的。最有趣的实验之一，是按照被视为类别原型的物体的关系，将物体置入空间布局之中。因此，这个概念似乎是基于第一人称和第三人称方法的组合。[1] 罗施和梅尔维斯（Rosch & Mervis 1975）对原型和维特根斯坦家族相似性两个概念之间的关系进行了反思，认为两者之间的差异在于，前者与一个中心范例有关，而后者没有这样的例子。[2]

起初，人们可能倾向于在皮尔斯范畴中看到某种连锁—概念或家族相似性，但我认为概念链上的某些成员，确实可以被认为是构成了范畴的原型，或这其实是构成了理想的类。这可以被看作是对皮尔斯不断重复的一些断言的概括，即他的分类中的某些范例是"退化的"（degenerate）（这

---

[1] 的确，这似乎是一种"在字母之前的"（avant la lettre）前载现象学（front-loaded phenom-enology）（见第 2.1 节）。

[2] 在其他地方，罗施（Rosch 1975）错误地将她的原型概念与韦伯理想类型概念同一化了。索内松（Sonesson 1989：71f.）阐明了这一错误：虽然原型是通过一个范畴的中心示例来加以定义的，而且它还把其他或多或少与该中心示例有相当距离的东西包含为其他成员，一个理想类型是一种人工创造，它在与现实的关系中被夸张化，并且和可能包含矛盾的属性，这些属性通常投射到时间和/或空间上。

是皮尔斯著作提出的术语，其含义我们只能猜测），其他的则是原型或理想范型。就第一性而言，这个中心思想似乎很难理解，但它肯定与易逝性或流变性有关；主导第二性的是反应/阻力的观念；而法则往往是"第三性"的最显著因素。在本文如此短的篇幅内，要充分证明这些论点的正确性几乎不可能。然而，我认为皮尔斯下面这句话很好地说明了（双面的）阻力是否为第二性理想类型：

> 一扇门微微半掩着。你尝试打开它。某些东西阻止你的开启动作。你用肩膀抵着门，体验一种施力感和阻力感。这不是两种意识形式，而一个双面意识的两个方面。任何没有阻力的施力，或任何没有阻力的施力都是不可理解的。这种双面意识就是第二性（EPI，268）。

在熟悉了皮尔斯半个世纪之后，我不得不说，最初的三分法对我来说确实开始有意义了。然而，问题是它如何与另一种可构想的三分法相比较，例如意大利小说家伊塔洛·卡尔维诺（Italo Calvino 1983）为了写一卷短篇小说而创作的三分法。所有的故事都被排列成数字的组合，就像皮尔斯的三分法一样，它们是循环的，也即它们自我生成（比如：第一性的第一的第一性等）。在书的最后，卡尔维诺列出了三个范畴。第一类涉及视觉体验，通常作为物体的自然形状：它可以被称为"描述"（description）；第二类包括文化——人类学的元素、语言、意义、符号：它是"叙述"（narrative）；第三类包括推测性经验，它是关于宇宙、时间、无限、自我与世界的关系、感官的维度：它是"沉思"（meditation）。在书中，第一种类型的部分是关于假期的，作为卡尔维诺的第一性和不同程度的第一性相结合，这些故事告诉我们的观察是关于海浪，关于沙滩上裸露的乳房，以及海面反射的阳光；当它与第二性相结合时，我们就有了对动物的描述；在与第三性的结合中，星星就被描述出来了。第二种类型中占主导地位的部分在城市中发挥着作用，通过不同的组合，它引发了对阳台上、购物时和动物园里发生的事情的叙述。第三部分的故事主要是由第三类决定的，它是关于沉默，在不同的子类别中，涉及旅行、社会生活、宇宙和死亡。

显然，卡尔维诺的范畴与皮尔斯的略有重叠。事实上，他当然没有想过要成为一名皮尔斯式理论家，因为他与符号学的联系实际上接近格雷马斯学派。尽管作为一位思想者，卡尔维诺没有被剥夺形而上学的抱负，但他不太可能像皮尔斯那样严肃地看待自己的分类范畴。事实上，卡尔维诺的分类似乎比皮尔斯的分类更容易理解。然而，当投射到这些故事上时，它们给人的感觉就像一些概念性星云，但深究起来，它们似乎不无道理。

4. 现象学方法的个体认识论

在上面我曾经断言，从本文所提出的认知符号学的角度来看，现象学首先是一种方法。但任何方法都离不开一定数量的本体论和认识论预设，这在现象学中可能尤其如此。因此，在接下来的内容中，我想至少用一个初步的方式整理一下，在运用现象学方法后，哪些本体—认识论后果会产生，而哪些不会。由于我不知道有谁曾试图这么做过，因此，希望能原谅我只是简单地触及于此。

现象学方法的基本前提是意识的存在。正如丹尼特（Dennett）所说，这不是幻觉。然而，我们并不完全清楚，拥有意识和处于拥有意识的幻觉中的区别是什么。这并不像有疣和只是有疣的幻觉之间的区别那样明显。如果你认为（或相信等）你有一个意识，那看起来就相当于有一个意识。这个想法可能是这样的：如果我们有意识或者没有，这不会改变世界上的任何事情。既然所讨论的世界显然是我们经验的世界，那么意识是幻觉这个命题当然极难有意义。如果这是真的，那么现象学的方法就一无是处了。如果构成我们意识流的行为结构对世界呈现给我们的方式没有贡献，那么就没有什么可以用现象学方法来研究的了。出于同样的原因，丹尼特所说的"异源现象学"（heterophenomenology）将不存在研究对象。如果像丹尼特声称的那样，它是从第三人称的角度来考量某个报告，这个报告源自作为意向性立场之结果的虚构领域，则正如汤普森（Thompson 2007：303 ff）所说，这实际上是一种基于第一人称方法的第三人称方法，而且它无法逃避任何关于现象学本身的问题。此外，正如加拉格尔和扎哈维（Gallager & Zahavi 2008：18）补充的那样，如果你不参照自己的第一人称经验，就无法解释第三人称报告，否则这种解释必须建立在未经证实的大众心理学观念之上。然而，更重要的是，这样的研究是毫无意义的，因为它不能告诉我们，我们的经验世界是如何建立起来的。对于这最后的警告，丹尼特可能会回答说，研究意向性立场的结果就像研究从童话到小说的其他文学作品一样有趣。但这意味着异源现象学和现象学根本不是一回事。

因此，现象学方法的本体论前提，是存在有一个可以称为意识或心灵的特定的领域。从这个意义上说，心灵不能包括皮尔斯的"准心灵"（quasi-mind）。我相信，如果皮尔斯愿意接受生物符号学家（biosemioticians）细胞拥有"准心灵"这样的想法（至少，它被如下两样东西所暗示：细胞交换符号和资源这个理念，以及在生物学中对皮尔斯式的符号定义的引用［如 Hoffmeyer 2005］）。从一个重要的意义上来说，心灵与物质不是连续的。一个现象学家似乎不可能接受皮尔斯如下说法——"物质是贫瘠的心灵，固化的习惯将成为物理法则"（CP 6.25），这就像那些可以被认为是相反的，但实际上无法区分的信条一样；后一个信条是：心灵就是物质。如果皮尔斯关于连续性的普遍概念（关于这个，见 Stjernfelt 2007：1-48）被应用到精神和物质之间的关系中，那么，正如布列尔（Brier 2009）所指出的那样，从这个意义上讲，它似乎导致现象学方法变得不可能。当然，我们也必须仔细（正如皮尔斯应该做的那样）指明，我们在什么意义上认为两物质与心灵之间是不连续的。

如果不是一个完全的二元论者，甚至创世论者，人们就必须承认，意识是从物质中产生的，就像生命之前是在毫无生气的自然中产生的一样。与生命相似，意识可以被看作一种意外的属性。不过，我无法理解汤普森（Thompson 2007：221 ff.）的观点，他认为生命虽然对活力论者显得神秘，但它既然已被证明是普通化学定律的结果，我们就应该接受心灵也没有更多的神秘性，虽然目前还没有对这个意外的直截明白的解释。恰恰相反，无论化学如何看待生命，从现象学的观点来看，对生命的理解仍然有很大的空白区域，心灵也是如此。

现象学方法的第二个重要前提，应该是认识论（事实上，也应该是心理学）。有意识是一回事，能够认知有意识这一事实是另一回事。如果我们的意识通常是由指向外部世界的行为构成的，特别是，如果这种指向外部世界的行为是意识的内在属性（即意向性），那么这些行为本身很容易就会无法被我们注意到——也许是不可避免的。但现象学的方法假设主体有可能转而观察自身的行为。那么，主体就必须能够将心灵的无意识、前意识或半意识的部分变成被注意到的对象。[①] 更具体地说，内容赖以被意识到的那些行为必须为意识所用——更确切地说，作为令某些内容成为我们意识主题的行为一样。这是一个认识论问题，因为某种程度上它对现象学方法是否适合这项任务进行追问。然而，它也是一个（现象学的）心理学问题，因为，它需要有血有肉，以及更重要的是，拥有这种经验地被认为是存在这心灵的"人"，以完成应对属于一种本性运作的成就，这些成就与操作了它们本身之操作的操作相符合，但又注意到了原初操作的内容。如果这个表述让你的思维扭曲，你可能会意识到其中的困难。[②]

毫不奇怪，没有一只蜱虫或蝙蝠，也没有其他动物被认为使用了现象学方法。没有一个细胞可以单独完成这项工作。现象学的方法很难使用，对人类也是如此，最明显的证明是胡塞尔的遗作（只是因为似乎没有其他人在写下他们所有临时的现象学分析）。就像所有的科学方法一样，采用一种皮尔斯式表达也是非常容易犯错的。然而，即使我们假设有某种"感受性"（qualia）伴随着蝙蝠（甚至是壁虱）的简单的感官生活，但如果知道它们也有一些"元感受"（meta-qualia），也即对它们自己的经验的体验，那将是非常令人惊讶的。据我们所知，黑猩猩、倭黑猩猩和其他灵长类动物很可能是伟大的现象学家，只不过无法向我们传达他们的发现而已，即使是通过我们教给他们的人工符号系统也做不到。然而，更有可能的是，他们和大多数人一样，过分地忙碌于在关于世界的直接体验的行为中生活。毕竟，现象学方法即使在人类历史上也还是一个后来者。

我不想假装已经阐明了所有现象学方法的本体—认识论前提，倒是想谈谈该方法未曾暗示的东西，虽然这些暗示通常被认为是理所当然的。首

---

① "前意识"（preconscious）这个术语不应该被理解为弗洛伊德式的，而是几乎字面地（而且/或者是习惯地）被理解为那种不是当下意识的主题的东西。当然不用说，"无意识"（unconscious）这个术语也不应该以一种弗洛伊德式的、拉科夫式的或任何其他神秘意义被理解；它也不应该被理解为等同于生理学和/或等同于现代术语中所谓亚个人层次。

② 虽然这需要进一步的研究，但在我看来，这是一个比那种元操作的立场更严格的要求，虽然它从个体行为的内容中抽象出来，而皮亚杰式的心理学认为，这是我们在发展过程中都会达到的一个阶段。

先，现象学方法并没有假设任何唯我论。一个唯我论者当然可以经历所有现象学方法的操作，但他只会对自己有所了解。他的体会将不会与像丹尼特所说的异源现象学者有所不同。胡塞尔在他的《笛卡尔式的沉思》（Cartesianische Meditationen）（Husserl 1950）中处理的，是第一个问题。这个问题或许应该更恰当地称为"反笛卡尔的沉思"，亦即这样一个事实——人类并非仅仅作为意识的内容呈现于意识（或像笛卡尔认为的那样，只是一具从远处看着他人的自动机）：他们可作为其他主体而让我（me）成为他们意向的对象，正如我能以同样的方式让他们成为我的主题。作为一个在他那个时代意义上的反心理学家，胡塞尔当然也关心显示一些结构，它们不是（完全地）心灵的，比如，在一个著名的例子中，几何学部分地存在于个体心灵之外。最后的结果，是他甚至声称，对我们共同感知世界的感知，不仅像在早期文本中被设想的那样，必须建立在一个可能性之上，而且也必须奠基于一个确信：前一个可能性是，我们可以绕过那些我们当下无法完整知晓的对象，而从其他视角来思索它们（"我还可以那样"）；而后一个确信则是，这些对象（至少是潜在地）被其他人从他们视角出发而被经验到（见 Zahavi 2003）。

这些都是现象学遇到的问题，当然还没有完全解决。然而，那些指出这些是方法的问题的人往往是拒绝该方法的人。他们没能告知我们（甚至没能意识到这一事实），现象学方法之外甚至没有办法开始解决这些问题，因为，没有现象学方法（或它的一些先驱），你甚至无法意识到这些问题的存在。

这些都与胡塞尔著名的先验唯心主义转向毫无关系。你可以使用现象学方法而无须成为一名先验的唯心主义者，这一点，被这样一个事实所表明：一些思想家仍保持胡塞尔方法论的戒律，比如，举两个截然不同的例子，英伽登（Ingarden）和古尔维奇，他们都拒绝胡塞尔的这种形而上学的重新解释——而没有任何随之而来的不连贯性。

我并未暗示一种本体论的唯心主义。世界只"通过"意识到达我们，而不在意识"之中"。

5. 从历史结构到自然科学的世界

到目前为止，我一直关注的是现象学方法本身的本体—认识论前提

（但并没有做任何穷尽这些前提的断言）。但我相信，这种方法也有一些暂时的结果，有些来自胡塞尔本人和他为数不多的亲密追随者，有些来自布拉格学派——我所知的唯一受现象学启发的符号学传统，还有一些来自我自己的工作。

认知科学似乎是一种非历史的传统，尽管最近它已经承担了一些有关演化的问题。另一方面，现象学和符号学都受到了邻近传统的抨击，据说是因为它们对历时性缺乏兴趣，无论历时性是从演化的时间尺度来理解，还是从人类历史的时间尺度来理解都是如此。在符号学中，问题如下而变得复杂：其奠基者之一皮尔斯确实表现了一些对达尔文意义上的演化问题的兴趣；而在语言学已经完全致力于历史研究几个世纪之后，符号学的另一位奠基者索绪尔的盛名却是因为其强调对意义系统结构共时性研究的重要性（尽管历史研究乃是使他在他的时代获取了声名的研究）。为了驳斥现象学和符号学忽略历时维度的说法，有很多话可以说，但布拉格学派基于现象学和符号学的双重遗产的历史事实，已经足以在两种情形下否认对他们的指控。在布拉格学派声称最极端的版本中，他会说，共时性始终存在与历时性之中，而历时性只能应用于共时性（例如，用于整个结构）。事实上，用一本关于布拉格学派的优秀著作（Galen 1985）的书名来说，这些结构本身就是历史的。不幸的是，布拉格学派在 20 世纪 40 年代停止了学术工作，并且从那时起，从事符号学研究的人很少认真对待这一传统，这也都是历史事实。

然而，演化似乎是一个更棘手的问题。历史似乎仍然可以从现象学中构想出来，特别是通过一个相当普通的解释学延伸，因为主体继承了早期历史留给它的传统。如果说有什么区别的话，那就是达尔文式的演化论是一种外部经验。演化没有任何明显的主体。的确，不可能有关于演化的现象学。然而，这并不比现象学分析不能取代大脑扫描的功能更奇怪或令人不安。现象学可以把意识的半意识、前意识和无意识部分带入认识中来。胡塞尔把这种转变带入动觉体验。然而，生物演化只存在于亚个人层面（Bermúdez 2005），正如该术语明确指出的那样，这一层面尚没有任何主体。此外，它也开始于一个历时性的点，在这个点上，主体还不存在；且在任何情况下，它都起于一个时间上的点，在这个点上，今天的主体生活都无法触及自己的半意识、前意识或无意识的经历，无论他或她如何努力。这一事实并没有突出现象学方法的任何缺陷。相反，本文对现象学方法的反思表明，我们对于演化，以及关于一般自然的所有知识，都必须是间接的，都必须通过第三人称的中介。

胡塞尔在《危机》（*Krisis*）（Husserl 1954）中提到了我们现在关注的两个问题；遗憾的是，他只谈论了人类历史意义上的历时性的问题，却在一个更大的范围内谈论了现象学和自然科学的关系。首先，这是胡塞尔首次把现象学呈现为一种处于历史中的方法。它不是碰巧在 19 世纪初由胡塞尔自己，通过遵循弗兰兹·布伦塔诺（Franz Brentano, 1924 - 1928）提出的经验性或描述性心理学的观点而被发明，然后至少在一定程度上被皮尔斯重新发现。在胡塞尔看来，现象学在那个特定时刻被发明，其在历史上是必要的（尽管不是在任何黑格尔式的历史预设论的意义上）。自然科学在几个世纪被发明，以及对各种问题的理性主义态度被普遍化之后——这些问题中包括那些人文和社会科学的特点，它们在启蒙运动时期发生——科学和理性已经取得了更大的进步。在胡塞尔时代，这一过程产生了在科学和生活世界之间的关系危机；这里的生活世界，胡塞尔的追随者阿尔弗雷德·舒茨（Alfred Schütz）后来称之为"理所当然的世界"（world taken for granted），亦即，在这样一个世界，普通人类及包括"作为"人类的科学家们，审视他们的生活。

到目前为止，胡塞尔提出的窘境似乎非常接近霍克海默与阿多诺（Horkheimer & Adorno 1947）提出的启蒙辩证法的诊断——野蛮奔跑的理性终结了所有的经验，褫夺了日常生活的魔法，这最终导致理性被工具化为第二次世界大战期间对犹太人的工业化灭绝。正如在更后来，由米歇尔·福柯（Michel Foucault 1994）以一种相当法兰克福学派式的精神所补充的那样，这个野蛮奔跑的理性被卷入了一场更大的项目，这个项目将人类完全变成不同的规训系统下的顺民；除了监狱和精神病院，这些规训系统还包括科学领域本身。和法兰克福学派一样，福柯显然认为这是一种完全消极的发展，然而这种发展是无法改变的。胡塞尔的立场完全不同。和试图向人类证明神道的诗人约翰·弥尔顿（John Milton）一样，胡塞尔也想捍卫生活于现实世界中的人们眼中的科学的尊严。正是因为这个原因，现象学才有必要。现象学方法发现了作为生命世界之基础的理性结构。

尽管如此，（自然的）科学家们还是很容易得到这样的印象：胡塞尔开始着手把科学成就相对化。我们可能会忘记，我们经验的唯一真实世界就是生活世界，即使是科学家在做实验的时候，他自己也身处那个世界。他的仪器也是如此：如果科学家使用粒子加速器来研究粒子内部结构的话，他无法将加速器作为一个研究对象来对待，亦即，他无法从它所包含的粒子的角度来考虑它。如果要对他从事领域的科学对象进行研究，科学家和他的仪器必须牢固地扎根于生活世界之中。只有从生活世界的视角，科学世界才能被构想出来。这个观点后来被阿尔弗雷德·舒茨（AlfredSchütz 1967）所概括，对他来说，科学世界以及梦想、幻想、游戏、艺术和宗教的世界，都是"意义的有限领域"（Schütz：229），这些领域，只有当你以生活世界为起点时，才是可以被通达的。

似乎可以从此推出来的是，科学世界即使不是幻觉，也是一个充满幻想的世界。我认为，在某个意义上，这是一种正确的阐释。但是科学世界并不是一个没有约束的幻想世界（就像无政府主义者费耶拉本德的观点）。胡塞尔认为，科学是进步的，所以它肯定是在通往真理的道路上，不管真理离我们有多远。尽管把自己描述为一位现象学家的巴里·史密斯（Smith 1999；Smith & Varzi 1999）引用生态学术语来把生活世界描述为人类生存的"生态位"（niche）。它是在"中观的"（mesoscopic）层面上发现的，这个层面介于物理学所描述的微观和宏观层面之间，但在与后两个层面一样的意义上，它也是真实的。据史密斯说，该观点属于詹姆斯·吉布森（James Gibson），且这一观点与胡塞尔的看法是对立的；胡塞尔认为只有生活世界（而非物理科学）才是真实的。我不是这样理解胡塞尔的；即使我对胡塞尔的阐释是错误的，我还是更愿意看到这种关系的另外一面（见Sonesson 2001）。举个我们熟悉但可能有点过时的例子，物理学可能把光描述为一系列波与粒同时存在的结合。这对常识来说是无稽之谈，但这这种看法是正确的：因为，很明显，这肯定意味着光确实是第三种东西，它碰巧和被称为波和粒子这样的常识物体有一些共同的性质。因此，物理学用来描述物理世界的语言是粗略的和隐喻的。同样，在20世纪，原子长期以来都是在一个微型行星系统的模型上被构想出来的，直到有人提出电子更应该被看作从原子核周围不同位置转移来的能量。这是对物理世界的基本结构的两个隐喻，第一个隐喻在很长一段时间内可以解释已知的数据，后来，由于同样的原因，该隐喻被认为是不充分的。从这个意义上说，我认为胡塞尔谈到了自然科学的不同解释体系是现实的一种理念外衣（Ideen-kleid），我们不应该把它误认为是现实本身。这并不意味着这个理念外衣所试图描述的世界是不真实的。但是，生活世界是我们能够直接通达，并且能够用它自身的语言被描述的、唯一的世界。

事实上，我不明白史密斯为什么要解释胡塞尔和吉布森之间的对立。据我所知（至少我从 1989 年就一直这样建议 [Sonesson 1989]），吉布森的知觉心理学是把现象学自然化的第一次尝试。事实上，詹姆斯·吉布森的妻子埃莉诺·吉布森（Gibson 1969；Gibson & Pick 2000），更具体地参与了学习；她对吉布森的理论（实际上是他们两人的理论）描述是，它奠基于分化而不是丰富化。这意味着，在某种意义上，我们所知道的一切都已经呈现在感知中，但它必须在整体中被发现，它是整体的一部分，并且它也需要被置于合适的角度。在《图像的观念》（*Pictorial Concepts* [Sonesson 1989：316 ff.]）中，我用我所谓的品酒师的符码来说明这一点。起初，所有的葡萄酒味道都一样。随着时间的推移，我们可能会发现更多的味道的细微差别，最终这些差别看起来如此之大，以至于我们很难理解它们最初乃是细微的。但味道和它们之间的区别始终存在。这无疑是一个完全发生于生活世界中的过程。如果我们能通过分离产生味觉差异的化学成分而把味觉的差异解释清楚，我们就能更接近自然科学的分化特征。但在这里，我们仍然非常接近生活世界的表面。当我们发展微观和宏观世界的理论时，我们通常只能够通达一些中观世界可见的事实，用史密斯提出的使用术语来说，这在大部分时间里只能通过一种位于中观世界一些特殊类型的装置。关于在那两个对于我们来说是我们陌生的世界里发生了什么，不可能完整地描述。所以，我们必须把一些事实联系起来，为它们创造一个名字，不管这个名字是线粒体还是黑洞。就目前而言，这些事实都是足够真实的。但他们的名字和他们在普通语言中所暗示的一切都是纯粹的幻想。

四 走上胡塞尔的讲台：启蒙运动传统中的现象学

当胡塞尔在 20 世纪 30 年代（Husserl 1954）写他的《危机》时，仍然有可能为自己是一个欧洲人而感到自豪。我们没有理由认为胡塞尔和他同时代的人忽略了一个事实，即理性的技术已经被用于坏的目的，它们被施用于其他国家，并将这些国家转化为殖民地，这些殖民地形成了当时仍在发展的众多不同规模的欧洲帝国的一部分。虽然胡塞尔本人是"第三帝国"（Third Reich）的受害者，他未必意识到理性的程序可用于追求非理性的目的，比如对特定群体的灭绝，其中最臭名昭著是种族屠杀犹太人和吉普赛人的例子；他当然知道这种非理性的结局。在那个时候，也许没有人认识到，整个欧洲文明，至少从近代早期开始，都可以被看作个人为了整个社会和权威的利益而逐渐加强纪律的历史，正如最近诺贝特·埃利亚斯（Norbert Elias 1939）和米歇尔·福柯（Michel Foucault 1994）以相当不同的术语所建议的那样。当霍克海默（Horkheimer 1967）写关于这些问题时，没有他的朋友阿多诺的帮助，他把工具理性和"外在"（toutcourt）理性分开。当然，福柯作为他那个时代的人，除了作为一种消极的控制因素之外（尽管他在作品中很成功地运用了理性），根本不相信任何理性。他确实相信在街头行动的（短暂）成功。然而，尚不清楚的是，一场系统的有组织的种族灭绝（例如纳粹完成的种族灭绝），是否必然比一场没有任何明确系统计划的种族灭绝（例如最近在前南斯拉夫和卢旺达发生的种族灭绝）更为糟糕。后现代批评家指出，一般被他们认为起源于启蒙运动中的理性的技术，已经被用于各种不道德的目的；这些批评家忘记了，没有启蒙运动，就不会有人批评这些技术，因为没有启蒙，这些杀戮就会被认为是理所当然的事，以及被认为是一个民族以消灭另一个民族为代价捍卫其自身或扩张其领土。

当胡塞尔为自己是启蒙运动传统的一部分，为现象学服务于启蒙运动而感到自豪的时，我相信他思考的是这一传统的一个完全不同的方面，并且我相信这是一个更重要的方面。康德在他那篇著名的文章中，将启蒙运动描述为人类从自发的未成年状态中解放出来的过程（Kant 1974）。毫无疑问，它起源于一个世纪以来的咖啡馆和政治俱乐部（见：Sennett 1977），即使是在哥尼斯堡离群索居的康德也可能怀有政治思想（在我们所理解的这个词的意义上，正如他在和平这个永远不流行的主题上所做的那样），但毫无疑问，他有更广泛的文化视野。不幸的是，从那时起，就像所有其他的启蒙运动戒律一样，人们对把人类从少数民族国家中解放出来的理解过于局限于有限的政治意义（最明显的是哈贝马斯的工作［Habermas 1995］）；并且，因为很长时间以来人们就清楚，代议制民主代表不了什么（最近，至少在瑞典，在通过的法律限制互联网上个人诚信的情形中，连被选出的代表们自己都意识到了这一点），启蒙运动的贡献没有得到应有的赞赏。①

因此，比如说，资产阶级公共领域（Habermas 1962）这类概念曲解了历史。毫无疑问，对公共领域的创建，至少在一定程度上是由前几个世纪中第三等级的发展所促进；当时，推进这种发展的先锋队是富有的资本家阶级，仅仅因为他们有经济手段超过传统地主阶级的力量。然而，直到法国大革命结束，第三等级包含了所有既非贵族也非神职人员的社会群体。至于公共领域的后果，那就是它们曾经，并且在目前仍然（部分）对整个第三等级而言是有益的；现在，这个领域多少会与人类社会有相同的外延，虽然现在和当时一样，进入该领域受到来自经济和其他政治权力的严酷社会事实的制约。然而，如果公共领域仅仅包括议会的辩论、日报上的评论文章、咖啡馆里的讨论（Sennett 1977）——它们如今无疑被博客、脸书页面和推特的贡献所取代，那么我不确定启蒙运动是否真的有价值。然而，如果我们像康德，以及参与了这个运动的一些主要人物，如伏尔泰、狄德罗以及后来的德特雷西（Destutt de Tracy）、卡巴尼斯（Pierre Jean Georges Cabanis）、德杰兰多（Degerando）等人那样理解启蒙运动，那么公共领域的全部意义，就在于创造一个理性讨论可能发生的空间，它远离由

---

① 当然，对我们来说只有有限的政治意义，对康德来说则不然。对于他而言，正如对于启蒙运动的许多重要人物而言一样，代议制民主似乎是一种梦幻般的（甚至是乌托邦式的）理念（但对于那些高度精英化的人来说，代议制民主则是一种相当可怕的理念），它将开辟一个普遍的理性讨论的场所。由于复杂的原因（古老的权力游戏、媒体的发展等），情况发生了变化。

各种各样的传统观点带来的偏见，无论这种偏见是否基于宗教、政治或任何其他的观点（见 Gusdorf 1978；Rosenfeld 2001）。从这个意义上说，在现实世界中很少出现的公共领域，是一个理性讨论占据主导地位的空间。

并且，在这个意义上启蒙运动是应捍卫的东西，因为，正如胡塞尔提及的那样，它仅仅在人类历史上出现了一次——在欧洲。而且，虽然这种传统在欧洲生存也有很多困难，但很明显，在欧洲之外的其他地方，属于同一个类的东西甚至连出现都不可能。也许我们没有理由为自己是欧洲人而自豪，相反，我们这些生活在欧洲的人应该为人类从动物园出发的路上发生了如此美妙的事情而感到庆幸。到目前为止，在其他文化中还没有发生过这种事情。无论理性的存在多么脆弱，它在欧洲的出现都是又一个欧洲奇迹；或许它并不完全与欧洲资本主义起源和发展这一更具有历史研究意义的主题（Jones 2003）相关，但基于这个主题，它并不明显地是可被解释的。这就是当时胡塞尔谈论欧洲科学危机的原因。从这个角度来看，无论是当时还是现在，墨西哥、土耳其等国的中产阶级和我们一样是欧洲人。当欧洲国家的阿拉伯移民（毫无疑问是正当地）抱怨把伊斯兰和基督教对立起来这种对他们不公正的对待时，他们完全错了（除非他们碰巧住在美国，在那里十字军东征的想法似乎仍然存在）：我们，甚至是我们之中那些对历史一无所知的这代人所拥有的，实际上都是启蒙价值。

这一点很重要，因为启蒙运动真正的目的是创造一种可能性，让人们对任何事物进行理性的讨论，而不受宗教、政治或其他意识形态理念的限制。与哈贝马斯的观念相反，这些辩论可能并不是特别地为了（在现在的政党共识的意义上）政治。因为，可能被运用于政治生活的那种理性，与人民的实际生活相去甚远，选举结果也很清楚地表明了这一点，即使选举发生在腐败和暴力未发挥任何大的影响的国家也是如此。并且，在苏联和类似的国家，理性政治的路子已经得到尝试了，其结果也并不是特别令人印象深刻。

在意识形态光谱的另一端，大多数所谓的经济科学都由理想类型的理性人所主导，这种理念在近几年才在经济学内部，受到一些人——比如最近的诺贝尔奖得主保罗·克鲁格曼（Paul Krugman）——的批评。尽管对于经济学之外的所有人来说，甚至在最近的经济大萧条之前，市场被自由和理性选择所管制这个资本主义的理念，也不得不表现为一种悖论，这个悖论没有任何（理性）解决的希望。我说这些话并非为了批评政治学和经济学，而只是为了从他们的咒语中拯救理性。

胡塞尔和皮尔斯认为，理性问题真正发挥作用是在科学的舞台上。总之，胡塞尔确信，自然科学要变得完全理性，就需要现象学。虽然胡塞尔从未对人文社会科学也这样说过，但在我来看它们同样需要这样的现象学基础——也就是（初级）符号学科学。但从这个意义上说，现象学不过是理性—启蒙—生活观的产物。启蒙是一个几乎还尚未真正开始的进程。

从这个意义上说，理性是一个不断走向更美好事物的过程。它发生于皮尔斯的研究者社群之中，在这个意义上，它与胡塞尔的"自我社群"（Ich – Gemeinschaft）相等同。它是一种对不断逃逸的"明证性"（Evidenz）的追寻，或者根据一种对皮尔斯的可疑阐释，它是对不可企及的最终解释项的求索。在我们存在的这个俗世之中，理性的确切含义是：永远追求更好的知识，同时有标准来确定我们现在所知的至少比我们昨天所知的更接近真理。在我所熟悉的语言学和符号学等科学中，这还肯定不是当下这个历史时刻的一个事实。这就是为什么，认知符号学需要从现象学的角度来理解。

II. 分支的自然史：现象学第一性、第二性、第三性的研究进路[*]

薛晨/译　梅林/校

摘要：

　　在本文中，作者从反思第一性、第二性及第三性的概念出发，着力于超越皮尔斯（Peirce）手稿中直接给定的概念。为此，皮尔斯现象学被认为是胡塞尔现象学中的一个特殊变体，因为它将可能的现象限定在三个范畴内，同时为这三个范畴赋予了特殊内容。第一个限定是皮尔斯理论，尽管是一种三元结构，但还是有些许结构主义特征，与此同时第二个限定意味着它并不完全流于形式。在本文中，每一个范畴具有某种原始意义，它们似乎与社会心理学中的二元和三元具有形式上的相似性。最后，符号被认为是一种特殊的第三位，本文试图阐明哪些亚像似符应归于第一性、第二性以及第三性。

　　我所有的观念都太狭隘了。与其说是"符号"，难道我不该称它为"媒介"（medium）？——查尔斯·桑德斯·皮尔斯（C. S. Peirce MS 339，1906，引自 Parmentier 1985）

　　对于所有学者的文章来说，存在两种不该被随便混淆的研究方法。其一与理解学者可能想表达事物的传记式的任务有关，因为它将引发人们对

　＊　这篇文章是在我担任隆德大学认知符号学中心主任的时候完成的，该中心是由瑞典银行三百周年纪念基金会资助。这篇文章的部分内容已经在符号学研讨会以及隆德大学的认知符号学研讨会上进行了讨论。我要感谢这些研讨会的参加者，以及刊物编辑和给出许多明智评论的匿名审稿人。

学者们的文章进行更加深入的思考。第二个问题涉及有关学者对今天仍然可以坚持的真理所做的贡献，即他在自身的著作中所讨论的问题。当作者作品在其去世后才大量出版时，前者就至关重要了，正如查尔斯·桑德斯·皮尔斯（Charles Sanders Peirce）、费迪南德·德·索绪尔（Ferdinand de Saussure）和埃德蒙·胡塞尔（Edmund Husserl）的作品一样。第二个任务更多的是对话：我们或许会承认，勤于提问的学者会深入地、长期地去思考相关问题，但是从某种程度上来说，我们比他更有优势，这不仅是因为，正如一句经典名言所说，我们和一些具有不同观点的人同样地站在他巨大的肩膀上，而且还因为，也许从那时起已有了从新视角解决这些问题的实证研究结果或理论阐述。阅读皮尔斯、索绪尔、胡塞尔或者其他思想家的作品是有风险的，正如一位基督教学者阅读圣经一样，我们一旦了解了作者所说的话，我们会马上了解其主题。当然，我不建议像传说中魔鬼阅读圣经一样去阅读任何一位学者的作品。但是当阅读一个特定的作品时，也许同时倾听天使与恶魔的说法会有所帮助。

因此，我毫不犹豫地就在下文中将几种体裁进行了混合。下面是关于第二种方法的一个基本初步设想，为了发展当下符号学理论，我还是会将我从皮尔斯手稿中获得的灵感全部搞清楚。我将验证这样一个想法，即皮尔斯关于第一性、第二性和第三性的想法中确实存在一些深刻但晦涩的真相，而其他皮尔斯评论家们认为这些范畴是理所当然的，好像这些范畴的意义很容易就可以领悟一样。我不接受，但也不轻易排除这个观点，即所有与现象学相关的事情都是以第一性、第二性、第三性的形式出现的，或者是以组合形式出现的，但是我认为这些范畴至少提供了理解与当代符号学相关的重要问题的一些有用视角，尤其是与那些当代发展心理学以及进化论研究相关的问题。这样做，我认为我是跟随了理查德·帕门蒂尔（Richard Parmentier 2009）符用学的指引，即致力于皮尔斯理论对社会分析的效用研究。

然而，我将从另一种现象学起步，即埃德蒙·胡塞尔现象学，在此皮尔斯现象学可能会被视为一个特例。也就是说，为了理解皮尔斯，我将在某种程度上采纳一种外部观点。而且，我将从皮尔斯相对较晚的评论出发去阅读他的作品，这些评论出现在这篇文章的题词中，也在帕门蒂尔

（Parmentier 1985）作品中占据了同样的位置，因此我认为我们真的涉及了一些远超被称为符号的现象，但这些现象或许被描述为媒介、中介以及/或分支等术语更恰当。这并不取决于是否是对皮尔斯的正确解读。我仅仅是对我在阅读皮尔斯作品一些段落时被激发的想法感兴趣。

一　从胡塞尔到皮尔斯

1. 胡塞尔与皮尔斯现象学

依据皮尔斯的定义，现象学是科学的一个特殊分支，"发现并研究现象中普遍存在的各种元素，各种随时以各种方式出现在心灵中的现象的意义"（EP 2：259）。皮尔斯自己声称他是从黑格尔处拿来的这个术语，但是正如弗雷德里克·斯特瑞夫尔特（Frederik Stjernfelt 2007）已指出的，他使用该术语的时间与他阅读胡塞尔的时间相一致，另外，皮尔斯与胡塞尔的用法确实存在明显的相似之处，然而并没有在黑格尔的作品中找到类似用法。弗雷德里克·斯特瑞夫尔特（2007：141 – 142）引用了许多皮尔斯对现象学定义的例子，这些例子显示出其与胡塞尔存在明确的相似。他同样对这两位学者相互对对方存有敬意持消极看法，显然是因为他们谁都没有读过——或者至少是了解过——对方的作品。约瑟夫·兰斯德尔（Joseph Ransdell 1989）是第一位否认皮尔斯与胡塞尔可能存在任何相似性的人，因为他们二者对笛卡尔、对科学持有不同的态度，最终他也承认二人都是现象学家，"某种程度上这'意味着将现象视为仅现象性的'，尽管它们之间可能存在如此显著的——既内在又相关的——'超越'（transcendence）"①。有趣的是，建立这种友好关系的先驱是哈伯特·斯皮格尔伯格（1956），从严格的胡塞尔意义上，他被称为最权威的关于现象学运动的历史学家（见 Spiegelberg 1960）。斯皮格尔伯格指出了这两种现象学的诸多差异，最终他似乎并不认为存在可能的影响，然而这里，我们将仅仅关注一种相似性，以及这种相似性如何产生差异性。

---

① 兰斯德尔是基于他对胡塞尔和梅洛 – 庞蒂非正统学问的阐释，他彻底误解了胡塞尔对笛卡尔和科学的看法。

　　皮尔斯之后将他的现象学改称为"显象学"（phaneroscopy），并将它描述为一种如下研究："直接省查显象，综合其观察，标注几种极为宽泛的显象种类；描述各种类特性；并表明这些范畴难分难解地纠缠在一起以至于没有一个可以被分离出来，但是它们的特性是显然不同的。"（*CP* 1.286）依据胡塞尔，也正如斯皮格尔伯格多次指出，当一个文本可能是在描述现象学方法时，尽管这个文本指向的是其他皮尔斯文本，"现象"（phenomenon）足以替代"显象"（见 Sonesson 2009b）。现象学是一种描述方法，现象学方法是基于这样一种事实：通常来说，一切（至少是人类）意识所能获得的一切事物都是外在于意识的，是意识对外在于意识的事物的意识。在布伦塔诺－胡塞尔（Brentano－Husserl）传统中，这被称为"意向性"：意识的内容内在于意识，恰恰"正如"其外在于意识一样。因此，我们可以把意识流中的一个特定阶段描述为一种行为，即意识之外的事物成为我们关注的主题。为了完成这样的行为，我们被直接指向意识之外的事物。然而，当我们在现象学内，我们会把注意力转向内部：主题并不是外在的对象，而是意识行为本身。胡塞尔将其描述为"现象学还原"（phenomenological reduction）。此外还有一些胡塞尔现象学的其他的方法论，如"悬置"（the epoché），中止对于不论行为研究的哪个对象是否直接存在的信念，以及"本质还原"（eidetic reduction），在每一个给定的行为中直接指向普遍结构，而不是个体特征。为了达成这种普遍性程度，我们不得不省视想象的所有自由变更，这也被称为"观念化"（ideation），通过变更不同行为属性，为了能够决定哪一些属性在群体中是必须的，哪一些是无用的。如果我们像胡塞尔一样从感知开始，我们也许想去改变感知一个立方体的不同方式。事实上很多感知行为依然是一个立方体的感知，甚至，更具体来看，是对同一个立方体的感知。当然，特别是，这个立方体也许可以从许多面、从许多不同视角来看，或是仅从局部的一个小孔来看，等等。

　　尽管皮尔斯不用这个术语，但从他回归对意识形式的反思开始，他明确地完成了现象学还原。斯皮格尔伯格（1956：166）认为皮尔斯同样拥有胡塞尔方法的"反思性"。皮尔斯也许还没有形成悬置（epoché）的观念，但是他反复确认在真实世界中现象的有效性是不重要的。再次，尽管他也许没有对这个操作下定一个明确的术语，他为了隔离普遍结构的确涉及了想象中的自由变更。他甚至将抽象概念应用于抽象过程，将其转变为几种概念（见 Stjernfelt 2007）。这是胡塞尔思想中"纯粹性"（purity）的两个方面，即独立于经验事实和对一般本质的关注，这点斯皮格尔伯格（1956：166）认为也可以在皮尔斯理论中找到。他认为，皮尔斯的方法中缺失的正是胡塞尔方法的第三个核心特征："对意向性的关注"。[①]

尽管胡塞尔经常使用诸如"本质直观"一类的术语（Wesensschau，本质知觉），但在单一的例子中，现象学结果不会将自身以任何揭露的形式呈现。相反，现象学方法假设一项艰巨工作的完成需要不断重复以确保结果可靠。至少在现实实践中，这是胡塞尔做事的方法：正如胡塞尔去世后出版的多卷本《胡塞尔全集》中，胡塞尔费力地一遍又一遍地重复着同样的表述和变更，还是对结果不完全满意。一些早期现象学家，如阿伦·古尔维奇（Aron Gurwitsch）和梅洛-庞蒂（Maurice Merleau-Ponty），以及一些较为近期的，如索科罗斯基（Sokolowski 1974，2000）、德拉蒙德（Drummond 1990）、马巴赫（Marbach 1993）以及汤普森（Thompson 2007），又一次仔细研究了胡塞尔的一些细致的分析，发现了关于感知、意识的领域以及具身性（embodiment）的新事实。事实上，正如所有科学探索，现象学理论的结果总是暂时的。这正是胡塞尔采用的另一个相当令人费解的术语——"明证性"（Evidenz）。可以看出，皮尔斯将此过程描述为经验的一个更加普遍的事实，即一个（潜在无限的）解释项序列，其中最终解释项也许是永远无法达到的。[②]

不同的现象学家经由不同观念化行为会产生不同的结果，胡塞尔自己也得出了重复分析的不同结果，但这并不能说明现象学分析结果是任意武断的，正如人们常说的"主观"（subjective）方法一样。相反，所有使用

---

① 正如帕门蒂尔所指出的，与此相关的一个原因可能是皮尔斯对符号学资源的表达缺乏兴趣，在某种程度上，它们是不同的，并影响着符号的意义。然而，就意向性而言，我经常暗示皮尔斯所谓的符号的基本含义正是意向性。

② 虽然皮尔斯作品中的一些段落暗示了这一解释项，但另一些人似乎认为，最终解释项必须达成。皮尔斯在写给威廉·詹姆斯（William James）的信中写道："换句话说，我们的理性类似于支配宇宙的原因；我们必须假定这一点，否则就会对发现任何事情感到绝望。"同样参见斯特瑞夫尔特（2007，432，n.57），他对皮尔斯观点的看法，更类似于一个对应理论，而不是一个真理的一致性理论。

过现象学的人都会同意现象学经验的这个基本结构。但是胡塞尔不断呼吁现象学家群体存在的必要性，因为他们有能力去证实现有的现象学分析。皮尔斯同样提到了完成其现象学工作所需要的研究者群体。①

2. 作为胡塞尔现象学范例的皮尔斯现象学

上面引述的皮尔斯的著作继续如下："然后毫无疑问地证明了一个非常短的列表包含了所有最广泛的'显象'的范畴，最后开始了列举这些范畴的主要细目的艰苦和困难的任务。"（CP 1.286）当然，胡塞尔也期望利用这个方法建立一些非常广泛的范畴。然而，事先宣称可以建立如此广泛范畴的一个极短的清单，似乎与他现象学的整体价值观并不相符。胡塞尔一再声明现象学不应有任何提前预设。看起来，皮尔斯认为建立一个关于范畴的某些小清单是理所应当的。事实上，正如兰德尔（Ransdell 1989）提醒我们的，皮尔斯将现象学描述为范畴论（the doctrine of categories），或者"范畴"。尽管皮尔斯没有在任何地方说过现象学应当毫无提前预设，类似的事物可以在他对现象学归纳的特点中看出，即"对现象之直接的观察以及对此观察之概括化的一种研究"，而不是从其他科学中归纳而成。②正如我在已发表的论文中所提及的，这正是胡塞尔与皮尔斯现象学最大的差别（Sonesson 2009a），事实上，斯皮格尔伯格也早已表明这一点（1956）。然而，如果我们考虑到皮尔斯一再否认自己是一名三分主义者（我们这里不需要复述提出的不同质疑），我们应该相信，虽然有以上引用的阐述，但是这些范畴并不是现象学分析的一个提前预设，而是其结果。

当我们发现皮尔斯的"简短清单"将由包含其他三元结构的三元结构，以及一些二元结构和少许独立个体构成时，胡塞尔与皮尔斯的差异将愈加明显。③ 至少在以上的引用中，这个递归的三元结构似乎是皮尔斯符

---

① 关于更多以及近期的现象学方法理论，可以参见帕托切克（Patočka 1996）、索科洛夫斯基（Sokolowski 2000）、莫兰（Moran 2005）、史密斯（Smith 2007）、汤普森（Thompson 2007, 267 ff.）以及加拉赫尔（Gallagher）和扎哈维（Zahavi 2008）。

② 一位匿名审稿人认为，皮尔西现象学可以"概括其他科学（尤其是逻辑学）的成果"，但这似乎与上述定义不一致——这并不是说，皮尔斯可能也没有这么说过。

③ 例如"再现体"，缺乏细分的第一性；"对象"，可二元划分的第二性；解释项，可被阐释为多种多样的三元体。然而，像似符，除了作为第一性，还有三种分类：形象、图表和比喻。

号学的一个早已确定的结论，这先于任何现象学探索，也就是说，它是先验的，不是因为它是基于想象的自由变更基础之上建构的，而是基于在任何观察发生之前，在被决定的（法语）普通语言感知的自由变体基础以上建构而成的。从胡塞尔现象学来看，这是皮尔斯现象学中的第一不合理预设。但是当然存在其他的不合理预设，关注于原初三元结构的内容，即第一性、第二性和第三性，它们都是在三元组合的层级结构中反复出现的意义。因此，从胡塞尔现象学的终结来看皮尔斯现象学，（至少）有两种假设必须被证实：所有范畴都三分（包括上述提及的例外），以及都有三个原始范畴的具体内容。

简而言之，从胡塞尔立场出发审视皮尔斯现象学有两种方式：它并非没有提前预设，或者它一开始没有任何预设，得出的结果是，所有更深层次的意义都是以三分法（trichotomies）形式存在的。在后一种情况下，皮尔斯现象学成为可能的胡塞尔现象学类的一员，也即，一种得出的结果是一切都有三个范畴，这方面堪比罗曼·雅各布森（Roman Jakobson）的作品，至少根据霍伦施泰因（Holenstein 1975，1976）所说，雅各布森的作品应当被视为一种二元现象学——或者，用霍伦施泰因术语，是一种现象学式的结构主义。在这一点上，皮尔斯的显象学可以被认为是一种可能的变体，源于胡塞尔式的想象变体——这种变体不一定是正确的，或者根据其特定的实例推导其正确与否，一个最明显的实例是皮尔斯的第一性、第二性和第三性的三分法。

结构主义是指所有的意义都是产生于术语相对立之中，或者，至少，意义总是通过对术语相对立的过程被感知的。让我们把前者称为"强结构主义"，将后者称为"弱结构主义"（见 Sonesson 1989：81 ff.，2009a，2012b）。从雅各布森的作品出发，我们往往想当然地认为，这种对立基本上是两个术语之间的对立。然而，结构主义并不一定是二元的。事实上，索绪尔认为语言是一个更加复杂的结构。特鲁别茨柯依（Trubetzkoy）以及早期雅各布森在解释语言事实时，相当慎重地使用了二元对立，将一些三元对立加入整体之中。皮尔斯的最大特色就是一种严格的三元结构主义。①

---

① 它是强是弱另一个问题，在本文中我们不会展开讨论。

事实上，一般看来，所有事物都属于第一性、第二性或者第三性。的确，个别但并非整体事物也许可以同时拥有上述三性。事实上，即使应用于语言之中，这与二元结构主义没有很大区别，在结构主义者看来，一个音素必然具有某种特色，或者相反。具体的声音并非如此。声音并没有同时包含两个项，而是被认为实现了某种过渡的情况。

然而皮尔斯三分结构主义并不止于此。雅各布森、列维－施特劳斯（Lévi－Strauss），以及他们的追随者看起来愿意认为，所有事物都有两个范畴，但是他们没有给相反单元的内容设限，如果不是这样的话，一个统一体在某种意义上必须具有与另一个统一体相反的性质。更准确地说，这些单元必须属性一致，否则对立项也就没有意义了。人们应注意到以特鲁别茨柯依为代表的布拉格结构主义没有提出任何这样具体的要求。无论如何，皮尔斯的三分结构主义是不同的，因为它一般要求自身三分式的单元在某种程度上具有成为第一性、第二性和第三性的内在例证。这就是皮尔斯的理念超越结构主义的地方。

二　范畴、结构与符号三分

1. 三元结构主义及其超越

只要我们处于第二性上，就会确实存在一些二分结构主义的特殊案例，皮尔斯甚至也会同意这点（Sonesson 1989：81 ff.，2012b）。然而，我将冒险提出，三分结构主义也同样依赖于特殊情境。（经验）世界的所有分类方式都是三分的，这个想法是无法证实的；然而，它同样也是无法反驳的。当然，我们并不是在讨论世界"真实存在"的方式，而是现象学描述的方式；以及根据以上引语，至少皮尔斯在讨论他的三元结构时，似乎也在思考什么是现象学观察可得到的。因为，即使承认了皮尔斯式的"准心灵"（quasi－minds）的存在，皮尔斯本人也承认，正是通过普通的人类思维，我们才有特权接近现象。皮尔斯的"言述宇宙"（universe of discourse）被数字的神秘性所控制，在此意义上，皮尔斯的作品是规模庞大的西方，博学多思传统的一部分，以及部分（虚构的）思想有着东方的源头，这些资源将世界（我们所经验的这个世界）视为建立在固定数量关系之上，这种关系具有深奥的意义。① 毫无疑问同样的事情也会发生在雅各布森的权威与专制的二元对立之中，尤其是列维－施特劳斯。这些概念无疑是西方历史的一部分，至少是一些知识分子精英的常识世界的一部分，但这并不表明这些概念在现象学上是合理的。相反的情况也不会出现。现象学的任务当然是超越常识。

当然，从某些明确的观点出发，可以说以下观点从现象学意义上来讲是正确的：在表达（"再现体"[representamen]）与内容（"对象"[object] 和/或 "解释项"[interpretant]）之间存在着不同关系，由此确实存在三种符号：像似符（iconic sign）、指示符（indexical sign）和规约符（symbolic sign）。长久以来，尽管我仍然无法确切地说清楚要从什么角度完成想象力的变化才能得到这一结果，但是我确实发现这种分类方式是令人满意的。因此，人们可能会认为，仅仅通过规则或强加规范来区分表达和内容是如此重要，以至于不能将其归为一种关系，象征关系均具有皮尔斯意义上的 "习惯"（habits）（这一术语的特殊含义将在下文讨论）。但是，即使这一划分最终被证明具有现象学意义，也并不意味着所有其他想象性变化都必然导致三分，这在现象学上当然是合理的。正如我在其他文章（Sonesson 2007b，2007c）中讲到的，在确定模式适用的领域以及在确定各个分类中相关属性的标准之前，讨论某物应两分还是三分的问题是没有任何意义的。由于索绪尔式的符号域是内在于符号系统的，其内容一直与其所解释的 "真实世界" 相反，因此，它是三元的——如果符号系统之外的真实被包括在要分析的领域之中。至于皮尔斯式的符号，如果把所有的分类标准都包括在内的话，它实际上包括六个实例，因为存在两种对象（objects）、三种解释项（interpretants），但是只有一种再现体（representamen）。一旦我们放弃了将主要内容视为符号的想法，正如皮尔斯自己在晚年时所建议的那样，我们会更容易理解这些分类。

除了对凡事三分的必要性质疑之外，人们对三个范畴的各自内容也有质疑。第一性、第二性和第三性不仅仅意味着只是将世界强制划分为三

---

① 这是一个世界观念，从古代到乔尔丹诺·布鲁诺（Giordano Bruno）和雷蒙德·勒尔（Raymond Lull）（Yates，1964，1966；Eco，1995）及以后。

元，即第一性范畴、第二性范畴和第三性范畴。正如兰斯德尔（Ransdell 1989）所正确指出的，皮尔斯现象学事实上非常简短，因为他迅速地着手于超越现象学的任务。我们完全有理由对此表示遗憾，特别是，如果我们延承皮尔斯的观点，将现象学等同于范畴研究。事实上皮尔斯关于范畴是有很多内容要说，但是他总是在做更严肃工作时顺带提及，而未对此进行详细讨论。这正是人们感到惋惜之处，胡塞尔对细节的洞察力，他的一丝不苟的行事方式，以及他一次又一次地回到同一个任务的习惯，这些从来没有真正发生在皮尔斯的范畴研究之中。但是我们必须从我们所拥有的开始。

通常，皮尔斯简单地认为第一性就是存在于其自身的事物，第二性是必须与其他的事物相关的，第三性要求一个更复杂的关系——要么是在三个事物之间存在的一种关系，要么是在关系之中的一种关系，或者以上两种情况同时存在。关于三个范畴的一个相对正式的定义是这样的："第一性是这种存在模式，即事物肯定的、不涉及任何其他事物、如其所是地存在。第二性是这种模式，即一个事物如其本然的存在，与第二位相关（a second），而无须考虑任何第三位（a third）。第三性是这样的模式，即将第二位于第三位代入相互关联的关系之中的如此本然的存在。"（CP 8.328）这里几乎可以将第一性和第二性理解为胡塞尔（Husserl 1913，2：1，225 ff.）对独立和不独立内容之间区别的某种变体，但没有关于相互依赖和单方面依赖之间的区别的附加条件。① 这接着就引出了什么是第三性的问题。如果它涉及两个术语之间的关系，而不是只是一个术语和一个关系，也许可以被视为第二性，或者是关系之间的关系，那么为什么我们不应该继续定义第四性（fourthness），以及更多呢？当然，皮尔斯自己声称，所有超越第三性的关系都可以被分解为几种关系，而第三性自身不可以这样分解。目前尚不清楚这是否真的是一个现象学的事实。事实上，这必须取决于第一性、第二性和第三性的确切含义。例如，第一性中真的没有关系（Nelationship）存在吗？当像似符被用于定义一种符号时，它必须被视为一种关系的一部分，甚至当它被视作一个符号之前，它就已然是一种

---

① 正如斯特瑞夫尔特明智而审慎地说道，这是由叶姆斯列夫所做的同样的三重区分。

"相似性"关系。① 的确，皮尔斯自己一再说明，第一性是不可以这样理解的。那么第二性又如何？因为第二性是由两个事物构成的，它就是第二位的吗？在这种情况下，它就已经是由三项构成，即两个事物和一个关系。或者第二位的事物是否应该像我不久前建议（Sonesson 2012d）的那样，被视为一种与某种元素相连的关系呢？同样，第三性应当包括三种勾连，其中一个已经充满了描述关系本质的一种元素。

2. 范畴的直观意义

然而，在许多地方，皮尔斯将更加具体的内容归入每一个范畴。由于在皮尔斯手稿里查看所有的（仅部分重叠的）对这些范畴的描述是一件不可能的事情。因此，与每个范畴有关的一些例子不得不在这里讨论，其中大部分都是从索内松（Sonesson 2009a）（参见表2-1）的观点中获取的。根据充分和必要属性进行推理，似乎没有多少希望找到任何更一般的术语来包含这混杂的不同性质。但不管怎样，从表面看来范畴里内容的范围和差异肯定比纯数字定义中的内容更加具体。

表2-1 皮尔斯文选摘选，描述了皮尔斯第一性、第二性、第三性范畴，以及以上范畴的子范畴（如像似性）的一些实例

第一性	第二性	第三性
短暂的瞬间（CP 3.362）	"一个主体或物质对另一个主体或物质的野蛮行为"	"对于第三位，一个主体对另一个主体的心灵或准心灵的影响"
"当下"；"质"，"可能性"（CP 1.531）"除了这种可能性意味着一种与存在的关系，而普遍的第一性则是其本身的存在方式"	"作用力的经验"；"反应"；"阻力"和"反对"	"法则"
新鲜感，生命，自由（CP 2.302）	"现实性"，在"那时"，在"那里"	习惯
自发（CP3.432）	存在的个体性	一般规则，未来
不确定性（CP1.405）	愿意；知觉经验；存在	认识
施事，开始（CP1.361）	依赖性	再现

① 因此，从符号的角度来看，像似性开始只是作为一个具有潜在意义的有趣的像似基础，正如我在其他地方提到的那样（Sonesson 1989，2007a，2007b）。

续表

第一性	第二性	第三性
立即，新的，主动的，初始的，自发的，自由的，生动的，有意识的（CP1.357）	耐心的	中介
在"所有综合和所有区别"之前；"没有统一，没有部分"（CP1.357）	结束	中间的
"开始"（CP1.357）	直路	路上的岔口，中间地带的直路

也许可以说，这三个范畴在形式上与其内容完全不同，他们本身是属于第一性的。事实上，鉴于这些描述，第一性、第二性和第三性听起来当然很像维果茨基（Vygotsky 1962）所说的"链概念"（chain - concepts），这是小孩子的特点，也是当时被称为"野人"（savages）的东西。自从维特根斯坦（Wittgenstein）把它们成为"家族概念"（family concept）传播到普通语言中后，这些术语的名声已经得到了某种程度的恢复。埃莉诺·罗施（Eleanor Rosch）构想了"原型"这个概念，根据这个概念，一个范畴是由一个中心范例所定义的，它似乎代表了这个范畴中最重要的内容，其他成员与原型具有不同的距离。在一些实验中，罗施展示了这个解释模型，使其超越了现象学。其中最有趣的实验之一是将物体放置在空间布局之上，与被认为是这一范畴原型的物体有关。罗施和梅尔维斯（Rosch & Mervis 1975）反思了原型与维特根斯坦的家族概念之间的关系，认为区别在于前者与一个中心范例相关，然而后者则缺乏这样的范例。[①]

起初，人们可能会在皮尔斯范畴中看到某些"链概念"或"家族概念"，但我认为"链"中的少数成员的确可被视为能够构成范畴原型。这可以被看作皮尔斯一再提出的主张的概括，即某些范畴的范例是"退

---

① 在其他地方，罗施（Rosch）错误地将她的原型概念与韦伯的"理想类型"联系在一起。索内松证明了这一点的错误："原型"（prototye）是由"范畴的事例"所定义的，包括与这个中心实例有一定距离的其他项，而"理想类型"是一种与现实的关系被夸大的人为的创造，并且可能包含经常投射到时间和/或空间上的属性。

化的"①。那么，其他的就是原型或者理想类型。兰斯德尔（Ransdell 1989）认为，皮尔斯所记录的符号的所有范例，如果不是真正意义上的符号，就都是退化的。如果从数学②的角度看待退化性，退化的组份就是事物改变其性质，从而归属于另一个通常更简单的类别。例如点③是一个退化的圆④，即半径为"0"的圆。事实上，这似乎比原型概念走得更远，以致看起来没有多大用处。

第一性，其核心观点似乎很难把握，但是它肯定与易逝性与流动性有关。第二性是被反应/阻力的观点所主导。规则或规律性往往是第三性中最突出的因素。然而，我认为以下来自皮尔斯的引文很大程度上证明了（双面的）阻力是第二性最理想的类型："一个门半开着。你尝试着去打开它。有些东西阻止着你打开它。你用肩膀抵着它，体验着一种作用力（effort）和阻力。这不是意识的两种形式；这是一个双面意识的两个面。很难想象会存在任何没有阻力的作用力，或者没有任何相反作用力的作用力。这个双面意识就是第二性。"（EP 1：268）第二性也许是最容易理解的范畴：它是关于作用力和阻力。或者我们可以说：阻力之于世界就是"用你的肩抵着"某些东西，以及世界以"阻力"⑤抵抗回去。第一性只能被理解为相反于第二性：某些事情出现，引起一个事件，引起人们的注意，注意力引发我们生活于其中的第二性链条。因此，第三性可以代表反思，元意识，对反应的观察，而反应作为产物可以产生规则和规律。⑥

人们会记得，皮尔斯常常指的是单独谈论——甚至设想——第一性的困难：它需要第二性出场。这显示出一个明显的结构主义变体，我们将在下文加以讨论。

---

① CP 1.525 似乎会将这个术语与其他类别的组合限制起来，但这将是我们在上面讨论的一个特例。

② 正如一位匿名审稿人给我的建议一样。

③ http：//en. wikipedia. org/wiki/Point_ （geometry）.

④ http：//en. wikipedia. org/wiki/Circle.

⑤ 它也是一种众所周知的哲学范畴，但也许最著名的是在梅因·德·比兰（Maine de Biran）的作品中。

⑥ 胡塞尔的现象学还原无疑是这种意义上的一种反思，但正如索科洛夫斯基明智地观察到的那样，它不是唯一的。

3. 分支的阐释学

皮尔斯式的符号只有在专业术语意义上才是一个符号。它是第一性、第二性和第三性的三种特性中的一种。从字面上看，它是一个短暂的瞬间与一些抵抗及某种规则的结合。即使我们假设这个特征分别（这一点也不明显）说明了表达、内容及它们二者之间关系的性质，它当然也同样适用于其他现象。它没有告诉我们关于这个符号特征的任何东西。毫无疑问，这个观点包含在退化的观念中，但这会产生一种奇怪的效果，将一个更具体的实例名称扩展到许多不同的现象之中，而不是去定义这个特殊的现象，只是去定义关于类别的一般分类。就像是说，点是一个退化的圆，但是将圆定义为一个点就不大合适了。

不过，从更广义上说，皮尔斯的三元在关于意义方面是有话要说的，为此，我们或许应该保留皮尔斯"符号过程"（semiosis）这个术语。或许这就是皮尔斯后来抱怨他自己概念太狭隘时所想的，与其讨论符号，他倒不如讨论媒介（mediation）或者"分支"（CP4.3 and MS 339，引自 Parmentier 1985）。

前文提出第二性的原型意义在于阻力，包括关于阻力的阻力等。在我们经验的舞台上，一定有什么东西可以开启这一连串的阻力或反应。首先抓住我们注意力的事情就是第一性。从基本意义上来看，第三性仅仅是对发生的事情的观察和对这种事件的反应。依据这种概念，"符号（或者符号过程）是任何通过将发送者的意义传达给解释者，并意图在此二者之间进行调解的事物，两者都是思想或准意识的储存库。"（MS 318，引自 Jappy 2000）。在皮尔斯作品的许多篇章中，对象并没有被描述为与符号相关的东西，也就是说，它指的是在语言哲学中使用这个术语的意义；相反，它是促使某人产生一个也许与所指之物相符或不相符的符号。在以下意义上对象是第二性的：它涉及所感之现实与所产生的表达之间的关系。同样，解释项必须被视为接收者在理解整体事件时所产生的一个结果，该事件为发送者从经验的某种特征出发从而创造出一个表达。因为它指向的是发送者与他的反应之物之间的关系，所以，它不仅仅是一种基本关系，还是第三性的。事实上，"分支"概念就很好地阐明了这个观点，皮尔斯用这个概念来描述他后来提出的中介概念。皮尔斯的理论以这种方式构思，它看起来是关于传播的情境，实则更接近于我们现在称为的阐释学模型，而不是在信息论中我们所熟知的模型。

甚至将皮尔斯所关注的称为一种传播行为，也有些过于执着具体概念了。相反，它可以被称为一种被观察到的观察。我们在总结了皮尔斯在确定第一性本质的不同尝试之后，可能会说它是一种与其他任何事物都毫无关联的东西。因此，它先于所有关系。第二性不仅仅是进场的第二个项，它也由两个部分构成，其中一部分是属性（property），另一部分是关系（relation）。它的功能是勾连起已经产生的事物。在此意义上，从广义上讲，它是对第一性的反应。第一部分与独立出现的属性相联系，第二部分描述了这种关系的本质；第三性不仅仅是被引入的第三项，而且它包括了三个部分，其中两个是相关的：一个与第一性相勾连，另一个与第二性的关系有关，连同二者，我们发现了用以描述前二者之关系的第三项。因此它是对反应的观察。显现是一元的，反应是二元的，观察是三元的（图 2-1）。

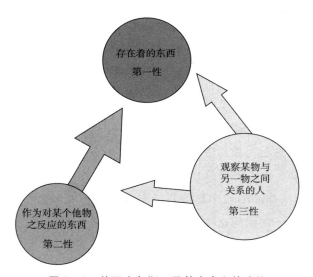

图 2-1 关于皮尔斯三元基本意义的建议

但是，正如兰斯德尔（1989）所坚持的，我认为把第一性、第二性与第三性和一元谓词、二元谓词和三元谓词相对应是不够的。皮尔斯可能是这样想的，例如当他声称"'注意力'行为没有任何内涵（connotation），而是心灵纯粹的外延力量，也就是说，将心灵指向一个对象的力量，与思考该对象的任何谓词的力量形成鲜明对比"(*CP* 1. 547)。但是这并不能解释范畴的作用。相反,第一性必须是一个位置有一个术语的一元谓词,第二性是有两个术语的二元谓词,第三性是包括三个术语的三元谓词。根据皮尔斯,"一个岔路是第三位,它表明了三条路:一条直路,当仅仅被认为是两个地点之间的连接时是第二位,但就它意味着通过中间地带时,它是第三位"(*CP* 1. 337)。就此而言,这个岔路不仅仅是道路分差之处,更是通往不同地点之处。

这样的描述并没能告诉我们一些有关符号这样具体之物的问题。它实际上是关于一些更普遍、更基础的事物:首次出现在意识中的事物,心灵对这个事物的反应,以及之后心灵对这个行为的思考。这个过程的初期显然与胡塞尔所说的"意向性(intentionality)"有关。更确切地说,这一切都与注意力有关。

4. 二元与三元的心理学

在社会心理学特别是发展心理学中,也有很多人讨论二元与三元,以及作为二元与三元的事物(Tomasello 1999;Zlatev 2009a)。因此,互动、订婚、凝视等都被认为是二元或三元的。这对术语似乎来源于乔治·西美尔(George Simmel 1971)的社会学。二元和三元分别指向了西美尔分组中的两个个体与三个个体。单元(units)而非关系起作用。两个个体之间可能有任意数量的关系,三个个体之间也是一样。在当代文章中,我们读到了"母子二元体"(mother – child dyad)等,其意义是很清楚的。有趣的是,与皮尔斯一样,心理学中的二元与三元不仅仅是由其数量定义的,而往往是由一个孩子、一个看护和一些被照看的对象构成的。总的来说,用索内松的术话来说,二元的情况似乎是由"自我"和"他者",或者"自我"和"另一者"(一个事物或一个人被当作一个事物来对待),而三元结合则包含"自我""他者"(另一个人)和"另一者"所有这三种类型。更确切地说,三元往往涉及儿童、看护和一个所指对象。

其他用法有更为明确的关系:二元与三元的对立关系正如一个主体与一个客体的对立关系,或如另一个主体与主体间关系的对立,或其与另一个主客关系的对立。因此,一方面,存在"二元的凝视:看一个物体或一个人";另一方面,存在"三元的凝视:在物体和人之间来回看"(见:

Bates 1979）。一个更复杂的解释认为，二元关系是在两个个体之间的关系，而三元关系是两个个体之间的关系之关系。根据上文给出的解释项，这与皮尔斯的意思很相近。应该指出的是，他者（Alter）和另一者（Alius）之关系的关系与两种关系并不是一回事，即一方面是对他者（Alter）的关系，另一方面是对另一者（Alius）的关系。然而，在实践中，知道某人在关注两个个体之间的关系的唯一方法可能是观察他（或者她）是否先看其中一个人，然后再看另一个人。也许我们还需要更进一步，介绍关系间的关系以及这种关系之关系。

显然，尽管（或因为）社会心理学比皮尔斯哲学更关切实际，但是在什么是二元和三元关系方面它和皮尔斯一样不清楚。然而，从根本上说，二元关系所涉及的是一个认知世界的主体，在三元关系中，某人（可能是同一个人）是知晓第一个主体在做什么的。① 通常，在社会心理学中，这是观察孩子对世界的感知交流的看护——反之亦然。换句话说，它涉及自我（Ego）与他者（Alter）及关于另一者（Alius）的相互作用。

从这方面来理解，我们不应该再将皮尔斯的符号过程局限于与符号有关，在默林·唐纳德（Merlin Donald 1991：171 ff.）看来，仅称其为"交流性的"（communicative）是不恰当的，但肯定是"公共的"（public）、或许说成是"景观"（spectacular）会更好。它是提供给别人的（见 Sonesson 2010）。然而，它要想能够被提供，仅仅被呈现出来是不够的，它必须是可以被关注到的。因此，最后，我们在皮尔斯三元中所得到的是某物成为主题的原始方式——以及主题化（thematization）的过程本身就是被主题化的。（见 Gurwitsch 1957；Sonesson 1989，2007c，2007b，2010；Arvidson 2006）用皮尔斯自己的话说，注意力是"心灵最纯粹的外延力量，其引导心灵指向一个对象"（CP 1.547），它是"意向活动"（noesis）的基础——某种事物在意识中显现的方式。相比胡塞尔（Husserl 1913）自己发现的结构，它必然对意向活动更加重要。

尽管如此，如果我们从皮尔斯理论来看，社会学意义上的二元很可能

_____

① 或者某事物：对于皮尔斯来说心灵不一定是一个主体，但他也承认，至少在目前，要解释心灵，除了将它作为一个主体之外别无他法。

成为三元。这里记住皮尔斯关于横穿中间地带的直路的观点是很有用的。在二元由两个主体构成（自我和他者）的情况下，明显的是，中介——因此是第三位的——需要解释正在发生的事，毫无疑问地延伸到很多主体和无地位者之间的互动，也就是说，是在自我和另一者（Alius）之间的互动。这方面的一个例子是移情（empathy），在胡塞尔和皮尔斯时代，以及当代认知科学中都有很多讨论：至少目前，现有移情理论都明确地假设移情是第三位。在其他方面，我总结了两种经典移情理论：直接知觉理论，认为自我和他者是可以被即刻认识到的；推理理论，认为自我是可以即刻被认识的，而他者只有通过推理才能得知。然而我补充道，这留下了两种其他的可能性，实际上它们是可以被发现的：从巴赫金（M. M. Bakhtin）先生的观点出发，只有他者是直接被认识的，因为只有他能被看作一个彻底的、完整的整体；而皮尔斯必须被用来为最终的多样性辩护，根据这一自我，正如他者只能通过符号（见 Colapietro 1989）间接被认识，在今天仍然有至少是一些对心智理论负责的人代表着后一种理论。（见表 2-2）事实上，戈普尼克（Gopnik）和卡拉瑟斯（Carruthers）认为只在四岁左右，孩子发现了自己的思想，同时也意识到了别人（见 Mitchell 1997）。[①]当应用于不同种类的移情时和当从不同角度考虑时，这些理论中有一些确实是正确的。只需说，当下，这种关系必须被视为足够复杂才能成为第三性的一个范例。

表 2-2　自我和他者的可及性概览

经典版本	接近自我	接近他者	当代版本
推理理论 （赫姆霍兹、密尔）	是	是	学说理论模拟理论
移情理论 （利普斯、舍勒等）	是	是	某些方面的胡塞尔现象学
巴赫金理论	否	是	巴赫金的追随者
皮尔斯理论	否	否	皮尔斯式的学说？至少是某些学说理论的代表：戈普尼

① 2012 年 2 月 9 日，在伦德的认知符号学研究中心的研讨会上，作者发表了一篇演讲《移情现象学的解读》。

也许这也是相关的，皮尔斯在他早期的作品中，从第一、第二和第三人称代词解释过第一性，第二性和第三性三个基本范畴。然而，他并没有像人们所期待的那样，将第二人等同于第二性，而是第三性。在他看来，第二人是最重要的，而不是第一人："所有思想都是针对第二人，或者是作为第二人的未来的自己。"（引自 Singer 1984：83 – 84）就皮尔斯接替席勒（Schiller）而言，第一人代表着无限的冲动（第一性），第三人代表着知觉（第二性），第二人代表着协调原则（第三性）。皮尔斯根据"你"（Tu）将自己的理论称为"第二人称的使用"（Turism），而不是"我"（Ego）和"它"（It），他预言了一个"第二人称时代"（tuistic age），在这个时代和平与和谐将占上风。当然，皮尔斯是否还会接收这些身份认同尚且不清楚，但是如果他接受了，这将证明我目前将第一性理解为"显现的事物"，将第二性理解为对这一事实的反应，将第三性理解为"观察者观察到的"。

5. 符号和其他第三位

最终，我们不得不面对这个问题：如果有的话，这些对符号概念将会产生什么影响呢？人们不该忘记，皮尔斯的各种各样的符号列表中所包含的大多数现象并不都是真正的符号，因为它们是皮尔斯所谓"退化"的符号。然而，如果我们用数学做一个不那么严格的类比的话，我们可以说，如上所述，它们只是符号的边缘情况。兰斯德尔（1989）认为这应当被理解为，虽然一个给定的动词谓语"可能并不会被立刻识别为一种再现（representation）"，但是一个进一步的"对所涉及的谓词的分析将表明，某些东西被含蓄地视为一种符号，例如，所述性质属于第三性或再现范畴"。如果是这样的话，这个符号就是所有种类的第三性，以及以第一性和第二性为形的所有相近事物的原型，或是理想类型。在这一点上，人们可能会质疑，用这样一个特殊的现象作为符号去把第三性（或者一般范畴）定义为这样一个宽泛的范畴并不是很有启发性。然而，在最好的情况下，真正的问题是我们所拥有的是第三性的描述而不是对符号的描述，这两种描述需要更精细地被区分。

让我们暂时同意，符号关系是第三性的一个例子。之后我们想知道它和其他类型的第三性有什么不同。没有任何迹象表明皮尔斯对这个问题有兴趣。帕门蒂尔（Parmentier 1985：44）指出，皮尔斯对各种符号资源的表达缺乏兴趣，特别是对它们之间的区别程度及可能对符号内容的影响程度缺乏兴趣。这个问题是不同的，但与皮尔斯忽视符号关系的特殊性不无关系。

在别处，我从胡塞尔和皮亚杰那里得到启发，认为我们可以通过以下属性来给出符号最简定义（Sonesson 1989，1992，2007b，2007c，2012d，2012e）：（1）它（至少）包含了两个部分——表达和内容（并且作为一个整体相对独立于它所代表的所指内容）；（2）从符号过程所涉及的主体来看，这些部分是不同的，尽管它们可能不是如常识意义上的生活世界中那般客观（除了作为构成生活世界的符号）；（3）这两部分之间存在着双重不对称，因为一部分，也就是表达，比另一部分是更直接地被体验到的；（4）因为另一部分——内容，比表达更加清晰；（5）符号本身从主观上区别于其指称对象，指称对象比符号的任何部分都更加间接地为人所知。也许这个定义是不够的，但是它至少将第三性这个庞大的范畴与一小类现象分开。它还允许这样的事实，由于像似符和指示符都基于早已存在的像似基础和指示基础，因此一些规约符可能依赖于某种先于符号之前建立的第三性（规则或规律性）。在我以前的文章中，我采用了皮尔斯早期作品中用于表述二元关系的术语"基础"（ground），认为这是不同符号中的一个潜在的推动力。因此，尽管像似性并不是一个基础，像似基础也许推动像似符，或者它会对自身起作用（例如在感知中），然而本身就已经是一个基础的指示性，它也许可以推动指示符，但是，同样是感知方面，它也可以在没有符号功能的作用下起作用。在上下文中，我不想进入这个讨论的细节中，但将简单地将其概括如图 2-2。

6. 三种亚像似符

在结束本文前，我想思考一个特别有趣的案例：像似符的细分——所谓亚像似符。经典段落是这样的："亚像似符也许可以根据它们参与的第一性模式来粗劣划分。那么分享简单品质的，或者第一位第一性的，就是形象（image）；那些代表关系的，主要是二元的，或者被认为是一个事物的内在具有类似关系的部分，就是图表（diagram）；那些通过代表着另一个事物中的相似关系来代表着一个再现体的显著特征，就是比喻（meta-

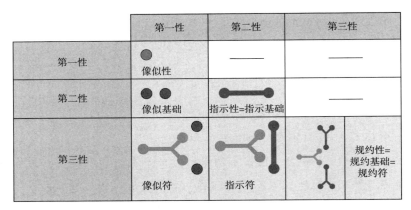

	第一性	第二性	第三性
第一性	像似性	——	——
第二性	像似基础	指示性=指示基础	——
第三性	像似符	指示符	规约性=规约基础=规约符

图 2 - 2 皮尔斯式的范畴、基础及符号的再建构

phor)。"（CP 2. 277；EP 2：274）在这篇文章中，皮尔斯对比喻的描述是出了名的难以理解。在这里我们有必要记住，如果形象是第一位第一性的范例，毫无疑问图表是第二位第一性的范例，比喻就是第三位第一性的范例。我们已经在图 2 - 2 的最左边和最上边的框中看到了第一位第一性，但是第二位和第三位的第一性是该表中一种空缺的可能性。① 如果我们补充说，不论纯像似符是什么，亚像似符从严格意义上来说当然是符号，看起来对于上述的三种第一性来说，必须存在某种第三性。如果是这样的话，我们应期望找到图 2 - 2 最后一行类似的东西，也就是第一位的第三性，第二位的第三性和第三位的第三性。人们不应该忘记，不论它们共享多少第三性，以及在另一个维度来说，它们在第一性、第二性和第三性上是如何变化的，所有的亚像似符始终都是第一性的范例。这的确是一个复杂的事情。我已试图通过强调两种现象在形成像似符（图 2 - 3）的基础过程中的相似之处来说明这一点，以区别于一般情况（图 2 - 2）下第三性的三种范例。② 然而，形象看起来与像似符一模一样，所以至少现在，我们必须把它作为原型像似符。

在这一点上，从理解比喻这个概念是什么出发很有必要——这个概念来源于古希腊时代的古老修辞传统中的一个观点，理解起来或多或少有些

---

① 从另一个维度开始看图表，第一位的第二性是存在的，第一位的第三性也如此，但是它们不可能是我们要找的东西。

② 然而，问题是，在皮尔斯的组合中，这将会是一种什么关系？

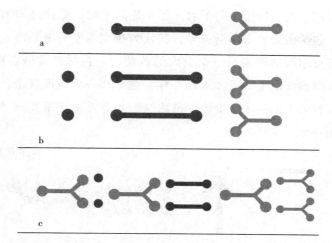

**图 2－3　亚像似符：（a）第一性、第二性、第三性基础图形；
（b）增加像似性；（c）增加第三性，
具体表现为符号关系**

令人困惑。亚里士多德把比喻描述为灵感的火花，对一个熟悉的现象提出
了一个全新的观点。近两千年来，这是比喻的一般概念。所有修辞学论述
中都保留了"死喻"（dead metaphor）的边缘范畴，采用的是经典术语
"误用"（catachresis）。然而，在过去的几十年里，由于兰考夫（Lakoff）
及其合作者的工作，我们对什么是比喻的看法已经完全改变，现在我们倾
向于认为比喻基本上就是古典作家所说的死喻。后者可能告诉我们关于人
类思维的基本方式，但是他们几乎没有告诉我们比喻的概念是什么。

　　让我们从一个经典的死喻例子开始：山脚。正如脚和人类身体的关系
一样，我们关心的是那个在山上占据相同位置的事物，也就是最接近地面
的那部分。这类似于布利斯符号（Blissymbolics），这是通过在其他符号所
在的线上画线来进行像似性表意（参见图 2－4）。处于页面上方的东西变
成了普遍指称中向上这个意义。拉考夫和约翰逊（Lakoff and Johnson
1980）给出了一个语言学"比喻"的长列表，包括向上的方向：快乐是向
上的，悲伤是向下的。意识是向上的，无意识是向下的。健康和生活是向
上的，疾病和死亡是向下的；施控和施力是向上的，受控和受力是向下
的；更多是向上的；更少是向下的；可预见的未来事件是向上、向前的；
社会地位高的是向上的，社会地位低的是向下的；好是向上的，坏是向下

的；美德是向上的，堕落是向下的；理性是向上的，感性是向下的。所有这些例子，包括山脚和布利斯符号，我认为在皮尔斯看来是图表，而不是比喻。尽管皮尔斯的图表是一个更大的范畴，它包括日常语言中的图表；文章中的人口曲线向上，正如人口一样。至少从一个角度看来，这是一个介于两个位置关系的一个等价值。虽然这个术语需要被重新解释，但是关系本身是同一个。

图 2 - 4

相反，在一个真实的比喻中，我认为关系本身必须被重新解释。这解释了我们的感觉，即比喻应该跨越边界。因此，例如，如果我把靠近山顶的一小排森林作为山的胡子，我也许不会创造一个伟大的比喻，但是我一定产生了一个跨界效果，在这种效果中不仅术语需要重新评估，它们之间的关系亦需要如此。或者，正如我在早前发表的作品（Sonesson 1989, 330 ff.）中所说的，如果我认为一个蝙蝠是一只鸟，尽管很细微，我仍然产生了一个比喻的效果，虽然在一些语言中，甚至在早前欧洲语言中，这只是一个简单的范畴成员分配。毫无疑问我们需要更多的好比喻，正如麦克斯·布莱克（Max Black 1962）和保罗·利科（Paul Ricceur 1975）所赞同的，我认为他们说的是两个范畴间的互动依赖于对方。或者，用列日学派的话来说（1970），好的比喻包括把正常说法中仅是一个特征的交集视为一个整体。如果你说国王是狮子，他不仅是像狮子一样勇敢和凶猛，而且他还会变得像狮子一样。由于比喻不是这篇文章的主题，因此我将这个讨论结束于此。

小　结

整篇文章是一个想象的实验。本文从皮尔斯提出三个范畴出发，试图理解当他提出作为符号过程基础的第一性、第二性和第三性时可能意味着什么。本文随后将皮尔斯手稿中获得的观点用胡塞尔现象学加以操作，即想象力的自由变化。结果可能与皮尔斯想说的一致，或者可能完全不同。为什么有人会想经历如此奇怪的一个过程呢？皮尔斯终其一生都在关注他认为是符号学的问题。人们有充分的理由认为他打算做某些事，但是他的手稿却非常晦涩。目前的任务是深入挖掘皮尔斯思想的含意。如果你不认为符号学仅仅是皮尔斯观点的延续，那么就很有必要弄清楚他的思想的哪些部分适应当代符号学理论。所有的符号学家，以及那些不以这种方式描述他们职业的人们，在一个或者其他常常被误解的解释中采用像似符、指示符和规约符的三分法。尽管三元的区分方式可能是皮尔斯的原创，但这一区分方式几乎不是他的原创。因此，我把这个重要的任务看成是对第一性、第二性和第三性的重新思考，而这似乎被大多数皮尔斯追随者认为是理所当然的，而那些不愿意将自己视为皮尔斯正统追随者的符号学家们通常会忽略这一点。

因此，我开始比较胡塞尔和皮尔斯各自的现象学，我认为皮尔斯现象学只能被视为胡塞尔现象学的一个特例。接着我思考了皮尔斯三个范畴的直观基础，认为它们必须被理解为非常通用的原型概念。特别是，我声称这些范畴并没有足够具体地定义符号的概念，相反，它必须来源于从胡塞尔和皮亚杰处受启发而产生的现象学思考。接下来，我表明了在皮尔斯手稿中所呈现的二元和三元关系，它们的概念可以在社会心理学的使用中被理解。从这个意义上说，它们是用来解释意识行为的最基本特征，意识的出现，及这种出现本身成为意识的主题。在最后一节中，我回到了符号问题，在这个术语的正确意义上，试图说明一般符号的结果，特别是亚像似符。特别地，我认为紧随皮尔斯观点，许多通常被称作比喻的东西实际上仅仅是图表，因为比喻不仅要求重新解释关系术语，还要求关系本身。

如何将现象出现的意识、对这个出现的反应和对诸如符号的复杂实体的基本观察这三个行为相关联起来，目前仍不清楚，更不要说如比喻这样的符号了。我认为，这可能是皮尔斯理论应该从胡塞尔工具箱中挑选工具之处：沉积作用（sedimentation）是一个过程，意义通过这个过程保持被动，逐渐积累并在个复杂结构的较深处分层，直至它们在现象学反思中被层层地重新激活。在这个意义上，不管它们是什么，符号都是由某种出现的东西、某些产生反应的东西和某些意识到正在发生什么事情的人们所建构的。当它关注于我们现在生活中综合而成的东西，以及发生现象学，当它涉及人类生命的世世代代以及甚至更多人类生活的世代的建构时，构成我们文化世界的这些不断持续的过程，就是胡塞尔后来所说的发生现象学（genetic phenomenology）（见 Steinbock 1995；Welton 2000）。

III. 超越"文化的悲剧":在认识论和交往之间

董明来/译　赵星植/校

摘要:

　　本文阐明皮尔斯的范畴论以及卡西尔后期"基本现象"学说中所暗藏着的或多或少的现象学,并试图拓展卡西尔本人的提议,从而为人文科学(或者,用我们更喜欢的说法,符号学科学)奠定基础。本文的这一路径,主要是在修正布拉学派符号学研究进路的基础上,对交往之基本情况进行厘清。在本文的第一个部分,我们基于两场学术讨论,考察卡西尔有关科学理论的提议。第一场讨论卷入了李凯尔特、文德尔班和狄尔泰。第二场讨论则由伽达默尔和哈贝马斯发起。虽然我们是从结构主义之产生的隐秘成果中得出了结论,但卡西尔在其中乃是一个多少有点无意识的成员。在本文的第二个部分,符号学科学被实验性地建立在关于常态的科学的基础上;这种科学的缩影,乃是胡塞尔的关于生活世界的科学:它把不同的"基本现象"展示为三种基础性的认识论操作的基础。这三种操作来自交往行为;对于符号学科学的发展来说,交往之行为都是必需的。

　　惊惧于纳粹的步步逼近,恩斯特·卡西尔(Ernst Cassirer)与罗曼·雅柯布森(Roman Jakobson)登上了同一艘——其实是最后一艘——从瑞典开往美国的船。这次与雅柯布森的相遇或许可以算作是他发表"现代语言学中的结构主义"(Cassirer 1945b)一文的直接原因;该文发表于1945

年，他去世的同一年。并且该论文所提及被言说之物的那些更深层原因，依然毫无疑问地能在卡西尔本人的早年作品中找到——而且，从相信索绪尔式符号学和皮尔斯式符号学之间存在简单对立的那些人的角度来看，这些原因会把我们带得离后者更近。但是，正如我们将会看到的那样，关于这个故事的基本教益是，我们没有理由在皮尔斯（Peirce）和索绪尔（Saussure）之间做出选择。这并非是因为他们都是正确的（在某种程度上，他们确实是），而是因为在他们之前和之后的符号学传统，为我们提供了一个更为丰裕（plethora）的思考空间。

一　符号学科学的认识论

卡西尔的论文惜字地引用了雅柯布森，并且它几乎没有提到索绪尔。但是，他的论文也充满了对其他语言学家的引用；根据这些语言学家，语言乃是一个"关于一切事物"（où tout se tient）（这个词组经常被归功于索绪尔，但是其实来源于安托万·梅耶［Antoine Meillet]）的系统，或者类似的东西。在语言学结构主义中，让卡西尔有兴趣的，毫无疑问乃是这样一个理念：部分产生于整体，并且被整体所决定。卡西尔论文的最后几页与另一个词有关，这个词并非"结构"，它在其他章节中被用来讨论部分和整体之间的关系：格式塔（Gestalt）。

1. 符号学和文化科学

对于一个把康德主义的，关于经验的图式主义（schematism）转换为诸多类似于语言、神话、科学、历史和艺术等"象征形式"（symbolic forms）的思想家（Cassirer 1923 – 1929；1944，1945）而言，这么做会显得自然：把一个与语言学的相遇，根据我们经验之世界的片段组织起来，因为这世界乃是体现在不同语言中的各个不同的世界观的结果。这正如威廉·冯·洪堡（Wilhelm von Humboldt）——另一位与其起源更为接近的康德主义者（他的名字在卡西尔的论文中一再出现）所做的那样。并且，这似乎仍然不是卡西尔关于作为一个系统的语言的原则性看法。相反，他最终阐明了在结构主义语言学和居维叶（Cuvier）所理解的解剖学之间的类比：正如后者从羽毛得出了关于鸟的结论那样，语言学也能够从词语推演出系统。① 用（没有被卡西尔引用的）索绪尔主义的术语来说，正如在语言中那样，在解剖学中，只有诸多不同之处，但是没有实证性的术语（positive terms）。但是，要在卡西尔身上探查出索绪尔主义的影响，还是没有多少根基：概念的关联性的（"功能性的"）本性乃是卡西尔作品的最为基础性、也最早的"偏见"（parti pris）之一（Cassirer 1910），虽然这没有在他的论文中被提到。事实上，这个观念的功能属性（functional character）的理念，以一种非常隐微的方式出现在该论文之中；我们被告知，"精神"（Geist）这个概念应该在实体的意义上，而不是"在一个作为某些功能的可理解的名字的、功能性的意义上"被把握。所有这些功能都"构建并且建立了人类文化的世界"（Cassirer 1945b：91）。在这里，功能应该在数学的意义上被理解：它有一个可以被置入一个或者多个论证的谓语——并且，这个谓语本身可能原来是一个功能。如果我们想象这个过程不确定地持续，那么我们就会抵达索绪尔式的结构概念。

也是在这篇论文中，卡西尔（1945b：91）断言，"语言学是符号学的一部分，而非物理学的一部分"。然而，这就是他关于符号学所说的一切了。这文本的主要部分被一个更为经典的讨论占据：语言学应该被理解成"精神科学"（Geisteswissenschaften）或者"自然科学"（Naturwissenschaften）的一部分。卡西尔从布拉格学派那里学到了很多。他引用了尼古拉斯·特鲁贝茨科伊（Nicolas Trubetzkoy）对发音学（phonetics）和语音学（phnology）所做的区分：前者主要考量诸如声音的振动，或者发音器官的移动一类物理事实，后者则考量"非肉身之物"。正如卡西尔（1945b：90）所注解到的那样，后者伴随着被意义所决定的单位。依赖于一个"世界观"的、不只有世界的片段，而且还有语言之外部形式的片段：世界观乃在是思想与声音这两种无定形团快（amorphous masses）之间的、索绪尔式的分割的结果。因此，语音学，以及整个语言学，乃是一种精神科学。但更重要的是，卡西尔观察到，在诸如威廉·文德尔班（Wil-

---

① 正如我曾经通过引用列维－施特劳斯（Lévi－Strauss）来做的那样（Sonesson 1989；2012b），人们或许可以争辩——正如卡希尔所描述的那样，居维叶真正做的事情，与结构主义原则相反：他从部分引出整体，而不是相反。但是在居维叶必须在一个原型性的动物身体上操作这样一个程度上，这个反转仍然是不完整的。

hem Windelbrand)、威廉·狄尔泰（Wilhelm Dilthey）以及海因里希·李凯尔特（Heinrich Rickert）等人的作品中，有"方法论之争"（Methodenstreit）；在整个论争中，"这样一个事实从未被提及：有人类的言说这样一件事物，也有语言学这样一件事物"（1945b：89）。他毫不犹豫地把这认为是"一个非常令人后悔的事实，一个总是会造成后果的疏忽的罪责"。自从这篇文章发表以来，除了语言学之外，一系列特殊的符号学科学相继出现，如图像符号学、手势研究、文化符号学等等；从而，在今天，在关于知识的理论中忽视这些研究领域的结果，就变得甚至更为可怕（见 Sonesson 2012c）。

2. 超越第二个方法论之争

一个奇怪的说法是，作为认识论实践（epistemological practices）的语言学以及其他符号学领域，于 20 世纪中叶新的方法论论争期间，在汉斯-格奥尔格·伽达默尔（Hans-Georg Gadamer）、尤尔根·哈贝马斯（Jürgen Habermas）、卡尔-奥托·阿佩尔（Karl-Otto Apel）、尼克拉斯·卢曼（Niklas Luhmann），以及其他人的著作中，仍然是被忽视的。事实上，这些思想家中的许多人在其他方面认为语言是重要的（这对于狄尔泰来说也是一样），但是他们没有考虑到符号学科学的特殊性。[①] 他们没有意识到，语言学，以及其他根据这个范式被建立起来的符号学科学，并没有真正地与自然科学的描述或者文化科学的描述中的任何一个相符合。

不幸的是，卡西尔本人似乎也没有考虑到这种特殊性。在另一篇专论文化科学之本性的论文中，卡西尔（1942：63 ff.）反对那种经常在自然和文化科学中所进行的简单对立，并且他断言，在后者中普遍概念也是被需要的。一开始，他用语言学为这个断言提供例证；用洪堡（Humboldt）的术语来说，语言学研究多种内在语言形式之间的不同：比如，在名词中区分阳性、阴性和中性的诸印欧语言，与那些用其他标准区分名词之类别的语言之间的不同。他从而继续讨论艺术史，并为艺术史的普遍术语找到了一个例证：这个例证是海因里希·沃尔夫林（Heinrich Wölfflin）在图像

---

① 阿佩尔（Apel）肯定是一个例外，因为他"确实"提到了皮尔斯意义上符号学，而不是从这里被接受的那个角度来看的符号学。

式（picturesque）和线性（linear）风格之间做出的对立。但是，如果我们按照语言学研究真实地进行的方式来思考它的话，那么它就是与艺术史极为不同的；即使我们假设，像沃尔夫林、阿卢瓦·李格尔（Alois Riegl）和欧文·潘诺夫斯基（Ervin Panofsky）这样的思想家，在把他们的普遍概念引入这个学科方面，比他们真实地实践的那样更为成功。无论语言学是在考量语言学的普遍性（Cassirer 1945b：83），还是说它的目标仅仅在表述一个给定语言的音韵、语法以及语义规则，它都涉及某种普遍的，而非具体的事实。即使在对话分析（索绪尔主义的"言语的语言学"）这个伪装下，语言学仍然对表述普遍规则感兴趣。在卡西尔的时代，历史语言学在语言学的普遍概念中仍然显得突出；而正如斯蒂芬·杰·古尔德（Stephen Jay Could 1999）关于演化生物学所指出的那样，历史语言学肯定在某种程度上涉及了单个事实，比如说，某种特定语言产生的日子。但是即使是在雅各布·格林（Jakob Grimm）和赫尔曼·保罗（Hermann Paul）的开拓时代，历史语言学也仍然极大地投身于对于语言变化之普遍规律的表述。即使在沃尔夫林的激进观点中，艺术史也仍然仅仅作为规律性概念的普遍事实来研究个体事物。这就是艺术史不是图像符号学的理由。

在我几乎还没阅读过卡西尔任何著作的时候，我提出了一个我认为能够更好地把语言学和其他符号学科学的特殊性考虑进来的提议。索内松（1989；参见 Sonesson 2008a，2012c）论辩道，符号学应当被当作一种科学；它的视点可以被应用于任何被人类，或者更加广泛地说，被生物所产生的现象。用索绪尔的术语来说，这个立场由对该视点本身的考察构成；用皮尔斯的术语来说，这个考察与对中介（meditation）的研究是等价的。换句话说，符号学考量不同方式和构造，这些方式和构造被给予了一种手段；通过这个手段，人类相信自身能够触及"世界"。因为很多原因，现在我们似乎不可能把符号学仅仅限制于人类世界被赋予意义的方式。即使在考察只有人类才有的图像时，我们也只有在它们与被其他动物所掌握的意义之对立中，才能理解它们的特殊之处（specificity）（见 Sonesson 2009a）。因此，在此应当说，符号学是考虑不同形式的构造的：这些构造被给予了一种手段；通过这种手段被观察到的是，在生物与世界的交互关系中，生物能够触及那个被赋予了意义的"世界"。为了避免与行为主义（behaviourism）和某些当代版本的生成论（enactivism）的混淆，"被赋予了意义的"这个词组是必要的。后两种主义都令符号学的研究主题消失于空气中。①

"视点"这个术语本身当然乃是一个视觉性的隐喻。但是这个是一个立足点（standpoint）意义上的点（point），它比感觉模态（sense modality）更重要。因为，在研究这些现象时，符号学必须采取人类本身的（以及它的不同部分的）立足点。确实，正如索绪尔论证的那样，仅仅当这些视点能被运用于其他"物质的"（material）对象，符号学对象才存在，而这也是为什么，这就是为什么，若符号学对象没有作为对象消失，这些视点就不能被改变。类似地，有人曾经论辩说，我们应该必须接受蝙蝠的视点，更不用说蝉虫的了；但是还不清楚的是，这个任务是否能在同一个意义上被完成。

我们采取了使用者的视点，并且试着去解释它们的具体作用；因此，我们就不能像哲学家纳尔逊·古德曼（Nelson Goodman 1968）那样，因为图像的民间概念（folk notion）的不自洽就否认它；相反，我们必须找到这个民间概念的、特别的系统性。但是从这里不能得出这样一个结论：根据这个结论，像路易斯·普列托（Luis Prieto 1975a）所断言的那样，我们必须把我们的研究限定于被此系统所有使用者共享的知识上；因为，为了把那些为此系统的运用奠基的先设考虑进去，在那个被使用者所意识到的、最终的层级之下，有必要下降至少一个分析的层级。符号学必须超越使用者的立足点，以解释这些知识的运作；这些运作是操作性的，虽然也是暗藏的（tacit）。这些知识为这样一个行为奠基；对于任何意义（signification）系统而言，这个行为都是构建性的（见 Sonesson 1989：I. 1. 4）。

进而言之，符号学投身于这样一些现象，这些现象从它们的"质性的"（qualitative），而非"定量"（quantitative）的方面被思考；并且，符号学适应于"规则与规律性"（rules and regularities），而不是适应于特殊对象。也就是说，和包括语言学在内的其他符号学科学一样，图像符号学

---

① 虽然这个关于行为的观点在埃德蒙德·胡塞尔（Edmund Husserl）的作品中已经出现了（比如"动觉"［kinesthemes］的概念之类），但是毫无疑问，是梅洛－庞蒂（Merleau－Ponty 1942；1945）澄清了在行为的概念和行为主义的概念之间的不同。

乃是一个"规则性"（nomothetic）的科学，一个考量普遍性的科学，而不是一个"个性化"（idiographic）的科学。后者可以与艺术史以及绝大多数其他传统人类科学相比；这些科学把一组单个现象作为它们的对象，并且认为这些单个对象的普遍天性和关联性是理所当然的。[1] 我想要在此坚持这种把质性和规则性结合起来的组合，因为它无视了在人文学和其他科学之间的传统分别，这种传统的区别由从狄尔泰和韦伯（Weber）到哈贝马斯和阿佩尔的阐释学传统所设定：即使是一个传统的符号学学科，比如包含了对任何具体语言之研究的语言学，也仍然卷入了对法则和规律性，而非对个体事实的建立。和语言学一样，但与自然科学以及某些社会科学不同，所有其他的符号学科学都考虑质，而不是量——也就是说，它们对范畴的考量，比对数字的考量多。因此，符号学与社会科学以及自然科学共享对法则之追寻以及法则性这个属性，而不是一个个性化的科学；但是，在范畴和数量之间，它保持着对范畴的强调；这是人文科学所特有的。法则性的和质性的图像符号学有一个作为其原则性课题的范畴，这个范畴的术语可以是图像性质（pictoriality），或者图像性（picturehood）。

　　但是，当卡西尔（1942：65）说，在法则性和个性化这两个术语一般被给予的意义上来说，在文化科学中被卷入的一般概念既不是法则性的又不是个性化的时候，他的断言可能是正确的。他说，它们不是法则性的，因为在文化科学中，个体现象不能从一般法则中被推理出来。它们也不是个性化的，因为他们不能被还原至历史。这当然是我试着考虑进来的那个区分，我这么做，是为了把法则性和质性的符号科学从法则性和量性的自然科学那里区别开来。但是，在其他地方，在讨论一些来自歌德（Goethe）的术语时，卡西尔可能可以多少帮助我们理解被符号学科学所使用的一般概念。

3. 原—现象（Urphenomäne）与原型（Prototype）

　　在论文《歌德与数学物理学》（Goethe und die mathematische Physik）中，卡西尔（1921：27 - 76）开始解释歌德的自然研究概念与卡西尔所处

---

[1]　这并不是说，符号学的成果必须（像许多"新考古学"的倡导者所声称的那样）用亨佩尔（Hempel）的覆盖性法则（covering law）的术语来表述。我在此用"法则性"一词只是简单地表明，研究的对象由一般事实所构成。

时代的自然科学有何不同（它不同于歌德时代的、在牛顿之作品中有其缩影的自然科学；我相信，它也不同于我们当代的自然科学，即使在歌德时代和我们时代的自然科学概念之间，还有其他方面的不同）。他观察到，就和关心自然科学一样，歌德关心一般事实。但是，歌德拒绝把这些一般事实还原到数字。这不但是因为——正如卡西尔注意到的那样——歌德对数学理解甚少，而且更重要的是因为，这个程序取消了我们对于自然世界之感性经验的内在属性。虽然歌德从个体转向了一般事实，但是他仍然想要待在他能够通过自己的眼睛看到的这同一个世界里（Cassirer 1921：71－72）。

这让人想起一个我提出的（见 Sonesson 1989）区分。（以胡塞尔现象学的本质还原为范式），我区分了在自然科学中常见的量的还原，以及我称为质的还原的东西。我提出，质的还原是符号学科学特有的。但是，在后一种情况下谈论还原，仍然可能是令人误解的。正如卡西尔（1921：45 ff.）观察到的那样，如果量的还原适应了现象之可能性的条件，那么质的描述就留在了我们日常经验的世界中；比如说，它把意义带给了人类。确实，常识意义上的经验的世界已经被量的类型构成。正如卡西尔（1921：57 ff）同样指出的那样，"原—现象"的角色，是替换个体事实，而不是作为某种解释性的范式站在它们旁边。[①] "原—植物"（Urplanze）不是某种所有植物都可能被还原到的东西；但是当与真实的、单个的植物相比时，它就被用来显明这些植物的意义。虽然就其本性而言，原—现象是一个一般事实，它还拥有单体物（singular）这个形式。

在卡西尔的阐释中，歌德似乎在此处预测了那个相当晚近的概念："自然范畴"（natural categories）。根据埃莉诺·罗施（Rosch 1975）的说法，这个概念不是一些独立的、标准化的特质的逻辑联合（logical conjunction），而是有一种内在组织，这个组织存在于一个"核心意义"中。这与原型这一最清楚的例子相同，也与这样一个最好的例子相同：这个最好的例子被这个范畴中的其他成员所包围，这些其他成员的成员性（member-

---

① 并且在这里，像在阐释学传统中所习惯的那样，把"解释"当成与"理解"相左的东西，也肯定是误导人的。

ship）的程度，是不断降低的。据说，一个被给予的范畴的诸原型，互相之间有最大限度的相似，并且与其他范畴的诸原型之间，有最大限度的不同；但是，诸范畴之间的界限却被想成是含糊的，并且，这些范畴持续地进入彼此的领域。① 不太清楚的是，范畴的原型核究竟是由具体例证，亦即，由上面提到的"最好的例子"所构成，还是应该被理解成"一个范畴的抽象的表象"（Rosch and Mervis 1975：575）。一只典型的鸟——比如说，一只知更鸟——会产蛋，有翅膀和羽毛；但是不是所有鸟都有所有的这些属性；并且，有些动物有这些属性中的一个或者一些，但是它们不是鸟（比如说，一只蝙蝠）——但是，多亏了世界的"高度关联性的结构"（high correlational structure），比如，"有翅膀"这个属性就倾向于与"有羽毛"这个属性而非"有皮毛"这个属性共同出现（Rosch et al. 1976：429）。

罗施（Rosch）的理论中有丰富的例子，其中绝大多数例子都来源于她本人或者她的合作者的实验。当被要求去选择一个范畴的典型例子时，人们会发现这个问题是有意义的，而且倾向于选择同样的一些事物（Rosch 1973）。拉波夫（Labov）要求人们把一系列像茶杯的对象进行分类：在碗、玻璃杯和花瓶之外，他们找到了或多或少是典型的那些东西（引自 Glass，Holyoak，and Santa 1979：331–332）。事实上，关于椅子和扶手椅的同类型试验，在更早的时候就由汉斯·吉佩尔（Hans Gipper 1959）做过。乔治·拉考夫（George Lakoff）已经提出，语言充满了"模糊语"（hedges），亦即"一些语词，这些语词的任务在于让事物变得更为含糊或者不那么含糊"（1972：195）；或者，这些语词的任务是指出一个范畴内的一个对象的、成员性的程度：举例来说，它们是"有点儿（sort of）、有几分（kind of）、大概说起来（loosely speaking）、本质上说（essentially）、顶级的（par excellence）、在一个真实的意义上（in a real sense）、用某种说法来讲（in a manner of speaking）、从技术上讲（technically）、事实上（virtually）、一般而言（normally）"之类的词组（参见"adjuster – words"

① 正如索内松（1989）已经提到的，并且在一些新近的文本中给出了更多细节（Sonesson 2003b；2015a）的那样，我不认为范畴的边界真的可以是模糊的，否则隐喻会变得不可能。

of Austin 1962：73）。罗施（1975）让受试者在有模糊语的框架（hedged frame）中填入词语，并且发现作为结果的命题无法被倒置（inverted）：只有原型可以是认知性的参考点（见 Tyersky 1977）。当被要求在一个与被固定在桌子中央的对象的关系中把一些对象放置在桌上的时候，受试者也可以有意义地照着任务去做。其他的实验发现，判断一个范畴名字和一个原型性的例子联系起来的命题是正确的还是错误的，可以比判断一个包含了一个非典型的例证的命题更快；这些实验也发现，范畴的名字加速了下面的第一种反应，却延缓了第二种反应；第一种反应用"它们是一样的"这句话来回应这个范畴的好的例子，第二种反应则回应这个范畴的一些非典型成员（参见 Rosch 1975b，1978；Glass，Holyoak，and Santa 1979：333 ff.）。有人肯定仍然会怀疑，是否所有范畴都有这样的形式，但是这个形式肯定似乎是一种建立范畴的自然的方式。用从德克·希拉茨（Dirk Geeraerts 2010）里借用的术语来说，原型概念本身就是原型性的。

根据罗施和梅尔维斯（Mervis 1975：582），关于范畴化的标准属性的实存，有一种幻觉；这幻觉来自一种倾向，这倾向试图只去考虑一个范畴中那些最为原型性的成员；事实上可以被证明的是，这些成员拥有许多共享的属性。应当注意的，在此被描述为一个幻觉的东西，实际上与如下一个过程是一样的：追随着埃德蒙德·胡塞尔（1936，1938）的引导，阿伦·古尔维奇（Aron Gurwitsch 1974b）将这个过程命名为理念化（idealization）；对于几何学的发明为理念化提供了例证，这种发明基于土地丈量的精神。事实上，逻辑范畴似乎对于理性思考是必要的；并且，必须是逻辑的东西，既有符号学的悖论（paradox of semiotics），也有一般意义上的人文学科和社会科学。这些学科乃是关于知识的知识；后一种知识，正如普列托（Prieto）所说的，乃是这些学科所产生的；然而，无可避免地，它们所关涉的知识在大多数时候乃是原型性的。

4．关于常态的科学

歌德有着他的，关于一个从人类的视点上被考量的自然世界的理念；和站在他一边的卡西尔一道，有这样的理念的歌德毫无疑问地预测到了那些更为新近的研究领域；我曾经在其他地方把这些领域命名为"关于常态的科学"（见 Sonesson 1989，1994a，1994b，1994c，1996，1997a）。在符号学本身内部，A. J. 格雷马斯（Algirdas J. Greimas 1970：49）提出，可以有一个关于自然的文化科学，以作为一个关于"自然世界的符号学"——从而，这种符号学考量一个世界；这个世界对于我们而言乃是自然的世界，正如一个具体的语言乃是我们的"自然语言"（瑞典语、英语、西班牙语、德语等）。① 格雷马斯肯定是通过梅洛－庞蒂而从胡塞尔那里得到了关于一个自然世界的符号学的理念。胡塞尔设定了生活世界的概念，以解释一个基础，自然科学之范式就在这个基础之上被建立；这个世界既充当了这个范式所研究和转化（transformed）的主要的对象，也充当了那个常识性的世界——在常识性的世界中，科学家们完成他们的工作：确实，你不能把那个允许你研究电子的粒子加速器本身也在同一个时间理解成一束电子。胡塞尔的学生们，比如阿伦·古尔维奇、阿尔弗雷德·舒茨（Alfred Schütz）、梅洛－庞蒂、以及赫伯特·马尔库塞（Herbert Marcuse）等人，极大地扩了生活世界之概念的功能，并且用它去解释社会现实本身，而没有扩展这概念的意义。我们把如下一个描述特别地归功给舒茨：他把生活世界描绘成"被理所当然地接受的世界"（the world taken for granted）。被皮尔斯（1906，EP2：478）所描绘的"共同心灵"（commens）似乎会是一个类似的、被共享的假设的领域。

当心理学家詹姆斯·吉布森（James Gibson）在他的作品中设定了"生态物理学"的世界，从而来解释直接感知的可能性时（对此，传统的构建主义者们必须假设复杂计算），他没有直白地引述胡塞尔，但是他经常使用与胡塞尔一样的词组和例子。到最后，即使是盎格鲁－撒克逊哲学，包括认知科学，都必须理解被胡塞尔所发现的深渊，这深渊存在于当代自然科学和我们的经验世界之间；经验世界同时假设了一个"天真的物理学"（a naïve physics）以及一个"常识意义上的心理学"；这二者似乎一起构成了生活世界。在一个更为一般的意义上，和维特根斯坦（Wittgenstein）和布尔迪厄（Bourdieu）的许多论述一样，约翰·塞尔（John Searle 1995：127 ff.）所谓"背景"似乎也会与生活世界相符合——如果他在关于二者之间的相似之处的看法是正确的话。从一个非常不同的传统

---

① 在这里使用的"文化科学"这个术语，肯定不应当在文德尔班和李凯尔特的意义上被理解。

而来，雅各布·冯·尤克斯库尔（Jakob von Uexküll 1928）引入了"周围世界"（Umwelt）这个概念，以作为某种被特定的动物物种认定为理所当然的世界——虽然，在一个更深刻的意义上，蜱虫和他的同族当然根本没有把任何东西当作理所当然的选择。

从历史的角度说，正如加斯东·巴什拉（Gaston Bachelard 1949）所言，这一类的意义已然对定量的还原构成了"认识论的障碍"，而定量的还原则是自然科学中所有研究的先决条件。巴什拉的"关于火灾的心理分析"（psychoanalyse du feu）其实是一种社会心理学对火进行解释的早期尝试；非常奇怪，它让人想起鲁道夫·阿恩海姆（Rudolf Arnheim 1966：63）的观察。在火中看到一系列形状和颜色，而不是"火焰之令人兴奋的暴力"，需要一种非常独特的态度，尽管化学家们当然也必须超越形状和颜色。正如我们已经看到的那样，歌德的被卡西尔所描述的观点也同样是特殊的，因为它停留在感知器官（包括它们社会性地沉淀下来的意义）的层次，但是它又从个体例证中抽象出来。其实，在自然科学所能告诉我们的东西之外，似乎还有空间去研究"火"以及类似现象的意义。在这个意义上，正如音位一样，火是一个范畴；它在一个被感知的世界中引入了分割点（discontinuities），并且把许多有几分不同的例证纳入其中。"地狱之火"和"舒适的壁炉火"完全独立于假定的化学方程式的同一性，它们可能有也可能没有共同的语义特征。

5. 关于生活世界的科学以及其他科学

虽然卡西尔没有直接把注意力集中于生活世界之意义属性的层面，但在他对歌德的科学概念的评论中，对这个层面的注意必然是在场的。然而，用更抽象的术语来说，当卡西尔（1928：138－139）描述他的"再构建的方法"的时候，他最接近这个进路；"再构建的方法"是唯一一个可以描绘基本现象的方法，而其先驱则是胡塞尔、狄尔泰以及那托普（Natorp）。[①]

根据胡塞尔的观点，生活世界的基本属性之一是，在它之内的一切事

---

① 在一个后面的小节里，我会确实地提出，卡西尔的基本现象乃是生活世界的一部分；但是，在这个具体的方面上，胡塞尔本人的贡献似乎是相当有限的。

物都以一种"与主体相关的"方式被给予。这意味着，比如说，一个属于任何种类的事物，总会"从一个特定的视点"，从一个特殊的角度而被感知到；通过这个角度，对象的一个部分形成了注意力的中心。在一个类似的意义上，吉布森观察到，当我们与从一侧被看到的猫（the - cat - from - one - side）、从上面被看到的猫（the - cat - from - above）、从前面被看到的猫（the - cat - from - the - front）之类的东西相遇时，我们"见到"的东西在所有的时候都是同一个不变的猫。对于胡塞尔而言，这种看一个部分而推知其整体的现象与"以此类推原则（etc. principle）"有关：在任何一个点上，我们都可以把骰子翻面，或者可以绕过一座房子，以看到另一面。这个原理相似地适用于世界的时间和空间组织。在时间中，它把我们在任何时刻的期待纳入考虑；我们期待生活会继续，期待某些事情会改变，或者期待某种更为确定的东西，比如说，期待最终会有特定数量的眼睛看着骰子被遮住的面（这是"前摄"[protensions]）；我们的这样一些知识同样也被考虑到了：在与当下时刻紧邻着的前一个时刻里，我们曾经存在过；骰子，或许还有我们关于我们在之前曾经见到过的，骰子的面的记忆，以及在其中骰子曾经出现了的环境，也同样曾经存在（"后摄"[retentions]）。

　　每一个在生活世界中被遇见的具体之物都与一个一般的"类"相关。根据舒茨，在家庭成员和朋友之外，其他人都几乎只被他们所从属于的那个类所定义；并且，我们期待他们有相应的行为。① 在这里我们或许会想起的，既有至少是如卡西尔所阐释的那样的，歌德式的原—现象，也有后者和原型概念之间的被修复的关系（reprochement）（见上面1.3节）。与典型性紧密相连的，乃是被包含在生活世界里的"规律性"，或者，如胡塞尔所说，乃是"事物倾向于在其中做出行为的典型方式"。这是一些原理的类型，这些类型实验性地设立了皮尔斯之试推法（abduction）的基础。许多"生态现象学的法则"也同样是这样一些"被未经明说地（implicitly）知晓的规律"：比如说，实体性的对象倾向于持续存在；主要的表面就其外观（layout）来说是近乎永久的，但是有生命的物体随着它们的

---

① 这个时间意识的范式，被布拉格学派的成员，尤其是被穆卡洛夫斯基（Mukarovsky 1974）用于剧场符号学（theatre semiotics），以及文学符号学。最近，这个被胡塞尔启发的范式被加拉赫尔（Gallagher 2005：1899 ff）运用于他对精神分裂症和自闭症的研究。

成长或移动而改变；某些对象，比如芽和蛹会变态（transform），但是没有对象会像一只青蛙变成一个王子这样，变成一种可以说是完全不同的东西；没有实体性的对象不是从另一个实体产生的；一个实体性的、分离的对象只能静止在一个支撑它的水平面上；一个固体的对象不能在没有打破另一个固体表面的情况下穿透后者……诸如此类。这样一些法则和规律被吉布森（1982：217 ff）所表述，也被魔法所蔑视。显然，这些规律性中的许多已经不在今天的物理学中；但是对于需要保持为一个整体的人类环境来说，它们还是必要的。这些"法则"的先设中的一些，比如说，在"我们会认为是完全不同的对象"之间的区分，也同样在基础上乃是这样一些东西：我把这些东西称为生活世界等级体系（Lifeworld hierarchy），以及符号功能的定义（参见 Sonesson 1992，2000，2001）。[①]

吉布森比胡塞尔更多地注意到了被认为是理所应当的世界的一般性背景。在上百万年的演化历史里，所有动物的"地球环境"（terrestrial environment）都持续地拥有某些特定的、简单的不变之物，比如"在下面"的大地，"在上面"的空气，以及"大地之下的水"（Gibson 1966：88 ff.）。地面是水平的和坚硬的，是一个支撑性的表面；而空气乃是不稳定的，是运动的一个空间，同时也是呼吸的介质，是气味和声音的一种偶然的传递物；并且在白天，对于事物的视觉外形而言，空气乃是透明的。作为一个整体，固体的地球环境乃是有褶皱的；它既在不同的层面上被山脉和小山，被树木和其他植被，被石头和棍状物所构筑（structured），又被像结晶和植物细胞一类的东西织就文理（textured）。为环境之坚硬性的结果，以及观察者本人与重力之关系奠基的，乃是观察者自身。

就像上面被提出的那样，对规律性的胡塞尔式描述与"试推法"的概念相合。皮尔斯把这个概念与推演和归纳这两个更令人熟悉的概念并置；并且，这个方法从一个具体例证推至另一个，却不仅仅停留在个体事实的层面上：因为皮尔斯告诉我们，事实以特定的"规律性"，即那些被尝试性地设立或被当作是理所应当的原理，为中介。在"事物倾向于做出行为

---

① 当后期建构主义者们，比如霍夫曼（Hoffman 1998），开始表达一般法则时，他们似乎并不像他们所想象的那样与吉布森不同。但是，整体上，霍夫曼的法则似乎应用于图像，而不是感知世界。这与肯尼迪（Kennedy 1974）的法则更相似。

的典型方式"中，某一些似乎会处于"符号"的起源之中；它们之中，绝大多数可能比那些被吉布森所表述的东西有更多的区域性的重要度（regional import）。"符号"是在斯托亚主义的意义上的符号，亦即，是"推演"（inferences）或者"推论"（implication）。在讨论美索不达米亚的占卜艺术时，乔凡尼·马内蒂（Giovanni Manetti 1993：6 ff.）区分了在"前件"（protasis）（p，亦即"如果"从句）和"后件"（apodosis）（q，亦即"那么"从句）之间的三种关系：当 p 和 q 在过去曾经一起出现时，有占卜性的经验主义（divinatory empiricism）；在能指之间有相似之处，或者有一个修辞性的形象把所指联系起来的情况下，有关联之链条（chains of associations）；而在有限数量的、可以被同一的（identifiable）情况之中，有被符码化了的联系（coded relationship）。①

第一种类型当然接近于纯粹的感知性推理（perceptual reasoning），并且可以用前摄和后摄的术语来表述；前摄是接下来可以被期待的东西，而后摄则可以被认为是在之前已经发生的东西。同样可以说，这个类型是依赖于指示性关系的。在空间以及/或者时间中，在前件从句中被描述的东西，可能出现在后件从句中被描述的东西的附近。所有在时间中发生的经验都属于这个类，比如，当看到伐木工的斧头被举在头顶上时，我们既会期待在下一个瞬间，他会劈这块木柴（连续的前摄），也会有这样一种知识，知道在刚刚过去的前一个瞬间，他把斧头举到了当前的位置（连续的后摄）。在这里被认为是理所应当的规律性会是一种试推。如果仅仅是在一个无关紧要的意义上的话，那么这个术语就和皮尔斯所理解的一样（也是一个亚里士多德意义上的省略的推论［enthymeme］）（见 Lanigan 1995：51－52）：并不需要多少洞察力就能够提出一个一般规则，这个规则把两个个体情形联系起来。在如下两种联系之间，当然有一种不同：1. 因为一个事件的发生，紧接着在一个更早的境遇中发生的另一个事件，因此看到伐木工把斧头举过头顶时，我们就会等待他劈木头；2. 我们会预测一个反抗发生，因为一只被检查的特定动物的肝脏

---

① 在前两种情况下，人们可能会注意到弗雷泽（Frazer 1890：11）的关于魔法的两种原理，这些原理是根据接触法则和相似性法则的。甚至更明显的是，这三种情况令人想起指示性、相似性和规约性（根据上面的顺序）。

有一种特殊的形状，这种形状在上次有反抗出现时，也出现在肝脏上。但是，两种联系在一开始都可能建基于一种经验，这种经验是，在生活世界中，事物倾向于如何行动。只有在一个更后期的阶段，它们可以被区分。① 但是二者都和那些在科学——以及像符号学这样的人文科学——中被表述的普遍化不同。

在另外那些他更加直接地考虑自然科学的地方，卡西尔（1910）把伽利略式的研究科学的方法，与亚里士多德式的方法相对比。后者从对于具体之物的观察开始，并根据被本质属性所规定的类型，把这些具体之物分类；这些本质的属性然后又被用来解释这些具体之物的行为。但是前者则首先为奠基性的过程设立一个解释性的范式；从这个范式中，预测被做出，并且最终被经验观察所检验。毫无疑问地，伽利略式的方法乃是今天被自然科学使用的方法，然而亚里士多德式的方法则令人怀疑地听起来很像这个方法：它被卡西尔归于歌德，并被我们归于有关生活世界的科学。在乔丹·兹拉特夫（Jodan Zlatev）的基础上，我想提出，我们需要多种方法，这些方法从而被置入对彼此的影响之中。兹拉特夫区分了第一人称、第二人称，以及第三人称的方法；但是我认为，一方面，有必要去区分进路（access）的诸方法，以及被寻求的知识的种类；这二者都分为三个人称。通过这个方法，我们最终有了下面这个表格（表格 3 - 1）。

表 3 - 1　兹拉特夫（Zlatev 2009b：178）所使用的诸科学方法，他加入了在进路的模式和被研究对象之本质之间的区别

		被通达的现象		
		第一人称	第二人称	第三人称
进路的模式	第一人称	内省	（规律化）的同情	现象学
	第二人称	"主观的"描述	对话	"客观的"描述
	第三人称	（外部观察）	（外部观察）	试验

---

① 在表述他关于生态物理学的法则时，吉布森（1982：218）声称，与经常被认为的不一样，孩童们并不自发地相信魔法。至少某些占卜的种类会显然与这些生态符号学的原理不同。当然，根据皮亚杰，孩童们会经历一个魔法阶段，并且人类学家们也已经找到了许多相信魔法的成年人。日常实践的生活世界仍然可能必须与意识形态的生活世界区分开来；而工具性的，以及其他与目的相关联的行动，就发生在这个世界中。

丹尼尔·白特森（Daniel Batson 2011：99 ff.）在被同情心所引导的（empathy – induced）利他主义的研究中，引用了卡西尔的区分，为试验方法辩护；他声称这种方法与漫画类似：“一幅漫画乃是一个人工的，对某个自然现象的再构建，这种再构建经常是被简单化了的。它有所选择地强调了本质性的部分。”有趣的是，在我的一部旧作中（Sonesson 1988：62；1990），我比较了在文学意义上的漫画，以及被韦伯和他的追随者们所描述的理想类型（ideal types）：与理想类型一样，并且与原型不同，漫画夸大了它所表现之物的一些特性（或许在这里不那么相关的是，它还包含了那些在真实世界之对象中并不同时出现的属性）。现在，诸理想类型在学术作品中可能是重要的，但是，用卡西尔的术语来说，我们必须总是靠“再构建的方法”来回到原型的层面，因为它们被包含在生活世界中。因此，与自然科学之情形中的东西不同，在人文和符号学科学中，我们同时需要研究理想类型式的方法，以及原型性的方法，并且我们必须总是让它们互相影响。①

二 交往以及基础现象（Basisphenomäne）的状况

在之前的论文中，我借鉴了塔尔图学派的观点并提出，文化和非文化可以用人格式（personal）的术语被描述为“自我”（Ego）和“异者”（Alius）之间的对立。我还提出，在这个组合之中，还应该加入“他者”（Alter），以替换另一文化（Extra – culture）（参见 Sonesson 1998；2000c；2000b；2002；2003；2004a；2012a；2013a）。自我、他者，以及他人从而就可以被理解为在舒茨意义上的类型（type）的最为一般的类（kind）；它们在生活世界中有其过程。② 如果是这样，那么根据上一节，它们同样也是在歌德意义上的原—现象。在下一节里，我会进一步提出，最为一般的原—现象与卡西尔身后出版的著作中的“基本现象”概念相一致。

① 虽然他没有这么说，但是白特森（2011）所做的正是这个，因为他的理论章节确实可以被认为是在我们的意义上的现象学。
② 我把下面这样一个发现归功于我以前的学生安娜·瑞迪卡·巴克（Anna Redei Cabak 2007）：一旦被用这些术语定义，那么文化符号学的范畴就可能可以与舒茨的类型概念相等同。

1. 生活世界中的自我、他者及异者（Ego, Alter, and Alius）

在这个意义上，文化符号学考量一些范式；在与其他文化的关联之中，这些范式由一个文化的成员为它们自身的文化所造就。最为简单的，一些自动范式（auto - model）可以被称为"正典性范式"（canonical model）；这些范式围绕着两个互相定义的术语之间的对立而被构建，这两个术语是文化和自然（非—文化）。一个基础性的非对称被建立在这个范式之中，像它被建立在其他范式中那样：自然被从文化的角度来定义，而非相反。每一个文化都把自身理解为在自身内部被规定的秩序（Order），这与那在外部的某些东西相对立；后者被视为混沌（Chaos）、无序（Disorder）以及野蛮（Barbarism）。在这个意义上，自然包含了其他文化，它们并不被文化范式承认为文化。

在其他的论文中，我已经提出，文化符号学最好通过交往的特殊状况被理解——既在时间中又在空间中被单体化（singularized）；在时空中，文化认同（cultural - identity）得到体现（Sonesson 2014；Dunér and Sonesson 2016）。然而，为了这么做，我们必须通过修改我们的传播模型来开始。即使在今天，符号学理论也或多或少明显地依赖于这样一些从数学通讯理论而来的传播模式；这些模式被设计来描述少数的一些技术传播手段，如电报和广播这些今天看来已经相当老派的手段；这些模式尤其被设计来作为信息丢失的补救措施：在通信过程中，信息的丢失经常发生。很大程度上因为罗曼·雅柯布森（1963）和翁贝托·艾柯（1976，1977）的影响，在符号学内部，这个模式已经被用作所有传播类型、所有含义，以及所有类型的符号过程的范式。这个实践已经产生了至少两种对称的、同等地消极的结果：通过把所有类型的符号过程还原至大众传媒的类型，尤其是还原至被广播和电报所运用的那些类型，我们变得不能理解那些更为直接的传播类型的特殊性；并且，通过把所有符号过程视为等价的，我们也剥夺了我们理解一些复杂细节的手段：在多种技术中介加入之后，这些复杂细节也紧接着被加入了直接交往之中。在这之外，我们甚至可以发现第三个，甚至更为严重的后果：通过把交往范式投影到各个以及每一个传递意义的形式，我们忽略了这样一些东西，它们对于所有类型的符号过程而言，乃是真正地共通的。

因为这些理由，我曾经在其他地方提出了一个传播的模式，它不把传播的操作理解为空间中的传递或是向另一种符码的翻译，而是将之理解成阐释行为：阐释行为既在接收者一边，又在发出者一边假设了一种积极的贡献；接收者有时候比发出者更多，有时候比发出者更少地被卷入。的确，传播过程的第一个结果是为接收者产生一个感知的任务，接收者必须拥有完成这个任务的手段（对此进一步的内容，见 Sonesson 1999b，2014）。首先，我们必须把传播的过程划分成三种行为：生产人造物的行为，让它呈现给接收者的行为，以及接收它的行为；它们不需要发生在同一个时间和/或者同一个空间之内。这个过程的整体先设了某种被发出者和接收者共享的知识池（pool of knowledge）的存在；或者说，先设了发出者的一个知识池和接收者的一个知识池：这二者，即使在最为顺利的情况下，也仅仅部分地重合。如果消息是适应于发出者的（sender‐adapted），那么接收者的任务，就是去发现该消息的一部分，这个部分在接收者的知识池中未被给予。在另一方面，如果消息是适应于接收者的（receiver‐adapter），那么发出者的任务，就是去发现该消息的这样一个部分，这个部分可能可以被接收者所理解。

现在，让我们返回到在这种精神中被重新理解的文化符号学。塔尔图学派的论文中曾经有一些零星的提议，而罗兰·波斯纳（Roland Posner 1989）论述则更为系统地提出要区分三种东西：文化、非—文化（Non‐culture），以及另—文化（Extra‐culture）。虽然如此，在塔尔图学派的作品和波斯纳的作品中，关于分段（segmentation）的一些标准却都是不清晰，或者不令人满意的：这种分段处于这样一些东西之间，我会在这里把这些东西称为 "被扩展的范式"（extended model）。像塔尔图学派会说的那样，在被扩展的范式中，另—文化是没有意义的，无论它是像塔尔图学派所说的那样，是某种 "与文化相邻"（in the contiguity to Culture）的东西，还是根据在波斯纳的术语，存在于文化和非—文化之间的连续的 "符号化的范围" 中的某个地方。显然，如果被质性地定义，这个区分必须处于绝对的，而非渐进的不同之中。①

---

① 波斯纳（Posner）（通过与我私下的交流）提出，将事物符号化的程度与其不论何种原因被高度符码化的数量相对应。如果我们承认，高度的符号化与高度的规约化是一样的，那么这就是有意义的；但是要计算例证的数量并且比较它们，似乎还是很难。

在对那些后来被称为第一性（Firstness）、第二性（Secondness）和第三性（Thirdness）的东西的早年讨论中，皮尔斯（由 Milton Singer 1984 所引用）用人称代词来思考他的存在论范畴。在《遗作集》（*Nachlass*）中，卡西尔（1928）提出了一个基本现象的三分法，它被用相同的术语所表达。① 但是，埃米尔·本维尼斯特（1966）的分析，作为一个初次的尝试，则更直接地符合我们的目的：它卷入了一种机制；通过这个机制，主体，用本维尼斯特的术语来说，"占有了语言" ——这意味着，这是一个语言"内部"的，社会—心理学的结构，而不是某种在语言之上的，被一般化了的语言学形式。本维尼斯特提出，通常被认为是第一人称、第二人称和第三人称的代词的东西，其实应该被理解为如下两个维度之结合的结果：把人格和非人格对立起来的，"人格性的相互关系"（correlation of personality）；以及，在前一个极点之内的，把主体和非主体对立起来的，"主体性的相互关系" （correlation of subjectivity）。吕西安·泰尼埃（Luicien Tesnièrec 1954）稍晚提议，分别使用在某种程度上更有启发性但是也更为晦涩的术语：自为存在（autoontive）、对立存在（antiontive）以及非存在（anontive）——也就是说，在自身之内存在的东西，相对于（第一个东西）而存在的东西，以及确切地说根本不存在的东西。

从而，用这些术语来理解，文化乃是主体，或者自为存在的领域；同时"另—文化"（Extra‑culture）乃是非主体的，或者对立存在的领域；最后，非—文化乃是非人格，或者非存在的处所。与塔尔图学派的标准相联系，把非—文化描述成那个根本不真正地存在的东西，似乎尤为准确。在这个意义上，传统上的第三人称根本就不是人格，而且它也与下面两种人格相对立：那与言说者相一致的人格，以及那个与倾听者相一致的人格。用我们的术语来说，虽然彼此之间对立，但是自我和他者都与异者对立，正如在人称代词中，第一人称和第二人称（主体/自为存在 vs. 非—主体/对立存在）——在主体性的维度，这两者本身互相对立——一起（作为人格），在人个性的维度与第三人称（非—人格/非存在）相对立。另—

---

① 在下一节中，我会回到这个相似点。它最开始是约翰·米迦勒·克罗伊斯（John Michael Krois）（通过私下交流）向我指出的。但是，正如我们会在下面几节里看到的那样，我认为这些概念之间的不同至少与它们之间的相似之处一样重要。

文化（Extra – culture），或者我们后面会用的，他者文化（Alter – culture），是那个与文化有"泛泛之交"（on speaking terms with）的文化；非文化，在后面会被称为异文化（Alius – culture），乃是那个至多能被言说的文化（图 3 –1）。在这个意义上，用密尔顿·辛格（Milton Singer 1984）的妙语来说，文化符号学乃是一个真正的"文化之间的对话"；但同时，它乃是一个被引导至无法触及异文化之处的对话。因此，更正确的似乎是谈论"谈话"（conversation）或者"对话"（dialogue）的轴心（axis）；谈话把自我与他人，作为"意指"（reference）或者"命名"（nomination）之轴心相对立的东西结合起来，这把前二者与被意味的东西，或者说，与他者关联起来。

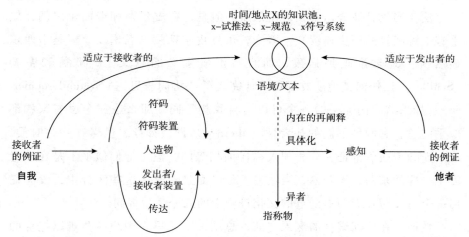

图 3 –1　运用了自我（ego）、他者（Alter）和异者（Alius）这三个术语的交流模式，改编自索内松（Sonesson 1999b）

从而，在这个意义上，我们与他人"有泛泛之交"是他者实在地只是某种我们可以谈论的东西。这或许可以用哥伦布（Colombo）和科尔特斯（Cortés）在征服美洲时的不同态度来说明。对于哥伦布而言，他遇到的，根本上乃是非—文化：他把印第安部落和动物、植物、黄金、香辛料之类的东西放进同一个列表——这就是说，他们乃是"资源"。他相信，他们没有自己的文化，也没有宗教，而且他们没有语言（或者某种通用的"他人的"［Other］语言，比如希伯来语或者阿拉伯语）。科尔特斯的范式主要卷入了另文化。他第一时间开始寻找翻译探索印第安人的习俗，诸如此类。他利用了他从异文化那里学来的东西：通过让自己显示为羽蛇神（Quetzalcoatl），他让自己被翻译进了一个阿兹台克（Aztec）的"文本"之中（见 Tzvetan Todorov 1982，分析见 Sonesson 2000）。但是，像在其他自动—范式的情况中一样，我们必须区分分段的不同标准：在知识的层面上，这种不同乃是直截的。然而，在价值的层面上，科尔特斯的态度在前一个分析中可能并没有多大不同。在这里，被扩展的范式如同字面上一样，只是一个"可以用的范式"（working model）。目标范式或多或少仍然保持着原样。

2. 分支（Branching）的现象学

一个令人惊异的事实是，不只是皮尔斯，而且后期的卡西尔和卡尔·波普尔（Karl Popper），都提出了对于"存在着的东西"（what there is）的三分法。当然，波普尔不知道皮尔斯。但是，在皮尔斯和卡西尔之间，似乎有一种间接的历史连续性，因为，虽然皮尔斯从席勒出发，但是卡西尔显然极大地被歌德所启发，而且在浪漫主义的意义上，歌德和席勒（Schiller）比任何其他朋友都更多地完成了"协同哲思"（Symphilosophieren）。如果这些例证中的一个可以与自我相等同，那么这三个思想家就都似乎同意，有两种不同的他者性（alterity）。即使如此，虽然在一些时候，皮尔斯和卡西尔都把三分法和人称代词相等同，但是他们似乎不是在思考完全一样的东西；波普尔，当然也不是。而且，或许这些区分中，没有任何一个可以与在上面提到过的文化符号学的三分法所等同。

然而，在任何继续的深入之前，总结一下我早先围绕一些难以把捉的属性的试验性思考，或许是有用的。皮尔斯把这些属性称为第一性、第二性和第三性；并且，尽管有皮尔斯和皮尔斯主义者（对它们的运用），但是它们仍然最好被理解成歌德式的原—现象。比起单纯地是把世界必然地区分成三份的分段的第一个、第二个和第三个范畴，第一性、第二性和第三性对于皮尔斯而言，显然意味着更多。在其他地方，我曾经试着提炼所有皮尔斯用来描述或者举例说明这三个范畴的不同术语（见 Sonesson 2009b；2013b）。在第一性的情况里，这个中心性的理念似乎很难把捉，但是它肯定和流逝性（fleetingness）和流动性（streamingness）有关。第二性被反应/阻力（resistance）的理念统治。而法则或者规律性倾向于是第三性的最为突出的元素。但是，我认为下面一段对皮尔斯的引用有助于展示（双向的）阻力乃是第二性的核心：

> 一扇门半开着。你试着打开它。某些东西阻止了你。你把你的肩抵在门上，并且经验到了一个施力的感觉和一个阻力的感觉。这些不是意识的两种形式；它们乃是一个双向意识的两个方面。在没有阻力的情况下却要用力，这是令人无法理解的。这双向的意识乃是第二性（Peirce 1903，EP2：268）

第二性或许是最容易把握的范畴：它和施力以及阻力有关。或者我们可以说：既有那个"把你的肩膀抵住"的某物的阻力世界，也有那个反抗（resisting back）"一个阻力的感觉"的世界。第一性只能在于第二性的对立中被理解：某物出现，带来了一个事件，抓住了那个启动了第二性之链条的注意力；在此链条中，我们生活着。因此，第三性可以指代反思、元意识，对反应的观察；作为产物，它们可能导致了规则和规律性。人们会记得，皮尔斯总是提到单独谈论——甚至设想——第一性的困难：它需要第二性的在场。这显示了一个毫无疑问的结构主义的偏好，虽然，像我在其他地方观察到的那样（见 Sonesson 2013b），这是一种三分法式的结构主义。总而言之，被理解为原型的这三个皮尔斯式的范畴，被置入了图 3–2 中。

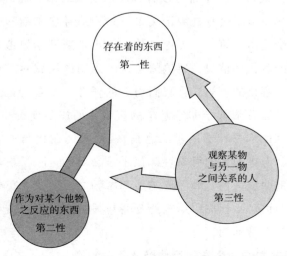

图 3–2　皮尔斯式的三范畴，从皮尔斯对它们的多种描述中推演出来，根据索内松（2009b；2013b）的论证

在皮尔斯的生平中，一个常被引用的事实是，他阅读的第一本哲学著作乃是席勒（Shiller 1795a）的关于人类美学教育的书信。但是，在上文提到那本书中，辛格（1984）没有给出皮尔斯的三分体系（trichotomy）和席勒的哲学中的任何线索。正如我们在上文已试着对它们做的提炼那样，第一性提醒我们想起席勒（1795b）在另一个文本中描述为"天真的诗"（naïve poety）的东西；而且，第三性也让人想起他在那本书中描述为"感伤的诗"（sentimental poetry）的东西；但是，这还是让我们疑惑，该如何处理第二性。尽管如此，一些其他的论文，已经或多或少相互独立地被写了出来；这些论文与皮尔斯和席勒之关系有关，尤其提到了这三个范畴（例如 Barnouw 1988；Wiley 2006；Dilworth 2014）。皮尔斯关于我—世界（［I－world］第一性）和它—世界（［IT－world］第二性）的最初的灵感，似乎明显来自席勒的"质料的行为"（Stofftrieb）和他的"形式的行为"（Formtrieb）之间的对立；然而，为了汝—世界（THOU－world）的综合性功能，席勒的"游戏行为"（Spieltrieb）必须被考虑进来。但是，如果你回到席勒（1795a）的作品本身，在他的"质料行为"和他的"形式行为"之间的对立，似乎比感性（sensuality）和理性（rationality）之间的对立包含了更多的属性（见 Dilworth 2014：43－44）。另一件不太明显的事情是，席勒的"游戏行为"是否可以解释皮尔斯式的第三性，或者是否可以反过来。我们之所以不会在这篇论文中进一步追寻皮尔斯和席勒之间的关系，有至少三个理由。第一，无论是什么让皮尔斯开始思考基本范畴，基于他身后出版的著作的情况，要搞清楚这个源初的灵感对于他的后期著作的重要性，是不容易的。第二，我们当下的任务，不是传记。第三，最重要的是，席勒的区分依赖于非常基本的直观，而皮尔斯的也一样（并且，像我们将会看到的那样，卡西尔的也是）；而且，在相当独立于后者的可靠性的情况下，考虑前者的可靠性，似乎是必要的。除了皮尔斯与伊曼努尔·康德之间的明显关系，熟悉皮尔斯和席勒之间的关系仍然有助于解释他的范畴理念；而且，让皮尔斯式的范畴与另一个康德门徒卡西尔的范畴相遇，也可能是有帮助的。

3. 回到基本之物：生命、行动以及劳动

至少根据某些定义，他人性的最为一般的意义，似乎被包含在皮尔斯

的第二性这个概念里：和在他之前的巴克利（Berkeley）、德斯蒂·德·特拉西（Destutt de Tracy）和曼恩·德·比朗（Maine de Biran），以及在他之后的萨特（Sartre）类似，皮尔斯把我们的对于现实的感觉（sense）等同于阻力，亦即"这个被施加了行为的感觉，它是我们对于现实之物的感觉"（Peirce 1894，EP2：4）。用那三个人称代词来说，这解释了，在皮尔斯早期的三分体系中与后期的第二性概念相符合的，是第三人称，而非第二人称。但是，唯有当我们记住，对于皮尔斯来说，他人从来不是与自我对立的东西的时候，这才会变得自明。这对立肯定和黑格尔—萨特（Hegel – Sartre）传统中的那个对立不一样，而且甚至也不是在巴赫金式概念里的、更为一般的意义上的对立（见 Sonesson 2000）。第二人称其实是一个造成和谐的影响（harmonizing influence）。然而，基本的问题是，他人从而被给予了这样一个功能，这个功能后来被分配给了第三性。和那个我在其他地方批判过的实用主义的范式类似，他因此就给出了一个交往的情形；其中，说话者、倾听者和指称物在没有任何中介的情况下彼此相遇。既和实用主义者们，又和巴赫金（Bakhtin）的圈子类似，这个范式倾向于把符号系统还原至与他人的交互关系（Sonesson 1999）。除了第二人称（这其实不是一个真正的他人，因为他和自我处于和谐之中）和外部世界中的他人之外，没有任何其他的他人。

据我所知，皮尔斯从来没有把他的后期三分理论和三个代词相联系；但是即使他果真这么做了，我想，他应该也得到了一个非常不同的概念。如果第一性保持着与"无限的冲动"的亲近性，那么自我和他人就会基本上属于这个类型。但是，作为一个他人，作为一个交谈中的伙伴，他人已经是第二性的一个种类；正如对于他人而言，自我也是第二性的一个种类一样。在这个意义上，和外部世界一样，在意指的世界中，他人也是某种抗阻（resist）了我们的东西，而我们则抗阻了它。但是，符号也必须参与到第二性中来，即使符号属于法则之本性，从而也属于第三性；因为所有的符号学结构都对我们参与交谈的可能性，以及，最终地，对于我们存在的可能性施加了限制。

在这个阐释中，三分理论粗略地与波普尔的更广为人知"三个世界"概念类似，但是它们有不同的编号顺序：第一世界与第三人称，亦即，与意指的领域相符合；而第一和第二人称都属于第二世界。然而，但是第三世界却与皮尔斯式的第三性属于同一类型：它卷入了这样一种一般性，这种一般性是独立于有机物的（organism – independent）再现的结果（Popper 1972）。在20世纪早期的社会学，以及在后期马克思主义的作品里，这也被理解为客体化（objectification）或者物化（reification）：它们把人和人之间的关系，转化为各自独立的人造物。在一本他在瑞典时写作的书里，卡西尔（1942：113 ff.）更多地反对格奥尔格·齐美尔（Georg Simmel），而不是反对马克思主义者们；他论辩道，这样一个客体化的过程不是一个消极的现象，不是一个"文化悲剧"：实际上，它恰恰是文化之可能性的条件。

后来在《遗作集》中，卡西尔用三种人称代词定义三种基本现象，客体化被视为与第三种现象相等同；这个现象是"'它'的现象"（das Phenomän des Es），它紧接着"我—现象"（das Ich – Phenomän）和"'你'的现象"（das Phenomän des Du）。然而，所有这些基本的现象都有它们的名字；这些名字在某些时候都可能显得与它们真正的意涵（purport）：因此，举几个例子，按照数字顺序排列，它们代表了"生命"（Leben）、"劳动"（Wirken）以及"作品"（Werk）。

第一人称，亦即同样也被描述为"生命"的"单体"（Monas），毫无疑问的与皮尔斯（还有席勒）的"无限的冲动"接近。用被卡西尔引用的歌德的话来说，它是"生命，以及单体围绕着其自身的旋转着的运动"（Das Leben, der roterende Bewegung der Monas um sich selbst），是"行为"（der Trieb），亦即某种乃是"内在的无限性"（innerlich Gränzenloses）的东西。"单体"这里应该被认为是与莱布尼茨（Leibniz）的单子（Monad）有关的，后者乃是一个反映了整体的微小的部分。在这个意义上，它在空间上乃是无限的。作为一个冲动，它也显示为是无限制地情感性的。根据卡西尔，它也是"意识之流"（也是胡塞尔用前摄和后摄的术语描述的同一个意识）。有趣的是，卡西尔（或许歌德也已经）甚是把关联性的属性带给了第一性；因为第一性不是皮尔斯概念里的关系，因此它呈现为一个单纯的潜在。但是，这个被卷入的关系乃是一个与它自己的关系：单体围绕它自己的运动。通过把这个与意识之流对比，卡西尔或许想要提出，这个旋转运动的实践的实例，乃是对于前摄的前摄，对于后摄的后摄，对于后摄的前摄，以及对于前摄的后摄——正如保罗·利科（Paul Ricœur 1990）所说，这一切造就了那作为"同样的东西"（idem）的自我，那在它所有的持续的展开中与自身保持同一的自我。

比皮尔斯的定义更为明白的是，第二人称并没有通过其自身被卡西尔定义，而是恰恰被定义为相对于第一人称的第二个东西：它包含了"劳动"以及"整体生活"（Zusammenleben）；它们都只能处于与第一人称的关系之中。① 然而，它同样也是"作用与反作用"（Wirkung und Gegenwirkung），这正和皮尔斯式的第二性一样；正如我们已经看到的那样，第二性并不考虑第二人称，而是考虑第三人称。如果我们从歌德的引文开始，那么实在地，第二个基本现象并不必然呈现为与另一个人格相关：它乃是"生命性—运动性的单体的影响，这个单体处于外部世界的周遭给予中"（das Eingreifen der lebendig – beweglichen Monas in de Umgebung der Aussenwelt）；换句话说，它是与自我和外部世界的相遇；这相遇被自我积极地完成，但是也同样地造成了自我对它自身的界限的认识（"意识到外部的界限"〔als ausserlich Begränztes gewahr werden〕）。因此，对于歌德而言，第二个元素乃是向我们施加限制的东西；在另一方面，和皮尔斯（在上面一段的引文里）所做的有一样，卡西尔似乎把第二个元素与互相限制（"作用与反作用"）相等同。与皮尔斯不同，歌德没有区分你的情况和我的情况；每一个人都是他自身的单体。但是，在把第二个元素描述为"整体生活"时，卡西尔显然放弃了歌德的对于自我的排他性的视角。

最后，第三人称根本不与任何人称相符合，而是与那个被概括为"作品"的、我们的客体化的世界相关。卡西尔从歌德那里引述了下面一个关于第三个基本现象的描述："那个与外部世界相对立的，作为行为和行动，作为语词和文字而被我们所提出的东西；这更多地与世界而不是我们本身相关"（Was wir als Handlung und Tat, als Wort und Schrift gegen die Aussenwelt richten; dieses gehört derselben mehr als uns selbst）。然而，歌德似乎强

---

① 在皮尔斯的概念中，第二性和第三性当然是关系；它们分别从第一性和第二性开始：因此，在当下的情况下（皮尔斯的第三性，但是卡希尔的第二个元素）不是他人，而是与自我相联系的他人。但是，重点所在似乎仍然是被添加的那个东西。

调这个描述的第一部分，卡西尔则强调它的第二部分。正如上面已经指出的那样，对于歌德而言，第二个基本现象乃是自我对他自己的界限的发现，但是对于卡西尔而言，这个现象乃是一个限制，这个限制在从自我到他的他人的方向，和在反过来的方向上，都起作用。但是，对于歌德而言，第三个元素乃是一个手段，通过它我们引入了世界中的变化。在另一方面，行动、影响以及意志被卡西尔用来把第二个基本现象描述为诸如"行动—以及意志的—时刻"（Aktions – und Willens – Moment）之类的东西（Cassirer 1928：179）。卡西尔似乎把注意力集中在歌德的这个观察上：来自我们的东西，更多地与世界，而不是与我们有关。因此，它变成了"作品"，变成了某种超越了个体的东西。它变成了抽象的结构，变成了人格之间关系的一个异物；这超越了"文化的悲剧"，并且为不能直接被经验到的东西创造了中介——这是早期卡西尔的"符号形式"。第三个基本现象可能或许显得是与皮尔斯对于第三性的描述相符合的；他把第三性描述成规则、法则，或者规律性。然而，对于早期皮尔斯而言，第三性指代第二人称——或者说，自我和他人之间的关系。它从而与交互关系相符合：用索绪尔的术语来说，它乃是"言语"，而不是"语言"；或许，用另一个更好的索绪尔式的术语来说，它是"交互"（intercourse）——这个术语被索绪尔用英语所引用，且与它在今天语境里的性暗示无关。即使在后期皮尔斯那里，也没有与卡西尔的第三基本现象相符合的清晰概念。

所有这些都让人想起某些在最近的认知科学中变得流行的概念。第一是"肉体化的心灵"（embodied mind）这个概念（Varela, Thompson, and Rosch 1991；Krois 2007；Thmposn 2007）；根据它，我们也通过身体思考。这个理念在胡塞尔的后期著作中经常在场，但是它是在梅洛－庞蒂的作品中变得更广为人知的；有趣的是，梅洛－庞蒂是鲁汶胡塞尔档案馆的第一批勤勉的学生之一。"情景化的认知"（situated cognition）这个理念声称，我们的认知过程并不只内在于我们的大脑。在推动被安迪·克拉克（Andy Clark）和大卫·查尔默斯（David Chalmers 1998）称为"有广延的心灵"（extended mind）之物的认知过程方面，环境扮演了一个积极的角色。在胡塞尔的作品里，这作为生活世界的理念而在场；生活世界是被认作理所当然的世界，并被古尔维奇（Gurwitsch）扩大为多种不同社会—文化的生活世界。对此，我们可以加上被称为 "被分散的认知"（distributed cognition）的东西：我们利用我们的环境和工具来提升思考；我们还把我们的理念和记忆置入东西——置入书籍、电脑，等等。胡塞尔首先在他对于几何学之起源的研究中提出了这个理念。尽管如此，这些理念通过新的名字的再度活跃，对于关于它们的思考来说，一定是有用的。被用这种方法理解，卡西尔的 "作品" 与情景化的认知亲近，然而他的 "整体生活" 则让人想起 "被分散的认知"。

表 3–2　在与（在洛特曼等人的意义上的 [Lotman et al. 1975]）积累的本性之关系中被分析的唐纳德的记忆类型，与皮尔斯和卡西尔的范畴相联系（改编自索内松 [Sonesson 2007b]）

记忆的类型	积累的类型	肉体化的类型	皮尔斯式的范畴	基本现象
情景的	注意力的范围（时间/空间中的事件）	—	第一性	生命
模仿的	被自我和他人共同拥有的行动序列	自身的身体	（伴随着第二性的第一性）	行动的交互关系
神话的	被自我和他人共同生产的变动的人造物	在自我和他人之间的交互关系	（伴随着第二性的第一性）	交互关系
理论的	被自我和他人共同外部化的持续的人造物	在与自我和他人的关系中外在	第三性（伴随着第二性的）	劳动

在下面，我想尝试性地比较皮尔斯和卡西尔的范畴，也比较被梅林·唐纳德（Merlin Donald 1991；2001）（表 3–3）所描摹的人类演化之阶段。根据唐纳德，"情境性的记忆"（episodic memory），亦即对于被情景化的单个事件的记忆，乃是某种人类与许多其他动物共享的东西。模仿性记忆（mimetic memory）则仅限于人类和他们的先行者，比如说 "匠人"（Homo ergaster）以及/或者 "直立人"（Homo erectus）；或者，不如说这是一种对于模仿性记忆的特殊的人类式的变体，它卷入了对于他人的模仿，而且也使用了作为交往的手势。唐纳德的下一个阶段，"神话式的记忆"（mythic memory）与语言相对应，并且从而已经要求了使用符号的能力。在此，唐纳德选择了 "神话的" 一词，因为它卷入了对于叙述的建构，这毫无疑问地被用来叙说神话，并且被唐纳德思考成至少是语言之所以被演化出来的

诸多原因中的一个。但是，只有在被唐纳德称为"理论文化"（theoretic culture）的第四阶段，历史才开始了它自身的阶段。根据唐纳德，图像、书写以及理论乃是三种典型地展开了这个阶段的、人类的产物。

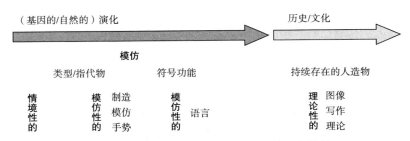

图 3 – 3　伴随着一些被符号学所启发的附加物的、
对于唐纳德的演化阶段的描述

索内松（2007b；2007c）提出，作为不同种类的记忆，唐纳德的图式中的四个阶段有不同的时间和空间的属性（表 3 – 2）。在唐纳德的意义上，情景性记忆（不应该把它和对这个术语的早期使用相混淆）最为清晰地乃是"离身性的"（disembodied）记忆：注意力的范围有远，它就能走多远。它可以指向一个身体的行为，比如说在一个容器类型的对象里走进或者走出；但是它不能把这个移动一般化，并且超越一个具体的时刻和地点，并且因此，它也就并不导致任何种类的独立的具身性。模仿性记忆仍然在主体本身的身体中积累；但是唯有在下面这个程度上，它才成为如此这般的：在这个程度上，被记录在身体里的东西也存在于其他的地方，在至少另一个身体里（或者，在同一些情况里，可能也存在于其他运动着的人造物里）；这先设了一般化，或者更准确地说，先设了"类型化"——类型化乃是对于一个类型的创造，这个类型指向了在不同身体中得到例证的、不同的标志（token）。从而，作为标志，它们存在于身体之中；作为类型，它们被不同的使用者分享。在这个意义上，类型化并不要求符号功能，却毫无疑问是符号功能的先决条件：最为可能的其实是，正是在这个阶段里，符号功能才出现。

神话式记忆又是不同的：它的存在是分裂的存在，但是，和一些真实世界中的细胞外质（ectoplasm）类似，为了让这个存在被维持，它需要起码两个意识（这些意识毫无疑问必须被身体化）的合作努力。作为口头语言,或者作为人行道上高跟鞋的声音的、变动的人造物,唯有在一个发出者和一个接收者大概同意它们是什么东西的程度上,才获得了一个身体。只有理论式记忆有一个它自己的特有的身体:它独立于任何有肉体的意识之在场而持存(subsist),因为它自身就是肉体化了的。对此,唐纳德(2010)自己的术语乃是"族外婚"(exogram)。当然,在没有人可以感知到它的情况下,独立于有机物的记录是毫无用处的。没有任何人类的在场,它们实在比那个从树上掉落的橡果更差;在后者的周围,没有任何可以听到它声音的人。

4. 他者性(alterity)的被扩展的领域

卡西尔的"作品"这一术语可能与"劳绩"(opus)这一在奥古斯托·蓬齐奥(Augusto Ponzio)理论中扮演了重要角色的概念,在这个理论里,这个概念似乎同时来自罗西·兰迪(Rossi – Landi)和列维纳斯(Levinas)等价:它是对于自我(或许还包括它和他人的关系)的外部化。奥古斯托·蓬齐奥(1993)确实地谈论了仅仅是"相对的他人性"(relative alterity)的一个例证的他人。在另一方面,"绝对的他人性"(absolute alterity)似乎有时候卷入了物质世界,有时候又卷入了符号的世界或者说劳绩的世界。在我看来,两个描述都是正确的。对于我们的人格性的存在,物质世界和客体化的世界都比如此这般的其他人格施加了更多的约束;可以说,相比于谈话这一形式,它们不是那么的可商议。

但是,如果用日常语言来表述蓬齐奥,那么像"作品""劳绩",或者"工作"(œuvre)这样的术语,就都表达了对于一个具体的自我的外在化;从而,举例来说,它们就是一个作者的书写,是被归于一个具体艺术家的作品,甚至,在一个极端上,是一个工匠的手工艺品,而在另一个极限上则是一个著名人士的签名或者手印。[①] 它似乎并没有包含可以被我们称作集体外在化(collective exteriorisations)的东西,比如说语言系统,比如说在一个具体文化中被一个工匠所遵守的法则,比如说没有被写下的法律,还比如特定社会的典型行为模式,诸如此类。但是,卡西尔(1928:155

---

① 像拜耳(Bayer 2001)正确地观察到的那样,"work"应该被理解成德文的(在一个文化工作[cultural work]的产品这个意义上的)"作品"(das Werk),而不是(在劳作或者耕作意义上的)"劳动"(die Arbeit)。

ff）固执地认为，他的"作品"这个概念也应当包含这些现象。同样必须记住，这个作品概念，用卡西尔的术语来说，不但包含了像塑料艺术这样的有物质实存的东西和"像法律和国家这样的非物质的东西"，而且也包含了像语言这样让创造成为可能的诸结构，以及像文学作品这样的运用这些结构所产生的结果。对于很多目的来说，这样一个广义的概念可能显得是没有多大用处的。但是，它确实有助于为符号学的研究主题解除限制（delimit）。

在另一方面，很难接受卡西尔（1928：147 ff.；见 Verene 2001）本人的这样一个提议：把三种基本现象和布勒尔（Bühler）提出的符号的三个方面等同起来：表达毫无疑问地与第一个现象相关（但是这是某人向另一个某人的表达，因此行动也就是第二个基本现象）；而召唤（evocation）必然卷入了处于与第一人称之关系中的他人（但是，如果召唤是成功的，那么他人会被召唤为一个第一人称）；但是，真正成问题的，是在第三个现象和布勒的再现（representation）功能之间的等价。后者似乎没有以任何一种比其他两种功能更为本质的方式卷入符号。他其实考量了我们经验之世界的他人性，考虑了指向性，而不是作品的客体化结构。它与皮尔斯的（与第三人称代词相应的）根据其最为有限的阐释的第二性更接近。

正如我们已经看到的那样，在皮尔斯的三分法和卡西尔所说的基本现象之间，没有简单的相应性：在对于自我而言是异物的广义的阐释中，第二个和第三个基本现象必须与第二性相关；第二性向自我提供了阻力，并且也被自我所抗阻；当然，我们经验的世界，亦即指向性的领域也是这样；这世界更明显地乃是皮尔斯式的第二性（第三人称代词）。在三个基本现象和文化符号学的三分法中，也没有任何简单的翻译。自我最为直接地与第一个基本现象相等同。当被理解为与自我有交互关系的其他人格，而非包含了从自我发出的行动时，他人乃是第二个基本现象。当通过某种方式被理解为第三个基本现象的展开时，他者乃是另一个人格；但是，像被卷入对于自我的阻力时那样，它仍然形成了第二个现象的一个部分。显然，有必要更加深入地探索他人性的领域

但是，现在我只想通过引述三种认识论操作来做总结；我们在本文的第一部分把这三种操作区分为交往情形的三个维度：导致了内省和现象学

的认识论操作的，乃是朝内转向的日常生活世界中的行为；而规律性的同情的起源则是交谈；然而，整体上，对世界的日常的感知对于试验的认识论操作（表格3）而言，乃是有责任的。

表3－3　表3－1的一个扩展版本，把生活世界的操作与相应的
科学理论的操作联系起来

意识的模式	生活世界的操作	进路的模式	现象的进路	科学的操作
第一人称	自我知识	意识	自我知识，本身的经验	口头报告分析法（protocol analysi），内省
	（反思）	意识（意识的详细的变体）？	不变的结构：感知、符号功能、规范性，等等	现象学
第二人称	移情	与他人的关系	其他人格，动物，变互关系	规律化的移情
	（反思）	意识 vs. 他人	不变的结构：自我/他人关系、对话、交互关系，等等	交互主体性的现象学
第三人称	观察	外部观察	被人工地构造的情形，神经过程	试验、大脑成像（brain imaging）、电脑模拟（computer simulation）、纵向研究（longitudinal study）

三　关于传播的三种科学：修辞学、阐释学、符号学

起码有三个学科想要建立关于传播的科学，或者，用最近流行的（但是其历史始于 20 世纪 50 年代）术语来说，交流学（Communicology）：符号学、阐释学、修辞学。在此前讨论的基础上，我会提出，在如下一个意义上，这些学科可以被认为是交流学的三个方面："对于在其全部符号学和现象学展开中的人类话语的研究；这些展开是关于在其他人和他们的环境之世界中的具身性的意识以及实践"（Lanigan 2010）。

和符号学类似，修辞学和阐释学可以被理解为寻找科学状态的古老的研究传统。修辞学的情况当然多少与其他的不同：在古典时代，它乃是"知识"（epistemé）的一个类型（这是一门科学，而不仅仅是一门手艺，一项"技艺"［techné］）；而且在中世纪，它是"三艺"（trivium）中的一

部分，直到启蒙运动时期亦是如此，当时维科是一位修辞学教授。更晚近地，它在此成为在大学中占有一个位置的一门学科，虽然在今天，它倾向于被还原为一项在亚里士多德意义上的技艺，亦即，仅仅是一套被教授给学生，但不被质问的实践性的认识，而不是像亚里士多德提出的那样，是把这项手艺转化为明白的知识的科学。唯有在佩雷尔曼（Perelman）学派和列日学派这两个新修辞学的富有符号学知识的比利时学派中，修辞学才多少呈现科学的气象。①

至于阐释学，当它第一次在晚期古典时代，然后有一次在中世纪出现时，它当然是一种亚里士多德意义上的手艺；它由阐释宗教文本的一系列教条组成；在宗教文本之外，古典正典也稍晚一些被添加进去。另一方面，在文艺复兴意义上的阐释学仍然是一项技艺，但被历史和批判研究所滋养，让朝向真实文本的回归成为可能。然而，至少从施莱尔马赫（Schleiermacher）和狄尔泰开始，阐释学似乎更多地被转化成了一种哲学传统，尤其是受到海德格尔思想观念的影响；虽然，主要归功于哈贝马斯的贡献，它也同样在社会科学中有了一定的地位。有趣的是，在晚近的阐释学传统中（或许最为明显地在伽达默尔的作品中），阐释学和修辞学已经显示为某种姊妹学科，虽然一般很少提到后者。②

我想要提出，这种姊妹关系可以更为方便地被扩展至第三个成员：自然，这第三个成员就是符号学。作为结果的三位一体并不是被波普尔（Popper）提出的那个（甚至更不是被皮尔斯提出的那个）：阐释学和修辞学都考量波普尔的世界，亦即主体的世界，但是符号学当然主要地考量世界，那个独立于有机体的人造物的世界。与之相反，修辞学、阐释学和符号学在与交往过程的关系中，占据了不同的位置。它们可以说是对于交往过程采取了不同观点的关于传播的科学。因此，我认为它们可以更为合适地被描述为与被卡西尔所限定的不同的基本现象相符合。

正如上面提出的那样（见2.1），交往过程的第一个结果，乃是产生接收者的一个感受任务；接收者有完成这个任务的手段。如果消息是适应发

---

① 关于修辞学的历史，见（比如说）康利（Conley 1990），以及迈耶（Meyer 1999）。
② 一个对于阐释学传统的广泛的综述，见费拉里斯（Ferraris 2002）。

出者的，那么去发现没有在它的知识池中被给予的这个消息的部分，就是接收者的任务。这是一个典型的阐释学人物。在另一方面，如果消息是适应发出者的，那么去发现这个消息可能被接收者所理解的部分，就是发出者的任务。基本上，这是一个修辞学的操作。当然，修辞学也有关于对消息的这样一些要素的寻找：这些要素对于接收者来说不但可能是可理解的，而且还是有说服力的；但是说服乃是（在某种意义上）基于理解的。这里也可以有一个相应的解释学操作——如果解释学被理解为包含了对于最好的阐释的发现的话。

更简单地说，从这个角度来看，修辞学考量创造消息的方式，以便赢得他人的附和；阐释学则被卷入了发现他人想要说的东西（或者一个具体的作品可能的真正含义）的任务。在自我和他人的位置之间，符号学需要阐明，什么资源是交往过程的两个参与者都拥有的。然而，如果修辞学、符号学和阐释学乃是姊妹科学，那么要求符号学去照顾另外两个姊妹就是有意义的。一个被符号学信息所充实的修辞学会询问，在我们可用的东西中，有什么手段可以用来获得他人的同意。类似的，一个被符号学信息所充实的阐释学会询问，有什么信息可以用来理解一个特定发出者以及/或者一个特定作品的意义。

是否可能有某种类似于被阐释学的以及/或者修辞学的信息所充实的符号学？我并不这么想。作为研究传统，阐释学和修辞学有很多东西可以教给符号学家。但是它们不能在任何本质的意义上，以符号学重新定义阐释学和修辞学的方式重新定义符号学。这是因为，符号学作为与传统阐释学（至少与有些时候被称为主体性传统的东西）不同的东西，它观察到，如果不通过被一个特定的社会所给予的符号学资源，没有人可以被理解。以同样的方法，符号学指出，与在今天经常被实践的那种修辞学不同（虽然在精神上它也起码与一个经常被批判的、从 16 世纪到 19 世纪的修辞学传统相一致；这个传统被限制为对于表达装置，或者对于 "演说" ［elocutio］的分类学），如果不通过被一个特定的社会所给予的符号学资源，则没有人可以表达自身。这意味着，不但传播只有作为在发出者和接受者、在发送者（addresser）和收信者（addressee）之间的交互关系中才成为可能，而且即使是这个交互关系唯有通过符号和其他意义的中介才能产生。

但是这些意义其实是那个同时超越了发送者和收信者的世界的一部分；这个世界是波普尔式的"第三世界"，是卡西尔的第三个基本现象：这是那个唯有通过意识才被给予，但是又拥有一个独立于意识的实存的东西。

而这，当然远远不只是一个悲剧。

小　结

恩斯特·卡西尔对于三个基本现象的兴趣，似乎被他早年间对于歌德的原—现象概念的研究所预示；歌德的这个概念可以被展示为一个范畴，这个范畴对于理解一个从质的视角对自然的研究而言，乃是基础性的——这个研究参与了在其他的传统中已经被命名为生活世界、生态物理学和自然符号学的东西。符号学科学与传统自然科学和文化科学都是不同的；文化科学既是一般的，又被质性地定义。作为在文化符号学中发展起来的东西，自我、他人和他者的三分系统可以被认作这种原—现象的人格化版本。然而，在它们背后，通过任何简单的方法，我们都没有找到这样一些基本现象：它们与卡西尔，并且部分地与皮尔斯式的第一性、第二性和第三性范畴相符合。这里特别重要的是第三个基本现象，亦即被客体化了的意义结构；与皮尔斯不同，卡西尔强调了这个结构。这个观点让我们可以解释三种交往科学——修辞学、符号学和阐释学——之间的相互关系。更具体地说，这允许我们把三种认识论操作与交往行为的诸例证联系起来。

IV. 从模仿的角度看拟态到模拟性：关于像似性的普遍理论的思考[*]

汤文莉/译　梅林/校

摘要：

　　几乎所有关于像似性的理论都是对该主题的指责（例如古德曼、比尔曼和早期的艾柯）。我自己的像似性理论，是为了在这些批评声中保留一种特殊的像似性和图像性。在这个意义上，一方面，我区分了纯粹的像似性、像似基础和像似符；另一方面，我还区分了初始像似符和次生像似符。但是在我做出以上区分过后，发生了几件事。一方面，其他人已经证明了我为解释图像性而创建的概念工具与语言像似性有关。另一方面，一些与我有不同出发点的符号学家已将拟态确定为在动物世界常见的一种像似性。在迪肯的进化符号学中，像似性被如此普遍地提及，以至它似乎被清空了所有的内容，而在唐纳德发明的变体中，模仿这一术语被用于像似意义演变的一个特定阶段。本文的目的是考察像似性理论向新领域延伸到什么程度，才需要开发新的模型。

　　在皮尔斯（Peirce）的哲学的框架内，像似符一直被认为是理所当然

---

[*]　我一直关注像似性，但自 21 世纪初以来，我参与的不同项目（SGB 和 SEDSU）以及自 2009 年 1 月以来我领头的认知符号学中心的内部合作，都为我的旧主题提供了新的展望，而我在本文中已经试着利用这些展望了。我想在这里感谢上述论坛上的无数讨论为我提供的许多帮助。同时我也要感谢（针对这篇文章的）早期版本蒂莫·马南（Timo Maran）和埃斯特尔·沃索（Ester Võsu）提出的建设性评语，这个我在下文会提到。

存在的。但是在其他人看来，像似符的存在却受到质疑，如亚瑟·比尔曼（Arthur Bierman）和纳尔逊·古德曼（Nelson Goodman）等哲学家以及翁贝托·艾柯（Umberto Eco）和雷内·林德肯斯（René Lindekens）等符号学家。在从 1989 年（Sonesson 1989）开始的一系列作品中，我试图恢复像似性的概念，至少在图像这方面，我没有像罗兰·巴尔特（Barthes 1964）那样用"同义反复"，或像艾柯（1999）那样提出的一个与他早先的观点截然不同的一个概念："结冰的镜子"。在这篇文章中，我不会批评古德曼、比尔曼、艾柯等人（见 Sonesson 1989，1993，1995，2000a），而是将我的发现作为一个积极的理论来阐述，然后继续考虑一些更远的问题。

本文提出的像似性概念分别来自"瑞典学派"（the Swedish school）、"生态学派"（the ecological school）和"现象学派"（the phenomenological school）的理解途径（见 Saint - Martin 1994；Carani 1999；Nordström 2000）。这个概念的基础既不来自查尔斯·桑德斯·皮尔斯（Charles Sanders Peirce）的学说，也不来自费迪南德·索绪尔（Ferdinand de Saussure）的学说，而是来自于由埃德蒙·胡塞尔（Edmund Husserl）提出的，阿伦·古尔维奇（Aron Gurwitsch）、阿尔弗雷德·舒茨（Alfred Schütz）和莫里斯·梅洛-庞蒂（Maurice Merleau - Ponty）等人发展的现象学。然而，这种像似性的理解途径首先在我的《图像的理念》（Sonesson 1989）一书中被提及。这个概念的含义是"生活世界"，也被称为"理所当然的世界""常识世界"，或者基于心理学家詹姆斯·吉布森（James Gibson）的生态物理学，这个概念被视为所有可能意义的基础。这也对我们解释基本概念提出了特殊的要求，如符号、像似性和图像性等基本概念。在许多方面，比起索绪尔的符号学，生态符号学与皮尔斯的符号学的基本原理更接近、更相容①。如果后者被理解为法国结构主义所设想的那样，就更是如此。在这个框架中，受索绪尔启发的许多符号学概念仍然保留着它们的含义，但只是在次要的层级上。然而，法国结构主义（当然还有布拉格学派）几乎没有考虑索绪尔语言学中的一个基本概念——相关性或"关联性"的概

---

① 在皮尔斯的显像学中，作为产生于胡塞尔现象学中的许多可能的变体之一，见 Sonesson 2009b。

念，这个概念是我对像似性解释的一个基本要素。它将以对皮尔斯的"基础"概念的解释的形式重新出现。

一 从像似性到像似符

目前尚不清楚皮尔斯到底是意欲表明像似性、指示性和规约性三种特性能将现象转换成一个符号，还是他只是想表明符号可以具有像似性、指示性和规约性。不管皮尔斯想法如何，我在这里都会接受后一种解释。因此，我将以比皮尔斯或者索绪尔所使用的更为具体的方式来描述这个符号的特征，继而我会指出像似性、指示性和规约性是如何体现在符号中的。然后，我会考虑这些概念在符号的范围之外可能意指的东西。

1. 作为原型符号过程的符号

皮尔斯在其晚年认识到，他所有的概念都太狭隘：他反思到，他真正应该谈论的不是"符号"而是"媒介"、"分支"或"媒介化"（CP 4.3 和 MS 339，Parmentier 1985）。事实上，他甚至认为，"符号"这个词所承担的职责远远超出其本应承担的。在这里，皮尔斯听起来就像矮胖子①一样，终于看穿了诡计。而且，这也符合皮尔斯的"术语伦理"，"术语伦理"规定我们不应该引入"干涉任何现存术语"的术语（见 EP2：263 - 266）。奇怪的是，那些喜欢把自己看作是真正的皮尔斯派的人似乎没有考虑到皮尔斯这方面的自我批评。

接下来，我将把符号作为可以实现意义的（更复杂的）方式之一。让我们首先了解一些符号的核心例子是怎样的，然后尝试确定它们的共同之处。语言符号显然是一个例子。我相信，图像符号（将在下面详细说明从哪种意义上说）基本上与语言符号相似，至少有一些手势也与语言符号是相似的。逢场作戏同儿童的象征性游戏一样，大概也属于这个大类。当然，我不像翁贝托·艾柯、纳尔逊·古德曼（1968）和其他许多我早就拒绝过其论点的学者一样（见 Sonesson 1989，1993，1995，2000a），我并不

---

① 出自鹅妈妈［Mother Goose］的童谣中的登场人物，也出现在镜之国的爱丽丝。外形如鸡蛋，现用于指损害后就无法修复的东西。（译者注）

认为这些意义都是规约的。我甚至不认为逢场作戏和象征性游戏与图像具有同种像似性；事实上，我将以上三项与语言符号进行了比较，语言符号基本上是规约的。但是，它们都（至少）拥有两部分：允许一个规约存在的东西，以及一个理据性的关系。事实上，索绪尔（1973）在这里是一个更加细致的现象学家，除了与外部世界的联系，即指称物之外，符号本身有两个部分，因为除了被感知的部分外，还包括以特定的方式来解释指称物的部分。

根据让·皮亚杰（Jean Piaget）对儿童发展的描述，每个孩子在增强他们的理解能力的时候，都经历了许多不同的阶段。在当下的语境下，尤其重要的一点是，皮亚杰（Piaget 1967 [1945]，1967：134 ff.，1970：342 ff.）声称，在感知运算思维与具体运算接界的地方，即约 18 个月大的时候，孩子学习掌握"符号功能"（原称规约功能），其不仅涉及语言，还涉及绘画和象征性游戏。皮亚杰并不否认小孩在这个年龄之前经历过意义，例如在感知中经历意义（因此预期到了特里瓦森和洛戈泰蒂 [Trevarthen & Logotheti 1989] 的批评），但是，他认为只有在达到了符号功能的情况下，小孩才能区分为能指和所指。不过，需要注意的是，皮亚杰在这里说的是"生产"语言、图像等的能力，而不是解释它们的能力。就语言而言，理解图像的能力很自然地被视为先于生产图像的能力。但是，我们在这里并不关心符号功能出现的时刻，我们关心的是符号结构。

"区分"这一通常被忽视的概念在我的观点里是基本的概念。然而，保持主客观差异的区分也是不可或缺的。符号的功能，或者，从现在开始我会说，符号（功能）需要"根据主体自己的观点，在能指和所指之间进行区分"（Piaget 1967：134 f.）。因此，例如，几乎完全隐藏的对象的可见末端是整个对象对于婴儿的能指，但其也恰好是"所指的客观方面"，因此，皮亚杰称（同上），它不是一个符号。但是，皮亚杰又称，当孩子用卵石来表示糖果时，孩子很清楚它们之间的区别，那就是主观的区分。

虽然皮亚杰明显没有这样说，但是他的区分概念在我看来与霍基特（Hockett）的"设计特征"① 的位移有所不同（见 Hockett & Altmann 1968）。

---

① 设计特征为语言学概念，指定义人类语言的特征，例如任意性、二重性等。（译者注）

至少在其他地方，我认为鸟笼上展示出笼子里的动物图像和名称的标签与笼子里的动物也是区分的，因此这是一个符号（见 Sonesson 2009b）。另一方面，位移似乎预示着区分。

奇怪的是，皮亚杰想当然地认为，那些无法客观区分的东西不可能主观区分。然而，我们可以回想一下皮亚杰的实例中的那个孩子，他用卵石来代表一块糖果，却不用一片羽毛来代表一只鸟，也不用一块卵石代表一块岩石，他不会混淆部分和整体：那么当孩子"从他的角度"来区分前者和后者时，他将采用一个特征，这个特征"客观上"是鸟或岩石的一部分。此外，与皮亚杰的主张（Piaget 1967：134）相反的是，猎人通过踪迹识别动物，然后利用踪迹找出动物的去向，继而捕捉动物，尽管动物和其踪迹之间存在着物理和时间的关系，在猎人对符号的解释中，他并不会分不清踪迹与动物本身。在这种情况下，他在看到踪迹时会感到满意。事实上，如果踪迹与产生它们的动物没有区分，它们就不能被看作符号，它们就仅仅是动物作为其一部分的复杂情况的一部分。区分可能是因为作为能指的对象在空间和/或时间上与所指的对象不连续，也可能是因为能指与所指对象具有不同的一般世界范畴，但也可能还有其他有待界定的标准。

如果我们说索绪尔和皮亚杰在现象学方面还做得不错，但是还不够明确的话，那么我们可以期待胡塞尔本人为符号的现象学做出一些贡献。实际上，胡塞尔对符号的讨论（他称之为"再现"）可能有助于我们阐明"主观区分"中所涉及的内容。事实上，根据胡塞尔（1939）的观点，两个或更多的项可以进入不同类型的"配对"。从两个共现项形成的"成对关联"到真正的符号关联，前者通过其中一个项呈现而另一项经由第一项间接地给出，形成一种"共现配对"，后者也是一个项直接呈现而另一个项间接呈现，但这个间接的项是主题，也就是意识关注的中心。这清楚地表明，符号是双重意义上的不对称：其中一部分比另一部分更清晰，第二部分比第一部分更直接。另一方面，在感知上，最高度的聚焦和直接性是一致的。

但是我们应该进一步考虑这些观点：因为我们关注的是一个主题构建，而这个构建本身是与它是意识领域的一部分的主体相关的，所以符号的第一部分在某种意义上是一个立场，它的主体呈现另一个立场。用更熟悉的术语来说，符号的第一部分是"关于"另一部分的。当然，这更容易适用于内容和指称物之间的关系，后者将符号之外的世界与同符号有关的事物相对应。实际上，胡塞尔（1980）只在他对图像意识的研究中才明确地区分了这一点，他指出被描绘的柏林宫殿在图像中，而真正的宫殿则在柏林（见 Sonesson 1989：270 ff.，2006；Zlatev 2009）。正如我在其他地方所提出的（Sonesson 1989：193 ff.），我们必须假设从表现到内容再到指称（通常情况下）的某种主题层次。

因此，我们可以通过以下属性最低限度地定义符号：

a. 它包含（至少）两个部分（表达和内容），作为一个整体相对独立于它所代表的事物（指称物）；

b. 从涉及符号过程的主体的角度来看，这些部分是不同的，尽管它们可能不是如生活世界中的常识那般客观（除了作为构成生活世界的符号）；

c. 这两部分之间存在着双重的不对称，因为其中一部分，即表达，比另一部分能更直接地体验到；同样也因为另一部分，即内容，比其他部分更加清晰；

d. 符号本身主观地区别于其指称物，指称物比符号的任何部分都更为间接地为人所知。[1]

从这个意义上说，我们有理由相信，符号对于除了人类之外的动物物种（更不用说单细胞）极少（如果有的话）是可用的，并且它在儿童发育到相当晚的时间才可被习得。要证明这种说法当然不容易，因为我们不能简单地问猿和鸽子，或者就上文所说的，婴儿或稍大些的孩子，他们是否有符号。因此，我们必须求助于实验研究，而实验研究只能进行间接测量。

图像可以作为最好的测试案例，因为不像语言符号，图像必须包含相似性和差异性。以下逐一列出解释。首先，甚至连表明动物不具备任何符号过程都是荒谬的。我们在这里涉及的是一种被定义为符号的特殊符号过程。其次，在当前的背景下，没有任何推定，无论是不是隐藏的，图像是

---

① 如果我们认为益格鲁－撒克逊语言哲学中所谓"不透明的语境"是例外，那么指称物通常也会比标志更清晰。参见 Sonesson 1989：193 ff.。

自然界中常见的事物，而不是像马南（Maran）所怀疑的那样①。事实上，如果我们没有考虑到包括抛光金属板（后来是真实的镜子）的那种现代的人性化的自然，那么毫无疑问，唯一类似图片的物体是水面。图像的增强体验是否能够增加动物的图像解读能力，这的确是个问题。

实验表明，即使是 5 个月大的孩子，看玩偶的时间也比看玩偶图片的时间要长（DeLoache，Burns 1994）。但是，这并不是因为孩子们把图像看成图像。事实上，9 个月大的孩子，而非 18 个月大的孩子，把所描绘的对象看作一个真实的对象并试图去抓住它（DeLoache 2004）。不管他们所感知到的差异是什么，这种差异似乎并不涉及与对象相对立的符号。这个结果表明，图像和它的对象被认为是不同的，但不一定会形成一个符号载体和它的指称物。真正的玩偶也许被看作这个范畴的一个更原型的实例；或者，由于具有更多的感知谓项，真实对象可能更有趣。

在 SEDSU 项目（Zlatev et al. 2006）中进行的一个有趣的研究中，研究者用卵石或香蕉切片的实物或摄影图像对狒狒、黑猩猩和大猩猩进行了测试，这些实物和图像以不同的对照组呈现（Parron et al. 2008，在 Sonesson & Zlatev 中总结）②。当所有种类被放在一起时，大多数实验对象选择了真正的香蕉，当真香蕉和香蕉图像相反的时候，几乎没有实验对象会选择香蕉图像。除黑猩猩之外，大多数被测试的灵长类动物在面对香蕉图像和真卵石时，会选择香蕉图像，以及在香蕉图像和卵石图像之间会偏向选择香蕉图像，且这些动物都有尝试吃香蕉图像的趋势。因此，这或许暗示，不同于其他灵长类动物，黑猩猩对符号有一些了解，而不是简单地把香蕉图像看作香蕉种类中的不太好的香蕉。SEDSU 项目中的另一个实验涉及一只单独的黑猩猩——亚历克斯（Alex），它接受了预先训练，模仿 20 个不同的动作序列，在一个新的实验中，在有提示的情况下，它被要求执行这些动作，但提示不像以前那样是真人模特给出的动作，而是在视频、彩色照片、黑白照片和图画（Call et al.，即出版）上显示的动作。特别令人感兴趣的是，当显示的图

---

① 如果没有另外指出，马南的这个评论以及之后的评论来自本文的编辑评论。

② SEDSU 项目（"符号使用的演变和发展阶段"）是欧盟资助的一个研究项目，包括瑞典、英国、德国、法国和意大利的符号学家、语言学家、心理学家和灵长类动物学家，作者与约旦·兹拉特夫（Sonesson，Zlatev）写了结论。

像代表序列的最终阶段之前一个阶段以及图像最终状态时，黑猩猩能够完成这些动作。黑猩猩在这里未必只是简单地把静止的图像和动作混淆，特别是当图像显示一个不完整的动作、提示动作的画面与所要求的动作截然不同时，不仅因为图像显示的是一个动作的静态视图，还因为图像没有在完整或最具特色的状态下显示动作。也许对图像符号的理解在黑猩猩的能力范畴之内。

2. 符号内的像似性、指示性、规约性

我们习惯区分像似符、指示符和规约符。虽然以前有很多类似的区分，但是现在皮尔斯的术语是最常用的。然而，我们从现象学的角度考虑，在具体的前提下，这些术语中有些是可以接受的，而另一些则不然。我不想在下文与这三分法进行论辩。相反，我将介绍这种特殊的皮尔斯三分法，这种三分法似乎与现象学的经验是一致的，就其本身而言，像似性、指示性和规约性在某种程度上区别于它们在形成具有符号功能的基础和进一步的基底时的作用。

像似符、指示符和规约符之间的划分是皮尔斯的三分法之一。因此，它必然依次与第一性、第二性和第三性这一基本范畴有关。严格以皮尔斯的术语来看，像似性是"再现体"（表达）可能遵循其"对象"（内容或指称物）的三种关系之一。这是三种关系中可以作为两个事物形成符号的"基础"的一种关系。更确切地说，像似性是这三种关系中的第一种，（当它被应用于讨论关联时）术语上被称为第一性，"如其所是，不论其他"（CP 5.66）。我们必须首先从像似的"基础"，或者从被描述为"潜在的像似符"的事物来考虑像似性。皮尔斯本人用"抽象"来识别"基础"，以用两件黑色事物的黑色来举例说明（CP 1.293）。事实上，皮尔斯的文章中的某些段落（CP1.551 - 3；EP1：1 - 10）似乎暗示他会为挑出的一部分表达保留"基础"一词，并使用术语"相互关联"作为内容的相应部分。然而，这似乎会消除这一概念所涉及的关系特征[1]。因此，似乎"基础"

---

① 虽然皮尔斯在任何引用的文本中都没有提及这一点，但从两种意义上来看，这似乎是皮尔斯在其他地方注意区分的一个抽象：从第一个观点来看，这是一种"分离"，因为它把黑色这一品质从其他颜色中分离出来（不同于"割离"，其可以将独立存在的事物分开，也不同于"辨别"，其区分的是只能在思想上划分的东西）；但它也是一个"实体抽象"，因为它从一个特性推到一个对象（胡塞尔会说这是"名词化"）。关于"皮尔斯的两个抽象理论"的启发性处理，参见谢恩费尔特（Stjernfelt 2007：246 ff.）。

这个词可以代表两个物进入符号功能的特性，它们依靠这一特性连接起来，即，事物的一些特性作为表达，而另一些特性作为内容。基础是符号的一部分，具有选择表达和内容的相关要素的功能。这就相当于索绪尔所说的"形式"，与"实质"相对，而他的追随者，特别是在音韵学领域中，将其称为有关性或相关性①。

套用皮尔斯的观点，我们或许可以说两个项目共享一个像似基础，在某种程度上，这些项目具有一些彼此独立拥有的某些特性，当从特定的角度考虑时，这些特性是相同的或类似的，或这些特性可以被感知，或是被体验为是相同的或类似的。然而，还需要一些比他的观点更进一步的注释。在这里，相似性被认为是一种基于基本差异的特征。两个具有共同像似基础的项目，具有成为这一像似基础的表现和内容的能力，易于拥有构成像似符的符号功能，但像这样的基础也可能直接在感知中有其他用途。后一种可能性与皮尔斯所设想的不同，但是由于我们的符号的概念更加精确，因此范围更加狭窄（参见 Sonesson 1989：201 ff.，2001a，2007，2008）。

与作为一种关系的指示基础相反，像似基础由一组归属于两个不同"事物"的两类属性组成，这两个不同的事物被认为独立地具有所涉及的属性，不仅是符号关系的属性独立，彼此也互相独立。指示性涉及两个"事物"（第二性），因此可以独立于符号功能形成。虽然像似性是首要的，但它只涉及一个"事物"。事实上，正如皮尔斯（CP 3.1，3.362，4.447）一直不断重复地那样，一个纯粹的像似符根本不可能存在：它是一种无形的品质。我们可能会有这样的体验，当我们在看一幅画的时候，会一瞬间出神。或许我们还可以用一些皮尔斯自己的例子。黑鸟的黑色，或富兰克林（Franklin）是美国人的这一事实，可以被当作像似性；当我们比较两件黑色的东西时，或者当我们从作为美国人的角度来比较富兰克林和朗

---

① 我确实认为基础一定是第二性的，因为它是相关的，我在表1应该清楚地表明这一点，尽管就像德奎佩里（De Cuypere 2008：69）所指出的那样，我可能在其他地方没有将其阐明。正是因为这个（像似的）基础是相关的，与纯像似性相反，所以上文所说的与马南的明智的言论相反的说法，与下文引用的皮尔斯的定义并不矛盾，根据皮尔斯的定义，像似性独立于任何其他涉及其他事物所带有的特性。（参见索内松 2006，2007，2009a，2010）。

福德（Rumford）时①，我们建立了一个像似基础；但是只有当一件黑色的东西被拿来代替另一件黑色的东西，或者当朗福德被用来代表富兰克林的时候，它们才会成为像似符（或者像皮尔斯有时所说的那样，是亚像似符）。正如指示性是可以形成的，但是在进入符号关系之前，它并不是一个符号，像似性有某种本质，但它要在比较发生时才存在。从这个意义上讲，如果指示性是一个潜在的符号，那么像似性就只是一个潜在的基础（表4-1列出了这一点）。以下还有一点意见：我最近必须认识到的是，考虑到在这里提出的更精确的符号的定义（参见 Sonesson 2006，2007，2009a，2010 及下文 1.3），显然有很多实例表明很多规约基础都不是符号（交通法规等），尽管很遗憾，这破坏了表格美好的三元和谐。

表4-1 从皮尔斯的角度来看（如正文所修正）原则、基础和符号之间的关系（表中的规约性的基础以粗体标出，因为我们有理由认为，皮尔斯不允许任何这样的基础与符号关系有所区别）

	第一性 印象	第二性 关系	第三性 习惯/规则
第一性 原则	像似性	——	——
第二性 基础	像似基础	指示性 = 指示基础	*规约性 =* *规约基础*
第三性 符号	像似性符号 （像似符）	指示性符号 （指示符）	规约性符号 （规约符）

  因为像似基础是建立在这两个项目拥有的属性的基础之上的，仅仅因其如其所是，所以比较的标准必须是相似性或者同一性。事实上，皮尔斯还提到，一个像似符（更确切地说是一个亚像似符）是"代表某物的符号，仅仅因为它与其类似"（CP 3.362）或"它是该对象中的一部分"（CP 4.531）。当认为像似性能引起"指称错觉"，并在抽象的基础结构之

---

① 译者注：本杰明·汤普森（世称朗福德伯爵），他跟富兰克林的名字都是本杰明，因此本文作者在此拿两者举例对比。

外形成"比喻的"意义的阶段时，格雷马斯（Greimas）与库尔泰（Courtes 1979：148，177）和许多其他人一样，将像似性等同于感知外观。然而事实上，像似性不仅没有特别涉及"光学错觉"或"现实渲染"，而且也不一定涉及感知谓项：皮尔斯举的许多实例（参见 Sonesson 1989：204 ff.）都与数学公式有关，甚至作为美国人的这一事实也不是真正感知的，尽管它的一些表现可能是。这就是在这里被认为是理所当然的像似性的概念。

3. 世界上的像似性、指示性和规约性

感知充满了意义，这个意义往往可以通过像似的和/或指示的方式表达出来。根据现象学家阿伦·古尔维奇（1964：176 ff.）的观点，感知具有意义，但是是在"比通常所理解的更广泛的意义上来理解的"，往往是"限于符号中的意义"，也就是我们的符号。事实上，正如古尔维奇（1964：262 ff.）所指出的那样，某种意义（或用我们的术语来说，符号过程）对被称为标记符的表面上的一些不规则现象来说是必要的，甚至在这些标记符作为文字意义载体之前就是必要的。古尔维奇在批评其他心理学家时指出，意义的载体不是符号的意义的一部分，也就是说，表达不是内容的一部分，这与感知不同：后者是由属于一个大整体中的部分观点（获意对象）组成①。从冯·尤克斯库尔（Jakob von Uexkull 1956）的"含义学说"（Bedeutungslehre）中来看，意义就属于这种类型，因此不会涉及任何符号（参见 Sonesson 2007）。

正如我在其他地方（Sonesson 1989）所作出的区分，感知涉及的整体，是"大于"其部分相加起来的结果的；符号必须与其所代表的东西不同的"其他东西"相关。当我第一次提出这个区别的时候，我当然在思考如何将每个给予感知的东西在水平方向上整合进一个更广泛的感知语境、图形或格式塔。这种关系肯定与指示性有关。但是还有一种视角，即某种事物比起初看起来更像是垂直地追求相同的隐喻，因为它属于某个特定范畴。我们所说的分类是一种直接的，而不是一种有意识的选择（即"分类感知"），就此而言，这显然与像似性有关。当然，它不是与像似性"本

---

① 胡塞尔所谓意义，即意指对象。（译者注）

身"有关，而是与像似基础有关，因为任何基础都必须假设关系性思维。应该指出的是，我在上面提出的两个解释区分的特征是为了在此意义上排除太多的指示性（不连续性）和像似性（不同类别）。

迪肯（Terrence Deacon 1997：74 ff.）在其使用皮尔斯的术语所著的第一篇神经心理学论文中提到，符号出现在夜晚，此时所有猫都是灰色的。事实上，一遍又一遍地对同样的"东西"所进行的感知并没有什么区别。他坚持说，就像伪装一样：飞蛾的翅膀被鸟类看作"树的一部分"。他接着说，像似性就是认知，即一个范畴的识别，甚至是"刺激物的归纳"（Deacon 1997：77 ff.）。然后他称像图像这样的"典型案例"在本质上是一类的：图像能变为像似符，是因为"图像与其所描绘事物的轮廓和表面处在同一方面或阶段"。在某种程度上，这可能是正确的：然而，虽然没有区别这一事实就是像似性本身，但认识和/或分类似乎需要对某种关系有一定的认识，因此必须依靠一个像似基础，图像是一个完整的像似符（事实上，我们在下文会提到，这是一个初始像似符［参见 Sonesson 2006］）。

尤克斯库尔所做的经典实例显示，当蜱感觉到哺乳动物的皮肤腺释放的丁酸的气味时，它不必思考两次；它不必告诉自己，虽然这是一个人，不是一只兔子或一只狗，但它们有相同的气味。事实上，因为蜱的一生中只有一种这样的气味，所以它不能比较气味。但即使其经验范围较大，也不会进行比较。对蜱来说，哺乳动物的味道只有一个。就像马南所说的那样，这种哺乳动物的气味当然可以被描述为蜱遗传记忆中的一种，但是这种气味是这种记忆唯一可用的一种气味①。

毫无疑问，在某种程度上，人类也在这个普遍性中感知世界。我们经常观察到，我们对语言的声音有一种范畴化的感知，因为它的物理特征是渐变的，但是根据我们语言的规则，我们感觉到在这个连续体的某个点上，存在分离不同音素的边界。但同时我们也可以利用声波中包含的其他信息来确定说话人的方言、语调等。但是，蜱显然不关心兔子或狗在丁酸的一般气味上所做的改变。更重要的是，我们可以将某些现象看作一个特定类型的例

---

① 用严格的皮尔斯的术语来说，当处在第一性阶段时，这当然不是一个"类型符"，而是一个"风格符"。

证——也就是说，在我们意识到这个类型的同时，我们也承认这个实例。

皮尔斯用"类型符"和"个别符"（或"复本"）来描述类型和范例之间的区别①。例如，在上文的句子中，出现过一次的"和"一词被认为是一个类型符，而出现过两次的"和"则被视为个别符。字母"t"也只是一个类型符，与此同时，仅仅在本段的第一句就出现八个该字母的个别符。这个推理很容易扩展到其他意义系统；伦纳德的"蒙娜丽莎"的复制品与另一种复制品属于同一类型，但其他同样存在的画作来说，它们构成了两个范例或个别符。从整体上来看，这篇文章是一个单一的类型符，但这本期刊印出多少本，这篇文章就有多少个个别符。大致上看，这篇文章似乎是一个符号，其类型符提供了可能被普遍共享的一个以上的个别符，并且可以说，这些符号在散播时还保留着其本源的样子。

然而，目前尚不清楚的是，蜱是否有部分和整体的经验。对于我们观察者来说，哺乳动物的存在有三个线索——丁酸的气味、皮肤的感觉和血液的温暖，但蜱不需要设想这些线索，这三个线索作为一个具有自身存在的单一实体（按照吉布森的术语来说，是一种"实质"［参见 J. Gibson 1979，1982］），这些线索或许更可能会构成三个独立的事件，产生它们各自的行动序列。蜱能感知到乙酸；只有我们②能感知到哺乳动物。另外，讨论丁酸或哺乳动物是否受到关注，是没有意义的。确定丁酸或哺乳动物是否直接给定同样没有任何意义。从蜱的角度来看，丁酸和哺乳动物几乎没有任何区别。蜱不仅没有符号，也没有太多的世界可以给蜱去探索。可以肯定的是，我们没有办法知道作为一只蜱是什么感觉。但是这些区别在蜱的环境中（即按照功能周期来说）似乎毫无意义。

世界上的一切都属于特定类型或范畴：这就是独立于符号功能的像似

---

① 如上所述，在皮尔斯的概念中，蜱的经验可能只是一种作为第一性的"风格符"——与作为第二性的"个别符"和作为第三性的"类型符"在同一个三分法中。但是就如谢恩费尔特（2007：241 ff.）辩驳迪肯的那样，如果蜱的经验已经是"规约的"，那么这是不是已经不处在皮尔斯所说的类型符的水平了？当然，要确定皮尔斯的范畴的应用并不容易。

② 这里所说的"我们"的范围，要远远大于人类，正如马南所说，这里的"我们"可能与脊椎动物相当。从"外延"层次（这里指一种动物，而不只是一系列事件）来看，这似乎是可行的，但从"内涵"层次上（极少数脊椎动物具有哺乳动物的概念，更不用说有脊椎动物的概念了）来看并不可行。见索内松（2009a，2010）及以下段落。

性。一切东西也都是由部分组成的，并且/或者出现在别的东西的附近；这是指示性，甚至在它被用来构造符号之前就是了。人类的经验是有意义的，因为它是由具有不同特性的、属于不同范畴的以及出现在不同语境中事物（用吉布森的术语来说，是"物质"）组成的。正如冯·尤克思库尔所描述的那样，在蜱或者单细胞的世界里，以上所说的事物都没有意义。一些有趣的证据——甚至一些研究（参见 Tomasello，2008：42 f.），都表明狗和猫的生活世界更像人类，更不用说类人猿的世界了。

在"生活世界"的常识中，有三种方法可以划分任何可能的东西：将其分成适当的部分（如头部、躯干、腿部等，如果整体构成人体的话）。将其分成不同的属性（参照同一个整体的话，男性与女性相对，成年人与儿童相对）；将其分成不同的视角或轮廓（从后面看到的身体，从四分之三视角中看到的头部等［参见 Sonesson 1989，1996，2000a］）。这是三种因素性，它们与相邻性一起构成指示性，它们并非一种符号，而是一种基础。一个更为人熟知的术语是分体论——一个关于部分和整体的理论，这个理论来自胡塞尔（Husserl 1913）的早期作品，或者更确切地说来自胡塞尔的前辈，如托德诺夫斯基（Twardowski）和美农（Meinong）（参见 Cavallin 1990），但分体论这个名字是由逻辑学家莱希涅夫斯基（Lesniewski）命名的（参见 Smith 1994，1995；Stjernfelt 2000，2007：161 ff.）。有些人认为至少前两个部分可以组成层次：一个"外延"层次——从较大的部分到较小的部分（手臂—前臂—手指—指甲等），和一个"内涵"层次——从普遍具有的特性到更具体的特性（有生命的—人—老人—脾气暴躁的老人等）。后者可以被认为是一系列因范畴内成员越来越少而越来越窄的圈子。在外延层次结构中，子类别的空间消耗较少，而在内涵层次结构中，扩展则是持续的（只要你不改变指称物）。手臂和指甲的界限并不一致，但是一个老而脾气暴躁的人，和一个有生命的人可以是同一个人，虽然后者的属性更为广泛（因此范围更广）。

分体论的任务不仅是解释整体与部分之间的关系，还要解释各种整体性之间的差异。胡塞尔反对集群构型，我们在整体心理学（Ganzheitspsychologie）的各种代表作中发现了相同但有时是更进一步的尝试（参见 Sonesson 1989：81 ff.）。皮尔斯列了一个非常长但相当混乱的各种整体性的清单（参见 Stjernfelt 2000）。最近，许多心理学家把局部线索从两种更全面的感知模式中分离出来："全局处理"关注的是最高层次的刺激；"构型处理"则涉及元素的层际空间的关系（参见 Sonesson，Zlatev）。

除人类之外，分体论经验的证据大多是间接的。关于鸽子和猿猴的图像感知以及其间的一切研究，都没能确定动物能够将图像视为图像，但这些研究肯定表明了，动物分别注意到了人类或者香蕉与相应图像的相似性和差异性（参见 Sonesson，Zlatev）。鸽子似乎也能够识别对象，不仅仅是在给出其所有部分的时候，且当描绘在视觉上变形时，至少只要包含一些"真子"[1] 的话，也就是说，只要存在可以从不同视角中识别出来，包括与同一对象的其他组件的关系的组件的话，鸽子就能识别对象。（参见 Peissig et al. 2000）。事实上，我们对亚历克斯（Alex）试图根据静态图像模仿动作所进行的研究包含了一些有限的动作阶段，这可以用来表明猿能够从时间片段中识别事件。

海涅和库特夫（Heine & Kuteva 2007：150 ff.，276 ff.）在对语法起源的研究中，思考了在什么程度上"动物认知"可以理解"分层分类关系"，如内含物（类别成员）、所有物关系（我们的内涵层次）、部分—整体关系（我们的外延层次），以及社会关系、财产和位置。虽然他们考虑的证据与我们在这里提到的不同，但是他们总结出，在已经研究过的动物中存在基本的层次思维能力，特别是猿、猴子和灰鹦鹉（至少一只）。他们继续提出了递归的基础结构，其他人称这是人类语言特有的，但他们认为这包含在"动物思维"的范围内（Heine，Kuteva 2007：278 ff.，296 ff.）。他们是否在暗示所有动物思维中可能缺乏用以获取某些特定的语法结构，如名词短语和从句分句的（全）递归，这一点难以确定。不管是什么造成了递归和/或语言和动物经验之间的差异，但它一定不是抓住感知意义的基本原则[2]。

至于规约性，皮尔斯毫无疑问地把它看作符号关系的同义词（见表

---

① 理论物理学概念，一个假象的实体，一个完全由电磁场构成的引力体。（译者注）
② 海涅和库特瓦（2007：304）认为，无头像的动物在岩画中的存在表明，部分—整体关系对应的是与10000～15000年前"概念上存在"的语言的头部依赖结构。这似乎是一个夸张的结论。由于刻在岩画上的是图像符号，所以在图像中出现的因子可能要比感知中花费更长的时间，但并不是说它在语言中同时出现。

4-1）。然而，如果规约性与像似性和指示性并行，涉及基于规则或习惯的现象之间的所有可以想象的联系，那么符号功能只是这种规约性的特例。因此，根据上文的定义（交通规则，例如国际象棋规则等），不仅在生活世界中有不是符号的规约基础，而且也可以把符号功能建立在已经存在的规约基础上，正如像似性和指示性一样：因此，例如，在我们的文化中，长期以来习惯（甚至是规范）女性穿裙子，因此裙子可能成为女性的一个标志，故而常被用以表示女士洗手间。

二 初始和次生像似符

在皮尔斯所给的像似符定义中，他认为像似符的特性是，其不仅独立于符号关系（指示符也是如此），而且也独立于所涉及的两个事物之间的关系。相关概念若要体现独立，可以采取几种方式，其中一些会产生非常荒谬的结果：因此，从某种意义上说，我们不能说莱昂纳多（Leonardo）画的蒙娜丽莎肖像（Mona Lisa）（甚至是毕加索［Picasso］的格特鲁德·斯坦因［Gertrude Stein］的肖像）独立于被描绘的人。换句话说，我认为一些像似符的像似性与符号关系无关，因为它是对像似关系的感知，像似关系提醒我们符号关系的存在；但是，相反地，其他像似符的像似性依赖于符号关系，因为符号关系使我们发现它们的像似性。我把这一大群符号分别称为初始像似符号和次生像似符号。

1. 像似性在符号中的干预

像似性和规约性在符号中扮演的相对角色可以用来区分初始和次生像似性。事实上，更确切地说，我们应该区分初始和次生的像似符，因为我们真正涉及了像似性被分配给符号的方式。初始像似符是指，表达 E 和内容 C 之间的"相似性的感知"至少是 E 作为内容 C 的表现的部分原因。也就是说，像似性实际上是定位符号功能的理据性（基础），或者说是理据性之一。另一方面，次生像似符是指我们所拥有的知识认为 E 是内容 C 的表达，在某种特定的解释体系中，它至少是感知 E 和 C 的相似性的部分原因。那么，这就是部分激发像似关系的符号关系。从某种意义上说，我在这里所称的次生像似符并不是一个关于像似性的好实例，因为关于后者的特点，皮尔斯给的定义显然意味着，至少在某种意义上，符号的像似性并不独立于它们符号特性，相反，这是一个先决条件。也许这不必被视为反对皮尔斯定义的一个论据：像似性本身可能独立于符号功能，即使它在符号中的存在有时可能受到符号功能的限制。更确切地说，这里关键的是像似基础独立于符号功能。

从这个意义上，图像当然是初始像似符，且可能是唯一的初始像似符。事实上，鉴于在第一部分提到的关于猿和小孩的图像感知的事实，我们有理由相信，对至少达到两岁或三岁的人类来说，图像是唯一的初始像似符。可以说，人在两三岁之前，图像对他们来说不是初始像似符，因为它们根本就不是符号，但它们与其同一类别中描绘的对象是相同的。这表明像似符的初始性和次生性与给定的（集体）主体有关。

另一方面，无论我们的年龄如何，我们都必须知道，在某些情况下，按照特定的规约，那些通常用来表示自己的对象，会变成它们自己的符号、它们某些特性的符号，或变成它们所属的类别的符号：汽车展览会上的汽车，博物馆展示的石斧或商店橱窗里的手杖，国王去世后的他的扮演者，以及一个艺术展览上的小便器（如果恰好是杜尚［Duchamp］的"喷泉"的话）。当对象用以代表自己时，其显然是"像似的"：它们是由代表内容的表现组成的符号，因为它们每个都具有固有的特性。然而，如果没有一套约定和/或一系列的已有情境，我们就不可能知道某件事物是一个符号或者它作为符号会代表什么：是以自己代表个体对象，还是代表其所属的一个特定类别（在几个可能的类别中），或者代表其某些特性。街上的一辆车并不是一个符号，但当其被放置在汽车展览中时，它成了一个符号。博物馆里的曼·雷（Man Ray）创作的铁块也是这样。我们必须了解陈列柜的规约，以便了解到商店橱窗里的锡罐可以代表许多同类别的其他物品。我们需要熟悉艺术展览规约，认识到每个客体都只是表现自己，而且我们能够理解裁缝的色板是其图案和颜色的符号，而非其形状的符号，除非我们已经学会了有关色板的规约（参见 Sonesson 1989：137 ff.）。

当曼·雷制作一个台球桌的图像时，我们不需要任何规约来识别它所描绘的内容。然而，如果谢莉·莱文（Sherrie Levine）的台球桌（真实的三维）要代表曼·雷的图像，就必须有一个标签来颠倒生活世界的权威。这表明，在确定一个物体功能的概率的属性中，一个像似符的表现是三维的，而不是相反的。自现代主义阶段特别是后现代主义阶段以来，图像的符号功能一直处于关注的中心：因此，像莱文这样的艺术家用自己的方式来颠覆正常"生活世界"的层次体系，使得二维对象代表三维对象，而非用三维对象代表二维对象，就毫不奇怪了。然而，在日常生活中也发生着类似的事情：发现瑞典尽是"芭比娃娃"的墨西哥女人做了一些颠覆，因为在她特殊的生活世界的经验基础上，至少在言语行为间，她把真实的、有生命力的人当作生物，把在装配线上制造的，由无生命的物质制成的物品当作娃娃。

然而，如上面提到的身份符号一样，我们可以说它们具有过多的像似性以至于其无法独立产生作用，但这并不构成符号功能先于并决定像似性的唯一情况。在其他情况下，因为相似性"过少"，符号功能必须先于像似性的感知。据加里·克马利里（Garrick Mallery 1972［1881］：94 ff.）所言，这就像北美印第安人的手工符号一样，当我们被告知它们的含义时，它们似乎是合理的。用鲁道夫·阿恩海姆（Rudolf Arnheim 1969：92 ff.）的话来说，一个"图示猜谜"① 不同于需要解谜关键的图像，就像卡拉奇（Carraci）画的墙后的泥瓦匠（图4 – 1b），或是"正落入马提尼杯的橄榄或穿着暴露泳衣的女孩的特写镜头"（图 4 – 1a）。虽然在画面中这两个场景都可以被看到，但显然这都是由画面所决定的。我们可以通过两种方法来避免这种模糊性。第一个方法是填充细节，特别是橄榄和肚脐、空气和一双大腿等特征不同的细节。然后在某个时刻，这个图示猜谜就会变成一幅真实的图像。另一种可能的方法，也是像似性批评者唯一认同的，就是引入一个明确的规约，比如卡拉奇的解谜关键。

根据约伦·赫默伦（Goran Hermeren 1983：101）的观点，只因"人类想象的局限性"，我们把图 4 – 1c 看作人脸，因为它也同样可以被视为"上面是一个罐子，底部是一些鹅卵石和折断的火柴，一根棍子放在开口上"。因此，在比尔曼（Bierman）看来，这应该是模棱两可的。这完全取决于在人类想象力的界限内，其被解读为什么：即格式塔原则，脸作为首先被感知到的对象（参见 E. Gibson 1969：347 ff.）等，都共同促使其中一个确定的解

---

① 译者注：一个美国游戏，一个人画一幅四不像的图片，让其他人去猜他所画为何物，并通过各式各样的答案来取乐。同时该游戏也用于人类的认知研究，研究儿童的创造力。

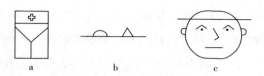

图 4 - 1　两张图示猜谜和一张可以看作是图示猜谜的图像：**a.** 正落入马提尼杯的橄榄或穿着暴露泳衣的女孩的特写镜头（受到阿恩海姆的启发，并在 1992 年提及 ［Sonesson 1992］）；**b.** 卡拉奇的解谜关键（墙后的泥瓦匠）；**c.** 面部或瓶子（受到赫默伦 ［Hermeren 1983：101］ 的启发）

读。虽然我们有可能找到赫默伦认为应该在图像中出现的元素，但是不可能将其作为一个整体进行解读，而不被其他解读所干扰。因此，当一个表达与不同的内容或对象相似时，由于表达本身的特性，其中的一个表达可能会被优先感知，并且其感知速度先于规约。

　　毫无疑问，对人类来说，脸是一个非常特殊的对象，甚至对新生儿来说，脸也是被优先感知的。在比人脸更普遍的文化特性层面上，我们可以想想"我"（Me'）的故事，"我"从未见过纸，因此，在形成图像符号的内容平面的过程中，就会受到阻碍（参见 Sonesson 1989）。但是，似乎还有一些更普遍的事实，三维性、有生性以及运动可能比它们的对立面更为突出，即是说，它们更可能形成像似符的内容方面，而不需要任何补充性规约。曼·雷和谢莉·莱文的台球桌之间的比较即为三维性的实例。至于墨西哥女人的"芭比娃娃"，我们要么假定她仅仅是做了一个比喻，要么就是浅色皮肤的人在她对人的概念中如此陌生，以至于有生性，甚至是人性都被压倒了。这就是我所说的生活世界的显著层次①。

　　事实上，为了理解初始像似符，我们需要更好地理解显著层次。思考一下博尔东和瓦利恩特（Bordon & Vaillant 2002：59；Vaillant 1997）针对我的原型层次提出的一个反例：对于巴黎人来说，他们对一个摩托车的冰雕不像对一辆真正的摩托车那么熟悉，然而当前者展现在市政厅的时候，毫无疑问，对于任何人来说，冰雕都是能指，而摩托车是基础，认知心理学家埃莉

---

①　戴维森（Davidsen）和蒙霍姆·戴维森（Munkholm Davidsen 2000：82）在一篇充满好奇心的小文章中指责我，因为在他们看来，显著层次的概念显然只能解决像似符自然不对称的问题，而其"可能被用来解释为什么一个人的形象是另一个人的像似再现……，这对系统化相对主义并没有做出多大贡献"。系统化相对主义不再那么相对。实际上，正如胡塞尔所指出的那样，在这个意义上，生活世界是主观相对的。

诺·罗施（Eleanor Rosch 1975；Rosch，Mervis 1975）和阿莫斯·特沃斯基（Amos Tversky）提出显著概念的特征与原型性、频率、强度、名人、信息等一致。从这个意义上讲，在某些场合，"熟悉"可能与显著相对，还有很多其他的可能性。但是这也意味着显著的概念是不清楚的：至少，它似乎太无限制了。无论如何，正如我上面所设想的那样，原型层次不适用于像这样的对象（除了可能在某些特定情况下，如脸），而适用于它们的一些特性。也许当冰不是作为一个摩托车的冰雕像，而是作为材料时，与摩托车零件相比，其可能会被认为"不那么显著"（也许是在人类历史上更为同质、更广泛的意义上）。在"我"的故事中，纸张体现出显著性，而不是由纸张制成的特殊物体，后者处在非常高的层次上。

但是这个实例也和我上文讨论过的那个实例很不一样，它们要么涉及一个代表三维对象的二维对象（如图像的情况），要么是一个单一的三维对象成为其所属种类，或者其特性中的一部分或诸如此类的符号。然而，这与我在其他地方（例如［Sonesson 1989：336 ff.］）所采用的案例类似：裁缝的假人和在日本餐馆中见到的由塑料或蜡制成的假食物。那个讨论的结果是，在人类世界中，某些特性在本质上更为显著，例如，除了三维性之外，还有动态性和运动性。当然，这些特征中的最后一个，显然是使真正的摩托车比用冰雕刻出的摩托车更突出的因素。但是，实际上我们可以从假食品的实例中做出更普遍的论证。用蜡制食物代表真正的食物，而不是用真正的食物代表蜡制食物，这是有原因的。食物是由可食用这一功能特性（或吉布森所说的"功能可见性"，J. 吉布森［J. Gibson 1982］）所定义的，而这正是蜡制食物缺乏的特性。同样，摩托车是由作为车辆的特性所定义的，而冰雕却以实现这一点。如果这表明冰雕摩托车不是真正的反例，它也表明了次生像似性的复杂性。我们不应该期望原型层次形成一次性固定的刚性结构①。

---

① 这也表明，上面给出的"芭比娃娃"的实例比我暗示的要复杂得多：从有生气以及类似的角度来看，甚至这个墨西哥女人也不认为娃娃比金发的人更加显著（或者像我希望的那样）。在注意头发、皮肤颜色等时，比起在瑞典看到的外国人，她把芭比娃娃放在更高的层次上。这是隐喻的产物（参见 Sonesson 1989，2010）。换句话说，这是区分的出发点，而区分的出发点对文化符号学是基本的。（参见 Sonesson 2000b）。

　　然而，这次讨论得出的另一个更重要的经验是，初始像似性和次生像似性不应该被认为是相对立的事物：正如一个符号可能同时包含像似的、指示的和规约的特性一样，初始像似性和次生像似性也能很好地相容。

2. 语言和图像的像似性

　　在谈到（语言）符号的任意性时，索绪尔实际上（正如贝蒂尔·马尔姆伯克［Bertil Malmberg 1977：131 ff.］最清楚地指出）关心两种不同的关系：符号内，表达与内容之间的关系；以及整个符号和我们的经验世界（通常被称为指称物）之间的关系。第一种关系是任意的，因为内容和表达没有共有的特性；第二种关系也是任意的，因为（根据索绪尔的观点），世界本身的分割并没有预示符号划分世界的方式。因此，把"bull"一词读作/bul/而不使用声音序列/bof/是没有正当理由的。而另一方面，现实并没有给我们任何线索是否要用某一符号来表征某一现象，如"木"这个字，或者在两个不同的符号之间进行划分，如"灌丛（bois）"和"森林（foret）"。如果可以在符号的不同的元素中找到随意性，其反面，即理据性，这一索绪尔用于像似性的术语，也必须能够在多种关系中表现其本身（见图 4 - 2 并参阅 Sonesson 1989：203 ff.）①。更谨慎地说，我们也许应该谈论三种潜在的像似关系：表达与内容之间，表达与指称物之间，内容与指称物之间。

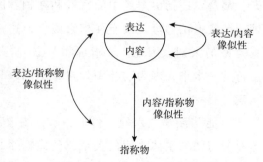

图 4 - 2　语言符号（箭头代表［潜在的］像似关系）

---

①　我们能够很自然地理解理据性包括规约性和指示性，但这并不是索绪尔对这个术语的用法。在《普通语言学教程》中，索绪尔其实只是对"相对动机"感兴趣，而"相对动机"是指符号之间的关系，而不是表现与内容之间的关系，例如用"pomme"（"苹果"）来解释"pommier"（"苹果树"）。然而，在我所引用的其他段落（索内松 1989）中，他谈到了理据的模仿，但是有"随意性的雏形"。

此外，所提及的两个案例涉及相似性或其反面的不同方面：在第一个例子中，我们涉及的是表达和内容的不同细分；在第二个例子中，这是符号的外部边界以及所涉及的世界上的相应的现象。如果说第一个处在结构主义符号学中已知的水平上，用叶尔姆斯列夫（Hjelmslev）的话来说，就是"记号素"，那么后者一定是在符号这一水平上。另外，前者分别涉及表现和内容的特性，后者则涉及符号和现实中相应部分的分割的方式。

在图像中，情况更加复杂。胡塞尔（1980）和理查德·沃尔海姆（Richard Wollheim 1980）分别论证说，我们在所描述的对象中直接"看到"到物理对象，即图像表达，使得表达的每个元素或多或少地与内容相对应。但胡塞尔继续指出，这不是全部，因为我们虽然可以在照片表面的斑点中看到人类的身影，但我们所看到的图像仍然是"摄影的色彩"，而不是真正的人类皮肤的色彩。可能这看起来是一个过时的观察，但实际上所有的图像都会缩小与现实相关的色彩范围。用胡塞尔的术语来说，"图像物体"是可能歪歪扭扭地挂在墙上的东西，"图像对象"是画面中黑白的孩子，"图像主体"是世界上被描绘的对象，即真正拥有玫瑰色脸颊的孩子。但是，胡塞尔谨慎的现象学似乎在这里还远远不够。为了把图像对象和图像主体分开，胡塞尔还指出图像中的宫殿和在柏林的真实宫殿之间的区别。然而，即使事实上柏林可能没有任何宫殿，但这也不妨碍我们注意到黑白宫殿与真宫殿的区别。因此，"指称物"必须与图像主体分离，图像主体处在类型符这一水平，因为它与图像对象不同，只因它增加了对世界事物本质的认识。

因此，像似性"可能"涉及"六种"像似关系：图像物体与图像对象之间的关系，图像对象与图像主体之间的关系，图像物体与图像主体之间的关系，以及这三者与指称物之间的关系（图4-3）。实际上，所有这些关系可能都没有意义上的区分。然而，有意思的是，胡塞尔要求（Husserl 1980：138 ff.）图像对象和图像主体之间的关系具有相似性，若要举例说明，即大致相当于皮尔斯的"即刻"和"动态对象"。胡塞尔从来没有讨论过图像对象和图像物体的相似性，除了有一次，他提到浮雕与它的图像对象相对比较相似（Husserl 1980：487 ff.）。这是最接近皮尔斯所说

的"再现体"与"对象"的关系的一次。在图像对象与图像主体之间的
关系中，图像性可能或多或少是"外延的"及"内涵的"，也就是说，
涉及或多或少的特性，并且在或多或少的程度上认识它们（"空间性"
["Extensität"]和"图像性的强度"["Intensität der Bildlichkeit"][Hus-
serl 1980：56 ff.]）。但是，似乎没有任何理由不将外延性和内涵性应用
于所有的像似性关系。另外，外延性不仅可以通过将对象分成不同的特
性（例如"红色"）获得，而且还可以通过将对象分成适当的部分（例
如"脸颊"）获得，并且至少在图像中，透视图是这样的（例如，从左
上角看）。这样一个定义来源于分体论，用来研究如何划分世界上的
事物。

　　从符号与指称物之间的关系来看，语言中的像似性似乎在很大程度上
是次生的。德·奎佩里（De Cuypere 2008：80）和索内松（2008）分别论
证了这一点。然而，在被不恰当地称为"语音象征"的像似性的研究中，
事实可能是像阿尔纳（Ahlner）和兹拉特夫（Zlatev 本卷）所提出的那样，
初始像似性和次生像似性的解释特征的种类必须分多次应用，以便其出现
时说明解释过程。这再次表明，对于我们所划定的现象，初始和次生像似
性可能并不是最合适的术语。

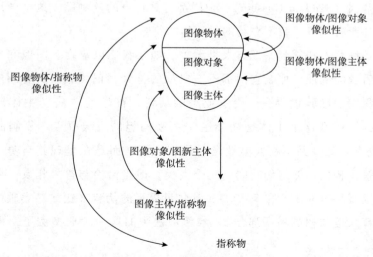

**图 4-3　图像符号（箭头表示[潜在的]像似关系。文中提到了一些可能
被推论的实例，但是尚不清楚这些区别是否有实验对象）**

三 像似性的两个极端：从拟态到模拟性表演

在像似性区分不那么明显的时候，以下这些"同样的东西"——拟态、图像、模仿——和模拟表演之间没有区别。与此相反，我们将从以下几个不同方面探讨像似性与拟态及类似现象的关系，以及像似性与模仿在几个术语意义上的关系。在第一种情况下，根本问题是哪一个概念具有像似性。第二种情况涉及更微妙的情况，即一个人的行动向另一个人呈现①。

1. 拟态、稻草人和雕像

卡洛·金兹伯格（Carlo Ginzburg 2002）提出，无论他说这句话的意思是什么——符号（或他所说的"再现"）是在国王和其他英雄死亡后人们为他们树立的雕像中发现的。这个重建背后的想法很容易理解：（对一些特定的人或部落或文化来说的）重要的人死去了，为了弥补这种缺失，就必须创建一个替代物。有另一种更为普通的用法，人类要吓跑田野上的鸟类（假设"人类"是鸟类的世界中的一个概念），但是人类不能一直待在田野周围，于是就在他们所处的地方竖立一个稻草人。或者我们把范围限定到杰出的个人上，我们都知道中国封建社会的皇帝，以及之前的萨达姆·侯赛因（Saddam Hussein），他们都有其自身的复制品。这个观点可以被推广到所有用以代替不在场的另一物的符号。

但是稻草人和复制品都与人类无关。如果我们以语言、图像和手势等来作为后者的例证，那么它们都不是典型的符号。正如我们所看到的，符号代表我们的经验世界——用皮亚杰的话说，符号是"从'主体'的角度"（尽管通常这个主体是社会主体）来构想的。稻草人、复制品以及（可能也有）雕像并不在人类缺场时代表人类，而是在呈现其自身。可以这样理解，替代可能与伪装同属一个大类，但是恰恰与符号相反。用迪肯的话来说（Deacon 1997：76 ff.），动物世界里的伪装（比如鸟类眼中飞蛾的翅膀就只是"树的另一部分"）与像似性中的这一"典型例子"基本一

---

① 不言而喻，这里讨论的模仿、模拟和其他现象也可能具有指示性的和规约性的特征，但这些我们不做讨论。

样，我们习惯称后者为图像（Sonesson 2006）。事实上，只有伪装才会有这种作用，即可以到"看不出其本身是什么"的程度，相反，一张图片，或任何其他符号，只能作为一个符号，只能到被视为一个符号的程度，而不能作为对其描述或意指对象的另一个事例（即，一张香蕉的图片，不能用以表示香蕉这一类别下的一个不太好的例子）。就这一点来说，就像萨达姆·侯赛因的复制品一样，稻草人就像是一种伪装，因为它们只能完成自己的功能，只要它们不被认出其本身的样子，即分别不是萨达姆·侯赛因和真正的人类。正如金兹伯格所述，雕像看起来与我们的稻草人相似。它们与动物世界中常见的伪装（当然不是作为一种军事措施）仍然不同，它们的创造者（尽管不是他们的接收者）知道它们并不是真正的"事物"。

但是，也许从一种更微妙的意义上来看，雕像可能从一开始就不同于稻草人：人们知道雕像与英雄不同，但仍然以雕像替代英雄的位置，而非让雕塑成为他们。或许一个更好的例子就是替身，就像这个名词在戏剧中被使用的那样：替身接替通常由知名演员扮演的角色，这并不"意味着"替身是演员。此时此地，在表演这一目的下，替身简单地等同于这个演员。的确，我们应该想一想稻草人对农民来说意味着什么：稻草人是出于某个特定目的代替人类的东西，但肯定不是在意指"人类"。也许我们可以这样说，这很好地应用了塞尔（Searle 1995）的"在 C 情况下，以 X 代表 Y"这一公式。从农民的角度来看，肖像、替身和稻草人确实有一些共同的特征：如果用以下这种方式理解它们，即它们代表了一些与它们自身不同的东西，所以为了把握它们的功能，你必须明白它们与它们所代表的东西是否等同，以及它们之间的区别。因此，这里肯定存在区别，两项之间存在着某种不对称的关系：但是在任何意义上一个项都不可能被另一项的主体（包括一个集体主体）所代表。要看出这个区别，可以将它们与范例进行比较（这些东西代表着它们自己、它们所属的范畴，或者它们拥有的某些特性），尤其是我在其他地方称为伪身份的东西，这些对象拥有其所代表的全部或者最具感知特性的东西，而不是那些定义它们的东西，如无法食用的蜡质食物，在商店橱窗上展示衣料的假人（参见 Sonesson 1989：336 ff.，及 2.1）。

正如蒂莫·马南（2007）所观察到的，迪肯所使用的术语——伪装，是（生物）拟态的一个特例。根据马南的说法，模仿在这种意义上"是一种有机体的信息（特征和信号），'模仿体'，类似于另一种属于其他种类的有机体的某些信息、环境的某些特征，或者其中任何一个的概括，这就是所谓'模型'"。马南明智地指出，同一物种的两个个体之间的相似性并不是拟态。这一点很重要，因为我们认识到了我们之前观察到的类别成员与符号功能的区别。马南还指出，相似性应该为载体提供一些功能。例如，它可以保护动物免受常见掠食者的侵害。最后应该提到的是，以上所述不包括偶然的相似性，而只包括在进化时间尺度上具有连续性的那些相似性。

除了最后的特性之外，拟态与稻草人的情况类似：不被接收者检测到其本身，它才能发挥作用。然而，稻草人是一种人造的设备，这意味着，虽然对于信息的接收者来说，它只是环境的一个特征，但对于发送者来说，它至少有符号的区分和不对称的特征。另一方面，在拟态中，发送者和接收者都不以任何方式涉及任何类似于符号的事物。因此，模仿体和模型，以及像似性只存在于外部观察者眼中①。

2. 作为学习过程和符号的模仿

在某种意义上，模仿显然是符号出现的核心。它也有明显的像似特性。皮亚杰（Piaget 1967［1945］）认为，模仿，或者更确切地说，"再现性的模仿"是符号功能的起源。但是如果仔细研究，一些模仿的实例实际上就是符号，而另一些则显然不是。一些种类的模仿似乎确实是符号功能出现的先决条件。

默林·唐纳德（Merlin Donald）在他的人类进化模型中，把模仿置于人类发展的第二阶段，模仿这个概念已经延伸到儿童发展，并由兹拉特夫（Zlatev 2007；2009b）将其描述得更为精确。唐纳德认为，模仿文化始于"有意识的、自发的、具有代表性的行动的出现，这是有意向的（即自愿的）而不是语言的"（Donald 1991：168）。唐纳德给出的例子是手势、舞蹈、仪式、模拟表演、戏剧表演和（精确的）模仿，还有工具的使用（或

---

① 在一个有洞察力的评论中，马南审查了我的关于动物意识不到伪装的假设。在许多动物群体（飞蛾、螃蟹、青蛙）中，"在选择休息场所时，它们偏爱选择其外貌和周围的视觉环境达到最佳对应的地方"。然而，有趣的是，这个观察的基本机制仍不清楚，而且更重要的是，如果没有这样的环境校准的话，伪装显然是有可能的。

者更确切地说是工具使用的社会概括）和技巧①。在模仿和语言之间的某个地方，符号功能出现了，唐纳德间接地表明了有意向的交流系统的使用和指称物的区分。

有人可能会问为什么工具的使用和技巧被当作模仿文化的一部分，而不像唐纳德在其他地方仅仅将其作为"日常行为"或"程序性记忆"，不遗余力地把它从模仿中分离出来。毫无疑问，唐纳德（1991：171 ff.）会回答工具的使用及技巧同日常行为和程序性记忆是不同的，因为其遵守他所划分的模仿行动的标准：它们是"有意向的"（即自愿的）、"生成性的"（即可分解成许多部件，且部件可能重组为新的整体）和"传播的"（或者，我们至少可以说"公众的"）。此外，它们有指称（"在模仿中，指称行为必须与指称对象区别开来"，用我们的术语来看，即区分），代表无数的对象，并且是自动提示的（无须外部刺激便可产生）。生成性是许多种意义的特性，而不是符号。但是，工具和其他许多技能的使用在哪些情况下是"传播的"，以及它们以哪种方式拥有指称和代表无数的对象，这些还并不明晰。

唐纳德（Donald 1991：172）在介绍"交流性"作为模仿的标准之后，接着说道："模仿的源头可能不是作为交流的方式，而可能起源于不同的再生性记忆的方式，比如制作工具，本质上说模仿行动通常是公众的，并且天生具有交流的潜力。"这与作为符号的模仿非常不同，后者能通过一个行为者向特定的公众展示他的行为来表示；这甚至与孩子的象征性游戏不同，这个游戏必须能面向其他孩子且与他们分享。我们这里所说的是，首先从一个类型符中提取一个个别符，这个类型符假设把其他的个别符看作一种表演，也就是被注视的东西（在索内松［Sonesson 2000d］那里被称为"表演功能"）；其次是认识工具行为，这不是指向公众的，但可以对外公开（表4-2）。使用工具确实需要将典型特性与此时此地的单一行为分开，即相关性。为了学习使用工具，你至少应该能够将那些应该被模仿

---

① 让人好奇的是，唐纳德（1991：170）称他关于模仿的观点来源于文学理论家埃里克·奥尔巴赫（Erich Auerbach），后者用这个标题写下了现实主义文学史。如果用古人对于模仿这个词的理解，可能更适合，模仿或许并不像柏拉图所说的，是用来描述感知现实和思想世界的关系的，而是像亚里士多德所说的，模仿这一术语的用法之一是作为行动的再现，而不同于（口头）叙述。关于"模仿"的完全不同的意义，请参阅马南 2003。

的特性与那些无用的特性分隔开来。然而，即使可以观察到这种模仿行动，它也不是观察目的的一部分。在舞台上用行为完成模仿的例子是完全不同的。当表演"哈姆雷特"部分的演员举起"可怜的约里克"的头骨时，他的行动不仅仅在模仿丹麦文艺复兴时期那个叫这个名字的人，而且也将这种行动以一种引人注目的行动表现出来（参见 Sonesson，2000d）①。儿童的象征性游戏也许可以被认为是某种中间的情况，因为其引人注目的特征不是最终目标，而只是它使得游戏功能成为游戏；事实上，这不是有意提供给不参与游戏的人的表演。

从上面的例子应该可以清楚地看出，工具的使用和上文提到的其他种类的技能并不是严格的模仿，因为根据唐纳德自己的标准，虽然它们是"公众的"，但是它们不是传播的，这就是为什么它们让自己向模仿靠拢，这导致了工具的使用和技能在社会中的普遍性。这是它们与日常行为和程序记忆不同的地方，它们在社会上是共享的，它们构成了一个学习的过程。但是只有在行为可以从独特的工具使用者中分离并转移到另一个使用者时才是可能的。也就是说，为了能从另一个个别符中被识别，作为个别符的行动必须抽象为一个类型符。被共享的东西是类型符，换句话说，被共享的是解释的体系，它定义了相关性的原则（在这个情况下，挑选出对象特性的规则被映射到另一个对象中）。在这个意义上（不是在指称意义上），单一的模仿行动可能对应各种事件。

表 4 - 2　模仿这一术语在不同意义上是有区别的，特别是模仿作为一个行为
（过程）把个别符从类型符中分离出来，模仿作为一个符号，
取决于表现与内容之间的区别

	模仿	作为学习的模仿（从个别符中提取类型符）	象征性游戏（表达/内容）	逢场作戏（表达/内容）
	实例化行为中的类型符	从一个或者几个（新奇的）个别符行为中提取一个类型符	再现一个行为的类型符，或者可能是时间和空间范围外的个别符	在时间和空间中再现个体行为

①　正如其他地方一样，在这里我从接收者和/或解释者的观点来考虑符号。当然，演员的经验是另外一个问题（正如艾斯特·沃苏［Ester Vosu］所指出的那样）。

续表

	模仿	作为学习的模仿 （从个别符中提取类型符）	象征性游戏 （表达/内容）	逢场作戏 （表达/内容）
直接	使用典型方法来实现钉钉子的类型符	观察钉钉子的动作（第一个个别符）从钉钉子过程中抽取类型符（第一个个别符）了解母亲方的典型行为	此时此刻创造一个哈姆雷特的外观并且做哈姆雷特做的事	
间接	以钉钉子做类型符行为	提取钉钉子的类型符	做母亲常常对孩子做的事情	做文艺复兴时哈姆雷特在埃尔西诺做的事
	作为行动的模仿——个别符 vs 类型符		作为符号的模仿——表达 vs 内容	

因此，通过模仿，"意识控制"就可以"扩展到行为范围"（Donald 2001：261）。但在这种情况下，模仿行为本身并不是符号。如果我看到有人用石头作为工具敲破坚果壳，我可能会做同样的事情，我不是为了思考我观察到的其他人的行动，而是为了获得同样的效果。我试图做与他同样的行动，就是打开壳，把坚果拿出来吃。我没有创造一个非主题化但直接给出的表达，这种表达涉及一个主题化但间接给出的内容，在开坚果壳所包含的行为类型中，我发现了一个新的例子①。就像托马塞洛（Tomasello）的猿一样，当然，如果不采取适当的手段来取得同样的效果，就会产生模仿的失败行为。或者，我只模拟开壳的外部动作，而不让它们在物理环境中获得足够印象，在这种情况下，我要么是在做象征性游戏，要么是在逢场作戏，或只是练习动作。正如唐纳德个体传播所表明的那样，虽然在学习意义上作为符号的模仿来自自由模仿，但最有可能的是，一旦模仿实现，这类符号功能是作为奖励出现的，至少在现象学上，这两种意义上的模仿是截然不同的。

小　结

我试图在本文中阐明像似性和像似符的一些重要但通常未被考虑的特

---

① 正如马南所观察到的，比较心理学可能将这些行动描述为"刺激增强"的结果。然而，在平常的生活中，没有人会让我们关注特定的刺激，所以我们必须自己关注，这就是相关性（即类型符和个别符的区别）是模仿的先决条件的原因。正如许多实验所表明的那样，在实践中，要做出这样的区分并不是那么容易的。见索内松、兹拉特夫。

性。首先，我认为如果符号要在理论发展和实证基础的符号学中有任何用处，它就需要一个定义，这个定义须比索绪尔或皮尔斯传统所给出的定义更加具体和明确。我与皮尔斯后期的观点一致，他所有的术语都太狭隘，我选择通过从未被索绪尔定义为好的符号的例子，来开放符号过程，这意味着图像和（至少有一些）手势也是符号，但是很多其他现象通常被认为不是如此，例如感知和接近感知的其他含义。我们必须求助于想象力中的现象学变体，以便得出一个具体的符号概念，但事实上，虽然胡塞尔本人确实为我们提供了聚焦和直接的标准，但是作为一个"难以发觉"的现象学家，皮亚杰发现了一个更为基本的特性，即上文胡塞尔所预设的区分的特性。一旦符号被像似性、指示性和（在稍微不同的独立性意义上）规约性等特性单独定义，以及一旦像似的、指示的和规约的基础被证明可以在直接经验中找到，且与符号功能相结合，皮尔斯的观点就可能会被调整，而不会在充满所有像似性的夜晚中迷失，在这样的夜晚中，拟态和模拟表演以及其间的一切都无法分开。

在论文的第二部分，我讨论了符号中像似性可能在符号中呈现的两种方式——要么作为符号的条件，要么作为符号的结果，从而分别产生了初始的和次生的像似符。就初始像似符而言，我们将先前被称为相似性的感知，而后注定要变成表达和内容的概念作为假定符号关系的原因，如果不是如此，符号关系是没有其他理据性的，或者至少在没有相似性感知的情况下，它是没有充分的理据性的。相反，只有符号被认为是相关的时候，次生像似符才能使得表达与内容之间的相似性被感知，这要么是因为有太多不同的东西存在这种相似性以至于这种特殊的相似性没有办法被识别，要么是因为没有符号关系，这个问题中的事物不会被视为符号，而是作为对象本身。在最初定义的视觉像似性领域，真实的图片能从图示猜谜、身份符号以及相似的意义中区分出来，这种区分已被证明是非常有用的。毫无疑问，这种区分非常具有启发性，但是就其本身肯定是不够的，因为一旦仔细观察，我们就会意识到，在初始和次生像似符之间存在许多中间情况，是不能用现在定义的区分所说明的。而且，除了基于声音的语言像似性之外，语言像似性似乎只是次级的，这就意味着这一区别在这个领域没有多大的用处。

　　在第三部分中，从生物意义上来说，拟态以及其他一些现象，如雕像和稻草人，与真实的符号是有区别的，因为在解释者对于它们的认识这一部分，它们与符号是不同的。与此同时，从唐纳德的模仿概念出发，模仿被分为不同的种类，其中一类是学习，假设从一个个别符中提取一个类型符，从而成为符号的先兆；而另一类是符号，这是在哑剧和戏剧中出现的情况。然而，这个区别需要进一步阐明。像似性显然是一种多样化的现象，需要更多进一步的研究来理解其多种表现形式。我们当然不应急于宣布完成了像似理论。但是，我相信，如果要弄清楚这种差异，我们确实需要一个统一的解释方案，虽然这可能不是一个等级方案。

下　篇

文化、传播与演化
Culture, Communication and Evolution

V. 生活世界：文化的认知符号学

梅林/译　薛晨/校

摘要：

　　人类的特性在进化中显现，并反映在人类的大脑和身体中。然而，默林·唐纳德（Merlin Donald 1991, 2001）的研究表明，这个部分使得人类在发展历史上区别于其他的动物，它们的传输不是像基因组那般从一个身体到另一个身体，而是至少部分地使用外部存储设备的媒介物（唐纳德所谓"外程序 [exograms]" [参见 Donald 2010]，从心灵到心灵的传输。与儿童的发展类似，我们可以推测，人类的历史是一种通用的自展[1]机制（all - purpose bootstrapping mechanism）（参见 Tomasello 2008）。然而，这一过程的细节尚不清楚。正如我们在这里所理解的，历史不只是战争贩子的历史，也不只是政治或统计数字的历史。它是思考及由此产生的东西的历史。为了明确什么是人类历史特有的，我们需要采用认知符号学的方法，这是一个集认知科学和符号学于一体的新领域。本文的目的是引入一个深受胡塞尔现象学启发的、在隆德大学培养的认知符号学的特殊的版本，并将之与唐纳德提出的进化模式相联系，进而形成一个比在文化符号学中习惯使用的文化模式更加厚重的历史方法[2]。

---

① 译者注：自生过程，自持续过程。
② 作者尤其想感谢贡纳·桑丁和乔丹·兹拉特夫（Gunnar Sandin & Jordan Zlatev）为本章所做的非常详尽的评论。

一 生活世界的描画

由于认知符号学是由隆德学派构想出来的，实现它的基本工具是现象学方法，埃德蒙·胡塞尔（Edmund Husserl）最彻底地发展了这种方法。当我在其他地方为认知符号学（Sonesson 2013c）的实验方法辩护时，我认为现象学，既是建立一个适当的实验情境必要先决条件，又是通过把它与我们所生活的常识世界——生活世界（Lifeworld）联系起来理解结果的必要先决条件（见 1.2 节）。然而，在文化、历史和进化的层级上，实验的方法的作用相当有限。这就是为什么现象学变得越来越重要的原因，它是一种获得人类生活中不变结构的描述的方法，这种不变不仅仅是我们共同的生活世界中的不变结构，而且是不同的特殊社会文化生活世界中被实例化的不变因素。正是通过引入生活世界的现象学概念，我们才得以能够为可能的生活世界的类型学提供一种路径，这种路径位于所有人共同的生活世界，以及特定文化成员的特定描绘之间。

1. 胡塞尔现象学与皮尔斯现象学

现象学是一种描述的方法。现象学的方法是基于这样一个事实：在正常的事件过程中，（至少是人类）意识所能获得的一切，都作为意识之外的东西呈现在这个意识中。意识是对某种事物的意识——而这种事物是（被经验为存在）在意识之外的。在布伦塔诺 – 胡塞尔（Brentano – Husserl）的传统中，这就是所谓"意向性"（intentionality）：意识的内容内在于意识，"正如"它们精确地外在于意识一样。因此，我们可以把意识流中的一个特定阶段描述为一种行为，在这种行为中，意识之外的事物成为我们全神贯注的对象。在完成这样的行为时，我们被导向意识之外的事物。然而，我们在运用现象学的时候，我们实际上是把注意力转向了内部：主题并不是外在的对象，而是意识行为本身。这就是胡塞尔所谓"现象学还原"（phenomenological reduction）。胡塞尔的现象学里面还有一切其他的方法论环节，比如"悬置"（epoché）：对意识行为所研究的对象是否直接存在的悬置，以及"本质还原"（eidetic reduction），将每个特定行为指向普遍结构而不是指向个体特征。为了达到这种程度的普遍性，我们必须在想象中经历自由变化，也被称为"观念化"（ideation），通过这种方式我们改变意识行为中的不同属性，为了能决定哪些属性对于获义来说是必需的，哪些属性是可以省略的。像胡塞尔一样，如果我们从感知开始，我们可能想要改变感知立方体的不同方式。确实有许多感知行为仍然是对立方体的感知，甚至更具体地说，是对同一立方体的感知。当然，最值得注意是，这个立方体可以从不同的侧面、不同的角度，或从窥视孔被看到，诸如此类。

尽管胡塞尔经常使用像"本质直观"（Wesensschau）这样的术语，但在一个给定的单一的实例中，现象学的结果并没有以任何形式的启示（revelation）呈现出来。相反，现象学方法假定完成了一项艰巨的工作，这项工作必须一遍又一遍地进行，以确定可靠的结果。至少在实际操作中，胡塞尔是这样做的：从他去世后出版的《胡塞尔全集》可以看出，他费力地一遍又一遍重复检查着同样的描述和变化，但是从来没有对结果完全满意过。一些早期的现象学家，比如阿尔弗雷德·舒兹（Alfred Schütz 1974［1932］, 1962-1966），莫里斯·梅洛-庞蒂（Maurice Merleau-Ponty 1945）和阿伦·古尔维奇（Aron Gurwitsch 1957, 1974, 1985），以及一些近来的现象学家，如罗伯特·索科拉夫斯基（Robert Sokolowski 1974, 2000），约翰·德拉蒙德（John Drummond 1990），艾杜德·马尔巴赫（Eduard Marbach 1993）以及埃文·汤普森（Evan Thompson 2007），对胡塞尔的一些艰苦的分析进行了检查，发现了感知（perception）、意识领域（the field of consciousness）和具身性（embodiment）的新事实。的确，在所有的科学努力中，现象学方法的结果总是暂时的。这就是胡塞尔所谓的另一个相当误导人的术语："明证性"（Evidenz）。

查尔斯·桑德斯·皮尔斯（Charles Sanders Peirce 1998, vol. 2：259）同样将现象学（后来重新定义为显象学［phaneroscopy］）定义为科学的一个特定分支，它"确定和研究在显象（phaneron）中呈现出来的普遍存在的各种元素"，指通过显象在任何时候以任何方式在头脑中存在的任何东西。研究胡塞尔和皮尔斯的专家对他们各自的现象学概念有多少共同之处有不同的看法，但是，如果你用皮尔斯给出的"显象"定义来代替"现象"，这也可以成为胡塞尔现象学的定义。正如我在别处所论证的那样，上面列出的所有不同的现象学操作，如悬置、观念化等，都可以在皮尔斯的方法中被识别出来，尽管他并没有为它们命名（参见 Sonesson 2009b，2013）。皮尔斯还重申了任何现象学追求的暂时特征，他指出（可能是无限的）解释项（interpretants）的序列，其最终的解释项可能永远也达不到。然而，皮尔斯现象学和胡塞尔现象学有一个明显的不同之处，那就是皮尔斯的现象学是一种探索第一性（Firstness）、第二性（Secondness）、第三性（Thirdness）三类范畴的方法，而胡塞尔的现象学以不带任何预设（presuppositions）为特点。从这个意义上说，皮尔斯的现象学只是胡塞尔观念化运作的众多可能结果之一。

2. 作为朴素物理学加上民间心理学的生活世界

胡塞尔提出了"生活世界"（Lebenswelt）来解释自然科学模式（model）构建的基础，将生活世界这个概念作为模型研究和转化的首要对象，以及作为科学家们完成他们的工作所处的常识世界（commonsense world）。事实上，你不能把加速器（accelerator）当作电子束自身的同时将它作为研究电子的工具。胡塞尔的学生，如舒茨、梅洛－庞蒂、古尔维奇和赫伯特－马尔库塞，对生活世界概念的功能进行了相当大的扩展（这种扩展不是对其意义的），并用它来解释社会现实本身。我们尤其要感谢舒茨，将生活世界描述为"理所当然的世界"（the world taken for granted）。皮尔斯（1998，vol. 2：478）所描述的"共同心灵"（commens）似乎是共享假定（shared assumptions）的一个相似领域。当心理学家詹姆斯·吉布森（James Gibson）提出"生态物理学"（ecological physics）的假设用以解释直接感知的可能性时，旧派的结构主义学家们不得不假设复杂的计算，虽然吉布森在他的著作中没有明确地提到胡塞尔，但他经常使用相同的短语和例子。A. J. 格雷马斯（Algirdas Julien Greimas）肯定是通过梅洛－庞蒂，并从胡塞尔的观念中提出了自然世界的符号学的概念。从英国经验主义者到牛津学派，常识（common sense）一直是盎格鲁－撒克逊哲学的基础。然而最终，就连这一传统也开始认识到胡塞尔所谓当代自然科学与我们的经验世界之间的鸿沟，并假设"朴素物理学"（naive physics）和"民间心理学"（folk psychology），这两者结合在一起似乎构成了生活世界。从更一般的意义上说，约翰·R. 塞尔（John R. Searle 1995：127）所称的

"背景"（background）似乎也与生活世界相对应，如果塞尔对他的平行关系是正确的，维特根斯坦（Ludwig Wittgenstein）和布尔迪厄（Pierre Bourdieu）所写的许多东西也是如此。从另一个很不一样的传统出发，雅各布·冯·尤克斯库尔（Jakob von Uexküll）引入了"环境界"（Umwelt）的概念作为一种动物所认为理所当然的世界——不过当然，在更深的意义上，蜱虫及其亲属根本没有把任何事物视为理所当然的选择。

生活世界的一个基本属性是，其中的一切都是以主体相对（subjective - relative）的方式给定的。这意味着任何一种事物总是会从某种角度被感知，这是一种让物体的一部分成为注意力中心的视角。吉布森观察到，无论我们是从侧面、上面还是正面等角度看一只猫，我们看到的总是同样的一只猫。对于胡塞尔来说，这种看一个部分而推知其整体的现象与"以此类推原则"（etc. principle）有关，我们的知识能在任何一点上把骰子翻转过来，或者绕着房子转一圈，看看另一面。这个原则适用于类似世界的时间和空间组织。在时间中，它解释了我们的期望，在每一个时刻，生命都会继续，或者某些东西会改变，或者一些更确定的事实，比如有一定数量的眼睛盯着隐藏的侧面（"延伸"［protensions］），就像我们知道我们存在于眼前的那一刻一样，骰子也存在，也许我们还记得我们之前见过的骰子的侧面，以及骰子出现的背景（"滞留"［retentions］）。

生活世界中遇到的每一件特殊的事物都被称为一般类型（general type）。根据舒茨的说法，除了家庭成员和亲密的朋友，其他人几乎完全被他们所归属的类型所定义，我们期望他们的行为也与之相符。与类型化（typifications）密切相关的概念是惯常性（regularities），它存在于生活世界中，或者如胡塞尔所说，是"事物的典型行为方式"。吉布森（Gibson 1982：217）提出的许多被魔法所反抗的"生态物理学定律"（laws of ecological physics），都是这样的"暗含惯常性"：比如实体物倾向于持续存在；比如主要表面（major surfaces）在布局（layout）上几乎是永久的，但是有生命的物体随着它们的成长或移动而改变；比如有些物体，像蓓蕾和蛹的变化，但是没有一个物体被转化成一个我们称为完全不同的物体，比如青蛙变成王子那样；比如只有从一种物质中才能产生出实体；比如一个巨大的分离的物体必须停在一个水平的支撑面上；比如一个固体物体不能穿透另一个固体表面而不破坏它，等等。很明显，这些规律中的许多在今天的物理学中已经不存在了，但是它们对于人类环境的维系是必要的。

吉布森所关注的不仅是胡塞尔，还包括被视为理所当然的世界的一般背景（general background）。在几百万年的进化史上，所有动物的"陆地环境（terrestrial environment）"都具有某些简单的不变量，如土地在"下面"，空气在"空中"，"水在地下"（Gibson 1966：8）。地面是水平的、坚硬的，是支撑的表面，而空气是不抵抗的，是运动的空间，也是呼吸的媒介，是偶尔的气味和声音的载体，而且空气在白天对事物的视觉形状是透明的。整体而言，固体的陆地环境是褶皱的，而且在不同的层次上，由山峰和山丘、树木和其他植被、石头和树枝构成，同时也由晶体和植物细胞等物质构成。观察者自身以环境的刚性和他与地心引力的关系所造成的后果作为基础。

它们的"存在"（being）的概念，除了所有可能生活世界的一般不变量（general invariants）之外，还有特定的社会文化生活世界的更加特殊的不变量，这是古尔维奇（Gurwitsch 1974）首先用这些术语来表达的。在一般生活世界和这种特殊的社会文化生活世界之间，我们将放置"自我"文化（Ego - culture）、"他者"文化（Alter - culture）和"异"文化（Alius - culture）的中度典型化（middle - range typifications）于之中。

3. 认知科学的预期

在当代认知科学中，一些新命名的观点实际上已经在埃德蒙·胡塞尔（以及康德［Kant］、恩斯特·卡西尔［Ernst Cassirer］等）的现象学中用其他术语表述出来了，随后被诸如舒茨、梅洛 - 庞蒂和古尔维奇之类的现象学家所阐述：首先，根据具身心智（embodied mind）（Varela, Thompson & Rosch 1991；Krois 2007；Thompson 2009）的观点，我们依赖身体一起思考。心智没有从身体之中脱离出来。这个想法在胡塞尔后来的作品中有很多体现，在梅洛 - 庞蒂的作品中更广为人知，有趣的是，梅洛 - 庞蒂是卢万市胡塞尔档案馆早期刻苦钻研的学生之一。"情境认知"（situated cognition）理论认为我们的认知过程并不仅仅存在于我们的大脑中。在推动安迪·克拉克和大卫·查尔默斯（Andy Clark & David Chalmers 1998）所称的"延展心智"（extended mind）的认知过程中，环境起着积极的作用。

在胡塞尔的作品中，它被呈现为生活世界的概念，这个世界被认为是理所当然的，这个概念由古尔维奇扩大到多个不同的社会文化生活世界。对此，我们可以加上所谓的"分布式认知"（distributed cognition）（Hutchins 1995）：我们正在使用我们的环境和工具来增强思维，并把我们的想法和记忆放在物体——书、电脑等——里面。胡塞尔首先在他的几何学起源的研究中提出了这个观点。在符号学中，它在布拉格和塔尔图学派的模式中发挥了重要作用。然而，从符号学的角度来看，我们将尤其接受塔尔图学派首先提出的文化符号学（semiotics of culture）的观点。但是我们将把历史作为进化的延续（continuation）加入这个模型中，这是默林·唐纳德（Merlin Donald）首次提出的，他也可能会被符号学和认知科学所认同。

二 深入生活世界：从我群世界（Homeworld）到异世界（Alienworld）

> 我一直认为一小部分人将世界分成两种极不平衡的类别（他们自己对其他所有）这种行为很奇怪（这让人联想到傲慢或狭隘）——然后把大类别定义为里面没有小类别，就像我祖母对"智人"的分类：犹太人和非犹太人。（Gould 2000a：129）

所有的人都生活在适应人类生活的生态位（niche）中。这种生态位——如果从地理和生态的角度来看——似乎越来越多地与世界上许多地方的城市联系在一起。有两种解释生态位概念的主要方法。它可能仅仅是一种物理环境，在这种物理环境中，某一物种的生命产生并适应于这种环境。但也可能是适应了一个特定物种的生活的物理环境（参见 Jablonka & Lamb 2005；Sterelny & Griffiths 1999：268 ff.）。后面这种解释符合尤克斯库尔（Uexküll 1983［1934］）首先提出的环境界（Umwelt）的概念。在这个概念中，是感觉器官以及动物身体的某些部分可能引起环境的变化，用尤克斯库尔的话说，是感觉和效果的器官定义了环境界。因此，根据一个著名的例子，蜱的物理环境与人类和其他哺乳动物有部分重叠，但蜱的环境界中没有哺乳动物。它们的环境界里只有丁酸、温度和毛发。要描述人类（以及其他一些灵长类动物）经历的更为自由的世界，我们需要另一个术语，因此我们将采用一个源自胡塞尔现象学的术语：生活世界（Life-world）。这是一个由事物、人、太阳的升落（正如胡塞尔和吉布森所说过的那样）组成的世界，而不是由细胞、原子和黑洞组成的世界。

1. 最初的塔尔图学派的进路

在下文中，由塔尔图学派（Lotman et al. 1975）最先提出的文化符号学，将被重构为不同种类生活世界的类型学（typology）。但是，在完成这一任务之前，我必须阐明从阅读塔尔图学派的论文中得出的两个观点，这两点在原文中可能并不突出：这个模式不是关于文化"本身"，而是关于一个文化的模式成员是如何构成他们的文化的；而且这个模式本身更多地涉及文化"之间"的关系（以及亚文化、文化领域等），而不是文化的独特性。这并不是说文化模式很容易成为文化因素；因此，举例来说，那些坚持认为当代文化是信息社会和/或地球村的人肯定对实现这一转变做出了贡献。塔尔图学派的模式在许多文本中都有不同的描述，其中一些是由尤里·洛特曼和鲍里斯·乌斯宾斯基（Boris Uspensky）共同撰写的，还有一些涉及其他作者（参见 Lotman & Uspensky 1971，1976；Lotman et al. 1977；Lucid 1977；Shukman 1984）。尽管洛特曼的晚期著作《思维世界》（*Universe of the Mind*，1990）没有对这个理论进行全面的阐述，但它的要素必须从许多文本中收集起来。[①]

在下文中，我将用两个分别代表文化（Culture）和自然（Nature）的相互重叠的方形的图示来展示塔尔图模式，这两个方形由不同的箭头连接在一起，代表着文本（texts）和非文本（non‒texts）的包含（inclusion）和排除（exclusion）（见图 5‒1）。当然，这个模式过于简单，以至于不能完全符合塔尔图学派的概念：事实上，它只能解释他们文章中给出的例子的一部分。另一方面，这个模式比塔尔图学派所推断的模式意义更加深远：正如我们将在本文其余部分看到的，它是一种简化的相似性，在与现实世界的新例子的对抗中，它将不断地被修改。

---

① 后一本书引入了"符号域"（semiosphere）一词，它在某种程度上明显对应于文化的概念，但与此同时它又有一些其他用途，这使得它在本文中对我们没有多大用处。

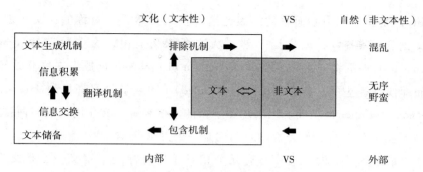

图 5-1 可以从塔尔图学派的文章中推断出的标准模式
（在索内松 2000 年文章的中有解释）

　　我此后将称之为"标准模式"（Canonical model），它是建立在自然与文化的对立之上的，这两个概念通过这种对立而被"构成"，在语言结构主义的古典意义上，即通过相互定义（mutually defining）来建立。然而，模式中存在着一个基本的不对称性：自然是通过文化的视角来定义的，反之则不然。根据标准模式，每一种文化都把自身设想为秩序（Order），而与外部的东西相对，这些外部的东西被视作混乱（Chaos）、无序（Disorder）和野蛮（Barbarism），换句话说，作为与文化相对的自然。在两个方面，塔尔图学派的文化模式令人好奇地让人联想到"空间关系学"模式（proxemic model），该模型描述了距离是如何变得具有社会意义的，从或多或少的私人到或多或少的公共距离（Hall 1966）：首先，这两个模式都是相对于一个中心，一个"起源"（origo），在文化模式中处于他/她自己的文化中，在空间关系模式中处于他/她自己的身体中，也就是像胡塞尔的生活世界一样，它们是"主体相对的"（subjective – relative）；其次，两种模型定义的类别都赋予了对象某种意义，因为它们僭越了边界，在文化模式中，边界位于我们自己的文化和其他文化之间，在空间关系模式中，边界位于以身体为中心的不同的空间之间。尽管在塔尔图学派的方法中，这一特征肯定是相当含蓄的，但这意味着文化模式总是以自我为中心的（ego – centric）：文化始终是从"自我"（Ego）的角度来看的文化。

　　只有这样，我们才能理解，在文化划分的一边的"文本"（text），在边界的另一边变成了"非文本"（non – text），反之亦然。"文本性"（Textuality）是相对于中心而言的。因此这种模式必然是不对称的：文化定义了文化和"自然"，反之则不然。从这个意义上说，大多数"非文本"（non‐texts）都将被排除机制（mechanism of exclusion）放置在文化之外，然而即便是有些可以被"翻译"（translated），也会被"翻译机制"（mech-anismof translation）扭曲。用塔尔图学派的术语来说，文化内部的东西被认为是"文本"本身，而外部的东西则是一个"非文本"。①

在塔尔图学派的论文中，有几个相互矛盾的标准来定义什么是文本，以及什么是文化（因为文本性是文化内部的东西），这些标准并不总是一致的。的确，正如我在其他文章中提到的一样（Sonesson 1998c），在塔尔图模式中，许多不同的标准被用来区分文本和非文本（如意义、顺序、易解释性、显著性、价值等）。为了尽可能减少包含和排除的标准，我的结论是，从一个角度来看，非文本是不可能理解的，但是，从另一个角度来看，我们并不关心非文本，因为我们对它并不熟悉，或者因为我们没有赋予它任何价值。通常这两个标准并不同时出现，就像那些神圣的语言（拉丁语、希伯来语等）一样，在某些历史时刻，这两种语言被赋予了极高的价值，但它们很难理解。

这表明了标准模式过于简单的一个方面：文本与非文本（外文本、中心文本等）之间的界限常常会因使用不同的标准而不同，这意味着文化与非文化（外文化、中心等）之间的界限也会不同：标准模式就是为所有这些不同的对立绘制出相同的边界（参见 Sonesson 1998c）。因此，如果用塔尔图学派给出的一个例子，彼得大帝想要效仿西方文化，从价值的角度出发，他会实行"反转模式"（inverted model），把自我投射到过去，从理解（以及地理情境性［geographical situatedness］）的角度出发，他自身的原始文化会被贬值为非文化②。从 20 世纪开始，一个更常见的模式是，许多文化中的人们努力模仿他们所认为的美国文化。同样，从价值观的角度来看，美国对他们来说是一种文化，尽管从熟悉度的角度来看，他们成长的文化通常就是他们的文化。

---

① 因此产生了图 5‐1 和 5‐2 中的"文本性"和"非文本性"概念。
② 我指的是塔尔图学派所使用的彼得大帝的例子，事实上，彼得的西方价值观似乎并没有走多远（参见 Israel 2006：195‐216）。

　　只要我们从标准模式的角度来思考，自然就会包含其他的文化，而不是被文化模式所认可。这很容易在绝大多数传统文化中看出，甚至编码在它们的语言中：墨西哥至今仍在使用的玛雅语言之一，Huesteco，只有一个词"uinic"用来形容"人类"和"Huesteco语言的使用者"。事实上，众所周知，对于希腊人来说，野蛮人是那些不会说希腊语的人：那些喋喋不休的人，即他们发出的声音不仅没有意义，甚至缺乏组织；阿兹特克人对那些不讲纳瓦特语（Nahuatl）的人也有同样的看法，"popoluca"（参见Sonesson 2000）。但是，除了这些文化中的语言遗迹之外，这些文化再也无法捍卫自己的中心地位（比如玛雅的Huesteco，在一个以西班牙语为主的社会中，说这种语言的人如今已沦为贫穷的农民），规范模式的统治地位也在对传统社会的民族学研究中得到了证明，其中许多只是历史上可以挽回的，但在一些最近（通过我们称为全球化的社会）才"接触"到的社会中也很明显，比如新几内亚最深处的那些社会。正如贾雷德·戴蒙德（Jared Diamond 2012：49 ff.）所观察到的，在传统社会中"'朋友'（friends）是你自己族群或者村庄的成员，或者刚好和你的族群处于友好地位的邻近的族群和村庄，'敌人（Enemies）'是刚好和你的族群处于敌对地位的邻近的族群和村庄的成员"。

　　正如他接着说的，第三类，"陌生人"（strangers），是你不太了解的人，为了安全起见，最好把他融入'敌人'的范畴①。然而，如果认为在当代文化、亚文化和文化域之间的关系中仍然没有类似的机制，那就太天真了。另一方面，很明显，标准模式太过简单，无法解释现今我们与其他文化之间的所有关系。

　　然而，还有一种方式说明了标准模式不足以解释我们与其他文化之间的关系。对于一种文化里的一个主体来说，即便是不用成为"其中"的一部分，设想出其他社会、文化域，或者任何可以被称为"一个"文化的东西都是可能的。换句话说，"陌生人"有时候不是"敌人"。因此，我们可

---

①　正如戴蒙德（2012：79 ff.）所言，战争实际上在传统社会中是普遍存在的，这与许多学者常说的把这种战争归咎于帝国主义的影响相反。这种解释特别值得注意，因为戴蒙德（2012：173 ff.）表明，在许多其他方面，传统社会可能找到了当代世界文化中存在的问题更好的解决办法。

以想象一种文化不仅与非文化（Non - culture）（或自然）相对，而且与另
文化（Extra - culture）相对的模式。后一个词在一些塔尔图学派的文本中
被提到，但没有给出任何系统的意义。在他对塔尔图模式的扩展中，罗
兰·波斯纳（Roland Posner 1989）就符号化的程度而言提出了区分，从非
文化的零度（zero degree）上升到外文化的程度增加，甚至是文化的程度
增加，在文化中达到中心（相对于边缘）的最高度（maximum degree）的
符号化。这种解决办法之所以不能令人满意，有几个原因，其中最重要的
一个原因是，在目前的背景下，文化类型之间的区别在本质上是定性的，
而不是定量的（参见 Sonesson 2000，2012a）。

2. 我群世界和异世界（homeworld 与 alienworld）的双重方面

胡塞尔强调，生活世界是一个相对的世界——相对的，对于一个（类
别的）主体。即便是环境界（urnwelt）都是相对于动物种群这一类主体。
然而，胡塞尔接着说，生活世界的结构本身并不是相对的。它们存在于每
个社会文化生活世界中。当胡塞尔第一次提到生活世界结构的普遍性（u-
niversality）时，他显然是在考虑时间（temporal）和空间（spatial）的限
制：时间中的每一个点都嵌入了一系列早期的时刻（滞留）和即将到来的
时刻（延伸）；我们总是从一个特定的角度来看待一件事物，然而我们所
看到的是事物，不是我们的视角。尽管如此，在其逝世之后出版的作品
中，胡塞尔指出了另一种这样的普遍结构，我们对此特别感兴趣："我群
世界"（homeworld）和"异世界"（alienworld）的区别（由施泰因博克提
出 Steinbock 2003：296 ff.）。从这个意义上说，我群世界"不是处于其他
地方中的一个地方，而是一个由某种不对称的特权（asymmetrical privi-
lege）构成的具有规范地特殊地理历史场所"（如上），可以等同于一个家
庭或整个文化。不管哪种情况，其之外的世界就是他群世界。

基本上，这和符号学塔尔图学派提出的概念是一样的（见 1.2.1 节）。
胡塞尔和塔尔图学派的说法都过于简单了，至少在一个方面是这样的：用
胡塞尔的话来说，他们包含了他群世界的最小可能范围，就像那些孤立的
小群体的特征一样。根据索内松（Sonesson 2000）所谓"扩展模式"（ex-
tended model），事实上有两种异世界（图 5 - 3）。这里面有些人你认为他
们是与你不同但平等的，对于他们来说你仅仅是泛泛之交，这些人对你来

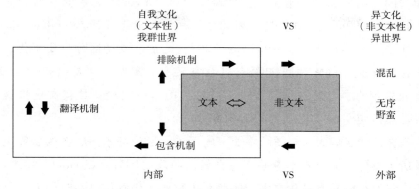

图 5 - 2 修正后的文化符号学的标准模式

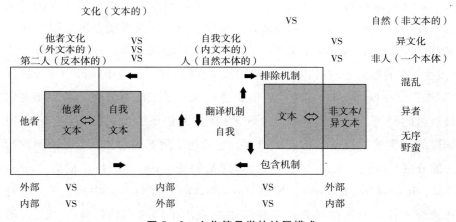

图 5 - 3 文化符号学的扩展模式

说是真正的他我（other egos）。他们代表了语法的第二人称，或者换句话说，他们是"他者"（alter）。还有一些你把它们当作事物，作为语法的第三人称，或者换句话说，作为"异者"（Alius）。在这个分析下，克里斯托弗·哥伦布是一个很好的例子，他将美洲大陆视为其他，因为他对待他所遇到的人与对待黄金、物种和其他物质资源一样，而埃尔南·科尔特斯（Hernan Cortes）① 则采取了他者的态度，因为他称呼当地人为人类，即使只是为了更好地欺骗他们。索内松（Sonesson 2000）采用了一个塔尔

———

① 译者注：入侵墨西哥的西班牙侵略者。

图学派的作品里面没有给出任何清晰定义的术语，将他者世界称为另文化（Extra‒culture），并维持了将异世界称为非文化（Non‒culture）。然而，在卡巴·雷代伊（Cabak Rédei 2007）之后，支持区分自我文化、他者文化和异文化的术语可能更有启发意义。事实上，这是这些由自我、他者和异者的中心位置所定义的"世界"的自然结论：自我文化只是从自我的角度定义的文化（Sonesson 2000）。

现在，让我们为这幅图画添加一些历史。尽管塔尔图学派的研究主要涉及历史事件，但模式本身并不包含任何明确的历时（diachronic）维度。然而，我们很容易将自我文化、他者文化和异文化看作是在时间而不是空间中分布的。解释学随后在现今的互动中将异者转化为他者的行为——类似于移情（或称同理心［empathy］）。如果我们考虑到胡塞尔所称的发生的（genetic）和生成的（generative）维度，历史的深度就会更加明显（参见 Welton 2000；Steinbock 1995）。在我们的经验中，每一个事物都有一个"发生"① 的维度：它是由把它与它的起源联系在一起的不同行为的分层或"沉淀"（sedimentation）所产生的，这就赋予了它的有效性，就像胡塞尔最著名的例子，几何学是从土地测量②的实践中衍生出来的那样。还有更深层的"生成"（generativity）维度，它适用于所有的对象，它是由不同行为的分层或沉淀产生的，这些行为可能是知觉（perception）、记忆（memory）、预期（anticipation）、想象（imagination）等行为。生成性③一词旨在唤起一代又一代的观念，以及每个人从出生到死亡的轨迹。因此，等同于西方（Occident）这个概念的文化，作为一种经验，从彼得大帝在西方国家的生活经历中生成，但从这个意义上说，这与他的生成性经验相反，因为他和其家族的许多早期的后代一样，出生在俄罗斯社会。同样地，美国是由以美国电影、音乐和其他工具的经验为 20 世纪的年轻一代所组成的，尽管与此同时，它们与他们出生的其他国家具有生成性的联系。

---

① 这个"发生"（genetic）的意义不应该与"遗传进化 genetic evolution"中的意义混淆。
② 这不能等同于把几何学简化为土地测量，在这种情况下，非欧几里得几何学是不可能的。
③ 不要和乔姆斯基的生成概念混淆。

3. 文化之间的传播

文化符号学实际上是关于传播事件（communicative events）的，不同文化在这些事件中相遇。当然，一些这样的事件（可能是正常的或规范的事件）可以被抽象到一个更一般的层次上，展示这些特殊文化之间的相遇通常是如何发生的。科尔特斯会见了第一批土著居民，科尔特斯下令摧毁特诺奇蒂特兰①所有的偶像，这两者文化的相遇不同。在前者中，他很明显把阿兹特克人当作他者，而在后者中把他们当作异者。因此，重要的是我们要考虑到传播情况的性质。

为了理解传播，无论是在文化之间，还是在一个单一的文化中，我们必须首先摒弃在符号学和媒介研究中都受到关注的传统的传播模式。媒介研究的传播模式认为传播基本上是由两个过程组成的——再编码（recoding）（从最一般的意义上说，从一个"符码"转移到另一个"符码"）和传输（transportation）（从一个空间到另一个地方），但是这些都不是传播发生的必要条件。所有种类的传播都在于将一件人工制品（artefact）呈现给另一个主体，并赋予他或她通过具体化（concretization）（参见 Sonesson 1999，2014）的方式将其转化为一种知觉的任务。这是对布拉格学派的主要人物让·穆卡洛夫斯基（Jan Mukařovský 1970）在 20 世纪 30 年代提出的艺术经验的模式的概括，但这种概括的可能性从一开始就被建立在模式中，因为它是基于埃德蒙德·胡塞尔的现象学——或者更确切地说，是他的追随者罗曼·英伽登（Roman Ingarden 1965［1931］）的现象学——但随后又增加了一个社会维度。

一件人工制品是由某个人制作的，它必须由另一个人经过一个具体化的过程将其转化为一件艺术作品（work of art）。这里用的术语具体化，不仅指罗曼·英伽登在作品中所呈现的一系列的"不定点"（places of indeterminacy），许多不定点是由个人对于作品解释而填补，而更确切地指布拉格学派和穆卡洛夫斯基强调接受者/观众对作品的积极而有规律的贡献，这种贡献往往发生在社会背景中。因为对于穆卡洛夫斯基（1970）来说，这是一种社会行为，创造人工制品的过程和感知它的过程都是由一套规范

---

① 译者注：阿兹特克帝国首都，即今墨西哥城城址。

（norms）决定的，这些规范可能是审美的（aesthetic）（在艺术作品中，它们将是主要的），但它们也可能是社会的（social）、心理的（psychological），等等。艺术作品就是违反这些规则的东西。不过穆拉洛夫斯基指出，这些规范可能是任何形式的，从简单的规律到书面的法律。我们可以得出结论，从常态（normalcy）到规范性（normativity）之间存在着连续性（continuum），而没有省去定性的划分。

根据布拉格学派的模式，所有解释的发生也依照着一个知识库（a pool of knowledge），这个知识库或多或少由发送者和接收者之间共享，并拥有两个主要的典型（incarnations）：在艺术作品创作规则的意义上，典型的艺术作品的集合以及标准（canon）的集合。这种知识库的双重方面可以从特殊的艺术案例推广到用以传播的任何人工制品。一方面，可以是一些典型的人工制品（exemplary artefacts），另一方面，也可以是解释图式（schemas of interpretation）。

这是一个在文化符号学的模式中投射传播模式的问题（见图 5 - 4）。在这个模式中，三种可能的文化中的任何一对都可能被带入到互相的传播中，占据其中的一个或另一个位置。当这种传播是通过口头语言（也可以是书面的或用符号表示的）进行时，我们称之为翻译（translation），或者如雅柯布森（1959）所说的"真正意义上的翻译"（translationproper）（参见 Sonesson 2014）。

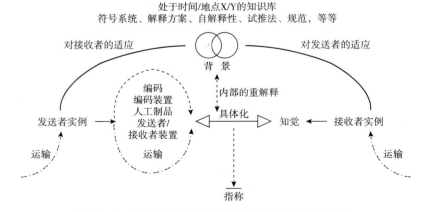

图 5 - 4　由索内松在 1999 年提出的整合布拉格学派
和塔尔图模式的传播模式

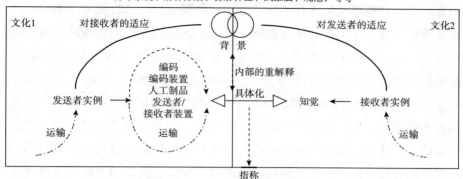

图 5-5 文化之间的传播（文化 1 可以是自我文化、他者文化或者异文化；
文化 2 可以是与 1 不同的任何文化）

三 历史的沿革

根据唐纳德的进化理论，我认为历史，包括文化的发展，就像生物演化一样，是解释今天人类特有的东西所必需的。一般说来，我相信也存在一个与儿童发展大致平行的进化序列，从情景文化（episodic culture）到模仿文化（mimetic culture），在这个阶段人类已经开始变得很特别，以及从神话文化（mythic culture）到理论文化（theoretic culture），这个阶段完全属于传统意义上的历史。在人类进化过程中建立的任何序列都一定是部分推测性的。尽管如此，我还是想在这里谈谈我的一些困惑，其中一些将会在本书的后面部分被重新提及。

1. 默林·唐纳德的进化模式

唐纳德认为"情景记忆"（episodic memory），即对单个情境的记忆，是人类与许多其他动物共有的东西。模仿记忆（mimetic memory），或者更确切地说是人类特有的模仿记忆形式，仅限于人类和他们的祖先，比如"匠人"（Homo ergaster）和/或"直立人"（Homo erectus）（见图 5-6）。另一方面，现代灵长类动物学表明，非人灵长类动物可能具有类似的能力（参见 Tomasello & Call 1997；de Waal 2006；Persson 2008；Chapter 2：Mimesis）。许多非凡的事情似乎发生在唐纳德称为的"模仿阶段"（mimetic stage）。在我看来，区分这些似乎很重要，不管它们中的一些是否正如唐纳德（2010）所认为的那样，在其他事物出现的时候"自然而然地出现"。首先是系统地使用工具，这当然需要某种模仿记忆（这可以被认为体现在四肢上）。如果工具的使用要在社群中流行起来，那么就必须进行模仿，而模仿似乎需要在给定"个别符"（token）的情况下识别出"类型符"（type）——或者，换句话说，将它从一系列情景中提取出来。因此，当看到有人使用锤子，这个行为是锤击的个别符，也是一种类型符，观察者必须从这个个体行为和其发生的特定的物理和理据环境中抽离出来，这就是产生个别符的因素。只有当你把锤击的行为作为一种类型符时，你才能把锤子的用法转到其他的背景中，这样就产生了第二个个别符，第三个个别符，等等。我们现在知道，非人灵长类动物使用工具的能力比近来人们认为的要强得多，但它们在转换模仿方面似乎出了名的糟糕——指的是在学习新行为方面，当然不是重复特定物种的行为方面。

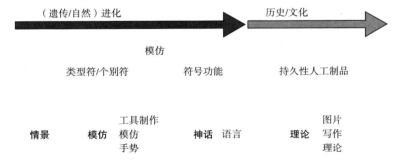

图 5-6　这是对唐纳德的进化阶段的一种表现，带有一些符号学上的启发

在这个意义上，不仅是模仿的意义模棱两可，而且手势（gesture）也显然不止于模仿。根据这个场景，在模仿阶段确实发生了一些非常根本的事情：符号功能（sign function）的出现。这就意味着，模仿不仅被用来将一种特定的个别符永久化为一种类型符，而且还可以表示一种特定的个别符，例如，第一个人使用石头进行锤打的事实。这不是说符号只能用来指代情景。相反，大多数符号似乎都是指代类型符，只有通过类型符才能指代情景。如果我们从最初的行为开始观察，我们就能更轻易地以不同方式观察到模仿学习（imitative learning）和与此行为关联的符号使用。你通过采用其他人使用的身体动作去调整身体钉钉子，是因为你自己想要用钉子

来固定物体，这在符号学意义上与模仿锤击的行为非常不同，因为你是想要说明这是如何做到的，或者给别人展示这是如何做的，或者通过锤击的行为传达一个人正在做事的观念。在第一种情况下，你的目的是为了把钉子钉到物体中。而第二种情况，你希望锤击钉子这个行为本身被看到。

当唐纳德声称这一切都是"自然而然地出现"的时候，他可能是想要表明它们在神经学上并不是完全不同的，然而，从文化自展（boot - strapping）的角度来看，似乎存在着差异使得它们不同。另一方面，唐纳德在允许他的图式的后期阶段影响早期阶段上表现得非常微妙，例如，叙述被认为是从语言中产生的，但同时也作为一种对模仿的回报行为。然而，在不预先判断这一问题的情况下，将与单个个体的模仿记忆、模仿产生的共享模仿记忆以及使用模仿记忆构造符号（适用于进一步的背景）相对应的不同层次分离开来是有用的。唐纳德的下一个阶段，"神话记忆"（mythic memory），对应于语言，因此已经需要使用符号的能力。唐纳德在这里选择了"神话（mythic）"一词，因为它涉及叙事的构建，毫无疑问，这个词最初是用来叙述神话的，而且唐纳德认为它至少是语言进化的原因之一。在这种情况下，语言似乎是一个极限的情况（limiting case）：语言的能力很可能起源于进化，但特定语言的发展是历史的一部分。可以猜测，人类语言的多样性，作为身份的标志，已经是人类特性的一部分，尽管我们现在知道，在非人类灵长类动物和鸟类的信号系统中发现的"方言"也可能因学习环境的不同而不同。

然而，正是在唐纳德所称的第四阶段—"理论文化"（theoretic culture）阶段，历史的观念形成了。根据唐纳德的观点，图片、写作和理论是这一阶段典型的三种人类产物。不过看起来，非人类的灵长类动物，甚至狗可能会被教会解释图片，其中一些已经学会使用一些特殊类型的写作（塑料模型、电脑键盘等）①。但它们中没有任何个体自己创作出任何图片或文字，更不用说发展出独立存在的理论。有人可能会反对说，可能有一些人类群体没有发展出图片的使用能力，当然也有一些人没有写作的能

---

① 或者手语——但如果这是一个问题的话，也是第三阶段的问题。

力。然而，这样的创造是在所有人类的发展潜力之内的，而且它们显然是构成今天人类意义的一部分。正是本着将认知和符号能力与特定行为的演变联系起来的这种精神，我们能表明在人类特性的历史发展阶段可以增加一些其他特征，例如城市生活。

2. 唐纳德模式的一些注释

根据唐纳德（Donald 1991：149）的观点，猿完全生活在"情景"记忆的范围内，这意味着"它们的生活完全处于当下并且作为一系列具体的情景，它们的记忆表征系统中的最高元素似乎位于事件表征（event representation）的层级"。完全活在当下似乎是一种简单的情况，但是如果这意味着一种把当下插入过去和未来之中的意识，它就已经是一种复杂的能力。的确，这需要胡塞尔所说的（对过去的）"滞留"和（对未来的）"延伸"。这与只活在当下非常不同，只活在当下并不反对过去和未来，就像我们期望的尤克斯库尔的蜱的例子那样。唐纳德无疑意识到了这一点，因为他把他的情景记忆特别归因于类人猿和人类祖先。但人们可能会认为，这一概念也属于前情景（pre-episodic）阶段（见 Sonesson 2015）。

它也与生活在一个发生—生成的视野（genetic – generative horizon）中非常不同，在这个视野中，过去、当下和未来被有意识地理解为传统或生活故事的一部分。恩德尔·托尔文（Endel Tulving）创造了"情景记忆（episodicmemory）"这个词，唐纳德（Donald 1991：150）也提到了这个概念，但托尔文似乎在思考更多类似的东西，因为他声称它允许"精神时间旅行（mentaltime travelling）"，它需要语言，而且它是人类独有的。毫无疑问，从那时起，研究动物行为的学者们就一直在努力证明，不仅类人猿，还有灌丛鸦，都有情景记忆的能力，尤其是有时间旅行的能力，因为它们能找到之前在不同的时间和地点隐藏的食物（见 Clayton & Dickinson 1998）。无论如何，这几乎不可能涉及托尔文所称的"自知意识（autonoetic consciousness）"，这种意识应该伴随记忆行为，从而使个体能够在主观的时间内意识到自身。从现象学的角度来看，自知意识似乎是一种主题意识（thematic consciousness）（见 Gurwitsch 1957），因此在唐纳德的意义上，它不可能存在于情景层面（episodic level），而更像是一种"意识流（stream of consciousness）"，具有滞留和延伸的特点。

我已经表明了"模仿"阶段包含了大量的异质（heterogeneous）现象，我们将在后面的章节中讨论这个问题。另一个尚未得到满意答案的问题是，叙述是否必须用语言表达。很难否认电影和连环漫画传达了叙事性，但人们甚至可以说，至少在非常普遍的意义上，单张图片和手势具有讲故事的能力。但至少手势（还有图片）是模仿阶段的重要组成部分，在唐纳德看来，模仿阶段并不涉及任何叙述能力。唐纳德认为叙述性只出现在"神话"阶段，但它可以与早期阶段出现的符号资源共享。因为我们没有直接接触到进化论，所以没有明显的方法来证明哪一个答案是正确的，当然也有很多方法来理解叙述的概念。如果可以证明猿类可以通过手势和/或图片来讲故事，特别是如果它们不需要语言训练就能讲故事，或者如果没有发展出语言的幼儿也能够讲故事，那么就可以提出进化上的相似之处。第一种"先验"（priori）的选择似乎不太可信，我们甚至不清楚如何检验其中的任何一种。但还有一种可能性：叙述在人类中，作为对模仿使用的一部分，可以不通过语言，而通过图片和/或手势体现出来。

有一点奇怪的是，唐纳德把图片放在"理论"阶段（theoretic stage）。毫无疑问的一点是，正如我们今天所知的，图片一直是独立于有机体的人工制品，或者用唐纳德的术语来说，是"外程序（exograms）"。但在一开始的时候，图片不依赖于人的身体是不可能的，就像文身的例子，以及/或者用诸如皮肤和沙之类不耐用的材料制成的时候也不太可能。后者在一些传统文化中以沙画的形式而闻名，它们是表演的组成部分。事实上，即使在今天，这两种类型的图片仍然少量存在，而且文身在最近也越来越多。在时间和空间中，沙画是短暂的行为，但是它们仍然以图案的形式存在，以便在例子之间应用。虽然现在它们更容易作为样式表上的设计图案，但文身在不同的实例化（instantiations）之间，可能已经开始成为一种持续存在的类型符。

这表明，图片主要是模仿的结果，但不清楚它们是否因此可以简化为身体模仿（bodily mimesis）。有趣的是，威廉·诺布尔和伊恩·戴维森（William Noble & Iain Davidson 1996）认为描述（depiction）是语言形成的必经阶段，由于通过凝固（freezing）感知，描述引入了一种独立于直接语境（immediate context）的传播，因此能够成为反思和叙述的主体。从这个意义上说，图片比起手势或其他形式的模仿，更像是语言的先驱。因此，图片符号将是模仿和语言之间的重要联系。虽然一些手势被认为已经开创了独立于直接语境的传播，但这是可以被反对的。手势本身就是一种动作，因此不能凝固感知。然而，这种将论点（没有引用诺布尔和戴维森）翻译成手势的做法正是迈克尔·托马塞洛（Michael Tomasello 2014：95 ff.）在他最近出版的书中提出的。事实上，托马塞洛把手势看作其他灵长类动物有限的符号世界和会说话的人类之间缺失的联系（正如很多其他学者当今正在做的那样，参阅第二章：模仿），并设置了一个场景，在这个场景中，用手指指的手势是一个指示符号（index），因此在我们的经验世界中用以锚定命题，紧跟在其后的是像似性的手势（iconic gestures），它们已经是属于某一范畴的（categorical）（用我们的术语来说，处于类型符的阶段）了，范畴的作用是将属性指定为指示符号，这一过程发生在其被规约符号（尤其是语言）补充之前。

3. 深入历史

如果描述人类特性的进化模式的一部分是历史和文化的，而不是生物学的，我们会认为历史与进化是不同的。最近关于"深层历史"（见：Smail 2008；Shryock & Smail 2011）的概念其主旨似乎是使人类历史在构成世界或宇宙历史的巨大图式中，以一系列或多或少彼此相似的情景出现。美洲的发现或多或少可以被视为世界历史的一个实例，就像从"直立人"或"智人"的非洲视野中发现欧洲一样，甚至可以等同于从恐龙或原始生命的世界发现地球。"深层历史"的概念无疑是对传统历史写作的一种极好的纠正，传统的历史写作倾向于完全的个人主义和普遍的以人为本——但它也有可能破坏人类历史的特殊性。历史是特殊的，不仅因为它是我们人类进化的一个特殊部分，而且因为它使我们成为迄今为止唯一能够书写历史的物种。即使有一天计算机能够为我们书写历史，我们也将是唯一一个能够发明书写历史的设备的物种。尽管史蒂芬·杰伊·古尔德（Stephen Jay Gould 2000b）明确指出单细胞生物（实际上是原核生物）的"美妙生活"，在时间和空间上都远远超过人类和任何其他更复杂的生命形式，这一点毫无疑问是正确的，但这只会更加强调古老的解释学的观点，即到目前为止，我们是唯一一种能够作为世界历史的观察者和参与者的生命体——或者我们一定会相信，直到有人发现恐龙甚至是细菌写的被遗忘的自传。

"深层历史"这一概念所暗示的，将历史还原为进化的最后阶段的另一个风险是，历史很容易被视为始终如一、处处相同，是一系列重复的、基本上是预先决定的事件，没有人类意志和决心的余地。在这方面，这种观点与另一种新的历史分支截然相反，后者也超越了传统历史的个人主义焦点，定性为"心理的历史"（the history of mentality）和/或"日常生活的历史"（the history of daily life），这种观点声称即使在相对较近的历史时期之间也能发现明显的差异。这种方法的代表是年鉴学派（Annales school）的成员，以及米歇尔·福柯（Michel Foucault）、菲利普·阿利埃斯（Philippe Ariès）、诺伯特·埃利亚斯（Norbert Elias）等人。这种说法的一些例子是，埃利亚斯认为童年的概念是在 18 世纪（欧洲）被创造出来的，而福柯认为人类（的概念）是在那不久之前产生的。在这种极端的表述中，这些观点可能是站不住脚的。然而毫无疑问，人类文化的多样性在时间和空间上都是广阔的，从古代的欧洲到中世纪再到 18 世纪的（欧洲的）（见 Ariès & Duby 1985 – 1987）隐私观念的变化就是例证。即使是在近来的那些其他文化和他者文化中，另一些观念也可能有相似的历史。事实上，文艺复兴开始的确切时间并不存在（即使我们忽略国家之间的差异），全球化的世界可能并不存在，也可能一直存在，但毫无疑问，人类文化正在发生真正的变化，在某种程度上可以证明这些定性的区别。任何将人类文化的进化置于动物界之外的方法都必须认真对待这种多样性和创新的能力。

虽然，由于意识形态的原因，性别理论、性别角色的社会构建或是"表演"的概念（从西蒙娜·德·波伏瓦［Simone de Beauvoir］到朱迪斯·巴特勒［Judith Butler］），是作为一个独立的研究分类，但是它类似于上述相对性历史的传统，尽管其相对性涉及的是性别，而不是历史时期。正是出于同样的原因，性别理论反对进化心理学，尤其是其主流形式。出于同样的原因，这个研究的某些版本很可能有助于形成一种意识形态上不那么受限的进化心理学。

四 论心灵的相遇

希望到目前为止，我已经清楚地表明，我们阵容里的三个成员，自我、他者和另者，不应该仅仅与个人联系在一起。它们定义了一个世界，因此它们可能看起来是集体主体，或者用皮尔斯的术语来说，"紧凑的人（compact persons）"（Singer 1984 & Colapietro 1989）。另一方面，它们用来表示文化和文化之间的关系，这显然是对人与人之间关系的一种隐喻。如果我们仔细考虑一下我们在上面（参阅1.2节）所描述的自我文化、他者文化和其他文化的方式，就真的没有必要将不同的文化拟人化。的确，自我文化是一种从文化中的主体的角度来看的文化；此外，他者和其他文化也从这个位于自我文化中的主体的角度进行了界定。从这个意义上说，我们一直都在关注主体之间的关系，或者更确切地说，关注说"我"的单一主体（当然这可以由所有认同同一文化的主体齐声说出来）与所有被指定为他者文化或其他文化的所有主体之间的关系。在自我文化中，成员之间的关系通常是他者文化的（Alter - cultural），然而，在反对另外的文化占主导地位的程度上，它必须被认为是自我文化的（Ego - cultural）。由于从定义上看，观点始终是自我文化的观点，因此不太清楚在他者和其他文化的成员之间，会盛行起一种什么样的关系。也许最有可能的情况是：他者文化的成员之间的关系被认为是他者文化的，异文化的成员之间的关系是异文化的（Alius - cultural）。

1. 移情的经典理论

在经典哲学中，关于"他者文化性"（Alter - culturality）的讨论更普遍地被框定为移情（empathy）、利他主义（altruism）和/或主体间性（intersubjectivity），而近来在心理学和认知科学中，被框定为"心智理论（theory of mind）"和/或"读心术（mindreading）"（参见 Zlatev 2008，2014）。即使在进化心理学中，近来的一个核心问题是利他主义是否可能是人类进化的一个关键因素，尽管后者被认为是"适者生存"（参阅 Sober & Wilson 1998）。如果它们之间有什么不同的的话，移情一定是利他主义的必要条件，但肯定不是完全一样的。一种他者文化的关系会假设某种移情，但不一定暗示任何利他主义的存在（如科尔特斯［Cortés］的例子所示）。事实上，正如扎哈维（Zahavi 2014）所指出的那样，即使是从他人的痛苦中获得快乐的施虐者，也需要移情，为了达到他/她施虐的目标而考虑另一个人的感受。利他主义可以被认为是一种特殊的移情行为表现形式，尽管它涉及的自我牺牲情绪和（或）价值比以他人为导向的知识更多①。

　　移情通常涉及自我和他者之间的关系（这种关系对于其他来说只是间接的）。在经典的概念中，有两种主要的选择：要么是由于存在于他们之间的移情的关系（经典的移情或是投射［projection］理论，图 5 - 7），因此自我和他者都是立刻已知的（或是感觉到和/或被赋予价值）；要么是只有自我是直接已知的，而自我内部运作的知识连同对他人身体的观察一起，被用来通过推理而创建他者的概念（经典的推理理论［inference theory］：至少在赫尔姆霍茨［Helmholtz］看来这是"无意识的［unconscious］"；图 5 - 8）。然而，这两种选择早已被证明是有问题的。正如我们将在后面看到的，上面给出的对经典移情理论的描述过于简单，但是从这个简单的选择开始是很方便的。

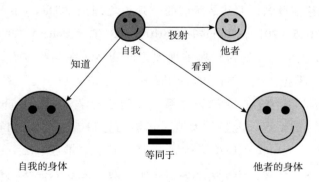

图 5 - 7　作为投射的移情

　　在推理理论的例子中，就像赫尔姆霍茨（Hermann von Helmholtz）和密尔（John Stuart Mill）经典地证明的那样，可以观察到我们对对方的理解似乎并不是以一种费力、费时和有意识的方式来进行的，而这种方式被恰当地称为推断；如果我们只知道他者的外在和自我的内在的话，我们就不

---

① 在这一点上，应该想起前文提到的关于他者性的标准涉及相对评价和相对理解；见 1.2 节。

清楚什么能使得我们首先发现自我和他者之间的类比（见 Gurwitsch 1979；Stueber 2013；Zahavi 2014：95 ff.）。正如赫姆霍尔兹所指出的，推理是无意识的这一观点可能会解决其中的一些疑虑，但是"无意识推理（unconscious inference）"这个概念本身很难理解，即使我们用现代的说法把它翻译成"亚人格化推理（subpersonal inference）"（类似于另一个神秘的概念，"亚人格化模拟［subpersonal simulation］"）。①

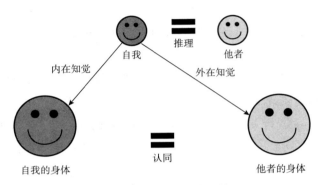

图 5-8 作为推理的移情

当代的移情概念，尤其是所谓的"理论之理论（Theory theory）"（参见 Stueber 2006，2013；Bermúdez 2010：363 ff.；Doherty 2009；Apperly 2011），基本上可以理解为经典推理理论的变体。在某些方面，正如我们将看到的，"模拟理论（Simulation theory）"也应该属于这一范畴。然而，"理论之理论"认为有一个知识体系（民间心理学［folk psychology］）可以应用于单一的情况，此外，大卫·普雷马克和盖伊·伍德拉夫（David Premack & Guy Woodruff 1978：515）已经谈到了"推理系统"（a system of inferences）这一概念，暗示了比赫姆霍尔兹的"无意识推理"概念更系统化的知识特征。的确，一些"理论之理论"的支持者，如艾莉森·高普尼克（Alison Gopnik 2009），在受到证明和否定的情况下，明确地提出了类似于科学理论的推理系统。

---

① 如果这仅仅表明发生的事情可以"事后"（post festum）被描述为推理（参阅 Cassam 2007）的话，这个术语是没问题的，但是它也没有告诉我们更多。关于罗伯特·戈登（Robert Gordon）推崇的"亚人格化模拟"（subpersonal simulation），请参见斯图伯（Stueber 2006：119 ff.）。

作为与投射理论相反的推理理论，至少它最初的构想是由西奥多·李普斯提出的（Theodor Lipps 1900，1903），正如爱狄特·施泰因（Edith Stein 1917）所指出的那样，对方是无法被立刻认识的（把握），除了其他人之外，没有人能告诉自己，他的感受和其他的精神状态。虽然施泰因在知识方面的批评可能是正确的，但情感理解的情况，似乎是不同的，更不用说身体上的共鸣（bodily resonance）了：不仅因为这些经验作为间接过程更加难以理解，而且因为它们在主体混淆的意义上接近于与对方的身份认同。的确，如果我们把运动移情（motor empathy）、情绪移情（emotional empathy）和认知移情（cognitive empathy）分开，就像现在经常做的那样（引用普雷斯顿及德瓦尔 Preston & de Waal 2002），不同的模式可能在不同的情况下是相关的。

马克斯·舍勒（Max Scheler）——后来被梅洛－庞蒂呼应（Merleau－Ponty 1964）——似乎设想了存在一种完全进入他者的心灵的东西的可能性，至少在由他/她的身体组成的表达领域里直接经验他人的情感的情况下。从某种意义上来说，这听起来可能有点神秘，但毕竟，这不过是把吉布森的"功能可供性"（affordances）原则应用到生物上而已[1]。就情感而言，结果很可能是作为对他人的经验而变得有意识，但在其他情况下，它可能只是威廉·康顿（William Condon 1980）所称的"身体同步（bodily synchrony）"的重复行为模式，现在通常被称为"共振（resonance）"或运动移情。后者的早期变种可能是现在所知的"婴儿镜像（infant mirroring）"，即新生儿看到别人伸出舌头也这样做（参见 Meltzoff & Brooks 2001）。即使是在这种移情中，也有明显的程度，因为当你看到他人的情绪时，你仍然需要将这些情绪与自身区分开来，但这种情况不会发生在运动移情中，如果这种解释是正确的，也不会发生在人群自发协调的运动中，在 19 世纪，这种运动似乎受到社会问题的启发（参见 Moscovici 1985），但现在，从每日新闻来看，这似乎主要与不同足球俱乐部的狂热爱好者之间的小冲突有关。

---

[1] 事实上，这方面的一个实例可能是所谓"婴儿模式"（Kindchenschema），这种情况会给人一种可爱的直接印象。

从推理理论和投射理论出发，逻辑上必须存在另外两种选择：只有他者是立即知道的，自我必须从它构建。或者自我和他者都是由间接证据构成的。我所知的其他人的知识讨论都不承认这些概念的真实性，第一个概念由巴赫金提出，至少在他的一些作品中能见到，而第二个概念至少有一种解释是皮尔斯提出的。事实上，对巴赫金来说，只有他者是直接为人所知的，因为只有他/她才能被视为一个完全的、完整的整体。另一方面，皮尔斯认为，自我和他者是完全相同的结构。使这两种选择听起来极其荒谬的是，在"对我们正在进行的经验生活的不同的前反思认识"的意义上（Zahavi 2014：88），存在一种对自我意识的即刻的"我属性"（mineness），这种属性不容易变成他者。但是如果像扎哈维（Zahavi 2014：50 ff., 80 ff.）所主张的那样，存在更复杂和更淡化的自我或是"人"的概念的话，用胡塞尔的话来说，这些模式仍然会找到它们的用武之地。

2. 移情理论的其他两个变体

巴赫金（1990，1993）在早期的作品中非常关注自我与他人之间的差异，经常用作者（Author）和英雄（Hero）这两个术语伪装他们[1]。巴赫金指出，一方面，他人只可以（而且必须）从外部被看到，因此被视为一个完全和完整的整体；另一方面，自我是一个无限的过程，它永远不能被完整地把握；的确，这是一种意识流，只有在死亡时才会静止不动。这是因为"我的情感和意志反应依附于物体，而不收缩成一个外在的完整自我形象"（Bakhtin 1990：35；参见 Bakhtin 1993）。只有他人的身体才能被完全看到：存在着一种"过度的观看（excess of seeing）"。就自己而言，身体的某些部位总是看不见，即便是通过镜子里看到的镜像也有部分不能被看到。这种差异转化为思想。在这个意义上，与自己相对的他人，有"外位性"（outsideness）的属性，或是有"共时体"（transgredience）的属性（Bakhtin 1990：22 ff.；图 5-9）。[2]

因此，巴赫金（Bakhtin 1990：25 ff., 61 ff.）利用这些观察来批评当时流行的移情理论也就不足为奇了：理解不可能是对他人的认同，因为首

---

[1]　关于这种含混的危害，参见索内松（2012a）。

[2]　这里不需要讨论这是否是现象学家所称的先验的一个特例。我用的是巴赫金作品的译本，以及关于他思想的二次文献中所用的术语。

先来说，这是无意义的，它只会一次次带给我们同样的东西，此外，这也是不可能做得到的，因为根据定义来看，他人只能被从外部看到。巴赫金（1990：15 – 17，25 ff.）承认，我们可以想象性地把他人的位置放在自己身上，虽然从外部获得的东西只有被重新整合到意识流之中，作为正在进行的过程（自我）的一个阶段时，才能被理解。然而，巴赫金（1986）在一篇很晚近的文章中指出，在自我与他者相遇和对其他文化的解释之间，有一个相似之处：在这两种情况下，理解都不可能通过与另一种文化的完全认同来实现，而只能通过进入另一种文化，然后回到另一种文化之外的位置来实现。用我们的术语来说，只有通过在自我文化中采取自己的终极立场，异文化才可能被转化为他者文化。或者更确切地说，理解的特定主体——自我，只能理解任何其他的文化，因为他通过接触和回避的辩证法，可以理解任何其他的主体。奇怪的是，巴赫金似乎在不知不觉中与舒茨（Schütz 1974［1932］）不谋而合，舒茨在谈到作为个体的自我和他者时，设想了一个类似的辩证过程，从自我到他人，再回到自我（参见 Zahavi 2014：141 ff.）。的确，他们都没有考虑到一个更加极端的外部形式，即我们所说的异者（alius）。

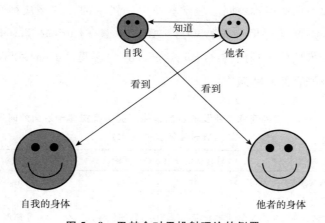

图 5 – 9　巴赫金对于投射理论的倒置

虽然巴赫金的概念表现为对推理理论的完全倒置，但皮尔斯似乎将推理理论延伸至自我和他者两者。因此，皮尔斯提出了一个对称的（symmetrical）推理理论。巴赫金和皮尔斯都认为自我是一种既不存在也不能推断出的东西，一种只存在于时间中并不断发展的东西。对于巴赫金来说，他人是静止的，本质上是封闭的，但是对于皮尔斯（被克拉普利托及辛格［Colaprieto 1989；Singer 1984］引用）来说，他人与自我属于同一个类别，即一种意识流，在死亡之前是无法停止的。因此从有限（finiteness）的角度来看，对于皮尔斯来说，他人只是另一个自我。另一方面，皮尔斯声称没有直接的途径获取关于自我的知识，关于他人的也没有：两者都只能通过符号间接知道。[①]

因此对于皮尔斯来说，对自我的获取（access）跟对他人的获取一样是间接的。只要考虑到获取知识这一因素，那么自我对于皮尔斯来说就仅仅是另一个他人。巴赫金归属到他人身上的共时体（transgredience）也是皮尔斯的自我概念的一种属性。自我和他者表现为两种平行（或者可能是覆盖）的意识流。后一种观念至今仍在流行，正如心灵的"理论之理论"的一些代表所表达的那样。的确，艾莉森·高普尼克（Alison Gopnik）以及彼得·卡拉瑟斯（Peter Carruthers）认为孩子在四岁左右就能发现自己的想法，就像其他人一样（Mitchell 1997；Ziegler 2013）。卡拉瑟斯（2013）最近出版了一本书，致力于论证"心灵的不透明性"（opacity）。更一般地说，那些声称民间心理学本质上是错误的，应该被神经系统理论所取代的人，就像保罗和帕特里夏·丘奇兰德（Patricia Churchland），以及可能还有丹尼尔·丹尼特（DanielDennett）（参见 Stueber 2006），他们必须接受这个概念的某些版本。

表 5 - 1　四种获取自我及他者的途径（关于模拟理论后面的问号，请参阅下面的文本）

经典版本	对自我的获取	对他者的获取	当代版本
推理理论（赫姆霍尔兹、密尔）	有	无	理论之理论，模拟理论？
投射理论（包括直接感知）（李普斯、舍勒、胡塞尔现象学的某些方面，等等）	有	有	模拟理论？

[①] 当然，在这儿有必要记住，对于皮尔斯来说，所有东西都是符号。至少在这种情况下，他必须假定符号比其他东西更间接，但不清楚其他东西是什么，因为在他看来，即使感知也是符号。

经典版本	对自我的获取	对他者的获取	当代版本
巴赫金的理论	无	有	巴赫金的追随者
皮尔斯的理论	无	无	皮尔斯式的至少有一些理论论的代表：（高普尼克、卡拉瑟斯）

然而，对于所有这些关于自我和他者的获取性模式的最佳回应，可能仍然是梅洛－庞蒂（1945：405）的妙语，他人对于我来说不是完全不透明的，恰恰是因为自我也不是完全透明的。用巴赫金的术语来说，仅仅是因为存在某种对自我的共时体，也才可能存在他者的"组分"（ingredience）。但这还远未及皮尔斯、高普尼克和卡拉瑟斯的立场。

3. 移情的现象学概念

在爱狄特·施泰因（Edith Stein）的解释之后，我把李普斯（Lipps）作为认为我们能完全获取他人的心灵的观点的典型代表。然而，卡斯滕·斯图伯（Karsten Stueber 2006：9 ff.）认为，这种解释是"施泰因对李普斯的无情解读"的后果（尽管胡塞尔、舍勒和古尔维奇以及巴赫金都认同李普斯的观点，认为它是完美的）。然而，另一种对李普斯方法的批评是它没有抓住他者本身，因为投射是发生在自我心灵中的东西，因此对他者的经验可能是完全错误的。如果是这样的话，投射并不超越首要主体的经验，也不能说它可以获取他人的经验（参见 Zahavi 2014）。这就意味着，要么施泰因把李普斯解释成一个融合理论家是完全错误的，要么他的概念相当不连贯。然而有趣的是，根据是斯图伯（2006）的观点，当代的"模拟理论"延续了李普斯开创的传统。如果我们追随这个类比，至少有一个"模拟理论"的代表，保罗·哈里斯（Paul Harris），可以帮助我们理解为什么施泰因和斯图伯都可能是部分正确的：哈里斯（参见 Doherty 2009：44 ff.）认为，通过自我完成的模拟受制于某些"参数"（parameters）的变化，这与我们对自我和他者之间的差异的假设有关，改变这些特征的困难性是儿童发展中移情进展缓慢的原因。马丁·J. 多尔蒂（Martin J. Doherty）接着声称，参数的这种变化必须依赖于规则，这种规则更多地对应于"理论之理论"的原则，而不是"模拟理论"。

投射模式受到了胡塞尔（1950a，b）、舍勒（1931）以及其他人的批评，因为来自外部的身体与来自内部的身体"感受"非常不同。然而，肖恩·加拉格尔（Shaun Gallagher 2005b）认为，在发现镜像神经元之后，这个论点就不再成立了，镜像神经元对被主体执行的动作和被观察到的同样动作反应相同（参见 Hurley & Chater 2005）。肖恩似乎用了胡塞尔的"运动知觉"（kinesthemes）这一概念来识别后者，即构成身体的（主要是被动的）意图。然而，这似乎只是以一种直接的方式解释了运动移情。然而，胡塞尔观察到，对自我来说，身体的某些部分是可以从内外两部分获取的：当你看着一只手或者用另一只手抓住它的时候，你也可以从内部感受它，因此你可以把这两种经历联系在一起。因为在这种情况下，从某种意义上说，我对于我来说是另一个人，我的身体只能通过与另一个身体的比较才能被说成是物理存在的。这似乎为巴赫金的模式提供了一些理由。然而，巴赫金似乎认为自己和他人是完全对立的，这里的他人指的是其他而不是他者，然而胡塞尔和舒茨宁愿把这两种观点融合在一起，就像双手紧握在一起一样。另一方面，梅洛－庞蒂更接近巴赫金（他不太熟悉巴赫金）的风格，也就是说，带着同样的身体偏见（bodily bias），梅洛－庞蒂在镜子反射帮助下，设想了自己身体的持续"客体化"（objectification）。近几十年来，随着摄像机的普及，甚至作为智能手机的功能，在这个完整的外化（exteriorization）自我为一个物理实体（用胡塞尔的术语来说，是"躯体"［Körper］，不是"身体"［Leib］）的过程中，视频片段可能比镜子更重要。

古尔维奇（Gurwitsch 1979）认为，为了将他人识别为另一个人（在我的术语中是他者），你必须在实际的工作环境中看他/她，而不能抽象地看待他/她。我想补充一点，更重要的是，比如承认他人是一个有生命的存在，通常更特别的是，是一个人，也许甚至在你开始期待其动作富有表现力之前就是如此。然而，这样的认知有可能被立即给予，或是就像伊万·伦德（Ivan Leunder）和阿伦·高斯托（Alan Costall 2009）所称的那样，是生态的（ecological），他们非常生动地阐述了不同版本的"心智理论"的前提，我们都是从行为主义者开始的，生动地阐述了不同版本的"心智理论"的前提，根据这个前提，我们一开始都是行为主义者，直到四岁左右才发现，有一种东西叫作心灵——它是一种很难与生态经验相结合的东西，即生活世界。

在他关于遇见另一人的书中，古尔维奇的灵感来源于马丁·海德格尔的事物是应手之物（things being present-to-hand）的概念，但他也提到了肯特·戈尔茨坦（Kurt Goldstein）对范畴化态度和具体态度的区别，这种区分的缺陷应该可以解释不同类型的失语症（aphasia）。然而，加拉格尔（Gallagher 2005）表明，在三分——a. 抽象的（范畴化的）、b. 语用的（具体的）、c. 社会的——语境之时，有证据表明存在同样的缺陷，社会语境不能还原为语用语境或抽象语境。他认为，即使是在具体语境下有运动行为问题的病人，也可能在有个体和文化意义的语境中完成同样的动作。但可能我们应该把这看作一种连续的语境化（contextualization），或者更恰当一点的说法，作为与身体的客体化相对的主体化（subjectification），而不是其他的一些因素。从这个意义上来说，他者和其他其实是一个连续范围的两极。

4. 一个多层级的移情模式

我在上文已经提到，作为一个斯图伯的反对者，李普斯可能确实既是一个模拟主义者（simulationist）（在这种情况下，同理心不会超越自我），又是一个融合主义者（fusionist）（在这种情况下，自我和他者是没有区别的），如果像我们这个时代的哈里斯一样（参见 Doherty 2009：44 ff.），那么李普斯就会认为投射受到"某些参数的重置"的影响。的确，正如多尔蒂所观察到的那样，后一个过程似乎是规则式的，而不是基于情感认同，但也许可以把这个参数设置看作是亚人格化（subpersonal）的，或者至少是深深地嵌入在潜意识中的。然而我认为，胡塞尔及其追随者对李普斯的批评有更深层次的原因：因为从李普斯的角度来看，如果一个人能设法完全了解另一个人，他或她就会和他或她一样，而现象学则主张，即使是这样一个完全获得他人所拥有的知识的途径，也是通过对对方的知识加以修改而达成的。换句话说，无论它多么完整，它都必然是间接的，以一种"共现"（appresentation）的形式给出，这是一种意向性的行为（这跟符号很类似），而直接感知的不是行为的主要主题（参见 Sonesson 2012e；Zahavi 2014：132 ff.）。很难理解胡塞尔自己对于移情的概念，因为扎哈维（2014：123）观察到，这是胡塞尔"一生都在关注的事情"，因此在他的大部分作品中都有体现，但通常是从不同的角度。我们应该感谢扎哈维（2014：123 ff.），因为其研究了令人费解的所有相关文章的细致工作。然而，从他的阅读中得出的主要观点是，我们无法回避这样一个事实：意识流总是被第一人称或是第二人称所拥有。

当应用于不同类型的移情，并且从不同的角度考虑时（见表 5-2），关于自我和他者之间的关系的一些理论实际上可能是正确的。因此，斯图伯（2006：131ff.）区分了他所谓的"基本移情（basic empathy）"和"再生成性移情（reenactive empathy）"（Apperly 2011），"低层级"和"高层级"的心灵解读（mindreading）。因此，基本移情是站在运动移情的一边（因此，镜像神经元或许可以对此做出解释），但也可能更广泛一些，因为它涉及承认对方是人和/或一个主体。斯图伯（2006：143）在这里指的是安德鲁·N.摩尔佐夫（Andrew N. Meltzoff）和瑞秋·布鲁克斯（Rechele Brooks 2001：174）的观点，他们声称在婴儿身上发现了"有人类行为的（人）"和"没有人类行为的（事物）"之间的区别。根据让·曼德勒（Jean Mandler 2004）的研究，区别可能在于有生命的和没有生命的事物之间。无论如何，我们可以在这里认出我们的老朋友他者和其他。这就是基本移情，它是所有其他移情的前提。至于"再生成性移情"，这是一种试图重新体验他人的经验的有意识的尝试，在这里，斯图伯倾向于把它归为"模拟理论"，即投射模式，也不排除"理论之理论"的可能存在。的确，如果采用一种与斯图伯更为接近但更为现象学的习语的话，我们可以说，心智理论可能是对他人的心灵进行大量模拟或投射的沉淀（sedimentation）的结果。① 这就是发生现象学（以及生成现象学，在某种程度上，它可能来自文化这个充满八卦的链条）揭示的东西。

我们不应该把自我文化看作一个认同完整的世界：相反，胡塞尔和古尔维奇对于投射模式的修正似乎是相关的。对于不同文化之间的关系，可以采用类似于投射模式的方法（他者文化），或者在最好的情况下，可以

---

① 所讨论的理论将不等同于科学理论，但仍保留着某种系统性质，但理论之理论的大多数追随者会同意这一描述（参见 Doherty 2009：37）。此外，目前对于接受理论之理论和模拟理论的混合体，似乎也有一个普遍的共识（Nichols & Stich 2003；Doherty 2009：48 ff.；Apperly 2011）

采用类似推理模式的方法（异文化）。这也必须取决于模式应用的文化理解水平。根据詹巴蒂斯塔·维柯（Giambattista Vico 1725）在《新科学》（Scienza Nuova）中的著名原则，我们可以理解人类所创造的一切，正是因为我们共有的人性（shared humanity）假设我们承认他人是人类，这假设了我们把他人当作人类，这个假设在文化之间的关系中并非一直是一个直接的概念。对于哥伦布发现美洲来说不是如此，对于那些自称"伊斯兰国"的恐怖主义派别的成员来说也不是如此，不仅因为他们暗杀了基督徒、雅兹迪人和什叶派穆斯林，也因为他们破坏了我们共同的人类文化演变的证据，尤其是在摩苏尔和巴尔米拉。

表 5 – 2　从对自我和他者的获取的角度来看的不同的心理活动

移情的类别	对自我的直接获取	对自我的间接获取	对他者的直接获取	对他者的间接获取	第三人称知识	先驱
区时，区振，镜像	无	—	有	—	—	李普斯，康登，梅尔佐夫
（情感）表达的经验，生命的可供性（人性等）	有	—	有	—	—	舍勒，梅洛—庞蒂，曼德勒，等等
重生成性移性	有	—	部分有（参数设置）	部分有（通过自身）	可能有	模拟理论
对话式移情	有	有	有	有	无	胡塞尔，舒茨，涉及文化的巴赫金
重建动机	有/无	有	无	有	有	理论论，皮尔斯
共时体	（有）	有	无	有	可能以镜像、视频等形式出现	巴赫金

注：这张表不是按时间顺序排列的。因此举例来说，很有可能至少有一些共时/共振只有在感知到生命的可供性之后才会起作用。

小结：进化之外的文化

这一章节的目的是完成几个任务。它解释了现象学在认知符号学新领域中的重要性，认知符号学把 20 世纪的两个重要的跨学科场域——认知科学和符号学结合在一起，专注于生活世界的现象学概念，将其作为在任何可能的人类连贯的经验的整体中都可以找到的不变结构的普遍模式，以及作为在特定的情况下社会文化生活世界的特征，例如古埃及、中世纪的法国和今天的瑞典。为了在共同的生活世界和不同的社会文化生活世界之间，创造一个生活世界的类型学，这一章接着介绍了文化符号学的经典版本，然后对其进行进一步发展，通过胡塞尔对于生活世界的细分化，将其划分为等同于自我文化的我群世界，以及异世界，此外，在某种程度上，提出有两种截然不同的异世界：他者文化和异文化。

本文紧接着将文化符号学引入进化时代，利用了默林·唐纳德提出的图模式，通过情景、模仿、神话和理论阶段，将我们从灵长类动物进化带到了人类历史。在阐明自我在自我文化中的作用（即自我作为个体处于他或她的特定文化中，并将其与其他文化联系起来）之后，我们研究了移情的经典的解释学和现象学方法，以及一些当代的方法，表明了自我和他者之间的关系可能有不同的类型，符合到目前为止提出的几个模式。通过这样做，我们开始了探索，不仅将认知科学和符号学这两个当代跨学科的场域结合在一起，而且将人文学科的古典传统，即传统自身的传统——也被称为解释学，与上述两种现代方法联系在一起，据此，对其他文化和它的人工制品的理解起始于将人作为人的理解，将我们自身作为人的理解，以及将他人作为人的理解——并粗浅地规定了我们所谈论的人类源于动物的生命，进化以及或多或少深层的历史。

VI. 关于对人类（以及少许其他动物）合宜的研究的新思考

董明来/译　梅林/校

摘要：

为了区分动物和人类的符号能力，我们需要更准确地理解这些特性是什么。我们当然必须界定符号的概念，而不是把所有意义之载体与符号等同；但也有必要提供一个其他类型的意义的清单；这份清单从知觉开始，并且在抵达符号和符号系统之前，它过一系列居间概念，比如功能可供性、标记和代替物。这篇文章提出了一种对一些意义的现象学描述，它并未试图去穷尽任务的复杂性，但仍然应该提供关于这种复杂性的一个概念。不仅要建立进化和发展的符号学层次和等级，而且在某种程度上，对动物和人类能力的比较也必须与现象学观察的发展同步进行。

所有人都是（至少说也是）动物。在这个意义上，他们乃被称为生物符号学之研究的对象。然而，在某些方面（其中许多还尚未被指明），人类又与其他动物不同。在这个意义上，是否能说人类被人类学符号学所研究，我有些犹豫，因为我认为后一个术语乃是由我们所知的生物符号学的实践者所设立起来的一个假想概念。① 在一些其他的地方，我曾经申明，作为一个学科之符号学的主要兴趣在于使不同符号学资源能够进行比较和

---

① 或者说，如我所知。除了被杰斯帕·霍夫梅耶所启发的那个传统以外，我不能声称我对其他传统有什么广博的知识。

对比，而并不像传统人文学术所做的那样，把对语言学的、图像的，以及其他人造之物的研究分裂开来（Sonesson 1989, etc.）。以一种同样的方式，如果我们想要弄清楚人类与动物之间的异同的话，我们就必须对符号学进行一个单一而全面的研究。

在假设一种对意义和生命的共同外延性（co-extensiveness）时，霍夫梅耶（Hoffmeyer 2005）曾经细心地指出，与所有通常类型的还原主义相左，生物符号学式的还原主义并不把取自自然科学的模式投映在人文学术研究的对象之上，而是恰恰相反。从而，基于人类中心主义来说，它并不在一个向下的范围中运作，而是引发一种向上的转变；它把符号投射在细胞上，而不是相反。用马南（Maran 1997）在他关于超现实主义的研究中引入的术语来说，它乃是一个向上的，或曰上升的修辞学情景。自然，霍夫梅耶完全不会考虑在此发现任何隐喻，因为所有隐喻都假设了本体和喻体之间连续性的某种断裂，无论这种断裂有多么微小（参见 Sonesson 1989：330 ff.；2003）。① 它们涉及一种含义是对一个领域的僭越，这个领域恰好由另一个含义所占据。人们可以争辩说，除了对于一种表面化的修辞效果来说以外，上升的与下降的还原主义实际上接近于同一种东西：无论是所有事物都被认为是符号，还是没有事物被认为是符号，我们最终都失去了任何能辨别出不同的可能性（参见 Sonesson）。作为一种隐喻，这种同一性是有意义的，因为我们知道，我们未曾宣称过任何"真正"的统一性。然而，作为一种科学的模式，退一步说，它并没有提供太多信息。

即使我们从这种还原主义的模型出发，我们也确实有许多方式来处理它的不足之处：比如，通过引入层级（levels），或者说等级（hierarchies）。虽然如此，要在生物符号学内部容纳人类，仅仅是引入符号过程的诸层级还并不足够（参见 Brier，本卷；Kull，本卷）。还必须有区分这些层级的清晰的标准，或者更具体地说，在不同的领域中处理意义的方式同样是必要的。设立不同的层级是一个精彩的开始，然而这并未告诉我们，不同的层级如何不同。说它们与像似符、指示符与规约符相匹配或许是有用的

---

① 或许除了当这个术语与拉考夫的术语相混淆时；人们现在已经太熟悉这个术语。

（Kull，本卷）；但也唯有在一个更靠后的步骤中，当诸步骤与可被经验地区分的标准相联结的时候，这种说法才有用。在此，"经验的"一词应当在广义上被理解，从而包含系统性地被获得的第一人称数据，正如想象中的现象学变化一样。

一旦不同层级通过明确的标准被定义，人们就可以敢于去建立一种（或另一种）关于符号学进化或者发展的、分层的模式（参见 Zlatev 2007，2008b，本卷）。但是，在后面，我并不想提出任何这样一种层级。这并非是因为我认为这个理念是错的，而是因为我相信，有多种不同的意义；并且，在我们试着在一个时间范围上安排这些意义之前，我们的首要任务，应当是仔细地研究它们。在这篇论文的其他部分，我将会进行这样一个对于意义之诸意义的研究。这项研究会通过使用一种胡塞尔意义上的现象学理路进行，亦即，试图把意识场域中的结构性呈现明晰化。① 更进一步地，当这些意义可以被我们所用时，我也会转向一些动物研究。这些研究可以阐明一些同样外在于人类经验之范围的意义类型的存在。

我并不从最简单的意义开始，而是首先考虑那个最令人熟悉的意义：符号。从那里开始，对一些必须先于符号而存在的意义之阐明，就变得可能了。这些意义包括知觉、功能可供性（affordance），以及阐明一些几乎类似于符号的意义类型，比如记号和替代物，还有那些把符号作为前提的意义，尤其是符号系统。

一　符号、意义与感知域

1. 符号作为意义的原型

皮尔斯在晚年意识到，他的所有概念都太狭义了。他反思道，他其实

---

① 自然，在胡塞尔之后，很难再有任何方法来研究单纯与现象相关的纯粹现象学，因为至少胡塞尔本人的作品也应被考虑。并且，在我们这个情况下，正如在我早年的作品中我所做的那样（Sonesson 1989），也正如古尔维奇（1957）为开拓者所做的那样，我们不得不进入与那些观念迥异作品的各种对话中。关于从现代认知科学角度所见之现象学的介绍，见加拉格尔与扎哈维（2008）。

应该谈论"媒介"（medium）、"分支"（branching），或者"中介"（mediation）（CS 4.3 及 MS 339，Parmentier 1985），而不是"符号"。事实上，他甚至评论道，让"符号"承担一个它无法匹配的，过于巨大的工作，乃是"有害的"（参见 CP. 4.3）。这里，皮尔斯听起来非常像终于发现了它的计划的蛋先生（Humpty Dumpty）①。并且，它也仍然与皮尔斯的"术语学伦理"相符合——这种伦理认为，我们不应该引入任何"扰乱任何现存的术语"的术语（参见 Perice 1998，II，263 - 266；Deely 2001：662 ff.）。说起来奇怪，那些认为他们自己是真正的皮尔斯主义者的人，似乎并未考虑皮尔斯（这）一部分的自我批评。

在下面，我会使用"符号过程"（semiosis）作为一个通用术语，而不预先判断所涉及之意义的性质。在这个意义上，符号仅仅是意义可以被实现的诸种（更繁复的）方式之一。让我们从考虑一些可以是符号的核心例证的东西开始，然后试着确定它们之间有何共同点。即使对于霍夫梅耶而言，细胞肯定不是如此一种核心的例证，因为他明显倾向于把一些从其他东西来的、更为令人熟悉的描述带给细胞。显然，霍夫梅耶所思考的，乃是语言学的符号，是语词，或者（更精确地说），是语素。我相信，图像符号基本上乃是与语言学符号相似的；至少，有些手势也是一样。逢场作戏，与孩子的象征性的游玩一样，似乎从属于同一个宽泛的类。自然，我并不是在论辩说，这些类型的意义都是规约性的；我并不和艾柯、古德曼（Goodman），以及许多其他人类似——在很久以前，我就否定了他们的论证（参见 Sonesson 1989，1993，1994，1995，2000a）。但是，它们有着（起码）两个部分；这既让规约性在场，又让一个理据性的关系成为可能。在这里，索绪尔确实是那个更为深刻的现象学家：除了在外部世界中与符号所关联之物（亦即，所指）之外，符号本身有两个部分，因为除了被感知到的东西之外，它也包含了以一种特殊的方式解释了指称物（referent）的东西。

根据皮亚杰对儿童发展的论述，每一个孩童都经历了一系列不同阶段，这些阶段提升了他或者她的理解能力。然而，对于当下的语境来说有

---

① 译者注：蛋先生，一首英国童谣中的人物。

着特殊的重要性的，乃是皮亚杰的如下断言（1945，1967：134 ff.，1970：342 ff.）：在大概 18 个月大时，在感知运动阶段和具体运演阶段接界的地方，孩童掌握了"符号学功能"（本来被叫作象征功能）；该功能卷入的，不但有语言，而且还有绘画与象征性游玩（symbolic play）。皮亚杰并未否定，孩童在此年龄段之前，就在诸如感知等（方式）中经验到意义（从而预见了 Trevarthen 与 Logotheti［1989］的批评），但是他认为，唯有在对符号学功能的实现中，孩子才能够把符号理解成一种被区别为所指与能指的东西。然而，必须注意，在此，皮亚杰是在谈论"生产"语言、图像等之物的能力，而不是解释它们的能力。正如在语言这一情形中一样，理解图像的能力会最为自然地被理解为先于任何生产图像的能力。然而，在此我们并不关注符号功能产生的时刻，而是关注它的结构。

"区别"这个经常被忽视的概念，在我看来乃是基底性的。① 但是，不可或缺的，是坚持在主体性区别与对象性区别之间的不同。"从主体本身的视角上来说"，符号学功能或者说符号（功能）这个我将会使用的概念，要求"一种在所指和能指之前的区别"（Piaget 1967：134 ff.）。从而，比如说，对于一个婴儿而言，一个几乎完全不可见的对象的可见的一端，乃是整个对象的能指，但是它同样碰巧是"所指的一个对象性的部分"。并且，根据皮亚杰（同上），这个可见的一端从而也就不能是一个符号。但是，皮亚杰宣称，当孩子用一颗鹅卵石来指称糖果时，孩子意识到了它们之间的不同；也就是说，这里有主体性的区别。

令人好奇的是，皮亚杰认为这是理所应当的：当某物并未被对象性地区别时，它也不能被主体性地区别。然而，我们可以想象，在皮亚杰例子中用鹅卵石来指代一块糖果的这同一个孩子，用求救声（recourse）而不是羽毛来表达一只鸟，或者不会用一块鹅卵石来指代一块岩石，他并不混淆部分与整体：这样，这孩子就会借用对象的一个特性；这个特性乃是一只鸟或者岩石的"对象性"的一部分；然而，这孩子从"他的角度"把前者从后者那里区别开来。更进一步地，与皮亚杰（1967：134）所主张的

---

① 事实上，维果茨基（1962）也观察到在被区别的符号和其他意义之间的区别，但是他缺乏把握此不同的术语。

相左，虽然在动物与它的脚印之间有着物理性与时间性的关系的实存，但那个通过脚印来确认动物，并且通过脚印来确认动物所行之方向的猎人，在他对符号的理解中，并不把脚印和动物本身混淆：在混淆了二者的情况下，他会被前者所满足。如果脚印未与产生了它们的动物相区别，那么脚印就确实不能被读作符号，而仅仅会被当作一个复杂情景的一部分；动物也是这个复杂情景的部分。区别或许是那个充当能指的对象的结果，这个对象与充当所指的对象，并未处于一个空间性以及/或者时间性的延续中；区别还把能指当作一个世界中的一般范畴的结果，这个范畴也所指不同：但是，其他的还未被廓清的标准也可能存在。

如果说索绪尔和皮亚杰在现象学方面的工作做得非常不错，只是不是特别明确的话，那么我们就可以期待胡塞尔本人对关于符号的现象学做出一些贡献。胡塞尔对符号（他称作"共现"［appresentations］）的讨论确实或许可以帮助我们讲清楚那被卷入"主体性的区别"的东西。的确，根据胡塞尔（1939），两个或更多的不同事物可以进入不同种类的"结对"（pairings）。这些结对包括两个共在之物的"被结对的联想"（paired association）到"共现的结对"（其中一个事物是在场的，而另一个则通过第一个被间接地给予），再到真正的符号关系。在符号关系中，再次地，一个事物直接地在场而另一个仅仅间接地在场；但是在此关系中，结对中间接地被呈现的东西乃是课题，亦即，意识注意力的重心。这清楚地暗示了符号在双重意义上是非对称的：它的一个部分比另一部分更清晰，而它的两个部分中的第二个则比第一个更直接地可被知晓。

但是我们应该进一步推进这些观察：因为关键乃是主题性的结构，而这个结构本身与一个主体相关；对于这个主体而言，这个结构乃是意识场域的一部分。在某种意义上，主体可以把符号的第一个部分作为另一个部分的替代（stand）。用更为令人熟悉的术语来说，符号的第一个部分乃是"关于"另一个部分的。当然，这能更为容易地被运用于内容与指称物之间的关系；在此关系中，后者使外在于符号的世界与那个与符号有关的世界相符合。事实上，胡塞尔（1980）只在他关于图像意识的研究中清楚地做出了这种区分。在此研究中，他说明道，被描画的柏林宫殿在此处，处于图像之中，而真正的宫殿则在柏林（参见 Sonesson 1989：270 ff.，206a；

参见 Zlatev 2009b）。① 正如我曾在其他地方提出的那样（Sonesson 1989：193 ff.），我们因而必须假设某种课题性的等级系统，这系统（在一般情况下）从表达开始，经由内容而到达指称物。②

从而，我们可以以一种最简单的方式通过以下属性来定义符号：

a. 它（起码）包含两个部分（表达与内容），并且它作为一个整体乃是相对而言独立于那个它所替代之物（指称物）的。

b. 这些部分，从那个被卷入了符号过程的主体的角度而言，乃是被区别的，尽管它们可能不是如生活世界中的常识那般客观（除了作为构成生活世界的符号）。

c. 在这两个部分之间，有一种双重的非对称性，因为一个部分，亦即表达，比另一个部分更可以直接地被经验到。

d. 并且因为，另一个部分，亦即内容，比另一个部分更被注意。

符号本身被主体性地从指称物那里区别开来，而指称物则比符号的任何部分都更间接地被知晓。③

有很多理由去相信，在这个意义上，符号只对很少的（如果有的话）不同于人类的动物（更不用提单个细胞了）敞开。并且，它在儿童发展中，只在一个相当晚的阶段上被习得。要证明这样一个说法必然是不简单的，因为我们不能简单地去询问猩猩和鸽子它们是否有符号，或者就这个问题询问婴儿或者稍微大一些的孩童。从而，我们必须向实验性的研究求助；在这些研究中，我们获得的观察只能是间接的。

图像可以被认为是最好的研究案例，因为，与语言符号不同，图像必须同时包含像似性及差异性。实验表明，即使是五个月大的孩童，看玩偶的时间也比看玩偶图片的时间要长（DeLoache & Burns 1994）。然而，从这

---

① 此区分以一种更为经典的经验主义的方式，其必要性可以通过研究孩童对图像的解释而产生；根据这种研究，把在一个图像中在场的对象与另一个这样的对象等同这件事，相比于把它在现实中还原来说，在相当程度上是更为简单的（Lenninger 在准备中的研究）.

② 事实上，在他所有的作品中，胡塞尔相当在意在他称为的内容（noema）和被意指之物（the noematical core）之间的不同，但是他似乎并未在其他地方把它与表达联系起来讨论（见上面关于知觉的讨论）。

③ 被意指之物一般也会比符号更被注意，如果我们假设在盎格鲁－撒克逊的语言哲学中被称为"不透明的语境"的东西是一个例外的话。（参见 Sonneson 1989：193 ff.）。

个实验不能得出孩童把图像视作图像这个结论。其实，是 9 个月大，而非 18 个月大的孩童就试着去抓住被描画的对象，仿佛它是真的一样（DeLoache 2004）。那么，无论它们感知到了怎样的不同，这里似乎都并未卷入与对象不同的符号。这个结果表明，图像与它的对象被看作是不同的，但是它并不必然地构成一个符号载体与它的指称物。真正的娃娃或许被视作这个范畴一个更为原型性的例证；或者另一种可能是，真实的对象可能是更为有趣的，因为它有更多的感知性的谓项。[①]

在 SEDSU 项目（Zlatev et al. 2006）中，有一项有趣的研究，真实的或者在照片图像中的鹅卵石或者香蕉片被以相互不同的配对被给予试验中的狒狒、黑猩猩和大猩猩（Parron，Call & Fagot 提交；总结于 Sonesson & Zlatev，即出版）。[②] 当所有种类被放在一起时，大多数实验对象选择了真正的香蕉，当真香蕉和香蕉图像被相对放置的时候，几乎没有实验对象会选择香蕉图像。除黑猩猩之外，大多数被测试的灵长类动物在面对香蕉图像和真卵石时，会选择香蕉图像，以及在香蕉图像和卵石图像之间会偏向选择香蕉图像，且这些动物都有尝试吃香蕉图像的趋势。因此，或许可以说，与其他灵长类动物不同，黑猩猩有着某种对符号的理解，而不是仅仅把香蕉的图像看作香蕉这个范畴的某种较为不好的例子。另一个 SEDSU 项目中的试验设计了一只黑猩猩——Alex。它曾经在此之前受训模仿超过 20 种不同的行动序列，并且在一个新的试验中被征募来表演同样的行动，但这次不是像以前一样被一个真人模特，而是被影像、彩色照片、黑色照片，以及绘画里的行动所引导（Call，Hribar & Sonneson，即出版）。尤其有趣的事实是，当它们面对最后一个阶段以及倒数第二个阶段的图片时，黑猩猩都能够完成全部行动。要说这黑猩猩只是简单地把静止图像和行动搞混了，似乎是牵强的，尤其当照片展示了一个未完成的行动，而引导了行动的图像则与被要求的行动不同时。既因为这是一个对行动的静态的观

---

① 这些观察令人想起被巴特斯（1979）和达迪修（1995）所提出的东西，虽然它们一开始是独立于这些作者而被明确地提出的。

② SEDSU（Stages in the Evolution and Development of Sign Use）计划乃是一个由欧盟支持的，包括了来自瑞典、英国、德国、法国以及意大利的符号学家、语言学家、心理学家以及灵长类动物学家的研究计划。为此计划，本文作者与泽拉特夫共同撰写了结论（Sonesson & Zlatev，即出版）。

察，也因为它并未展示完整的行动，或者行动的大多数典型状态。从而，对图像符号的理解，或许乃是在黑猩猩能力范围之内的。

经常地，当它们被人类观察员引导时，猩猩，以及一些海豚和鹦鹉曾经被知道能够掌握许多与语言类似的符号，比如美国符号语言（ASL）的元素，一些造型组成的"临时"系统，或者电脑键盘上的一些敲打的系统性组合。对这些能力的具体的描述仍然不是非常清楚（参见 Wallman 1992；Heine & Kuteva 2007）。事实上，即使只是提出一个有一点希望被解答的问题，我们也需要一个对符号的完全的定义。没有这样一个定义，我们就会要么被迫否认所有关于动物之符号行为的证据，把它们解释成"聪明汉斯现象"的例证（参见 Umiker‐Sebeok & Sebeok 1981），要么按其表面价值接受一切关于有意义的行为的说法。关于第二种立场，从 Washoe 到 Kanzi（参见 Zlatev 的论述，本卷），有许多来自灵长类研究的乐观的报告可以供引述。

2. 意义作为对特性的探查

对于人类，以及其他动物来说，感知乃是意义的基础层级。它是一个意义的层级，因为它假设了某种组织，而对于不同的物种以及不同的文化来说，这种组织可以是不同的。用被生物学家以及生物符号学的先驱雅各布·冯·尤克斯库尔（Jakob von Uexküll）所定义的功能循环的术语来说，每一个物种都有其"周围世界"（Umwelt）。这个世界，正如被解释的那样，由一个"标记世界"（Merkwelt）和一个与之相应的"劳动世界"（Wirkwelt）所构成；前者亦即那些被拣选的特性，而后者乃是一些反应，这些反应的结果在环境中给它们自己以印象。感知与行动一起构成了一个功能性的循环（Funktionskreis）。根据一个在现在已经成为经典的例子，蜱虫静止地悬挂在灌木的树枝上，直到它感知到了由一只哺乳动物的皮肤腺所散发出的丁酸的气味（Merkzeichen），该感知把一个出发的消息传送给了腿部（Wirkzeichen），从而蜱虫就掉落到了哺乳动物的身体上。这就开始了一个新的循环，因为命中哺乳动物的毛发的触觉提示刺激了蜱虫四处移动，以寻找其宿主的皮肤。最终，当哺乳动物皮肤的热量触发了那个让蜱虫可以饮用其宿主血液的、进行钻孔的反应时，第三个循环就被激发了。这些不同的循环由感知性提示和功能性提示的携带者所构成，并且共同造就了相互依赖的主体的诸整体；这与有机体以及那个周围世界相符合，这一世界乃是为了这个被考察的主体而被定义的（参见 Zlatev，本文）。

对于任何来自结构主义语言学或者符号学，或者甚至来自当今的新沃尔夫主义（见 Lucy 1997）的人来说，有一个与这个描述不可避免地类似的物：现实本不应是以这种方式被实现，而只有在它被雕刻成索绪尔所谓的"无定形的物质"（amorphous mass）的时候才显现出来。然而，不同之处在于，在以上所提到的概念中，现实的分节仅在某种语言的或者其他符号学系统、在文化或者历史阶段，以及类似的东西之中发生。但是这里，正如尤克斯库尔坚称的那样，世界如何被分割成不同的片段主要是由解剖学所决定的。然而，在功能性循环这个概念之内，同样有这样一个提议：对世界的分节会根据对现实起作用的不同方式而产生不同。这与皮亚杰对感知运动能力阶段之描述，以及与当代生成主义之信念，有某种相似之处（见 Thompson 2007）。

或许更切题的是，认为感知乃是积极的和探索性的这个理念，与吉布森（Gibson 1966，1982）的关于感知的"生态学的"心理学（以及在此之上，与胡塞尔的现象学）相似。正如吉布森所不厌其烦地重复的那样（再次作为胡塞尔的回响），感知依赖于某人自己的身体的运动。根据把自己申明为吉布森之追随者的科斯塔拉（Costall 2007），吉布森的"意义"概念最重要的特性，乃是它既不等同于外部的感觉输入，又不等同于在大脑内部产生的"再现"，而是构建了一个作为一个与环境互动的积极的感知者而产生的、动态的、关联性的范畴。虽然这毫无疑问是正确的，但它只是吉布森意义理论的一半；这个部分（在没有任何明显影响的情况下）与尤克斯库尔的概念最为符合，并且能解释可供性概念（我会在下一节讨论这个概念）。科斯塔拉的描述忽视了这样一个事实：吉布森（1978；1980）本人同样也发展了一个关于图像感知的理论；并且，在发展这个理论的时候，他总是坚称，与语言类似，图像有意指性的意义——也就是说，它们确实是表征（参见 Sonesson 1989）。① 很明显，他在早年这么做，是因为他

---

① 通过引述科斯塔拉的一篇较早的论文，辛哈（1988）为在功能可供性之外承认符号（"表象"）提出了一个类似的论证，但是他似乎并未意识到吉布森本人承认了图像中的"意指性的意义"。

想要清楚地分辨图像感知与对世界的感知，以表明后者在任何（有趣的）意义上都不是一个表征；这与关于感知的格式塔心理学以及建构主义的心理学不同。然而，在他生命的最后时间里，他似乎对图像感知本身产生了兴趣。

这就把我们引向了在尤克斯库尔的周围世界和结构主义以及新沃尔夫主义语言学之间的不同：被异功能性地（allo‐functionally）地定义的，不是前者，而是后者：这也就是说，它是这样一种运用于内容世界的结果；从一个在一个符号内被解释的表达的角度，这个内容世界被描述了（参见 Sonesson 1989，1992，2006b，2007b）。在周围世界中，没有第二个层级。在一个真正的符号关系中，哺乳动物本身不是皮尔斯意义上的对象，对于这个对象而言，丁酸乃是表象。或者更精确地说，它不是"动态的对象"。它最多是一个"即刻的对象"。必须记住的是，在皮尔斯的概念里，虽然"即刻的对象"直接引发了符号过程，但是"动态对象"乃是某种更为全面的东西，它包括了那些关于同一个对象的可知之物，虽然这些东西在引发的过程中并不在场。实在的、"动态对象"对应于由同一初始即刻对象产生的潜在的无限的不同解释项。应当明确的是，对于蜱虫和类似的生命体来说，在直接对象和动态对象之间没有区别，因为解释项之链条没有任何进一步发展的空间。在这个意义上，蜱虫的感知很难被称作是探索性的和积极的。

恩斯特·卡西尔（Ernst Cassirer 1942：29 ff.，1945：23 ff.），"符号形式"的倡导者，毫无疑问乃是第一个在生物学之外认真地对待尤克斯库尔之理念的思想家。在指出对于人类而言，所有经验都是经由媒介的（mediated）（这是一个"中介"［Vermittlung］的情形）之后，他进一步观察道，正如尤克斯库尔所描述的那样，这对于动物也是一样的。这并不表明，卡西尔在任何意义上从这样一个立场上撤退：根据这个立场，只有人类的世界乃是被"符号"所表达的。事实上，他从未提起过这个事实，对于尤克斯库尔而言，"功能循环"乃是一个"意义理论"（Bedeutungslehre）：他把"动物反应"（animal reactions）与"人类回应"（human responses）相比较。当他没有看到符号和其他意义之间的相似之处时，卡西尔在这一点上或许是错的（虽然他通过避免使用"Vermittlung"这个术语提出了这一点），但是我认为，当他坚称二者之间的不同时，他是正确的。正如被阿伦·古尔维奇（Aron Gurwitsch 964：176 ff.），一位不屈不挠的胡塞尔追随者所描述的那样，感知被认为是携带意义的，但却是"在一个比它通常被理解的意义更广的意义上"；该意义倾向于"仅限于符号的意义"；该它们是指我们的"符号"（Sign）。确实正如古尔维奇（1964：262 ff.）进一步提出的那样，在对于某种在表面上是记号之物的感知中，意义已经被卷入了；该感知充当了在词语中被发现的意义的携带者。通过批评其他的心理学家，古尔维奇指出，意义的携带者不是一个符号意义的一部分；也就是说，表达不是内容的一部分；这与在感知中发生的不同：后者由作为一个更大的整体的一个内在部分的意向对象（noemata）所构成。正如我在其他地方所提出的区分那样（Sonesson 1989），感知卷入了整体，而整体"多于"它们的部分；符号必须与那些与它们所指代之物"不同的东西"有关。

然而还不太清楚的是，对于蜱虫来说有关部分与整体的经验是否存在。那对于作为观察者的我们来说的，哺乳动物之在场的三个线索——丁酸的气味、对皮肤的触感，以及血液的温度——在蜱虫的情况中并不一定需要被设想为一个有着其自己的实存的、单个的实体（用吉布森的术语，一个"本体"）；它们更可能构建了三个分离的段落；这些段落各自产生了其行为的序列。丁酸乃是在彼处的，是属于蜱虫的；哺乳动物则仅仅对我们来说是在场的。进一步地，说丁酸或者哺乳动物是或者不是注意力的焦点，这是无意义的。要决定丁酸或者哺乳动物是否是直接地被给予的，也没有意义。从蜱虫的角度来看，丁酸和哺乳动物几乎没有任何区别。对于蜱虫来说，不但没有符号，世界上也没有多少值得探索的地方。

被如此这般理解的蜱虫似乎并未明显地与单个细胞不同。为了试着把符号概念扩展至细胞，克劳斯·爱默彻（Klaus Emmeche 2002）开始说明，在生物中，功能与意义是同样的东西。这也可以被证明，因为爱默彻在功能的意义上理解意义：功能乃是部分对于总体的关系。事实上，"说细胞色素 C 对于细胞有意义，就等于说它有功能。"（Emmeche 2002：19）这暗示，酶的意义在如下意义上"是结构性的"："细胞的分子形成了一个诸相异点（正如在索绪尔所说的语言的要素）的系统"（Emmeche 2002：20）。根据这个观点，在细胞中的一切都同样也存在于语言中。但是，与爱默彻似乎想暗示的不同，相反的事情不可能是真的。正如我们曾经定义的那样，这里毫无疑问没有符号功能。再一次，正如我们在上面看到的，这里有一个结构，但不是一个被异功能性地定义的结构。

然而，正如梅洛-庞蒂（Merleau-Ponty 1942：139 ff. ）所论证的那样，仍然存在一些有物理秩序而非生命秩序的诸整体；这与他在其关于行为结构的第一本不太知名的书中所认为的格式塔心理学家的简单概括相反。经常提醒我们梅洛-庞蒂的论辩的汤普森（Thompson 2007：72 ff. ）会毫无疑问地承认细胞以及蜱虫是生命秩序的生命体，因为二者都在马图拉纳和瓦雷拉（Maturana & Varela 1980）的意义上是自我繁殖的（auto-poitic）；这也就是说，相对于它们所不是之物，它们在一个强烈的意义上设立了它们自身的界限（Thompson 2007：97 ff. ）。我个人的感觉是，即使在意义被考虑进来的情况下，在单细胞和蜱虫之间应该有某种不同，虽然我并不确定，什么样的论证可能可以与这个问题有关。与此不同，我想要研究的是，在怎样的意义（sense）上，即使不考虑符号，意义（meaning）对于那些从我们的人类中心主义的立场来看乃是"高等动物"的东西，和对于单细胞与蜱虫来说，有什么不同。人类、猩猩，以及其他哺乳动物将会被看成是意识到了部分与整体的关系的。

3. 感知与注意力的场域

总体与部分之关系的一种在人类的（或许还有一些其他动物的，但是可能不是蜱虫的）经验中展开的方式，乃是让意识场域构造成主题、主题场域以及边缘。主题乃是那最中心性地占据了注意之物，场域与主题共在，并且从内容的角度与主题相联系，虽然它们更少地被注意到；边缘只是简单地与主题和主题域共在，而并不内在地与它们相联系。最低限度地，边缘包含了我们对我们自己的身体的认识，对当下时刻之时间视域的认识，以及对于不在焦点之内的感知世界的认识。虽然阿伦·古尔维奇（1957；1964；1985）在半个世纪以前就发表了一个对于意识场域的大师级的现象学描述，但他的作品很少受到哲学家和实证研究的重视（参见Sonesson 1989）。在一本新近出版的书中，斯文·阿维森（Sven Arvidson

2006）开始说明这部作品①与经验研究之间的关系，同时强调，这里真正关键的，乃是注意力的机制。② 虽然阿维森没有提及迈克尔·托马塞洛（Michael Tomsaello 1999，2008）关于孩童和猩猩的研究，这个对注意力的强调有这样一个优势：它把古尔维奇的经典作品与更新近的研究联系了起来。

一个周围世界，比如蜱虫的周围世界，作为一个过滤器而起作用；它排除了所有与该物种的生物过程特性没有直接关系的东西。然而，人类的生态位（参见 Smith & Varzi 1999）则是作为一个主题性的装置（device）运行，通过一个取自胡塞尔的术语，这个生态位同时也而被理解为"生活世界"（Lebenswelt）；这在没有完全阻挡对于任何世界之属性的直接接触的情况下，把不同程度的显著性分配给了这些属性。这些显著性的诸层次对于一个"生活世界"（Lifeworld）而言乃是构建性的；或者，它可能可以在正在运行时（on the fly）被产生，也就是说，可能在一个特定的情景下，通过（共同）注意力的方式而被产生。相关性和过滤都包含了从环境的整体中对一些有限的特性的拣选。但是，相关性并不排除任何东西：它仅仅把环境中的某些部分放入背景之中，以准备为其他的目服务。从而，在语言这一情况里，对于决定词语和句子的意义无关的那些特性，仍然可能有助于提供关于个人用语风格的信息，甚至有助于辨别出说话的人。相比之下，过滤只是简单地删除了所有并未通过过滤装置之物。③

相关性与过滤之间的不同毫无疑问与个体意识到自身之周围世界的边界的能力相关。它要求那个把周围世界的界限融入主题的能力。套用维特根斯坦的话来讲，对于蜱虫而言，它的周围世界的界限就是它世界的界限；但是，（尽管我们用维特根斯坦的话来讲）对于人类而言却并非如此。

---

① 译者注：指古尔维奇的作品。

② 阿维德森的书的主要论证是，在被重新放置于古尔维奇的三分法中时，已然完成的关于注意力的经验研究会变得更加可以理解。不幸的是，我不认为阿维德森成功地证明了这一点。没有古尔维奇的现象学研究，课题、课题域以及边缘的结构是很难理解清楚的。经验性的注意力研究仅仅考虑注意力的其他属性。

③ 我不想把课题结构用作把周围世界和生活世界对立起来的区分性的标准。然而，因为课题结构先设了意识（正如古尔维奇确实指出的那样，这是胡塞尔意义上的意向性），对我的反对实际上乃是与泽拉特夫（本文）所提出的建议相同。

诚然，在蜱虫的周围世界中，仅仅只有三个感知的范畴，以及三个行为的范畴。所有剩下那些为我们人类（而在）的，对于蜱虫而言都被过滤了。① 更精确地说，自然有一个人类的周围世界，它把那些对于我们的经验来说不可知的东西过滤了。但是，在此周围世界的界限内，有一个人类的生活世界；它由那些或多或少被注意到的、或多或少被强调的东西，以及它们周遭所预示之物所构成。比如说，虽然我们可见的光中不包含红外线，但是所有对我们可见的光仍然都是主题性地被结构的。我们的世界是一个注意力中心不断转移的世界，在这个世界中，那被聚焦之物被感知成一个情景的，以及作为整体的（生活）世界的一部分。并且，因为注意力的焦点会漂移，因此感知乃是探索性的和积极的，并且一个解释项会导向另一个。

现象学的描述清晰地表明，主题域的三重建构乃是人类意识的一个不可避免的事实；并且，正如阿维森（2006）确切提出的那样，正是为了填充细节，我们才需要实证研究；但是，阿维森并未察觉，实证研究不得不将这种结构视为理所当然。阿维森所讨论的实证研究中，没有任何一个证明了这个结构的在场。因为动物们不是现象学描述的任务（或者说至少，关于这个，它们不会告诉我们），我们不能知道它们是否有任何古尔维奇的三重结构中的经验。对于那更广为人知的、在主题和那不被注意的东西之间的区分而言，或许有一些（负面的）证据，虽然对于它的解释不是直接的。虽然许多其他的解释毫无疑问也是可能的，但是托马塞洛的断言至少可以被阐释成与注意力机制中的某些严格性相符合；他断言，猩猩们能够模仿目的而非手段（1999）；而他的后期论断（2008：22 ff.，49 ff.）则是，至少在他考虑到的所有情况中，猩猩从模仿中并未学习到什么。其他的研究也可以用这种方法被阐释：它们提出了一个问题，这个问题与对他人之注意力的注意有关；比如说，当猩猩被认为只会从可以见到它的人类那里求取某物，或者当它难以理解在那个人类指着的篮子里有食物的时候（参见 Tomasello 2008：30 ff.）。在另一方面，一些 SEDSU 研究（参见 Call, Hribar & Sonessen，即出版）似乎表明，这个问题并未包含注意力，

---

① 就我所知，作为一个对于蜱虫的世界的描述，它或许是错的。但是它是从尤克斯库尔关于这个世界必然要说的东西那里推演出来的。

而是包含了执行：当他认不出这个行为时，Alex 就不能模仿它。然而，他并不适用任何在他的"储备"（repertory）中的行动，而是试着去做某些新的行动（参见 Hurley & Chater 2005）。然而，从注意力获取的角度来说，试验性的情景是高度人为的。

虽然意识的或注意力的场域乃是一个移动着的结构，将所有在其范围内的事物重新组织成主题、主题场和边缘的三重结构中，但是在人类的经验世界以及诸范畴中，同样有部分与整体的内在关系。世界上的所有事物都属于一个特殊的种类或者范畴；这是独立于符号功能的像似性。在被用来构造符号之前，所有事物也同样是由部分构成，而且/或者在某些他物的临近范围内出现；这是指示性。[①] 人类的经验是有意义的，因为它由物（用吉布森的术语来说，由"物质"）构成；物有不同的属性，属于不同范畴，也在多种环境中呈现。正如被尤克斯库尔所描述的那样，在蜱虫或者单细胞的世界中，上述东西中没有任何一样是有意义的。一些逸闻性质的事例，甚至是一些研究（参见 Tomasello 2008：42 ff.）表明，狗和猫的周围世界，更不用说猩猩的周围世界，与人类的周围世界更为相似。

在常识性的生活世界中，至少有三种划分任何可能的对象的方法：把它划分为它的合宜的部分（比如说，头部、躯干、腿部等，如果总体构成了一个人类身体的话）、将其分成不同的属性（参照同一个整体的话，男性与女性相对、成年人与儿童相对），以及将其分成不同的视角或者侧显面（从背面看到的身体，在一个四分之三的视角中被见到的头部，等等；参见 Sonesson 1989；1996；1997；2001；即出版）。这些是因果性（facoriality）的三个类型[②]；与邻接性（contiguity）一起，它构成了那个不是作为符号，而是作为符号之基础的指示性。它的另一个更为有名的术语乃是分体学（mereology）；它源出于胡塞尔的早期作品，是关于部分和整体的理论，却被逻辑学家莱斯涅夫斯基（Lesiewski）给予了这个名字（参见

---

① 在这个意义上，迪肯（1997：77 ff.）相当正确地提出，相似性乃是认出某物，也就是说，对某个范畴，甚至是某个"刺激物的普遍化"（stimulus generalization）的识别。我对迪肯的批判（参见 Sonesson 2006b）卷入了对相似性和相似符号的混淆。

② 译者注：在作者这里，factoriality 主要是一种"部分与整体的关系"。见 Sonesson, "Semiotics of Photography: The State of the Art," in *International Handbook of Semiotics*, ed., Peter Pericles Trifonas, 2015.

Smith 1994；1995）。或许也会有人把至少前两种区分想成构成等级体系的东西：一个是"外延性"（extentional）的，从比较大的合宜部分到更小的部分（手臂—前臂—手—手指—指甲，诸如此类）；而另一个则是"内涵性"（intentional）的，从普遍属性开始而终结于更为具体的属性（动物—人类—男人—老男人—傻子老男人，等等）。① 后者可以被理解为一系列因范畴内成员越来越少而越来越窄的循环。在外延性的等级结构中，子范畴占据了更小的空间；然而在内涵性的等级结构中，扩展则是持续的（只要你不改变被意指之物）。手臂与指甲的界限并不一致，但是一个老而脾气暴躁的人和一个有生命的人可以是同一个人，虽然"有生命"这个属性更为广泛② （因此范围更广，参见 Sonesson 2005 – 2006）。

分体论的任务不仅仅是论证整体与其部分之间的关系，而且也是解释各种不同的总体性（totalities）。胡塞尔把形态（configurations）与集合（aggregates）对立起来；但是在总体心理学（Ganzheitspsychologie）的不同代表人物的作品中，我们找到了类似的尝试；但是有时候；这些尝试是更为成熟的（参见 Sonesson 1989，I. 3. 4）。皮尔斯写了一个非常长且相当杂乱的关于不同种类之总体性的列表（引自 Stjernfelt 2000）。更新近地，许多心理学家已经区分了局部线索（local cues）与更为全局性的（holictic）感知的如下两种模式：一种模式是"总体处理"（global processing），其中被注意到的东西乃是最高级的、等级化的刺激物；另一种则是"构型处理"（configurational processing），它考量的是诸要素之间的、层际空间的（interspatial）关系（参见 Sonesson & Zlatev，即出版；Zlatev，本书）。

关于人类之外的分体论经验的证据，是最为间接的。对于鸽子和猩猩之图像感知，以及任何中间物的研究都可能不能证明动物能够把图像看作图像，但是它肯定可以表明，动物可以分别注意一个人以及一幅相应的图像、一根香蕉以及它的绘画之间的相似和不同（参见 Sonesson & Zlatev，即出版）。似乎同样的是，不仅是在给出对象的所有部分的时候，而且当图像通过不同视角而变形时，信鸽都能够认出对象；至少是只要某些"真子"

---

① 在盎格鲁－撒克逊哲学中，感知预兆通常被视为某种意图，但是这种同一性并不怎么有帮助，如果有人对如此这般的感知（本身），而不是对它被语言所表达的方式感兴趣的话。

② 指"是一个动物"。——译者注。

（geons）被包含在内——这是说，只要一些对象的部分存在：这些部分可以从不同的视角被认出，并且包含了与同一个对象的其他部分的关系（参见 Peissig et al. 2000）。事实上我们对阿莱克斯对在包含了动作的某些有限步骤的、静态图像的模仿的研究可以表明，猩猩有能力从时间片段中认出事件（Call，Hriba，& Sonesson，即出版）。

在他们对语法之起源的研究中，海涅和库特夫（Heine & Kuteva 2007：150 ff.，276 ff.）考虑了在什么程度上"动物认知"可以理解"层级性的分类学关系"，比如包含性（inclusion）（范畴成员）、属性关系（我们的内涵性等级关系）、部分整体关系（partonymy）或者说部分相对于总体之关系（meronymy）（我们的外延性等级关系），还有社会关系、领地，以及位置。虽然他们考虑了在我们在此提到的证据外的其他证据，但是他们还是总结道，关于等级性思想的基本能力在那些已被研究过的动物中存在，尤其存在于猩猩、猴子，以及至少一只灰鹦鹉中。他们进一步提出，被其他人声称为是人类语言所独有的那些递归的基础（underpinnings of recursion），其实内在于"动物思考"的范围内（Heine & Kuteva 2007：278 ff.；296 ff.）。不容易确定的是，他们是否想要暗示，所有那些让（完整的）递归成为可能的、在动物思考中所欠缺的那些东西，乃是通向特定语法构造——比如名词词组和次级从句——的通路。在一方面，是递归以及/或者语言，而在另一方面则是动物经验：无论是什么造成了二者之间的不同，它都一定不是把握感知意义的基本原则。①

4. 功能可供性的生态学：自然及文化

吉布森（1977：67）告诉我们，任何一件事物的一个功能可供性乃是它的诸属性以及其表面之间的一种特殊的组合；这些属性属于它的实体，而这个表面则与一个动物相关。给出的一些例子能提供更多的信息：功能可供性可以是一个事物的可理解性，或者可食用性。可理解性可以理解为

---

① 海涅与库特夫（2007：304）提出，在壁画中无头动物的在场证明了，与语言学上的核心词—修饰词（head‑dependant）关系相符合的部分—整体之关系在 1 到 1.5 万年前就"概念性地在场了"。这似乎是一个夸张的结论。因为壁画乃是图像符号，所以在图像中出现的因子可能要比在感知中花费更长的时间。但这不能得出结论说，二者在语言中同时出现。

被把握的恰当性。可食用性必须被阐释为容易被食用。用一个现象学的术语来说，这些可以被说成是"沉淀"在个生活世界中一个对象上的推论，因此，一旦一个苹果被视作一个苹果，它就也被看作某种可以被把握和吃掉的东西，因为这些乃是一些被认为（而且是"合宜地"）在其他时间中已经发生在其他苹果上的事件。从而，在一个常态（normalcy）以及规范性（normativity）的意义上，苹果能够被理解和被吃掉：这是在绝大多数时间中都发生的事情，而且它也是我们认为适合对苹果所做的事情（参见 Sonesson 1996，etc.）。苹果并不指代它自己的可被理解性和可食用性。与符号的情况不同，（在苹果的情况里）没有这样一个东西，这个东西是在此的直接被给予之物，但不是注意力的焦点；它被用来指向某个更为间接的，而且也更被强调的东西。更确切地说，在上面讨论的意义上，可被理解性和可食用性更多的是苹果的属性。然而，它们也不只是苹果的属性，而同样也是那个把握它和食用它的主体的属性。我们从而止于生活世界的某种关系性的属性。当史密斯（Smith 1995）考虑到关系性的"性质"（accidents）或属性时，他向传统亚里士多德主义的存在论中加入了一样重要的东西；可以说，这些属性乃是附着于数个携带者之上的；这些携带者或许更多地是在吉布森主义而非亚里士多德主义的意义上，被理解为物质。

吉布森的功能可供性，的概念在经历了一个很长的过程后，才发展出积极感知这个理念：它是一种区别于指称的意义，因而区别于符号所传达的意义；但是，它更多地与做事情的技艺，而非与作为"实质"之领域的世界相关。吉布森（1979：129）指出，既是物理性的，又是精神性的功能可供性，既依赖于所包含的动物，也依赖于它的环境。它们乃是那令吉布森的心理学变成"生态"的一部分（亦即，变成一个考虑到与环境之间的交互关系）的理论。不过，功能可供性这个概念不应当简单地与在尤克斯库尔之周围世界中的从感知到行动的循环相等同。功能可供性似乎会与实质的领域相重叠；也就是说，与被蜱虫所感知到的世界之属性不同，它们不是实质的代替物。

不同周围世界的一些属性事实上可能更应该被理解成功能可供性。蜱虫的反应很难与它的感知区分开来。并且，可以理解的是，尤克斯库尔（1956）提到，在家蝇的世界中，可着陆的地点这个属性，不是某种与实质之世界相重叠的东西。然而，虽然尤克斯库尔在同一个小节里提到，在狗的世界里，地板和沙发可能并未原初地拥有功能可供性，但是狗可以学会如何以不同的方式对它们做出反应；这必然意味着，它至少有着某种通向实质之领域的通路。但是，由沙发、桌子、椅子，以及墙壁（不用提烤炉和厨房洗涤槽）所提供（afforded）的不同之处，或许超出了狗的世界。另一方面，有一些经典的（以及一些更为现代的）研究表明，猩猩能够吸收某些工具的功能可供性。确实，新近的试图去教会猩猩某些语言之方面的尝试甚至已然表明，它们能够把握电脑键盘的功能可供性，虽然这毫无疑问不是被研究之物的一部分。

虽然从某种独立于文化的方面上看，可被理解性可能是事物的一个属性，但是这很难是可食用性的情况。人类学研究充满了这样一些例子，一些在一个地方被食用的东西，在其他地方被认为是完全不可食用的。并且，可以很简单地想到其他一些明显与那些被提及之物属于同类的，并且仍然是文化性地特殊的东西。我们仅仅需要想一想与立方体不同的骰子就可以了。假设有某个在其中骰子尚未被发明的人类文化：骰子的可投掷性似乎能够直接被那些来自相关文化的人感知到，即使这种特殊的可投掷性只能被那些来自如我们的文化的人所知；在这些文化中，它们是许多游戏的重要成分（参见 Sonesson 1989）。类似地，对于当代西方文化中的大多数人而言，一个电脑键盘有一个直接的可书写性的属性（并不一定比键位的"可摁性"更晚出现）。从而，正如吉布森似乎会假设的那样，一些功能可供性可能被我们共同的周围世界所定义，然而，（杜撰一个对于吉布森来说是异端的术语）其他的"文化的"功能可供性必然源出于特殊的社会—文化性的生活世界。①

---

① 在 1989 年写作时，我以为我有了一个发现。然而，大约在同一个时间段，克里斯·辛哈（1988）用一种类似的风格谈论了"作为复杂人造物的汽车之社会—文化'功能可供性'"，并且最近，他指出了"作为一个纯粹感知性之范畴的'功能可供性'的令人值得怀疑的状态"。同时，艾伦·科斯塔（1955）提出要"把功能可供性社会化"。然而，在设计理论中，部分原因为来自诺曼 1999（Gunner Sandin, p. c.）的灵感，似乎这种社会化已经作为一个理所当然的事实发生了。一个细心的读者会发现，在吉布森作品中的许多例子（比如信箱等）就其本性而言乃是社会—文化的，但是吉布森从来未曾对此事实发表评论。

从而，吉布森对生态心理学的描述有一个问题，这个问题与那个在胡塞尔对生活世界的描述中被发现的问题是一致的（参见 Sonesson 1989：37 ff.）：假设我在看着的东西不仅仅是一个立方体，而是更具体地是一个骰子。这样，被胡塞尔和吉布森所提出的论证就还是成立的：像被视作一个立方体那样，对象直接地被视作一个骰子。但是这个信息显然不是简单地等着被获取的：胡塞尔的（1962，1973）"班图黑人"（Bantu negro）被认为是一个被还原到普遍之生活世界的主体；他在见到一个骰子时会感到茫然，至少如果他如胡塞尔所设想的那样天真的话。并且仍然，对于一个西方文化的成年成员而言，这骰子至少会被直接地视作立方体。[①] 当然，骰子的意义没有被其可投掷性穷尽：根据不同的盯着它看的脸庞，它有着不同的意义；而且要考虑到，是在哪个游戏中，这个骰子被投掷。

对于不同的被用来下象棋的事物来说，这或许更为真确。要记住，索绪尔用象棋作为一个语言的现成的比喻，并且论证说，任何一套临时的纽扣都可以被用来下象棋，只要那指定了每一颗纽扣之可能的行动的规则是可知的；正如原则上，在一种语言中任何一个声音都可以用来指代一个意义。任何东西都可以是一个国王，只要它被允许按照一个国王行动的方式来移动，正如（当然，多少带点儿夸大）任何东西可以是一个/a/，只要它在元音系统中起到一个/a/的作用。这可能是真的，但是对于某个知道怎么下象棋的人来说，只有一个看起来像国王的棋子才能够直接地"提供"（afford）那种移动；在象棋游戏中，国王被允许有这些移动。

迪肯（Deacon 1997：41，59 ff.）甚至比索绪尔走得更远；他比较了"被规则所控制的游戏"（对此，象棋肯定是一个例证，还有礼仪规则以及音乐）和语言，但排除了"肖像"，并声称是前者而非后者有"符号指称"。[②] 事实上，如果我们假设"符号指称"表达了一个一般性的理念，根据这个理念，某物乃是"有关"另一个某物的，或者等价地说，是指代了另一物的，那么把它归于至少某些动物的交流的例证，和把它当然地归于

---

① 正如被托乐蒙特（1962）所指出的那样，在胡塞尔去世后出版的许多论文中的观点超越了这个概念。

② 关于我对此的批判的细节，参见 Sonesson（2006b）。本维尼斯特的术语"可靠性的领域"（domain of validity）会在下面谈论金钱的小节里解释。

被人类使用的图像，就比把它归于诸如礼仪、游戏和音乐这些事情，更有意义。

定义了游戏的规则完全不是"有关"任何事情的：它们对被允许的行为施加限制。这很容易表现在礼仪以及类似的情况中（参见 Sonesson）。然而，象棋的情形更难处理。让一些木头或者其他材料的碎片，以及一块棋盘成为一局象棋的，乃是这样一些限制：它们施加于棋子被允许的行动，以及特定棋子占据了特定位置所造成的后果。事实上，正如约翰·塞尔（John Searle 1969，1995）已经观察到的那样，在象棋规则的运用之前，棋盘上的移动是无规律的；象棋规则不同于交通规则：对于移动的限制造就了象棋，但是交通规则并不造就交通。用其他的术语来说，象棋规则乃是"构造性的"（constitutive），但是交通规则只是"规范性的"（regulatory）。很明显，人们可以争辩说，在一个意义上，/a/不意味着"低、舌前面、洪亮"（low，frontal，sonorous）元音；在同样这个意义上，王后意指了"可以在任何直线上进行任何被意愿之距离的运动"这样一种东西。或许，更切题的是，与语言相比，象棋（在古德曼的符号载体的诸属性的意义上）实则是处于句法的层面上的；也就是说，什么可以而什么不可以占据特定的位置这件事情，是有规则的，而且它还规定了一些不可变的特质，以及其他的可以自由交换的特质。棋子并未携带与它的表达区别开来的意义，而这是语言和图像的情况。再次地，棋子"提供"了特定的移动——但仅仅在一个被给定的文化中，对于这个文化而言，象棋乃是一个文化的（人造）实例。

索绪尔的对比包含了棋子以及语言的要素，比如音位和词。它并不关于句子，更不要说话语（utterance）了。但是，如果被一个棋子所携带的功能可供性所包含的，不但有那些行动的序列（它曾经在过去完成过这些序列，后者沉淀在了它上面），而且有那些会在未来采取相同行动的倾向，那么或许每一个单独的行为一旦被意识到，都可以在某种程度上与一个话语相比较，或者更确切地说，与说话的行动，亦即发音相比较。实在地，赫伯特·克拉克（Herbert Clark 1996：40 ff.）提出，象棋中的每一个移动都可以被视作一个交流的行为，它更改了两位棋手的共同知识的状态。如果是这样，王后的每一次移动会是一个"象棋行动"的类型，在象棋会是一个高度重复性的话语类型的情况下，可以与言说行动相比较。国际象棋作为一种符号系统，因此具有非常有限的有效性，或者换句话说，非常有限的内容资源。①

塞尔（1995：43 ff.）用"X 在 C 中被算作 Y"这个公式来描述那些造就了游戏（以及普遍意义上的，机构性的现实）的构建性的规则。他的例子乃是诸如纸币和象棋之类的事物。在我心目中，我们完全可以说，一个棋子（或者一个在棋盘上代替它的纽扣）"算作"（counts as）一个能够在棋盘上以确定的特殊方式移动的东西。② 然而，要说（一个词语的，一个手势的，一个图像的，以及诸如此类的）表达可以算作它的内容，是相当令人误解的。符号在一个方面确实可以是事物的代替物（surrogates）；然而，它们比事物自身满足了更多的功能。它们允许我们对事物采取一种立场，从而为生活世界中的目的，决定这些事物的意义。没有任何棋子，甚至没有任何棋子的移动，实际地算作那个改变了象棋游戏之意义的表述，更不用说那外在于象棋之世界的东西了。

我相信，这不是一个偶然：在语言和象棋之间的类似，已经被从胡塞尔、维特根斯坦和索绪尔到塞尔和迪肯的许多杰出思想家表明；即使象棋由功能可供性构成，后者会显得似乎形成了一个整合（integrated）的系统。在人工智能的早期历史中，软件被发明的目的是下象棋，而这软件的一个后来的版本最终变得比人类棋手更好。然而，在我所能理解的范围内，这个软件从未完成过这样一个令人望而生畏的任务：弄明白那原本是提供给人类感知的、功能可供性的系统。相反，软件必须利用棋盘上的位置的一种代码的某个版本；它可以在日报的象棋专栏中被找到。据我所知，从来没有人试着教会动物下象棋。然而，因为许多研究者已经试着把语言的某些方面教给猩猩，下象棋或许会显得是一个更简单的挑战。当被

---

① 克拉克观察到（1996：48 ff.），在被普遍接受的关于已经做出的移动之描述之外，还有一个"被注解的记录"；其中，一个移动可以能从一个棋手的角度被视为是"一个重大错误"（a blunder）或者一个"大胆的移动"（a bold move）。这个观察指向了描述之不同的内涵性的等级。它并没有说出任何只关于作为一个意义来源之象棋的事情；同样的，从一个经纪人或者一个病人的角度来看，一记对下巴的拳击也可以被重新描述为一次胜利或者一次失败。

② 关于其他的，在我写作时我未曾意识到的对于塞尔之公式的考量参见（Sinha）。

更仔细地考虑时，以及在语言学研究中，原来猩猩（或许 Kanzi 例外，它已经显示了某些对英语的理解）已经可以在不必须掌握许多感知技巧的情况下，就能够学习语言的某些类似之物；在此，那些感知技巧对于语言运用乃是基础的。

二　替代物及系统论

1. 代替物和标记

在人类的生活世界中，至少有两种有意义的现象，虽然它们不会是与我们的定义相符的符号，但是它们不仅仅是文化的功能可供性。然而，一旦你试着去把捉它们，它们似乎总是处于形成符号的边缘，亦即代替物和标记。

卡洛·金兹伯格（Carlo Ginzburg 2002）已经提出，符号的起源——无论用这个术语，他究竟意味什么——可以在国王和其他英雄死后被创造的他们的雕像中找到。在此，再构建背后的理念是很容易理解的：某些（对于某个具体的人，或者更普遍地，对于某个部族或者文化而言的）重要人物已经死了，而为了弥补他的缺场，一个代替物必须被创造。或者，在一个更为普遍的等级上，要把鸟从田野上吓跑，人是需要的（假设"人类"在鸟的世界中是一个概念）；并且，因为一个人不可能总是在左近，一个稻草人就在他的位置上被树立了起来。或者，把我们的范围保持在令人瞩目的个体上，那么封建时代的中国皇帝，以及之前的萨达姆·侯赛因，他们都有其自身的复制品。这个理念可以被普遍化（正如它在语言的"设计特性"列表中名列前茅；参见 Hockett & Altmann 1968）为作为任何可以代替某个不在场之物的事物的符号。

但是，无论是稻草人还是替身都不是"关于"人类的。如果我们以语言、图像和手势等事物来作为后者的例证，那么它们都不是典型的符号。正如我们已经看到的那样，符号乃是站在我们的经验之世界上的一个立场——即，用皮亚杰的术语来讲，它们是"从主体的角度"被理解的（虽然一般而言主体是一个社会性的主体）。稻草人、替身，（或许）还有雕像并不在人类不在场的情况下呈现（present）他们，从而对它们是什么这件事表明了立场。被如此这般理解的代替物似乎与伪装属于同一个普遍的类，但与符号相当不同。在其他地方，为了一个任务，我引入了迪肯（1997：76 ff.）；这个任务是试图声称，在动物之世界中的伪装（比如说蛾子的翅膀被鸟视作"仅仅是树"）本质上乃是像似性的"典型情况"；我们习惯于把相似性称为图像（Sonesson 2006b）。事实上，只有伪装才会有这种作用，即可以到"看不出其本身是什么"的程度；然而，与之相反，唯有当它被视作一个符号，而不是诸如它所描绘或者要么指代之物的另一个例证的时候（亦即，被当作一只香蕉的一个图像，而不只是"香蕉"这个范畴的一个不太合适的例证），一个图像或者任何一个其他符号才能充当一个符号。在这个方面，稻草人，正如萨达姆·侯赛因的替身，乃是与伪装相类似的，因为只有当它们不被视作它们之所是，亦即，不被分别看成不是人类或者不是萨达姆·侯赛因的东西时，它们才能实现它们的功能。正如金兹伯格所述，雕像似乎确实与我们的稻草人类似。在它们的创造者（虽然不是它们的接受者）知道它们不是真实之物时，它们仍然与在动物的世界可以看到的（不过自然，不是作为一个军事程序的）那种伪装不同。虽然如此，即使金兹伯格是正确的，一旦它被发明出来，在西方意义上的艺术就将这样一件事情作为它的工作：通过引入一种关于英雄的观点，把雕像转换成符号。

　　然而，也许从一种更微妙的意义上来看，雕像可能从一开始就不同于稻草人：人们知道雕像与英雄不同，但仍然以雕像替代英雄的位置，而非让雕塑成为他们。或许一个更好的例子就是替身，就像这个名词在戏剧中被使用的那样：替身接替通常由知名演员扮演的角色，这并不"意味着"替身是演员。此时此地，在表演这一目的下，替身简单地等同于这个演员。我们更确实应该思考，对于农夫而言稻草人之所是的东西：它是某个为了一个具体的目的代替了一个人类的东西，但是一定并不意指"人类"。或许我们可以说，是在这个情形下，塞尔的公式"在 C 中 X 被视为 Y"可以真的被运用。为了这个目的，从现在开始，我们会保留"代替物"（surrogates）这个术语。[1] 在这个意义上，代替物确实与符号分享某些属性：

---

[1] 虽然"代替物"这个术语有时候被吉布森（以及，或许在没有任何影响的情况下，被艾柯）用来描述图像性的符号，但是在这个语境下最好还是避免它，因为它代替了被意指的对象这个提议。

如果它们被理解成如此这般之物，它们替代了那与它们不同之物；因此，为了把捉它们的功能，你必须理解如下两样东西：它们与它们所代替之物的等同性，以及它们和它们替代之物之间的不同。因此，这里必然有一个分别，还有在被卷入的两个事物之间的某种非对称性；但是，其中一个对象不可能在任何意义上被一个主体（包括一个群体性主体）视作对于另一个对象的立场。[1]

替代物和工具之间有一个显而易见的相似之处：正如一个锤子是用来捶打的，但其他东西也可以用于同样的目的，有许多事物可能代替那些应该合宜地在那里的东西。在其他地方，我已经否定了那些对于符号和工具的识别，无论它被理解成把符号还原至工具（比如在普列托的作品中），或者把工具还原到符号（比如在艾柯的作品中）。两种还原都忽略了这样一个事实：工具被用来改变世界，但是符号被用来阐释世界（参见 Sonesson 1989：133 ff.）。然而，代替物在这个方面更像工具，因为，正如我们刚刚见到的那样，它们也并不真的"关于"某些事物。但是它们介入这个语词的方式，远远没有这么清楚。

在他对猿的经典研究中，科勒（Köhler）发现，猿们有抓住其他事物的潜力，以达到与某些工具相同的目的。这甚至可以被视作托马塞洛观察到猿类愚笨性的积极一面：猿不止在模仿目标（"仿真"［emulation］），而且在模仿手段（"真模仿"［true imitation］）。另一个更为新近的研究真正地关注了猿为了未来之需求而做计划的能力；研究发现，在一系列有着可见的不同，但是与在早先的情况中被使用之工具有相同的相关属性的物体中，它们可以选出一件工具（参见 Osvath & Osvath 2008）。但是，代替物对这个外部世界的干涉要微妙得多，据我所知还没有哪项研究与此相关。

另一个符号的边界性的情形（limiting – cases），乃是那经常被称作记号（marks）或者标记（markers）的东西。在一个最为直截了当的情形

---

① 要看到这种不同，人们或许可以对比如下东西：范例（那些为了它们自身，为了那个它们从属于的范例，以及为了某些它们拥有的属性而存在的东西），以及尤其是我在其他地方称作伪同一性（pseudo – identities）之物——这是那些有着它们所替代之物的全部或绝大多数感知属性的对象，但是不是那些定义了它们的东西：不能吃的蜡做的食物、在商店橱窗里展示衣服的模特（参见 Sonesson 1989：336 ff.）。虽然蜡做的食物明显是符号的一个范例，在这个语境下，模特或许最好被理解为一个代替物。

中，标记仅仅是一种方法，来增强感知情境中突出主题的那一部分。然而，一旦我们超越了感知的直接呈现，标记就倾向于变成计时的装置。一个关键的例子就是众所周知的手绢上的结。然而，一个更为有启发性的情况，或许是在卡尔维诺（1997）的故事中，被 Qfwfq[1] 在银河之外的空间中一个空旷的点上所做的记号；在此之后，我们的主角坐下等了两亿年，为了在完成一整个银河年之后，再次观察到这个记号。当然，重点是，这里的记号仅仅表示"那个在那里有一个记号的地点"。确实，似乎许多早期现代哲学家，比如霍布斯和莱布尼茨，主要地把符号理解成允许我们记住更早的想法的记号（notae），也就是说，理解成给我们自己的消息（参见 Dascal 1978；1983；1998）。[2] 然而，在现实的历史生活世界中，"标记"这个术语更好地描述了在高拉丁时代（High Latin Age）符号的功能；无论是在书中，还是在"放置"话语论点的假想建筑中，它们都只是用来提醒说话人应该思考些什么。书本不是记忆的替代品，而是用来激发鲜活之记忆的"记号"（notae）（参见 Draaisma 2000：33 ff.）。在那之后，书本以及其他实体的人造物（embodied artefacts）已经占据了许多那些在早先由个体记忆所统治的位置（这是柏拉图永恒地惧怕的东西）。

如果被理解为符号的替代物的问题在于它们缺乏"关于性"（about-ness），那么标记的问题就更深刻。这里没有次级的等级。标记简单地强调已然在此的东西。在这个意义上，它们包括了相邻性以及可能的部分—整体关系，亦即，包括了指示性。因此，在标记和符号之间显然有边界性的情形。给定两个倒扣着的容器，其中一个上面有一个十字；多少是显而易见的，对于一个成年人类来说，这个情况下，任何可能有趣的东西都会在那个有一个十字的容器底下被发现。在这个被给定的情况里，我们或许可以把十字的记号解释为"下面有食物"。但是，说到底，我们所有的乃是一个记号，以及它在另一个容器上的缺席。结果是，这是一个对于至少

---

① 译者注：卡尔维诺《宇宙奇趣全集》中的人物。

② 即使是一个文化也可能被说成是为自己做记录的，在此情况下我们遇见了洛特曼（1979）所说的"作为一个集体心智（collective intelligence）的文化"，或者更好地，用一个更早期的术语来说，遇见了作为"集体记忆"（collective memory）的文化（在 Halbwachs 和 Bartlett 的意义上）。

一些猩猩而言是一个难以掌握的（Persson 2008）。但是困难究竟在哪里？是在注意力的增强上，还是在被情境性地传递的意义上？这并不清楚。在任何情况下，认为标记完全超出非人类灵长类动物的能力，都有可能是错误的：据观察，倭黑猩猩会沿着森林中被折断的灌木树枝标记出来的路径行走（Savage – Rumbaugh 1998）。但是或许这些标记是不同的，因为它们可以更清楚地被解读为讲述过去发生的事情的符号。

地标可以被认为是如此这般的被增强的主题位置，而不是单纯的感知性的语境。然而，在假设了两个或以上实体之间的关系的情况下，它们超越了标记：此处，一个实体是地标，而另一个是目标。一些 SEDSU 研究探索了倭黑猩猩和卷尾猴在两个或者以上地标中搜寻的能力，并发现它们的能力相比于人类而言更受限制，虽然更少的地标和它们之间的更短距离，对于研究中的策略是有所帮助的（参见 Poti, Kanngeiser, Saporiti, Amiconi, Bläsing & Call；总结自 Sonesson & Zlatev, 即出版）。然而，有趣的是，动物们倾向于放弃"中间规则"（middle rule）；相反地，它们在诸地标中的一个或另一个的四周（neighbourhood）搜寻。虽然中间规则要求动物把一个对象放置于与起码两个地标之联系中；最后，结果可能是这个规则太复杂，但是使用单个地标的能力似乎并未造成这样的问题；而这个能力已经是非凡的。

2. 金钱作为代替物的一个系统

对金钱和符号的比较已然在索绪尔的《普通语言学教程》中被提出；其中，它是用"价值"来表达的，或许仅仅为了说清楚构成了系统之诸事物之间的关系。基本上，金钱只是商品的一个特殊例子，规约性地被认为是其他商品的等价物。[①] 金钱也同样是最为充分地被塞尔（Searle 1995：32 ff., 37 ff.；1999）所讨论的"制度事实"的一个例证：类似于象棋和语言，无论金钱是"商品"金钱（commodity money）、"契约"金钱（contract money），还是"法定"货币（fiat money），它都被说成是处于一个"功能状态"（status function）（X 在 C 中算作 Y）之中的。在此，商品金钱是黄

---

① 洛希 – 兰迪（1983）对符号和商品的比较在此或许也是相关的。关于相关的讨论，参见 Sonesson。

金或者其他被认作自身就是有价值之物、契约金钱的价值被归功于那个支付给持有者等价黄金的承诺，而法定货币仅仅是被诸如中央银行之类的官方机构声称为金钱的纸张。当然，正如我在上面说明的那样，商品金钱仅仅是一种享有特权的商品。而说到法定货币，正如塞尔所展示的那样，它仍然有某种胡塞尔意义上的具身性（embodiment）（参见 Sonesson 2007b），但是互联网交易的物质性（materiality）似乎是相当微妙的。

在索绪尔后学的研究中，金钱隐喻的最为新近的例证，似乎被阿尔弗·霍恩堡（Alf Hornborg 1999；2001a，2001b）提出；他把金钱理解为某种符号，虽然在我的观点里，他给出了放弃这种识别的非常好的理由。[①]霍恩堡提出，历史地发生在金钱上的事情，可以被视作一个从能指到所指的持续的转换：金钱代替了（指示性地与之相关的）交易价值，纸币代替了黄金，而电子金钱则代替了纸币。然而，霍恩堡进一步主张，至少在西方社会中，所有金钱根本上是没有意义的，这令它成为一个非常奇怪的符号。根据霍恩堡的观点（1999：151），金钱乃是"仅有'一个'符号的符码（code）"（他本人的强调），这好比"想象一个只有音位的语言，只有一个字母的字母表，以及只有一个核苷酸（nucleotide）的 DNA 分子"。这是一个奇怪的说法（即使不算这样一个事实：口头语言的基本元素性的"符号"不是音位，而是词语），因为所有种类的货币都由不同的单位（比如"欧元""美分"）所构成；在这些单位之上，其他的面值被数字系统所添加。其实，这或许是索绪尔一开始选择把语言与金钱对比的原因。[②]

然而，事情很快就变得清楚了：霍恩堡实际上在思考某些非常不同的东西。这东西，用本维尼斯特（Benveniste 1969）的术语来说，可以被称作为系统的"有效性域"（domain of validity），亦即，是内容来源的边界（limits）。根据本维尼斯特，口头语言能够谈论任何东西（正如叶姆斯列夫

---

① 但是，必须注意的是，虽然他引用了索绪尔和皮尔斯，但是霍恩伯格（2001b）是在一个非常广的意义上使用"符号"这个术语的，它包含了那些我们会称为意义，尤其是感知（"感性符号"[sensory signs]）的东西。

② 正如普利托（1966：43 ff）论证的那样，一个只有一个符号的符号系统是例如那个表明其携带者是一个盲人的白色的手杖。情况之所以是这样，仅仅是因为白色手杖的缺场并不表明其携带者不是盲人。这与诸如旗舰之旗语之类有着更多符号的符号系统不同。在旗语系统中，旗子的在场指代了甲板上司令官的在场，以及旗的缺场指代了他的缺场。

所说，这是一个"万能钥匙"式的语言），而其他符号学内容更多地被它们所能谈论之物所限制；我已经提出（Sonesson 1988；2005 – 2006），图像必须处理所有可见之物，或者处理所有有着可见的同位体（homologues）的东西。除了可靠性之领域以外，在一个符号系统中与内容来源相符合的，还有某些应答（answering to）了表达来源的东西；本维尼斯特把这些东西称为"操作的模式"（mode of operation），亦即是语言中的声音，或者更精确点说，是语言中的音位，以及图像中的静态的二维的可见性。本维尼斯特之术语的优势在于，虽然他仅仅考虑了符号，但它们可以超越符号，并被普遍化到其他符号学来源中去。

霍恩堡把西方的金钱概念与诸如尼日利亚提夫族（Nigerian Tiv）之类的前现代社会中的这一概念对立起来。在后一个社会中有三种不同种类的价值，亦即，对象三种互相之间没有联系的不同的流通。其实，把它用更充分的术语表达的话（与发生在不同国家之货币交换之情形中的事情不同），不但有可能有许多不同的诸金钱系统——这些系统有着它们各自的有效性领域，在其中不可能有交换——而且，至少在这个历史时刻，"'所有'社会都认识到那些不能被金钱所媒介化的人类生活的各个领域"这件事（Hornborg 1999：157），仍然是真确的。虽然霍恩堡没有给出任何例子，但是我相信，在我们的社会中，这些是被认为理所当然的：诸如爱、友谊，以及荣誉都不是为了金钱，而是为了更多爱、友谊和荣誉而被拥有。然而，即使有了这些例外，在西方社会中，商品的整个领域仍然可以被用来换取金钱。

与金钱可以指代所有事物这个事情相应的，是金钱不能特指任何东西这个事实：正如霍恩堡（1999：153）观察到的那样，金钱不能对应任何具体概念。但是，可能更正确的说法是，金钱只对应金钱价值这个概念；这等于是说，它被限制在了一个非常狭小的有效性域之中。[①] 这仍然意味着这是一个无意义的说法：金钱乃是以某种方式直接地被给予的东西，但

---

① 如果我们社会中的绝大多数事物都可以用钱买，那么金钱系统的有效性域就似乎并没有被限制得特别低。这里我们必须区分内涵的领域和外延的领域。金钱从所有东西的货币价值的角度重新描述了它们。唯有当货币价值乃是唯一被社会所支持的观点时，这才会成为一个问题。

不是主体性的；同时，它被用来交换之物乃是非直接地被给予的东西，而且是主体性的。甚至，说一英镑是指它可能购买的所有商品，也没有多少意义。这根本不是金钱的用途。（把这个例子用我们扩展象棋这个例子的方式扩展的话，）给某人一些钱的行为也不是表达拥有某种特定对象的欲望的一种方式。然而，如果金钱的在场伴随着一个"占位"（placing – for）的实例的话，那么就可能导致这样一个律令性的（imperative）行为。"占位"被赫伯特·克拉克（2003）描述为一个作为指向（pointing）之补充的装置；在这个情况下，它乃是在商店柜台上摆上某个对象，以告知店员，某些人想要买它。但是金钱并没有起到作用：位置本身就足够了。

这些思考已经足够让我们提出，金钱其实是一种特殊的替代物。它不在任何意义上"关于"它能够买的东西；它甚至并不像在记号的情况里那样，带来对于被购买之物的感知性增强。但是与象棋的文化功能可供性类似，在形成一个复杂的系统方面，金钱肯定与其他的在上面被考量的替代物有所不同。并且这也是索绪尔把二者都作为语言的类比的原因。因此，正如人们或许会问猩猩、猴子和其他动物在多大程度上可以成为棋手一样，一个真正的问题是，动物们是否可能学会如何去处理金钱。

一些 SEDSU 计划中的研究或许可以被认为与这个问题有一些关系，这些研究卷入了关于卷尾猴的定量判断（Addessi, Crescimbene & Visalberghi 2007；参见 Sonesson & Zlatev，即出版）。在测试之前，卷尾猴学习了在一个被给予的代币（token）和相应数量的奖励之间的联系，这些奖励在代币被交易后，从实验员那里被获取。有两种在形状、质料和颜色上不同的代币；其中一样可以交换三个奖励，而另一个则可以换一个奖励。作者提出，通过掌握这些交易流程，卷尾猴显示它们自己能够使用那些能与在人类语言中被找到的（"符号"）相似的"符号"。这个阐释卷入了许多不方便在此得到讨论的论断（参见 Sonesson & Zlatev，即出版）。然而，如果代币是象征，那么，它们就起码是符号。但是没有证据表明，这里代币被用作符号。因为在某些类型的人造物和特定数量的商品之间的相关性（correlation）被包括了，故而与金钱的对比就提出了自身。然而，金钱并不在完整的意义上是符号。更重要的是，在这个语境下，我们也见到过，作为一个系统的金钱并非由这样一些行为构成：这些行为要求用某些具体的事物来换取一些数量的金钱。它不由律令性的行为构成，这能与那种最为普遍地在猿中被发现的指向相比较。但是这恰恰是卷尾猴似乎已经学会的东西。

3. 在语言之内和之外的系统特性

索绪尔在 20 世纪的前半段对于语言学的主要贡献，包括发现语言的系统特性（或许，还包括发现一些符号学来源—比如象棋和金钱的特性）；这个贡献启发了对意义研究有兴趣的最好的思想家：基本上，这个理念是，任何项都没有任何属于这个项自身的意义；作为被系统所包含的所有项之间的相互关系的结果，它的意义才是完全可理解的。这个关于语言之本性的基本语义概念，在 20 世纪 60 年代就已经在语言学中被认为是过时的，并被乔姆斯基提出的句法定义所代替，虽然它在符号学中仍然延续了一二十年。

把这个重要的理念引入语言学、符号学、认知科学和神经科学（neurology），是特伦斯·迪肯（1997）的一个主要贡献；然而，奇怪的是，他把这个概念归于皮尔斯，并用它来引导他对索绪尔的批判，而皮尔斯从未有过这类的想法（参见 Sonesson 2006b）。在他们最近的关于语法之起源的书中，海涅和库特夫（2007：134 ff.，264）恰恰在考量语言中的系统性（systematicity）时，引述了迪肯。无论如何，索绪尔的问题是，他也为语言乃是一个社会现象这个理念铺就了道路——但是他从未合宜地把这个理念与系统特性这个概念结合起来，并且整个索绪尔主义的历史就由对这两个概念的分裂所构成。但是，有可能的是，系统特性乃是"社会交往"的一个结果，正如他所说的，用他那个时代的法语，是一种英国风格（Anglicism）。海涅和库特夫（2007：209，344）观察到，语法化（grammaticalization）需要这样一个语言系统："a. 这个系统被有规律地和经常地在一个言说者的社群（community）中被使用；b. 它被从一个言说者的团体（group）传递到另一个（或者从一个世代传递到下一个世代）。"但是由于他们同样论辩说（2007：313 ff.），辞典必须先于语法，而且这个辞典是被索绪尔式的概念所描述的；因此有人可能会说，甚至在语法出现之前，语言结构就已经要求了这样一个使用者的双重社群。

这个说法有一些问题。可以说，（至少在象征或者规约符号意义上的）

所有符号都需要一个系统。对于图像来说，这肯定不是真的：正如我在其他地方已经证明的那样（参见 Sonesson 1989, 2005–2006），图像之为图像并不依赖于任何互相依赖着的项的系统；虽然，在一个次要的层级上，它们很可能获得这样一些意义。如果说如迪肯所声称的那样，"象征"（symbol）是在皮尔斯的意义上被理解的，[①] 那么迪肯（1997：100）的这个主张"在没有系统性关联的情况下，没有任何象征化乃是可能的"也就不是正确的。如果我和一个朋友决定，每次我穿上一件特定的衬衫，我就想要他在研讨会后开车送我回家，那么这就是皮尔斯式规约符号的一个清晰的例证。然而，如果我们并未决定，不穿这件特定的衬衫意味着相反的东西，那么这里就甚至不会有最低限度的系统。如果我的例子显得是故意设计的，那么在一些国家中被盲人们使用的白色手杖就不是这样。某些不用一根白色手杖的人并不传达"我不是盲人"这个消息，因此这里甚至没有一个最低限度的系统。在另一方面，旗舰上旗子的缺场确实指代了舰队司令不在船上这个事实（参见 Prieto 1966：43 ff.）。后者从而构建了一个最低限度的系统，但是正是它的最低限度性（minimanlity）把它放在了一个与迪肯所想的完全不同的层级之上。

如果系统特性仅仅在语言中出现，那么正如我们所知的那样，虽然它们在某些方面更为简单，但象棋和金钱就只能在语言之后被理解。从一种新的、更有趣的意义上说，像象棋和金钱这类符号学装置会真的如结构主义者们所说，是比语言更为"次要"的那个东西。[②] 但是或许，正如索绪尔所用的术语那样，我们需要更好地区别不同种类的"价值系统"。正如索绪尔和迪肯所思考的那样，像被普列托所罗列的那些系统一样的，最低限度的系统，与作为互相关联之术语的一个巨大系统的语言相比，似乎是完全不同之物。无论像象棋和金钱（它们甚至不是由真正的符号构成的）这样的比喻对于描述语言有什么样的用处，它们是否具有任何基于后者的复杂性这件事情，都是极为令人怀疑的。关于不同种类的"价值系统"——在这个语境下，它们能够被更好地描述为不同种类的整体——我

---

① 译者注：即，被理解成规约符号。

② 相似符和指示符唯有在符号的概念产生于规约符号之后才是可能的，这样一种可能性被索内松（Sonesson 2006b）考虑到了。

们就是知道得太少。分体学（Mereology）乃是一种刚刚起步的研究。

这就把我们带向了另一个质疑。即使象棋和金钱不需要符号，它们也肯定需要某种人们之间的社会性交互。并且，那些上面提到的最低限度的系统，包括我自己的例子，也一定是这样；在这些系统中，明确的规约被订立。如果我们与海涅和库特夫一样把社会理解成一个一个社群——在其中，人们生活于当下，并且延伸到未来和过去——那么这似乎比下象棋、拜访司令官，以及与朋友定下约定所要求的更多。① 这里，我们更多地处于"小型团体研究"的领域内，处于二元或是三元的范围内。但是，在这个方面，金钱显得与语言更为相似。正如我在其他地方指出的那样，关于在皮亚杰和维果茨基（Vygotsky）之间经常被提出的类似的不同（Sonesson），我们需要对社会概念更多更好的分析。

从对于黑猩猩 Washoe 和 Nim、倭黑猩猩 Kanzi 和 Panbanisha、大猩猩 Koko、红毛猩猩 Chantek 以及其他被教授了人类语言中的一些方面的猩猩的研究那里，我们当然知道大型猩猩可以处理意义系统的一些种类。但是，只要我们对他们所学的系统的本质缺乏更好的分析，就很难将他们的能力与人类的能力进行比较。相似地，我们知道，这些动物生存于某种（在生态学上相当不正常的）社群之中；这或许是一个没有过去和后代的社群。但是，如果我们要理解这在多大程度上区别了动物和人类，我们就需要更仔细地审视社会的概念。

小　结

在没有穷尽任何论断的情况下，我已经不但考量了与感知不同的符号，而且考量了一些边界性的情况；在这些情况里，有一些功能可供性仍然与感知更接近，比如自然的和文化的功能可供性；并且，至少另外两样，亦即标记和代替物，几乎完全与符号的定义相符合，虽然它们也缺乏符号的一到两个本质性的属性。在上面被建立起来的那些考量的一个主要

---

① 正如我在上面察觉到的那样，海涅与库特夫对于解释作为一个整体的语言并不感兴趣，而只对语法化感兴趣。我是那个进行一般化的人。

的东西，是尝试提出，有许多不同种类的意义；以及提出，如果我们想要建立动物和人类的符号学能力的差异或一致性，我们必须更仔细地找出动物和人类处理这些意义的方式的差异。尤其是，虽然系统属性自然地被理解成复杂的符号星云的自然的属性，它也在那些在某些方面比符号更简单的意义中被见到，正如功能可供性和替代物作为例子所展示的那样。比如，这是否意味着系统属性实际上确实在符号产生之前就获得了意义；或者一旦被发展起来，符号系统是否可能把它们的系统属性投射给其他意义——或者，系统属性这个概念缺乏足够的区分度，这些都是不清楚的。这些考量可能解释了，为什么虽然我欣赏那些试图去建立起普泛的、符号学的、进化的（以及发展的）等级论的尝试，比如库尔和兹拉特夫的那些尝试，但对于加入这个族群，我感觉还没有准备好。

VII. 文化演化：通过（部分）其他方式作为进化的延续的人类历史

梅林/译　赵星植/校

摘要：

　　继默林·唐纳德（Merlin Donald）之后，我们提出生物进化和文化进化之间既有连续性，也有质的区别，文化进化包含了人类历史，但是这个模式留下了许多未被解决的问题，尤其是那些来自主流进化心理学的还原论（reductionism）的问题，以及那些涉及生物文化进化（bio‑cultural evolution）的问题，以及利他主义和合作在文化进化中扮演的角色[①]。更具体地说，生物文化进化这个概念有一个内在的问题，这个问题涉及它如何适应适者生存所带来的进化论；以及当我们把文化符号学的模式，尤其是"他者—文化"（Alter‑culture）这个模式，投射到生物文化进化上时，所出现的另一个问题。如果像那些捍卫进化过程中利他主义的人所认为的那样，利他主义者只能在与自我主义者的竞争中取得优势的话，在一定程度上，它们是作为一个团体和其他团体对抗，那么似乎唯一可能的异世界（Alienworld）就必须依据"异—文化"（Alius‑culture）的模式。虽然在文化符号学传统的早期，就有人试图增加进化的维度（尤其是沃尔特 A. 科赫 [Walter A. Koch 1986]），但是这些方法并没能解决任何这些重大的问题。

---

① 　作者尤其想感谢贡纳·桑丁和乔丹·兹拉特夫（Gunnar Sandin & Jordan Zlatev）为本章所做的非常详尽的评论。

一　文化作为进化中的"大错误"

本文的主要目的，是把文化作为一个有意义的概念（特别是作为自我文化［Ego - culture］、异文化［Alius - culture］和他者文化［Alter - culture]），建立在坚实的进化基础之上。社会生物学，或者现在所称的进化心理学，可能会声称要做这样的事情，尽管它们将之只是作为自然向文化的扩展——这是一种剥夺文化特定意义的方式。在下文中，我并不建议把文化扩展到自然中去。相反，我想表明在自然和文化之间既有连续性，又有区别性。接受进化论作为基础并不需要包含社会生物学。幸运的是，我们将在当代进化论中找到一些旅伴，至少在我们现在所走的这一部分道路上①。

1. 主流进化心理学

主流进化心理学认为，人类适应了它们最初进化的环境，也就是适应了更新世时期的环境，这也被称为进化适应环境（EEA）。至于这个环境到底是由热带雨林还是由大草原构成，人们的看法各不相同（但是看戴维斯［Davies 2012：86 - 101］的书以获得一些有用的评论，尤其是关于"biophila"［亲生命性]、关于祖先环境的审美）。不管在这个问题上的选择是什么，这个领域的大多数教科书得出的结论都是：人类对于当今社会的适应是很糟糕的——"当今"这个时间是指始于大约 1.2 万年前的全新世（Holocene）②。无疑可以找到有关此观点的诸多有力论证：你不必相信弗洛伊德的话，但是你会很容易地同意他在《文明及其缺陷》（1930）一书的标题所提及的观点：我们在文化中感到不自在（不管在任何意义上）。但我们必须得出历史作为一个整体是一个大错误这样的结论吗？在这一点上，我们可以和进化心理学的一些代表观点联合起来：彼得·理查德森和

---

① 社会生物学和进化心理学（以及一些其他术语）是否是指同样的专业，不同的科学家有不同的观点。（参见拉兰德及布朗［Laland & Brown］2011：5 ff.；斯特林和格里菲斯［Sterelny & Griffiths］1999：313 ff.）

② 然而，与参考的其他教科书相反，巴内特（Barrett）等人（2002）认为，我们仍然适应得很好，只是在现在社会中健康被简单地重新定义了，因此拥有更好的前景（包括健康和教育）的更少的后代正在更好地适应环境。

罗伯特·博伊德（Richerson & Boyd 2005）将进化适应环境（EEA）的观点称为"大错误假说"，因为它意味着从基因的角度来看，现代人类的许多行为都是错误的。他们显然理所当然地认为读者会意识到这种结果的荒谬。可以补充的是，这也意味着唐纳德阶段模式中描述的部分进步，将发生在进化适应环境所描述的时间之后，从而形成"大错误"的一部分。无论有时我们在文化中有多么不自在，我们都很难否认语言、写作和理论构成了进步，至少从一个或另一个角度来看是如此。

彼得·理查德森和罗伯特·博伊德（Richerson & Boyd 2005）认为进化可以比进化心理学家所认为的那样更快地改变事物，因此生物变体也可能是由文化环境造成的。他们给了如下一些例子：现代人类不如其他原始人类强壮，这可能是由于获得了有效的射弹狩猎武器。人类的声道已经被修改，以增加产生和解码口语的可能性，这就假定了（文化进化）语言的早期出现。伊娃·贾布隆卡和马里恩·J. 兰姆（Eva Jablonka & Marion J. Lamb 2005）还提到了奶牛饲养产生之后所开始蔓延的一种乳糖基因变体，这使得某些人类即使是过了婴儿阶段，也能够吸收牛奶及镰状细胞基因，这个基因能够抵御居住在森林被砍伐区域的人当中流行的疟疾①。

在这个部分，我不是要质疑进化论，而是要质疑进化的一个特定的概念即"自私的基因（selfish gene）"。我们此后所谓主流进化心理学（MEP）的目标是用达尔文进化论观点来决定所有的心理学："逐步获得精神力量和能力"（达尔文，巴斯 2012 年引用）。最极端的例子是大卫·巴斯（Buss 2012），他致力于将认知、社会、发展（包括"理论之理论"［Theory theory]），以及人格、临床和文化心理学全都融入进化心理学。没有理由拒绝这个总体目标——这个总体目标是从"自私的基因"角度出发理解一切。其最终结果是所谓的"现代合成（Modern Synthesis）"。该概念于 19 世纪 30 年代首次提出，常被认为是达尔文的进化论和遗传学的简单结合，但实际上，它包含了很多其他特定的选择，比如拒绝群体选择和拒绝获得性性状遗传，这两项都是达尔文最初的理论中一个重要的组成部分（参见 Grene & Depew 2004；Jablonka & Lamb 2005）。

---

① 有关这些示例的详细信息，请参见贾布隆卡及兰姆（2005）。

2. 达尔文的选择 vs 霍尔丹的选择

主流进化心理学的说法不仅出现在科普读物中（Dawkins 1999 ［1989］等）中，也出现在大学教科书（Barrett，Dunbar & Lycett 2002；Rossano 2003；Buss 2012）中。根据这种说法，我们或多或少都在无意识地以一种方式行事，这种方式将允许我们在特定基因集合中，让尽可能多的基因存活和繁殖①。这一观点被用来解释许多在其他情况下似乎具有文化动机的行为：利他主义和移情，男人和女人之间的差异，杀死男婴或女婴的行为，等等。正如我们在这个结语的后面所看到的，不太知名的进化理论的代表已经否定了所有选择都发生在基因层面的观点，但是他们没有注意到，与经典的达尔文主义相比，主流进化心理学实际上是因果关系和目的的混淆。自然选择起作用的唯一必要条件，是物种的某些变种在生存和繁殖其遗传物质方面，比其他物种更成功（不仅仅是基因方面，我们随后会见到）。在任何方面，这些个体都没有必要像上述教科书中所宣称的那样，在意识的任何层面上，拥有称为最成功的基因存活者和传播者的愿望。

正如朵罗西·尼尔金（Dorothy Nelkin）在《玫瑰与玫瑰》（2001 ［2000］：14－17）中所指出的，主流进化心理学方案的这一部分与其说是科学解释，不如说是宗教教义。事实上，可以说它让人回想起德国"自然哲学"（Naturphilosophie）的思想，尤其是这个运动的最新化身——叔本华（Schopenhauer）哲学。正如后者的生存意愿一样，繁殖的欲望无法被证明存在，也不能被证明是任何基因库真正繁殖的原因。当这个观点以近因与最终原因的对比来表达，以及/或是作为尼古拉斯·丁伯根（Nikolaas Tinbergen）的四个行为学问题中的两个——正如前面谈到的教科书中经常提到的那样，结果只会变得更加神秘。我并不是指丁伯根把他的四个问题模仿成亚里士多德的四个原因的模式，因为从人文主义的角度来看，这是相当合理的。然而，当两种原因都必须用思维相关的术语来描述时，我们似乎需要一个主要行动者（primal mover），它不仅能推动次要行动者（secondary mover）的行为，甚至也能影响它的意识。

---

① 我们随后将见到，巴内特、邓巴及莱西特的书比其他书有更宽的视野，他们考虑到了文化进化和基因—文化的共同进化，但在本节所讨论的观点方面，他们的观点与其他教科书别无二致。

要使自然选择发挥作用，唯一需要的是特定的基因库确实在繁殖，而不管所涉及的主体想要做什么。达尔文理论中适应度的定义可能是这样的："特征 X 比特征 Y 更适合当且仅当 X 有更高的生存概率和/或更大的繁殖成功率期望时"（Sober 2000：71）。在这个方程式里面，"概率"（probability）和"期望"（expectation）被认为是第三人称观察陈述，它们应该进行统计评估，而不是作为第一人称或第二人称陈述。因此，主体的愿望是什么并不重要。我们应该区分两个概念。

（1）达尔文选择：这些个体和/或物种更适合，"事实上"它们比其他物种更能够生存和繁衍后代。

（2）霍尔丹（Haldanean）选择[①]：这些个体和/或物种更适合，因此将生存下来并留下许多后代，而这些后代也渴望生存并留下许多后代。

这是一个造成差异的差异：没有用最多的后代这一渴望指引我们一生，就没有什么可以解释利他主义，也没有什么可以证明男女之间假定存在的差异。只有当我们承认霍尔丹选择时，我们才能宣称：1）许多性伴侣是男性的最佳选择，而不是女性的最佳选择；2）最理想的策略是在女性有生育能力的时候进行性行为；3）女性会选择职业地位相同或更高的男性，因为他们能给后代最好的保护；4）经济困难的父母会选择生育女性后代（特里弗斯［Trivers］）；5）为了救三个兄弟、五个侄子或九个堂兄妹，牺牲生命是值得的（根据威廉·汉密尔顿［William Hamilton］关于 J. B. S. 霍尔丹观点的综述，他将其称为"广义适合度"［inclusive fitness］，尽管后来这个观点常常被称为"汉密尔顿法则"［Hamilton's rule］）。[②] 这并不是要否认，这些或相似的法则过去一直存在，现在也存在于某些历史给定的社会和亚文化中。

因此，只有当我们不断尝试拥有尽量多的后代的时候，拥有有限数量卵子的女性和能够产生任意数量精子的男性，会造成这样一种预测：女性更倾向于只找一个伴侣，这个伴侣能够保护他们数量不多的孩子，以及男性应该会想要尽可能多的伴侣，以将他们的精子传播到世界各地。只有当

---

① 由 J. B. S. 霍尔丹命名，见下。
② 霍尔丹（各种不同种类）的说法和汉密尔顿对其的数学阐述在几乎所有关于进化论的书中都提到过，但诺沃克和海菲尔德提供了一些更详细的背景。

我们都渴望得到数量最大的后代时，不确定的父权和确定的母权这一事实才会预言出，在经济困难的情况下，父母会选择生育女性后代。事实上，至少在第二种情况下，相反的标准似乎昔时更为普遍。事实上，没有任何证据可以证明第二个命题，除非我们把它精确地用案例（如上所述的例子）来证明，然而这些案例首先是需要解释的。这就是循环论证。

　　本文无法详细讨论所牵涉的所有问题（首先由特里弗斯、威廉斯、托比及考斯麦茨及汉密尔顿等杰出人物提出，然后由以下作者提及：Babcock 2000；Barrett, Dunbar & Lycett 2002；Rossano 2003；Laland & Brown 2011；Buss 2012），但是我们至少应该停下来问自己，这种想要产生最大数量的后代的欲望，如果它有任何真实性的话，那么它存在于意识的何种层级？事实上，教科书（Barrett, Dunbar & Lycett 2002；Rossano 2003；Buss 2012）从来没有提出过这个问题，但奇怪的是，他们有时候依赖于明确的调查，而在其他的案例中，我们认为我们的想法与人们的明确观点不同。如果我们不能找到这个直接给予我们意识的观点的话，那么很有可能它虽然不是主题性的，但仍然存在于意识的边缘，或者说它曾经存在过但现在被遗忘了；如果是这样的话，有可能仅仅通过转移注意力就能找回它（图7-1）。或者它存在于意识本身的行为中，即作为沉淀下来的经验（但这似乎是一个奇怪的提议），然后它应该可以通过现象学的还原来恢复。再者，它可能是存在于无意识的某个地方，因此应该有可能通过催眠或心理分析的谈话疗法遇见。最后，它可能是亚个体的，而且只能通过大脑扫描设备观察到，但把它称为一种欲望似乎有点奇怪。无论我们把它放在哪儿，我们都不清楚在任何地方都能找到这样的愿望是不是正确的。这并不是否认，在某些个人或群体中，即使是在主题意识层次上，也能找到它。

图7-1　广义的意识以及狭义的达到不同层级的意识的手段

当我第一次写这段结语时，我认为我对广义适应度的批判是非常反潮流的。然而，从那以后，我发现曾经的社会生物学创始人——爱德华·O. 威尔逊和马丁·诺瓦克（Edward O. Wilson & Martin Nowak 2011：105 ff.）在反对这个概念的过程中发现了对方，诺瓦克发现这个概念在数学上是不合理的，而威尔逊发现几乎没有什么实证是现成的。事实上，威尔逊一开始是研究昆虫生命的专家，他指出，昆虫通常无法识别它们与巢穴同伴的亲缘关系。可以补充说明一点，尽管人类可能有一个能比较清晰意识到的家庭关系，但他们是否有义务这么做，这并不明显（当他们这样做的时候，我们的文化给它取了个名字：裙带关系 [nepotism]）。

到目前为止，我们只讨论了某种遗传意愿想要繁殖的观点，这只是进化的一个方面，但是最近遗传学的进展，似乎使基因是唯一遗传载体的观点变得毫无意义。除了少数致命的死亡外，似乎没有一个特性是由任何单个的基因决定的，也没有一个基因只决定一个特性。基因是否携带遗传因素已被证明取决于它们的甲基化状态，在某些情况下，这些状态可能由一个个体获得并传递给它的后代（参见 Jablonka & Lamb 1999 [1995]；Francis 2011）。的确，贾布隆卡及兰姆（2005）提出有四种遗传系统在进化中起作用：除了有基因遗传，还有表观遗传（epigenetic inheritance）（即基因表达的情境调控，特别是通过甲基化的方式传递）；此外，还有通过行为和符号方式传递的信息。在这当中，至少最后提到的三种可能涉及后天性（acquired characters）的遗传。

二　文化作为性选择

我们已经看到，从主流进化心理学的观点来看，文化是一个大错误。但是它没能解释文化何以成为可能。根据杰弗里·米勒（Geoffrey Miller 2000）的观点，从自然选择的角度来看，文化很难被证明是合理的。相反，它应该被看作性选择的产物，即雄性试图吸引尽可能多的雌性来产生最大数量的后代。米勒指出，这正是性进化所偏爱的东西。因此，文化就相当于孔雀的尾巴。一只健康的且足够"适应"的孔雀有一个长长的、需要能量的尾巴，它会通过尾巴发出代表健康的信号（根据阿莫兹·扎哈维

[Amotz Zahavi] 的障碍原则，上述所有教科书都提到了这一点）。大多数雌孔雀更喜欢具有长、重以及鲜亮尾巴的雄孔雀，因此会和它交配。因此，越来越多的后代将成为那只孔雀和雌孔雀的后代。所以，如果这些后代是雄孔雀，它们将拥有一条又长又重又明亮的尾巴，如果这些后代是雌孔雀，那么它们更喜欢长、重、鲜亮尾巴的孔雀。

1. 性选择的使用

根据这一观念，文化将自身呈现为一种巨大的求爱仪式。雄性通过更有个人魅力（和/或，例如，通过它们为雌性建造的巢穴），以及通过展示它们比其他任何竞争对手强壮（对于鸟类来说也许更多的是装饰，而对于鹿这种例子来说是通过力量）来竞争。像自然选择一样，性选择是一个已经被达尔文描述过的机制，但是米勒让它至少在文化层面上扮演了一个更重要的角色。虽然所有的教科书（Barrett，Dunbar & Lycett 2002；Rossano 2003；Buss 2012）都提到了男女之间的身体差异（比如"腰臀比"），但是他们是用自然的而不是性的选择来解释，也就是说，将这种差异作为健康和生育的指标。在这方面，米勒提供了另一种解释。

达尔文认为，男性竞争，而女性则做出选择。米勒改变了这一点，在人类中，该情况就变成了共同选择（mutual selection）和双向选项（mutual choice）。事实上，他认为人类女性的乳房之所以变大，是因为它们被男性选择了。他还以一种更经典的方式声称，人类男性的阴茎之所以变大，是因为女性选择了它。不必要为了确认第一种推测而采访男性，因为至少从表面上看，这已经被许多当代流行文化的产物证实了，比如广告和男性杂志，它们可能反映了某种（男性的）集体无意识（collective unconscious）；但有更少的证据，甚至是坊间传闻，可以证明第二个推测。无论如何，这些都不能在更深层次上解释文化，尽管它可能解释了流行文化的某些方面。公平地说，米勒也有更重要的主题。因此，他将道德和利他主义也解释为性选择中的障碍原则（handicap principles）。甚至语言也被认为是为了求偶而进化的，为此，米勒对说唱音乐进行了深入的研究。

然而，从进化理论的观点来看，我们需要重点思考如下这一问题：假如真如米勒所述，这种相互性不存在于任何其他物种中，或者至少不存在于任何其他哺乳动物中，那么人类为什么应当有这种双向选项和共同选择。这本身就需要解释，然而无论是从自然选择还是性选择的角度都不容易解释。人们不禁要问，米勒是否只是出于政治正确而引入了这一假设。他关于人类女性因男性选择而发生变化的例子非常少。另一方面，他可能认为，至少在历史时期，女性对于配偶的选择并不是很显著（尽管人们认为男性的选择有更大的作用可能是错误的，至少在男性能够选择自己的伴侣的意义上是如此）。然而，至少可以这么说（尽管在进化心理学教科书中从未出现过），那就是如今"女性之间争夺男性伴侣的竞争和男性之间争夺女性伴侣的竞争一样活跃"（Davies 2012：39）。

相反，罗萨诺（Rossano 2003）则认为在文化领域存在着"文化双态论"（cultural diphormism）（类似于"性双态论"［sexual diphormism］），因为大多数艺术家、作家和作曲家都是男性。奇怪的是，米勒（Miller 2000：275）似乎忘记了他自己关于对称选项和选择的论点，并持续与罗萨诺进行同样的观察。有关这一观察经典的妙语，当然是女性至少在历史时期（如果我们谈论的是艺术家、作家、作曲家的话，那我们很清楚是在谈论相当近的历史时期），在给定的社会框架内，没有太多的可能性发展和/或展现相关的能力。戴维斯（Davies 2012：125）正确地观察到，如果我们不把艺术的概念局限于西方万神殿的意义上的高级艺术，许多艺术，如刺绣和编织，实际上是由女性完成的。如果我们考虑到米勒在这里谈论的是文化而不是艺术（但是我们可以怀疑他混淆了两者），一个更根本的妙语是非常重要的文化的发明都是集体的和/或匿名的，这意味着我们无法知道它们在多大程度上是由女人或男人发起的。问题不仅在于，尽管大多数作曲家可能是男性，但这并不意味着音乐是由任何一个男人发明的，尽管希腊神话可能是这样的。然而，从文化起源的角度来看，更根本的问题是诸如社会生活、养育子女、公共领域与私人生活的不同，以及异文化与他者文化之间的区别，等等。这里有一个具体的例子，可能是"异亲抚育"（allo-parenting），也就是让一个群体里面所有成年人共同照顾的所有孩子的习俗（参见 Hrdy 2009）。询问这种文化习俗是谁发明的毫无意义，更不用问这个发明者到底是男性还是女性。

2. 正视历史

无论如何，在历史时期，男人和女人都无疑做出了他们的选择（尽管或许有不平等的可能性强加于其上）。然而，更重要的是，这意味着男人和女人都必须发展自己的策略来被异性选择。人类性选择的一个原始特性——至少在历史时期是如此，是两种机制在两性之间的配偶选择方面的不平等分配。人类似乎是唯——种将力量竞争和与美貌竞争分配到两个不同性别的动物[①]。在我们所知的文化历史中，男性一直通过击败其他男性来争夺女性的选择，而女性则通过比其他女性更有可感知到的吸引力来赢得选择。这是一个相当奇怪的事实，两性之间的这种策略划分显然是针对人类种群的，但据我所知，在任何进化论的研究中，从来没有人对此发表过评论。毫无疑问，如特伦斯·迪肯（Terrence Deacon 1997）所言，这种特殊的两性分工，可能是作为人类最初的婚姻契约或其他一些类似事件的结果，但是迪肯和其他作者都没有在这种意义上发表任何评论。

我们无法知道，从多久以前开始，这种性别间的策略划分得以可能。例如，我们不清楚所谓的维纳斯雕像是否证明了在那时这种女性策略的存在，这意味着公元前 22000 年到 24000 年在维伦多去的维纳斯梦岛的维纳斯（Venus von Willendorf）的案例中以及在 35000 年到 40000 年前在（Venus vom Hohlen Fels）的案例中。男性的策略在很久以前变得多样化，以其他方式显示实力，而不是使用武力，例如获得一个有声望的头衔或是赚很多钱。在过去的一个半世纪里，女性也越来越善于做这些事情，尽管没有任何迹象表明她们将这种行为作为一种交配策略。如果我们相信（按照米勒论点的主旨），男人（仍然）做这些事只是作为一种交配策略，那么我们就会认为，女人在相关领域的能力会导致男性策略无效。不管它的起源是什么，历史上的男性策略无疑除了引诱女性之外还有其他动机，尽管引诱女性可能是一种额外的好处。就像米勒自己的主张一样，这些刚刚表述出来的观点只是猜测。

在任何情况下，我们都不容易相信所有的人类文化都是性选择的结果，因此，根据定义，除了给异性留下深刻印象之外，没有任何用处。相反，文化的发明似乎非常有用——比如模仿、图片、语言。毫无疑问，人

[①] 巴雷特、邓巴和莱西特（2002：93 ff.）似乎是我们提到的作者中唯一注意到这种差异的几位，尽管他们从健康和繁殖成功的角度来解释这一点——也就是说，从自然的而不是性选择的角度来说。

类的文化可以从性选择中发展出来，随后在其他方面变得有用，正如史蒂芬·杰伊·古尔德（Stephen Jay Gould 2002）所描述的"拱肩"（span-drels）（或 exaptions）：从字面意义上讲，拱肩是拱顶之间的弧形砌体，支撑着一个圆顶，这是由于对拱门的形状和穹顶的基础的决定而产生的，而不是为了艺术而设计的。类似地，古尔德认为，生物学特性除了其起源外，还可以用于其他目的①。正如吉姆·斯特林和保罗·E. 格里菲斯（Kim Sterelny & Paul E. Griffiths 1999：217 ff.）明智地观察到的那样，相关的差异实际上是位于早期时间点的适应性以及目前所适应何者之间。

也许米勒理论的问题，就像整个标准进化心理学一样，是对群体选择的拒绝。从群体的角度来看，文化的实用性变得更加明显。

三　多层级选择理论

艾利奥特·索伯（Elliott Sober）和大卫·斯隆·威尔逊（David Sloan Wilson 1998）声称，如果选择的单位是个体（或基因），那么利己主义者（egoists）总是会胜过利他主义者（altruists），但在与其他群体的竞争中，利他主义者会占上风。要明白这意味着什么，我们必须进行回溯。选择和"适合"的单位是那些挣扎着生存和繁殖的单位。它可能是单个的有机体，这是达尔文喜欢的例子。也可能是群体。后者得到了达尔文的支持，然而自威廉姆斯 1966 年（被以下作者提及：Sober & Wilson 1998、Grene & Depew 2004）出版其开创性著作以后，这一观点却一直被拿出来与永动机这一概念相提并论。尽管自 20 世纪 90 年代以来，索伯和威尔逊等人（1998；参见 Wilson 1997）重新振兴这一观点，但它依然不是一个主流的观点。自主流进化心理学出现以来，更常见的说法是，选择的单位是基因。根据索伯和威尔逊的说法，在当代的进化心理学中这是"规范科学"（normal sci-ence）（从托马斯·库恩的角度来看）。根据古德（2002：31）的说法，这甚至是"对达尔文自身的精神和论点的一种基本的保守的预示"。

---

①　严格意义上来说，拱肩是一种特殊的"预适应"（exaption）（参见古尔德 2002：84 ff.），但是我们在这里没有必要讨论它们的区别。见戴维斯（2012：123－126）的类似评论。

1. 为群体选择辩护

索伯和威尔逊所拥护的另一种观点，是"多层级选择理论"（Multilevel Selection Theory），根据这种观点，选择的单位可以是上述任何一种。古尔德（2002：21）甚至更进一步，提出"达尔文个体性有几个合理的层次（基因、细胞谱系、有机体、种群、物种和进化枝）"。然而，最值得注意的是，选择的单位也可以是群体，或者在古尔德的术语中，被称为种群（deme），它通常被定义为一个物种的本地种群，其间的个体活跃地相互交配。

用广义的术语来说，一个非常特殊的群体是家庭。汉密尔顿发明了"广义适合度"（inclusive fitness）（后来的"亲缘选择"［kin selection］）一词，因为利己主义的概念被扩展到所有共享（或多或少）相同基因的个体。根据教科书（Barrett, Dunbar & Lycett 2002; Rossano 2003; Buss 2012）中所称的汉密尔顿法则，如果自身的代价被接受者的利益超过，再乘以接受者携带相同基因的可能性，利他主义就能够进化。从这个意义上说（正如霍尔丹在他之前说的），汉密尔顿认为拯救三个兄弟、五个侄子或九个表亲是值得的，这些人与"自我"（Ego）的相同基因有着不均等的份额。进化心理学的教科书从来没有意识到，汉密尔顿后来得出的结论是，基因的相关性并没有什么区别——只要其他人能被认为是利他主义者。

索伯和威尔逊（1998）提到了汉密尔顿的改变，他们声称，在一群利他主义者和利己主义者中，利他主义者给自己和其他人一个适应点（fitness point）；与此同时，他们失去了两个适应点，并且没有从利己主义者那里得到任何东西；在这个意义上，利己主义者比利他主义者更加适应。然而，他们接着表明，当与一群利己主义者竞争时，利他主义者将获得最高的适应点。这可以看作是文化符号学标准模式（Canonical Model of Cultural Semiotics）的进化论解释。如果是这样的话，群体中的移情只会以缺乏与其他群体的移情为代价而出现。在前面提到的文化符号学的版本中，我认为自我文化（Ego-culture）并不一定要永远反对异文化（Alius-culture）。从这个意义上说，他者文化（Alter-culture）是自我文化的有一些限制的延伸。如果全球化有任何真正的意义的话，那么它意味着从他者文化到所有其他文化的延伸。但是，如果群体选择理论是正确的，这将永远不可能发生，因为利他主义和移情只有在与其他群体相对的进化观点中才有意义。遗传—文化的共同进化（genetic-cultural co-evolution）有可能克服这一障碍，因为它可能已经克服许多其他障碍了，但我们不清楚如何才能做到这一点。

2. 从群体到社会

有趣的是，大卫·斯隆·威尔逊（2002）在上文提到的书中与埃利奥特·索伯合作，他提出了一个非常有力的观点，认为文化就是自我文化（尽管没有用那些术语）：威尔逊将他的理论与涂尔干的理论相结合，利用宗教的特权例子来展示社会群体的发展。在涂尔干看来，宗教本身就是对社会的尊崇。正如威尔逊所说，这解释了同一宗教（和/或社会）成员之间的水平关系，但使垂直维度（对上帝）或多或少无法解释。后者同样适用于涂尔干和威尔逊。我们的目的，与其说是对宗教的解释，不如说是对社会的解释，而水平关系才是最重要的。然而，与索伯和威尔逊（1998）不同，威尔逊（1997）更明确地宣称，不仅解释利他主义，还包括解释社会本身。但是，需要指出的是，在这种意义上的社会群体不能简单地与种群联系起来，因为社会群体，特别是社会和/或文化，在涂尔干的意义上，不能被归结为本地的混种有机体，正因为它们被认为是"超级有机体"（superorganic），也就是说，存在某些高于个体的层级的东西。

进化理论与涂尔干的社会学之间的这种碰撞在双重意义上发人深省：涂尔干的理论不仅建立在索绪尔所建构的基础之上，因而也基于所有的结构主义符号学，并且他关于社会（或者"集体表征"［collective representations］）的概念作为一种"独特"的现实，（非常粗略地）符合胡塞尔所述的"沉积意义"的概念，以及与当代认知科学所描述的对分布式认知和/或延展思维的一种可能解释相符。问题是，这解释了"语言"（langue）层面的社会，而不是"言语"（parole）层面的社会，并将社会作为涂尔干式的交流，而不是塔德式的对话（参见 Tarde 1910［1901］）。更有见地的思想家们比如布勒（Bühler 1934）、叶姆斯列夫（Hjelmslev 1971［1959］）、科塞留（Coseriu 1973［1962］）已经证明了在结构主义传统中，这两个层级（或许还有一些中间的）都是必要的。

涂尔干和威尔逊也没有解决那些单纯地不接受成为社会共识的一部分的人的问题。可能周围没有多少离经叛道的观点，也没有多少"创造力"（creativity），就像后结构主义者和前结构主义者想要相信的那样，但共识的普遍维持仍然需要解释。根据他们对自然和文化进化的相互作用的建议，理查森和博伊德（Richerson and Boyd 2005）提出，如果规范的违规者受到惩罚（如流放到荒野或投入监狱），文化进化的规范会影响适应。再一次，这听起来很像最初的塔尔图文化符号学模式，如果我们承认个体（很容易被结构主义者接受的东西）是被拒绝进入非文化的"文本"的实例。它呈现社会的方式让人想起米歇尔·福柯规训与统的概念，根据这一概念，我们都被迫遵守社会规定的规则，却没有意识到这一点①。然而，这个观点的积极一面是，合作的文化准则将有利于愿意合作的个人。如果我们思考社会经常选择合作的内容，例如对其他文化群体的排斥和迫害，这听起来可能不像它的本意那样积极，但合作的想法似乎对人类的意义仍然至关重要。

四 自然与文化进化

理查森和博伊德（Richerson and Boyd 2005）支持文化群体选择理论，他们认为"基因的"进化并不像人们常说的那样漫长，因此文化和"基因"的进化都可能成功并相互影响。上面提到的类似例子，是人体解剖学对有效的抛射武器的可用性的适应，以及对人类声道的修改，以促进口语的产生。

1. 自然与文化的辩证法

另一个自然和文化共同进化的例子可能是，一旦交配策略发生改变，人类女性身体吸引力的发展以及人类男性的身体力量的发展。一个可能的例子可能是女性面部的幼态持续（neotony）②（如桑希尔与格拉玛［Thornhill & Grammar 1999］所述），这将是一般幼态持续的补充，幼态持续被认

---

① 除了理查森及博伊德和福柯，这当然让我们想起了霍布斯（Hobbes）和他的《利维坦》，我们在这一章的最后会讲到。

② 译者注：幼态持续（neotony）指将幼年特征保持至成年。

为是人类与其他猿类的特征①。戴维斯（Davies 2012：108）指出，即使你不相信性别是一种完全的社会建构，你也可能会被"女性生理上的命运就是为了取悦男性，精心打扮，鼓起勇气穿上能降低腰臀比的紧身胸衣"这种说法激怒。这是对主流进化心理学的一种奇怪的批评，主流进化心理学的主要观点是，男性必须忙于自己的事情，不是试图变得漂亮，而是在其他方面由女性选择，就像大多数其他动物物种一样。然而，戴维斯的话似乎是对女性在过去几千年的习惯行为的合理描述，或者，换句话说，是历史上已知的人类进化的一部分。在过去的一个半世纪，一方面，妇女解放运动的文化干预无疑缓和了两性之间的差异，然而另一方面，同样古老的女性理想被文化所激怒，体现在女性的身体出现在男性杂志、时尚秀以及时装店销售时尚服饰的广告中。这些文化变体是否会推动任何自然进化，可能不是我们在有生之年能够发现的。

理查森和博伊德（2005）认为，文化进化至少在一定程度上取决于与自然进化相同的机制②。最初，这似乎把我们带回了熟悉的领域——"模因"（meme）的概念，这个概念首先被道金斯（Dawkins 1999a［1978］；参见 Blackmore 1999）定义。它作为一种文化选择的单位，能与作为自然选择单位的基因相提并论。在后来的定义中，道金斯（1999b［1982］：290）将模因描述为"文化遗传的一个单位，假定它类似于微粒基因，并且由于其在文化环境中对自身生存和复制的'表型'（phenotypic）结果而被自然选择"。然而，理查森和博伊德（2005：69 ff.）继续拒绝"模因"（参见 Boyd & Richerson 2005：420 ff.）的概念，并说明了做出这一决定的两个原因：第一，文化选择不涉及像基因这样的小的原子部分，而是整体结构；其次，与基因相反，文化并没有被忠实地复制。

如前所述，这些批评并不像所暗示的那么有分量。关于第一个论点，理查森和博伊德可能是正确的，他们推测文化进化不是以原子的方式进行

---

① 在儿童和许多动物的幼仔中，某些比例，尤其是头部的比例，被认为是"可爱的"，而康拉德·劳伦兹（Konrad Lorenz 1943 年）创造了"Kindchenschema"一词，此后被实验证实；参见 Hückstedt（1965）、索内松（1989），等等。

② 接下来，我们将用"自然的"（natural）或"生物进化"（biological evolution）这些术语来讨论理查森和博伊德所称的"遗传进化"（genetic evolution），以避免与胡塞尔的通常包含了文化进化的"发生现象学"（genetic phenomenology）这一术语混淆。

的，而是通过更大的块进行的。的确，文化进化可能会使用图式（sche-mas），即有层次结构的意义结构，如弗雷德里奇·C. 巴特利特（Frederic C. Bartlett 1932）、特恩·A. 范迪克和沃尔特·金施（Teun A. van Dijk & Walter Kintsch 1983）等作者所表明的那样。另一方面，基因在生物学上也似乎是原子性的，但它们的内容显然非常复杂，因为我们从一个基因可以决定一个人的几个特征，一个特征可能取决于几个基因。更重要的是，贾布隆卡和兰姆（Jablonka and Lamb 2005：210）观察到，模因"从大脑跳到大脑"的概念并不能说明什么，因为在特定的社会和生态环境中，文化特征实际上是由个人和群体"重建"（reconstructed）的。

　　至于第二个论点，基因并非总是被忠实地复制，而是受到突变的影响。也许理查森和博伊德真正想说的是，基因是不会改变的，而我们对传统的理解是，改变总是会发生的。然而，后者可能不是传统社会中所谓的传统的概念。当他们声称文化特征不同于基因和复印，需要以特定内容（并且可以加上语境）来传播的时候，贾布隆卡和兰姆（2005：210－213）似乎为这两者的差异提供了一个更好的解释：因此，孩子获得童谣的能力将取决于童谣所讲述的故事、它的旋律以及孩子的音乐天赋等。基因则不太挑剔内容和环境。

2. 文化进化里的因素

　　然而，理查森和博伊德（2005）的重要贡献在于，文化除了与自然选择类似的机制外，还依赖于其他一些影响因素。他们（2005：69 ff.）讨论文化演化的驱动力有如下几个：随机力（random forces）、决策力（deci-sion－making forces）、偏向传播（biased transmission）和自然选择（natural selection）。这些驱动力都分为很多种。随机力可以分为两个子范畴。第一，文化突变（cultural mutation），其效果是由于随机的个人层面的过程，如记错某个文化项。从更经典的、社会学的或阐释学的观点来看，这似乎是谣言和更广泛的传统的来源。

　　第二个子范畴是"文化漂移"（cultural drift），这是小群体统计异常所造成的影响。例如，正如理查森和博伊德所说，在"简单社会"（simple societies）中（我的理解是，少数成员和/或社会组成的没有国家概念的社会，但是在其他方面往往也没那么简单），有些技能，比如造船，可能只有少数专家才能掌握。如果某个时代的所有专家碰巧都英年早逝，或者都有让徒弟气馁的性格，造船就会消亡。后者是理查森和博伊德举的一个例子，但是很容易举出其他例子。因此，按照库恩关于其他科学领域的著名建议，结构主义语言学似乎以这种方式，已在所谓的语言学家部落中消亡了。然而，有人可能会反对，一旦我们有了文化，事情就会变得更加复杂：我们仍然有所有结构主义的书，我们总是可以重新润色它们。但是，即使是在"简单社会"里，如果术语在语言中得以保留的话，也不太容易完全摆脱造船。甚至可以说，只要有船在，造船就不会消失。但是，船只的存在可能不足以告诉你如何制造它们——造船术语也是如此，这并不一定足以反映隐性知识（tacit knowledge）。因此，例如我们知道在古典时期，玛雅人在尤卡坦、恰帕斯和危地马拉建造了金字塔，但是，根据所有的人种学证据，他们的后代相信他们是由某种超自然的矮人建造的①。不管这是造船还是造金字塔的问题，只要有一个书面的描述（甚至是一系列的图片），以及知道怎么读，一切就都不一样了。

其次，还有"决策力"，这是一种推动变革的动力，从普通的历史写作中我们更熟悉这种动力。理查森和博伊德把它们都描述为引导的变体，以及由随后被传播的个体在文化变体中的非随机变体。根据理查森和博伊德的说法，这种力量来自社会学习的转变，或者来源于学习、发明，或是文化变体的适应性改变。

"偏向传播"有三种，有"基于内容的（content‑based）（或直接的）偏向"，在这种情况下，个体更有可能根据它们的内容学习或记住一些文化变体。基于内容的偏向可能是由于计算与替代变体相关的成本和收益，或者因为认知结构使一些变体更容易学习或记忆。这让人想起了巴特利特（1934）所提到的决定记忆的图式；此外，贾布隆卡和兰姆（2005：211 ff.）提供的学习某些押韵的儿童的例子似乎也是这个种类。

第二种偏向传播是"基于频率的（frequency‑based）偏向"，理查森和博伊德把这种偏向描述为利用一种文化变体的共性或稀缺性作为选择的

---

① 此外，这个例子似乎证明一些额外的原则在起作用，这些原则对于结构主义学派来说很熟悉，根据这些原则，金字塔是如此巨大，如此难爬，必须是由比你我小的人建造的，从而不得不将之诉诸超自然的力量。

基础。例如，最有利的变体通常可能是最常见的变体。如果是这样的话，从众偏向（conformity bias）是获得正确变体的一种简单的方法，这似乎与社会心理学中已经提出的许多因素相一致，也许尤其与大众心理学相一致（Le Bon，Tarde，etc.；见 Moscovici 1985）。

还有一种"基于模式（model - based）的偏向"，理查森和博伊德将其描述为特征的选择基于表现出这些特征的个体的可观察属性。在这个观点中，令人信服的基于模式的偏向包括模仿成功或声望很高的人的倾向，以及模仿与自己相似的人。这一因素似乎与第二种偏向传播重叠，再一次让人联想到大众心理学。

最后，"自然选择"被认为是能够决定一个群体的文化组成的变化，这是由持有一种文化变体而不是其他文化的影响所引起的。文化变体的自然选择可以发生在个体或群体层面。在这里，自然选择似乎并不是和其他因素在同一层上运行，而是可以被应用于这些因素，并决定它们生存的机会，换句话说，是一种元选择（meta - selection）原则。这个想法是由路易吉·路卡·卡瓦利 - 斯福扎（Luigi Luca Cavalli - Sforza 2001：178）明确提出的："因此，每一个文化决策都必须通过两个层面的控制：文化选择首先通过个人的选择来执行，然后是自然选择，自然选择会根据这些决定对我们的生存和繁殖的影响自动地评估它们。"① 索伯（2008）、贾布隆卡和兰姆（2005）都指出，自然选择可以适用于任何事物，包括文化，它受制于创新（变异）、传播（遗传）以及差异化增殖和生存。这似乎证实了古尔德（2002：59）的观点，即达尔文声称通过他的开创性著作所进行的"一个长期的争论"是"试图建立一个整体的历史科学中严谨分析的方法论路径和知识基础"，尽管生物进化是一个给定的例子。然而，从理查森和博伊德所称的"决策力"来说，就选择本身而言，在接收到的这些术语的意义上，它可能更像是拉马克式（Lamarckian）的，而不是达尔文式（Darwinian）的（尽管达尔文相信拉马克进化论）。

尽管如此，在某种程度上，我们还是可以从上面关于文化漂移的观点中得出一个关于决策力的更一般的观点。历史，与进化相反，在神话和理

---

① 然而，目前还不清楚为什么在最初阶段的选择必须由个人而不是群体做出。

论记忆的时代，以及这个术语在唐纳德的意义上，不能被忽视。乔纳森·伊斯雷尔（Jonathan Israel 2001；2006；2010；2011）曾写过几本书，他试图在书中表明，不仅法国大革命，而且我们今天的包容和民主思想，都是思想领域长期进程的结果，这种思想起源于早期启蒙运动，即斯宾诺莎和培尔时代，而不是大启蒙运动时期，我们常把大启蒙运动与牛顿、洛克、孟德斯鸠和伏尔泰联系在一起。根据以色列的说法，前一阶段更为激进（尽管已故的迪德洛延续了这一传统），而且它对我们现在的西方国家公民平等的理想，以及不同文化、种族群体和性别之间的平等有着更彻底的影响。

根据伊斯雷尔（Israel 2006）的说法，没有任何古典的社会原因能够解释法国大革命，因为群众长期贫穷，没有引起任何骚动。然而，自17世纪中叶以来，由于这段时间最被禁止的作品的盛行，推翻权威的想法得到了越来越多的支持。伊斯雷尔（2006：15 ff.）说，我们可以通过"争议史（history of controversies）"来了解这一点，也就是说，因为我们知道一些有争议的思想家的观点，如培尔（Bayle）、斯宾诺莎（Spinoza）以及他们在荷兰和法国的众多追者对这些观点的普遍反应。大多数关于启蒙运动的书籍的读者无疑都有这样的印象：斯宾诺莎的书无人问津，培尔的信息只是启蒙运动的一个非常模糊的启示，但伊斯雷尔（2001；2006；2010；2011）表明，这两个作者无论是单个还是合在一起，都激发了很多追随者，这一点在当时出版的书中有所体现，也引发了大量的印刷反应，其中一些是知名作家的作品，但还有很多现在已经被遗忘了。他还从维持"现状"者提供的书面证据中证明，这些观点最终也会被筛选下来，给那些自己无法阅读的人。

起初这可能表明，在唐纳德的意义上，神话记忆足以解释这种变化，更具体地说，转向巴赫金的术语，即对话的存在。显然，目前我们只能知晓这些争议，因为从那个时期开始，书籍就被保存下来，证明了这些争议。但是，与中世纪的情况不同，很明显，在印刷时代的早期阶段（从我们的角度来看），争议也越来越多地通过小册子和其他出版物传播开来。因此，我们已经处于唐纳德所谓的理论记忆（theoretic memory）阶段。因此，书籍和其他类型的版画就成了独立于有机体的人工制品，或者用唐纳德的术语来说，是"外程序"（exograms）。

在目前的情况下，我们的问题是，所有这些是否表明了决策力在人类历史上的普遍存在。如果伊斯雷尔是对的，那么毫无疑问，每出版一本有争议的书，每出版一本小册子，每一本小册子的答案，都包含了一些决策，尤其是在这样的背景下，即使你在荷兰出版，你最终也可能被迫流亡（在其他国家被判死刑）。事实上，印刷商和出版商经常会遇到同样的命运，毫无疑问一些经销商也是，所以他们的决策不应该被算作是无价值的。因此，这毫无疑问涉及一系列连续的决策。但是，假设这一连串的决策是法国革命的起因，甚至是我们当代的人权观念的起因，那么显然，这一连串决策的综合推动力很难被认为是其自身的决策力。更确切地说，在这些术语的现象学意义上，它已经是遗传和生产性沉淀（generative sedimentations）的一部分，即使只是在一个特定的社会文化生活世界里——比如在法国大革命时期，它明显地扩大了，然后在20世纪又扩大了，尤其是在第二次世界大战后，这似乎就相当于西方的价值观。当然，每当有人决定参加攻占巴士底狱时，或者当现在有人决定为人权而战时，这个传统就会被重新激活，成为自己的决策力。

3. 他者文化的根源

当然，人类不是合作的天使；他们也聚在一起做各种可憎的事。但这种行为通常不会针对"群体"（the group）内部的成员。事实上，最近的进化模式已经证明了政客们早就知道的事情：激励人们合作并像一个群体一样思考的最佳方式是识别一个敌人并指控"他们"（they）威胁着我们。（Tomasello 2009：99 ff.）

参照理查森和博伊德（2005）等人的研究，我们可以把他者文化看作一种文化发展，它可能起源于历史时期。如果我们认为索伯和威尔逊（1998）对群体选择规则的判断是正确的，那么他者文化（或者甚至是自我文化）将由于定义了自身与另一种文化的关系而因此在文化中占据主导地位，但这仅仅是以另文化（Alius‑culture）为代价来刻画文化之间的关系。这就提出了一个问题，即他者文化是如何普遍化的，甚至是全球化的，就像《人权宣言》中所说的那样。单个的事件很难解释这种变化，《人权宣言》当然不行，我们也不清楚法国大革命和联合国能否做到，也许能找到这样的例子，或者是这么一段时间，在这个时间段内开始了一个自我延续的传统。如果是这样的话，就可能存在一种从众性偏向和一种模式偏向为这种传统服务。但是这些因素只是从启蒙运动时期开始起作用的，然后随着《联合国宣言》得到更广泛的分布。启蒙运动在这个过程中无疑是一个重要的阶段，因为它首先确立了普遍的他者文化的理想，但如伊斯雷尔（2001；2006；2010）所表明的，这些想法似乎很难在 18 世纪晚期——甚至在 17 世纪中叶的不成熟的土壤里无法生根发芽，而适宜这些想法成型的环境正渐渐日臻成熟。

所以我们仍然需要解释他者文化的根源。也许有人会说，宗教（尤其是基督教）是这样一个开端。尽管在哥伦布看来显然不是这样的，但在拉斯·卡萨斯提出的论点中，印第安人有灵魂，所以他们是人类（尽管拉斯·卡萨斯［Las Casas］并没有将这种描述延伸到黑人身上）。圣保罗告诉我们，我们不应该区分希腊人和犹太人、男人和女人，等等，因为我们在耶稣的眼中都是一体的。然而，这意味着一种新的文化—基督教文化和它自己的其他文化的出现。圣保罗将自我文化扩展到所有的基督徒，但把其他信仰的人排除在外。用其他术语来说，威尔逊（Wilson 2002）似乎表明宗教更倾向于强化自我文化和其他文化之间的对立。事实上，拉斯·卡萨斯可能是区别于圣保罗的一种运动的一部分。

更一般地说，一本有关世界宗教中利他主义的文选（Neusner & Chilton 2005）所得出的一个结论是，根本没有（他者文化）这种东西。首先，因为"他者"（"你的邻居"［your neighbor］）很少是社群之外的人，也尤其因为所有的宗教都认为善行在另一个世界里或是在因果轮回中，是有善报的。在中世纪，对我们来说，黑人属于外来的生物，比如长着狗头的人、胸上有脸的人，他们属于"怪物种族"（the monstrous races）（Friedman 1981；Section 10.2.1），前者（也可能是后者，以同样的方式）被认为在他们皈依基督教后会变成白人。这无疑使宗教成为一种新的自我文化（new Ego – culture）的想法更加切实。

另一方面，正如威廉·斯科特·格林（William Scott Green）在利他主义选集（Neusner & Chilton 2005：191）的结论中指出的那样，"善心、慈善和人类关怀的资源在大多数宗教的基础文本中（被揭示）"（参见第七章：《宗教》）。尽管如此，正如伊斯雷尔（Israel 2006：135 ff.）所观察到的，虽然斯宾诺莎和培尔等思想家主张普遍的思想自由、包括无神论者的思想自由，主流启蒙运动，正如我们从洛克、伏尔泰等人那里知道的那样，但是他们从未比接受其他宗教（以及一些保留意见）更进一步。这无疑是与早期教会的地位有关的一大进步，但这并不表明宽容的推动力来自宗教。

一个更加可信更加具体的，可能在早期历史中多次重复发生的事件，似乎是配偶的交换，或者用克劳德·列维－施特劳斯的话来说，对应于最常见的情况，不同种族之间的妇女的交换。根据列维－施特劳斯（Lévi－Strauss 1958：329）的说法，世界上有三种巨大的、或多或少等效的流通：文字的流通、商品的流通和妇女的流通。雅柯布森（Jakobson 1990：19－20，460－461）将这一观点发扬光大：这三种流通方式涉及信息（不仅仅是语言符号）、商品（包括商品和服务）和伴侣（无论男女）。在其他地方（Sonesson 2010），我批评了这些相似之处：抛开在这种背景下有关商品的问题，显而易见的是，在亲缘关系系统中，女性根本不重要；是交换她们这种行为携带了意义。除了亲缘关系系统之外，我们很容易想象一个女人从一个部落来到另一个部落，在她自己身上传递着意义：讲另一种语言，有不同的风俗习惯，等等，她可能作为一个"非文本"（non－text）（即作为一个陌生人），出现在接受文化的成员中。事实上，她甚至可能以个人的身份承载着意义：即使减少了信息以使翻译成为可能之后，就像尤里·洛特曼（Yuri Lotman 1979：91）巧妙地所说的那样，信息可能仍然包含重建另一个人格的迹象。无论如何，这将使这名女性成为"其他"（Alius）的一个实例，更准确地说，是"内部的其他"（inner other），正如索内松（Sonesson 2000）所定义的那样：有些人住在自我文化的领土里面，但是不是作为自我文化的成员。这种类似的情形发生在奴隶、犹太人、吉卜赛人以及其他社会上的边缘群体中，甚至是 19 世纪的主仆关系中。

在某种程度上，配偶的交换似乎是人类与其他动物相似的地方：在许多物种中，雌性或雄性在某一时刻离开了群体，显然是为了将自己融入另一个群体。然而，不同之处在于，在人类的事例中，旧的网络不会在新网络建立时被放弃，至少在理想的情况下是这样。毫无疑问，文化之间的对话首先在模仿和神话层面（mimetic and mythic levels）上进行，然后逐渐在理论层面（theoretic level）上进行（见本文第四节）。这种持续的对话带来了基因上的，随后是生成性的沉淀（见第一节）。一种不仅是交流的，而且是（起初相当有限的）理解的传统已经形成。这就是历史的开始。

与哥伦布不同的是，科尔特斯（Cortés）与他者文化有利害关系，或者至少，他认为自己参与其中。马琳且（Malintzin）（更著名的名字是"La Malinche"，现代墨西哥西班牙语中的"叛徒"）是他的翻译官，也是他的情妇。[①] 他还让看守人与囚犯交谈。这些就是我认为科尔特斯与哥伦布相反、接受了文化的他者模式的原因。但他对这个模式的使用显然是偶然的，目的是达到由另者模式（Alius – model）所定义的目标：为了使自己的文化从被征服的人口中得到最大的利益。科尔特斯并没有留在墨西哥，但其他人留下了，他们最终整合了他们的网络。这一过程无疑是由于许多基于频率和基于模式的模仿行为而引起的，但是为了超越科尔特斯的态度，许多次要的决策行为也似乎是必需的。

这整个过程不仅需要记忆（人类比其他动物拥有更多的记忆，也比其他动物拥有更多的多样性，就像我们从唐纳德那里学到的那样），或许还需要对相关事物的认识。在墨西哥，这一结果是"混血"（mestizo）[②] 文化，这与原始居民的遗留（一种剩余概念）是对立的，但是这一概念与普遍性的他者文化并没有对立，也就是说，没有与"兄弟情"（brotherhood of man）相对立，即便是在有目的的（但至少部分是"事实上的"）合并两种文化的价值的有限意义上也没有。在人类历史上，这可能仍然是一个进步（在世界其他地方的许多历史变体中重复出现）。这是一种即使没有任何明确的决策，至少是两种文化的价值观的结合的进步。因此，它可能为更广泛的宽容和理解的概念铺平了道路。因为像科尔特斯和拉斯·卡萨斯这样的人生活在一个非常引人注目的时代，经常出现在印刷品上，他们的经历被代代相传，所以他们的经历肯定有助于改变他者文化模式的有效性。

[①] 译者注：1519 年，西班牙入侵者科尔特斯登陆后，她被部落首领献给科尔特斯，成为科尔特斯的翻译、顾问和情妇，并为科尔特斯生下了一个儿子。

[②] 译者注："混血"（mestizo）：尤其指拉丁民族与印第安族的。

五　扰乱战术的悖论

索伯和威尔逊提出的群体选择的辩护有一些自相矛盾的地方：就像理查森和博伊德的观点一样，它也是基于博弈论（game theory）衍生的理论模式，尽管它的名字如此，但是它是理解资本主义社会运行的最好范式，而跟游戏（game）关系不大。更具体地说，它是基于零和博弈的，在这种博弈中，只有以一方失败为代价才能换取另一方的胜利①。换句话说，他们都涉及一个稍微复杂的变化情况，即所谓的"囚徒困境"（Prisoner's Dilemma）。在这个困境中，有两名囚犯，控告另一名囚犯者将获得减刑，除非另一名囚犯也控告他，在这种情况下两人都将得到严厉的判决，而如果他们都保持沉默，则没有人会被关进监狱（Nowak & Highfield 2011：1 – 17）。

1. 站在游戏之外

若进化论是关于适者生存的，那么这一类比似乎并非偶然。正如早期社会达尔文主义所指出的，社会达尔文主义通常被认为是赫伯特·斯宾塞的产物，据说它是达尔文观点的一种"形变"（deformation）②。然而，古尔德（2002：60）声称，事实上，达尔文在他那本名著中为自然选择辩护的空间，要比人们通常认为的"在最低的有机体层次上为个人利益而自私地'斗争'的副作用"大得多。如果是这样的话，那么从这个意义上说，索伯及威尔逊和达尔文的观点基本上是一致的：对他们来说，选择的基本单位在某种意义上仍然是个体，而不是群体。他们的观点是，在完全利他的群体中生活对组成这个群体的个体比在完全利己的群体中生活的个体更好。尽管威尔逊后来向涂尔干的观点提出了建议，但这并不是一个什么对群体有益的问题——或者更确切地说，它只是一个什么对作为对被分开对

---

① 博弈论除了零和博弈之外，还允许其他模式，但无论是索伯和威尔逊，还是理查森和博伊德，都只利用了零和博弈。我们将在下文谈到这一点。

② 然而，这似乎也与最近流行的"马基雅维利式智慧"（伯恩及怀滕［Byrne & Whiten］1997［1988］）观点大体一致，后者似乎会加剧竞争，尽管部分依赖于不像"马基雅维利式"的人。

待的大多数个体有益的功能的群体有益的问题。换句话说，它不涉及群体作为主体间相互联系的整体的生存，而是涉及组成群体的个体的生存。

如果移情是可能的，那么在上面所设想的任何一种感觉中（见第一节），人类社会的这种愿景是不可行的，至少如果我们在移情最基本的意义上理解，即移情已经存在一段时间了——以及，如果我们相信弗朗兹·德·瓦尔（Franz de Waal 2006，2009）的话，移情至少在某种意义上已经存在于非人类的猿类中了。斯特林和格里菲斯（Sterelny and Griffiths 1999：151 ff.）早期并没有引用博弈论，而在他们的书中声称群体可能是选择的单位，群体普遍地接受观点，但是他们指出同样的事实可以通过任何特定的个体在他/她与其他个体的关系的背景下加以解释，或者，更确切地说，使人口结构成为选择发生的环境的一部分（参见 Sterelny & Griffiths 1999：166 ff.）①。另一方面，诺瓦克和海菲尔德（Nowak and Highfield 2011：21 - 114，270 ff.）试图扩大囚犯困境的隐喻，提供一些特征以使它不可能成为社会的模式。囚徒困境的一个明显的问题是，它所涉及的两个主体都是孤立的，不知道另一个主体的决定，这在社会中是相当不现实的。首先，可以增加对于对方的决策的了解（"直接互惠"［directreciprocity］）。其次，可能存在一种间接的互惠，这是另一个人的名声（给定的语言或其他一些足够复杂的符号系统）传达给社会其他成员的结果。最后，作为邻居也有一个简单的影响。根据诺瓦克和海菲尔德（2011）的观点，这些足以使得合作出现。②

迈克尔·托马塞洛（Michael Tomasello 2008，2009）不参与博弈论，他一再强调合作对人类进化和发展的重要性。在实验证据的基础上，托马塞洛（2008：177 ff.）坚持认为合作是人类的专长，即使与其他灵长类动物相比也是如此。当合作有一个具体目标时，黑猩猩会巧妙地协调它们的行为，然而，当社交游戏不得不为了自己的利益而进行时（比如用蹦床把

---

① 稍后的一章将讨论模塑中的博弈论，这表明对斯特林和格里菲斯（1999：234 ff.）来说，这个模式的使用不会产生任何理论后果。但这是没有意义的：如果你主张群体选择，或者用博弈论模式对同样的事实进行一些替代解释，你就会相信这些模式的前提，这些假设理所当然地认为个体就是出发点。

② 诺瓦克和海菲尔德（2011）实际上列出了五个因素，一个是群体选择，这正是我们想要超越的，另一个是亲缘选择，他们认为亲缘选择的作用非常有限。见上面的第一节。

球弹起来），它们就不会表现出兴趣，而不像 14 - 24 个月大的孩子一样。用布莱恩·C. R. 伯特伦（Brian C. R. Bertram's 1982）的话来说，这似乎意味着其他猿类能够进行"互利共生"（mutualism）（两者都从协作中获益），也有可能进行"互惠性的利他行为"（reciprocal altruism）（帮助别人的人会在以后得到回报），但不是为了帮助别人（参见 Dunbar，in Wilson & Keil 1999：201 ff.；Nowak & Highfield 2011：21 ff.）。在后来的一本书中，托马塞洛声称黑猩猩和我们在帮助人这个方面一样先进，但是没有达到告知和分享的地步：也就是说，它们会帮助另一只猿猴获得一个物体，但不会传达给他如何获得它的信息①。在同样的出版物以及其最近的出版物中，托马塞洛（Tomasello 2009，2014）继续宣称，人类和非人类猿类之间的巨大差异正是精确地存在于互利共生之中。在一个实验文献中，他对比了猿和孩子们是否能够共同努力把一个盛有食物的篮子拉上来，但是，只有当食物事先被清楚地分给每个猿时，它们才能完成这一行为，而孩子们无论是在食物被分配与否的情况下，都能完成这一行为。动物行为学层面上，托马塞洛（2009；2014）声称非人类的猿之间没有真正的"共享合作活动"（shared cooperative activities），这些狩猎活动看起来就像是其他猿类跟随第一个主动行动的猿而进行的，从这个事实可以看出，最终猎物结束的猿类只能勉强让其他猿类分享猎物。另一方面，托马塞洛认为，人类从一开始就系统地参与这种共享的合作活动，以猎鹿为代表，这是合作的开始，合作和后来的集体意向性（collective intentionality），导致社会和文化的出现。②

托马塞洛是否对我们的猿类同胞不公平并不是目前的关键问题：关键问题是博弈论必须假设所有的利他行为都可以归结为互利共生和互惠性利他行为（不管索伯和威尔逊在他们的书中关于博弈理论的术语表述有多么不同）。有趣的是，托马塞洛（Tomasello 2014）提出，在转向博弈论时，

---

① 无论其地位如何，"亲缘选择"（"广义适合度"），即帮助具有（部分）相同基因的其他人，并不是造成差异的原因。

② 在她对托马赛洛的评论中，琼·B. 西尔克（在托马赛洛 2009：113 ff.）表明像猎鹿这样的合作例子作为经验太不常见以至于它们无法解释人类社会的起源。没有任何方式证明他俩之中到底谁是正确的。托马赛洛（2014）也坚持他自己的观点。

我们应该真正去寻找合作模式，而不是竞争模式。然而，即使是互利共生也不足以解释我们称为社会和文化的日常合作。事实上，生活在社会中的人，以大规模的合作为前提，非亲属之间的合作日益增多（尤其是在城市生活中），而且没有特定的互惠和/或互利共生。大多数情况下，这可能是低级别的协作（low – level collaboration），但它们仍然是协作，这种协作的可能性必须加以解释。

2. 在卢梭与霍布斯之间

猎鹿是卢梭的理想；也许在自然中这不是一种常见的状态（Silk，in Tomasello 2009：117）。

最终，这一切都归结为一种与思想史相似的对立。托马塞洛（2009：3）指出，这一讨论涉及"西方文明的一场伟大辩论［……］，人类是否是天生合作和乐于助人的，社会后来使得他们堕落（如卢梭），或者他们是否生来自私不帮助人，社会教会他们更好（如霍布斯）"，他宣称要"捍卫一个主要支持卢梭观点的论点"。在这里，托马塞洛很明显想到的是让 – 雅克·卢梭的《论人类不平等的起源和基础》（Discours sur l'origine de l'inégalité）（1754 年第一次出版；［参见 Rousseau 1965］），或者是一些"社会公约"（Le contrat social）（Rousseau 2001）里面的观点，作为对托马斯·霍布斯《利维坦》（Leviathan）（1651 年出版；［Hobbes 1968］）的反对。茨维坦·托多罗夫（Tzvetan Todorov 1995）也批评了那些认为人一开始是孤独的、以自我为中心的，然后被迫适应社会生活的人。他声称自己站在亚当·斯密和卢梭（还是《论人类不平等的起源和基础》中的那个卢梭）一边，他们认为人类需要对方，以至于在自己的内心创造了对方的形象。无论是托马塞洛还是托多罗夫都不像他们认为的那样真正赞同卢梭，因为他们显然不相信社会必然有负面影响：的确，正如我们所见（本文第五节），托马塞洛明确地宣称，社会增加了人类与生俱来的合作精神。

尽管移情并不一定会导致利他主义，但我们早期对移情理论（见第一节）的研究应该让我们倾向于效仿卢梭、托多罗夫和托马塞洛。这一观点可以从个体发生学（ontogeny）的层面上得以验证，从被观察到的物体、看管人、孩子的三位一体中，注意力被分散到两个参与者与物体之间，正如从巴特斯（Bates 1979）超越托马塞洛（1999，2009），到兹拉特夫

（Zlatev 2009）和列宁格（Lenninger 2012）的儿童心理学观察那样。正如我在其他地方（见第一节，以及 Sonesson 2013c）指出的，在这个三位一体中，我们有了自我、他者和另者（Ego，Alter，Alius）的范畴的原型，包括对前两个位置的占用的持续变化。同样的，托多罗夫（1995：15 ff.，31 ff.，34 ff.）批评了黑格尔/萨特在自我和他者之间的辩证关系，他们将之作为一种战斗，其中一个参与者必须永远失败。在这种对黑格尔的解读中，自我只能通过制服对方而被认作是一个人；但一旦后者被征服，她就不再是一个人，她对另一个人的认识也就失去了价值。托多罗夫指出，我们总是"和"他人在一起。可以说，没有什么时候他人不存在。托多罗夫（1995：39 ff.）引用了发展心理学的证据，这表明第一个遇到的他人不是在战斗中遇到的人，而是照顾孩子的母亲。被认为是人并没有什么问题：事实上，几周后，孩子就开始试图吸引母亲的目光，并得到了母亲的关注。从进化心理学的角度来看，托多罗夫和托马塞洛的主张可能会还原到亲缘选择。然而，如果我们接受异亲抚育（allo‐parenting）的观点，之前的主张就站不住脚了，这个观点是指在早期的人类社会中，就像近来的捕猎者一样，任何和所有的社会成员，无论男女亲属与否，都要照料孩子（参见 Hrdy 2009）。

这个观点让我们回到与社会相关的选择发生在个体层级上，个体是在群体人口形成的环境中产生的这样一个观点（参见 Sterelny & Griffiths 1999：166 ff.）。另一种表达方式可能是说这个群体是结构化的，每个个体在这个结构中组成一个节点（node）。然而，我们对整体结构不感兴趣，而是对每个人作为节点连接到所有其他节点的结果感兴趣。就像布拉格学派的结构功能主义一样，功能被定义为一个元素相对于整个结构的位置，从元素的角度来看，它是这个结构的一部分（参见 Mukařovský 1978）。在这个例子中，元素是个体，它处于最显著的位置，而不必放弃它与结构的其他元素的关系，也就是说，它是被关注的，是结构的功能部分。如果元素可以作为一个主体，我们也可以遵循现象学的传统，把这种关系称为主体间性（兹拉特夫［Zlatev 2008a，2014b］）。

正如托马塞洛（2009：1 ff.）所说，人类"既是天生助人的，也是后天培养出来的"。如果我们真的生来就理解他人并与他人合作，那么似乎就没有必要从他人的自私自利的利益出发，为利他主义进行详尽的辩护，而这正是威尔逊和索伯观念的基础。将这一事实与达尔文主义相协调的唯一方法是假设我们所关心是群体的生存，即社会的生存，而不是个人的生存。无论组成社群的个人的利益是什么，社群的最大利益必然在于协作。从这个意义上说，根据托马塞洛的观点我们生于其中的人类作为一个群体的协作能力，当然是人类（迄今）在地球上适者生存方面取得巨大成功的原因之一。

然而，根据托马塞洛（2009：99 ff.）的说法，我们仍然需要学会合作。这就意味着，在理查森和博伊德的启发下，我们已经勾勒出的他者文化的文化发展仍然是相关的。尽管如此，托马塞洛最终还是和索伯及威尔逊一样面临着同样的难题：他总结道"激励人们合作和像团队一样思考的最佳方式是识别敌人并指控'他们'威胁我们"。换句话说，为了培养合作的个体，显而易见的方法是将他们组织成一个与其他群体（通常是致命的）竞争的群体，也就是说，作为一个"自我文化"以反对"其他文化"。这就意味着，不管托马塞洛声称如何，竞争至高无上地压倒合作。

这就是人类历史上符号学层面本质地所介入的地方：因为我们能够通过与其他人类群体的早期交流获得（遗传的）模拟或神话般的记忆，这些交流是历史流传（生产）下来的，随后因为这些交流保存（生产）在理论记忆中（见本文第四节），我们在适当的时候能够对不同的文化进行结构上的观察，将它们不仅在历时（diachrony）层面同时也在共时（synchrony）层面进行比较，探索它们的共性，也探索它们之间的差异，因此，通过从传统中学习，到达一种文化的阐释学（hermeneutics），这就允许了他者文化和他者文化之外的存在，事实上允许了这两种理想类型之间的一切的存在。真正的外来文化（alien cultures）的发现，特别是在美洲，无疑是这个阐释学传统历史上的一个重要时刻，还有长期的争取平等和宽容的斗争，我们称之为启蒙运动，从 17 世纪末期到 18 世纪末一直有最优秀的学者投身其中（参见 Israel 2001，2006，2010，2011），接着，在 19 世纪和 20 世纪，回想起来却没有那么激烈的、不同的马克思主义和其他左翼运动中所体现的外来文化。这种历史突然闯入了他的晚年，闯入了埃德蒙·胡塞尔的（Edmund Husserl 1954）意识现象学，促使他对之前发生的事情进行判断，重申启蒙运动的信条，但他没有提供任何真正的前进方向。但斗争仍在持续。

因此，最后，我们必须给霍布斯和卢梭应有的权利。再加上另一位古典作家约翰·哥特弗雷德·赫尔德（Johann Gottfried Herder）的教诲，他认为，纵观历史，所发生的一切都是对人类的持续教育，正如他书的标题所示：《关于人类教育的另一种历史哲学》（Auch eine Philosophie der Geschichte zur Bildung der Menschheit）（1774；参见 Herder 1968）。

小结：生命之外的文化

我们探索了生物进化和文化进化之间的相似之处，同时也试图分离出后者特有的东西，尤其是作为（或多或少深层的）人类历史。我们一直致力于两个相互交织的问题：如何理解人类历史作为进化的一部分，同时又作为与以前不同的东西，至少从人类（从整个进化的角度）不稳定的立场来看，同时我们主张群体选择的可行性，不受博弈理论模式的限制，尤其是那些基于竞争的模式，尤其要考虑移情的可能性，不仅在一种文化中，而且超越了它的界限。当我们仔细探查竞争者作为文化进化力量的一部分时候时，正如理查森和博伊德所讨论的（2005：69 ff.），我们强调了使人类进化不同的东西是模仿、神话和理论记忆的呈现，它们不仅存在于个体的生命中（遗传性沉积），也存在于族群的历史中（生成性沉积）。最后，当我们考虑到与作为他人的不仅仅是其他文化的他者文化相关的自我文化的可能性时，我们再次指出了文化之间的交流的存在——这种交流在神话和理论层面上都有，以及作为遗传性和生成性沉淀。事实上，在这两种情况下，我们都指出了符号资源在人类特性产生和维持中的重要性。

通过这样做，我们开始了探索，不仅将认知科学和符号学这两个当代跨学科的场域结合在一起，而且将这两种现代方法与人文学科的古典传统（被称为解释学的传统本身的传统）联系在一起。根据这一传统，对其他文化和它的人工制品的理解首先源于将人作为人的理解，将我们自身作为人的理解，以及将他人作为人的理解——并粗浅地规定了，我们所谈论的人类源于动物的生命、进化以及或多或少深层的历史。

VIII. 文化符号学视野下全球化的三种情境

盛佳贞/译　彭佳/校

摘要：

　　本文引用自动模式（auto – model）的概念，将全球社会描述为一种介质，人们用来理解他们与其他文化的关系。基于各自模式解析三种情境：第一，我们考虑由人口大量迁移引起的"内部他者"（Internal ther）过度增长的情境；第二，我们基于拥有将讯息置入全球流通特权的发出者文化，解释从食品到智力的时尚全球化情境；第三，我们考量当大企业接管时，民族国家不再作为文化运作的情境。

　　全球化，如果存在，必须被理解为使社会每天越来越"全球化"的过程。但是在定义为任何其他事物之前，"全球社会"（global society）是生活在一个社会中的我们创造的一种模式（或是我们接下来会了解到的不尽相同的几种模式），旨在描述我们自己的社会。这种全球社会模式（就像所有其他文化模式一样）意味着与其他社会的对立，这些社会或多或少是全球性的，或者根本不具全球性，而且它们在空间和/或时间上有不同的分布，甚至可能只存在于意识形态层面。就全球社会模式而言，时间上显然存在着一种对立：我们倾向于认为以前的社会不如我们现今社会"全球化"（中世纪社会当然如此，但工业社会也不例外）。然而，在我们模式最可称道的变体中，空间上并没有任何对立：全球社会包含一切。也许其他人会认为，至少就目前而言，不那么全球化的社会仍然存在。此外，有一些与我们一样生活在同一时空的群体，也未融入这种模式：例如，在我们例子中的穷人和移民。

一　文化符号学要素

在我早期的文化符号学研究中，我保留了塔尔图学派的两个教训，其追随者们肯定不那么坚持：首先文化符号学与文化本身无关，而与文化的模式化建构要素有关；因此，这种模式本身更多涉及与各种文化（也包括亚文化、文化领域等）之间的关系，而不是一种文化的独特性。这并不是要否认文化模式很容易成为文化中的一个因素；因而，比方说，那些坚持认为当代文化是一个信息社会和/或一个地球村的人定会致力于将其转变成此。关于第二个局限，如果保留结构主义教训的某些方面不是太过时的话，可以认为各文化之间的关系部分地定义了什么是文化。

一种模式当然是一个符号（更准确地说，是一个相对的像似符号）。那么，这是否意味着全球社会不存在？在某种程度上，我认为这是正确的结论。然而，确实存在一些现象和过程，或多或少地证明了这种模式的合理性，但不能简单地用"全球化"一词来描述它们。就塔尔图学派（Tartu school）而言，"全球化"并不因"另一种观点"而存在——如果我们能够找到全球化意识形态之外的观点的话。

因此，该模式是社会生活的一种"实际影响"。但它也是社会的一个"有效因素"：在某种程度上，我们以某种方式行事是因为我们认为我们生活在全球社会。从这个角度来看，全球社会的模式可以与我们最近开发的许多其他模式相当：后工业化社会和后现代主义社会模式，信息社会和图像社会模式。它也与其他社会成员创造的模式相当，如"文艺复兴"，这一模式直到最近才产生影响，但正如我们现在所知，这种模式对应于大多数人现实生活中的极少变化。

由文化认可的每一事件本身就是一种"文本"，无论它是由语言库中的符号，还是由图片、行为序列等组成（参见 Sonesson 1998c）。每一种文化都有自己生成"文本"的机制，这些"文本"在文化内部是可以接受的，同时又与其他文化产生的"非文本"相对立。在别处，我区分了将文化与非文化对立的典范自动模式（就像希腊人说自己与野蛮人不同），"倒置"模式——自我将自己投射到另一种文化中，以便将自己的社会视为非文化社会（从崇拜西方的彼得大帝到崇拜美国的年轻人），以及"扩展"模式——文化不仅与非文化（我们正在谈论的那些文化）对立，而且与外来文化（我们与之"仅是泛泛之交"的文化也是文化但不是我们自己的文化）对立。我还指出，在这种模式中，文化可以与辖域分离：我们可能有一个内部他者，它与我们存在于同一个空间，但仍被归咎于非文化或外来文化（参见 Sonesson 2000 b，c；2002 b，c）。

二　全球化的三种情境

必须在本土体验全球化。更准确地说，仅从本土的观点来看，全球化"似乎"是全球性的。我自己的本土观点不仅仅是瑞典语，还与瑞典的一个特定部分有关，这个部分位于半岛的最南端，横跨马尔默和隆德。实际上，我不仅会引用本土相关的例子，甚至会举一些自身例子。

以下所述的所有情境都可以说是"文本"的流通，广义上，这一术语用于文化符号学：以这种方式流通，它往往会超越文化、非文化和外来文化之间的界限。我们将调查的三种情境与"个体"（individuals）的流通、文化"制品"（artefacts）的流通，以及更简单地说，与"讯息"传播有关。

20 世纪 70 年代去巴黎开始我的符号学研究时，我被这里可见的各种民族和文化融合迷住了。街道上、林荫大道上、课堂上以及我经常拜访的神学院里，你可以遇到来自世界各地的人（大约像我这样的）。沿着林荫大道随心漫步似乎是一种冒险，这仿如一条穿越整个世界的通道。在巴黎，还可以找到提供各种烹饪美食的餐厅，以及销售来自世界各国产品的商店。然而，在我以前住过的马尔默和隆德，不仅没有提供其他国家菜肴的餐馆（除了一些中餐馆和比萨店），而且总的来说，街上所有的人看上去或多或少都很相像：都是看厌了的金发和白皙的皮肤。现在马尔默（在较低的程度上，隆德）已经完全改变了：它看起来像以前的巴黎。

马尔默三分之一的居民是来自拉丁美洲、非洲和亚洲以及东欧的移民或移民子女。这座城市到处都是餐馆和商店，它们提供的服务来源于所有可想象的文化。就像 20 世纪 70 年代的巴黎一样，甚至在许多角落都有一家阿拉伯人开的商店，与当地习俗相反，似乎从来没有关门过。但是，设想这些文化以任何基本方式混合在一起是很天真的：相反，每一种文化都构成了自己的聚集区。它们都占据（部分地）在相同的时间和空间，但它们位于不同的意识形态层面上。

我 70 年代在巴黎的经历得益于林荫大道和大商店体系的发展，这些使法国这个伟大的城市（根据沃尔特·本杰明［Walter Benjamin］的表达）成为"21 世纪之都"。但是 20 世纪之都（或者至少是 20 世纪末）并不在此：或许是纽约。在 20 世纪的最后几十年里，正是从纽约，一般来说是从美国，掀起一系列潮流风尚，这些很快成为所有国家，至少是西方国家（从广义上讲包括拉丁美洲中产阶级、亚洲中产阶级等）的"时髦"习俗（不论时间多么短暂）。

艺术类学生肯定会相信，我在思考视觉艺术中的运动不再起源于巴黎而源于纽约这一事实；可实际上我提及的是广义的、人类学意义上的文化这一术语。从这个角度来看，食品一例是最有启发性的，因为最近流行的食品往往涵括从特定的文化背景中移除的传统菜肴。这些菜肴，在美国进行了审查和加工后，突然（有时是在非常有限的时间内）传播到世界各地。法国人总是吃他们的可颂（croissants），但突然间，全世界都出现了有可颂或"牛角面包"（法国人不这样叫）的专卖店，它们的面包里有夹心和其他馅料，这在法国传统烹饪文化中是难以想象的，最终这些商店甚至遍布巴黎。很快就出现了下一种被认为是"墨西哥菜"的时尚，这一次在我们接触之前，它便经过了多次审查和加工：首先经手的是加利福尼亚州和得克萨斯州的"墨西哥裔美国人"，然后是锡器制造商，最后是在各地开"墨西哥"餐厅的"厨师"（他们是南斯拉夫人、北美人、秘鲁人，但从来都不是墨西哥人），他们常常满意地打开来自加利福尼亚的罐头，并将食料与自己能发明的任何产品混合在一起。最新的烹饪时尚是传统上在地中海国家享用的"咖啡'即买即走'概念店"，现在世界各地的特殊咖啡馆都有供应。在所有这些情况下，我们确实收到了来自其他国家的某种讯息：但目前只有一个国家，即美国，有能力将这些讯息传播出去，而且如果不使用自己的代码对这些讯息进行变形，它就不会这样做。

据我们现在估计，地球上发现不了 21 世纪之都：它是在互联网上的。

我们现在不是在巴黎的林荫大道上偶遇其他民族文化，而是在连接着全世界计算机的网络中与其相遇。我可以与拉丁美洲的学者和朋友，以及澳大利亚、亚洲和加拿大的其他人交换信件。我可以访问世界任何地方的网页。

互联网的某些部分就其交互潜力而言具有优势，这在林荫道上或其附属区域、能见街景的咖啡馆里是没有的：后者被视为通信系统（正如我在另一篇文章所言［见 Sonesson 1995］），具有"视觉渗透性"（permeable to sight），但很少在其他感官（部分是嗅觉上——这不一定是优势，部分是听觉上，但不在触觉上）具有渗透性，而且在非常罕见的时刻，它们才能提供交流语言的机会。当然，互联网对对话非常开放，但它几乎用不上其他感官：即使它通常是可见的，我们很少看到正在沟通的人，至少不是在"此时此地"（hic et nunc）（"女孩—摄像机"除外，这是早期在林荫大道上可以满足的出风头的最后体现）。

然而，认为互联网是一个文化上中立、本质上多文化的领域是错误的。互联网的主要语言是英语，起源于北美阿帕网。

1. 第一种全球化模式：没有版图的文化

像所有文化模式（自动模式）一样，"全球化社会"不可能是"真实的"——但它并非无中生有。首先，有一系列持续不断的过程激励着它的建构，其次，模式本身成为社会发展的一个因素。因此，它既是一种原因，也是一种结果。

与典范模式及其修订版本所暗示的相反，理想情况下全球化不会排斥任何事物。但显然，它在时间上排斥了其他文化，否则它将不是一个参与西方推动进步的过程。通常它也在空间上排斥了其他文化：一些文化被称为比其他文化"更全球化"。这对内部他者来说也合理，其差异在时间和空间方面都无法得以解释。

我们上面考虑过的全球化情境之一涉及文化中意识形态位置的差异：瑞典人和移民同处相同的时空，但他们处于不同的意识形态领域。虽然他们在街上相遇（在家里更少见），但行为和手工艺品之间仍有差异，对于这些不同群体，行为和手工艺品便是"文本""非文本"，或许是"额外文本"（extra – texts）。互联网的情况也是如此：我们在同一个（虚拟）空间中，在同一时刻（以"拍"来衡量，这是原子时间的单位，用于协调位于不同时空的计算机），但我们对文本性的定义不同；然而，由于互联网构成了一个更有限、更具体的互动场景，涉及极少数属性的渗透性（这也解释了在一个用面向对象技术构建的多用户空间中以异性甚至椅子的身份出现的可能性），结果可能更容易共享定义文本的标准。但是，这些案例在对话的轴心上也有所不同：它们从权力和团结的角度来看是不同的。

那么，全球化，除其他外，就是内部他者的过度增长。在现代瑞典人在某种程度上运用的模式中，内部他者被称为"移民"。该模式没有（在这个层次上）注意来自拉丁美洲、亚洲、非洲和东欧等国家的移民之间的差异。它还混淆了"第一代"、"第二代"和"第三代"的移民，如果不用这种荒谬的官僚语言的话，这"三代移民"分别是真正的移民，出生在瑞典但父母或祖父母（或其中一人）是移民。我称其为内部他者的过度增长，因为这个群体现在构成了第三部分人口（在马尔默，但在瑞典的其他地区，这一比例也相当大）。这意味着，在这种模式中，很大一部分人口生活在其他人认为是非文本的领域。

"他者"不对称并不意味着内部他者不能将他/她的"他者"定义为根本上的"他者"。但是，作为移民从瑞典人的角度来看与作为瑞典人从移民的角度来看关系不同。移民，或者至少是其中的某些群体，可以像瑞典人对移民一样等激进地对待瑞典人。但是瑞典人永远不能成为瑞典的内部他者，即使是在移民的模式中也是如此；因为在这种模式下，该辖域属于瑞典人。否则，成为瑞典人的意义必须先改变。

现在的问题是，在流行的模式中，移民是不是非文化或外来文化的成员，在这两种情况下他们都被剥夺了自己的领域。这两种情况都可能存在，但我担心最常见的情况是移民被归为非文化。某些"文本"也有例外：某些人工制品和行为，例如一种特定的菜肴、舞蹈和音乐作品，已被瑞典文化吸收并变形了。许多瑞典人现在都吃其他国家制作和出售的沙拉三明治或者肉馅卷饼，这些是其他国家的传统食物。尽管如此，它们还是以变形的方式进行了文本化，因为瑞典人食用这些菜肴并没有融入整个民族的文化。

"移民"文化的一些元素成为瑞典人的外来文本；因此，在将瑞典文化与移民文化联系起来的参考轴上增加了一定程度的对话。我认为可以说，要使这真正成为全球文化的模式，两种文化之间必须有更多的互动。从这个意义上讲，我 70 年代在巴黎认识的各种混合文化可能比现在的瑞典模式"更全球化"一些。

然而，有必要考虑到，即使在对话的轴心上，也必须区分两种理解这种关系的方式：一种是从权力角度，一种是从团结角度。即使在互动关系中，也存在不对称性，因为外来文化不是文化。在相互作用的不对称性中，团结引入了某种对称性，而权力则从另一个角度造成了这种关系的不对称。与内在他者的关系始终是权力的关系，而不是团结的关系，因为它发生在他的他者领域内。权力总是属于控制领域的人。

2. 第二种全球化模式：发出者文化

互联网的情况与瑞典的移民模式没有什么不同，虽然统治关系不那么明显：我们都是北美人的不对称他者。我考虑的不仅是英语的主导地位：英国人在互联网上也是不对称他者，因为他们必须适应北美人定义的互联网语言代码。当然，部分互联网有其他语言（也许还有其他符号系统）占主导地位：例如，我知道一个电子邮件列表，任何母语为非西班牙语的人都扮演非对称内部他者的角色。我只谈到一般趋势。而且，北美对互联网的统治力可能比瑞典人对移民的权力更加不受限。毕竟，在完全意义上，互联网不是一个可以生活的世界：它不是一个"生活世界"（见 Sonesson 1995b；1997b；2000a，b）。

没有领域的文化涉及个体的流通；相比之下，互联网涉及讯息的传播。然而，我们已经看到，从文化符号学的角度来看，它们似乎属于同一种全球化模式。但传播具有民族特色的菜肴和类似的东西，或许必须说成是比讯息更具韵味的东西——人工制品。相比个体而言更明显的是，我们可以将文本性的规则应用于这些人工制品。首先必须翻译被同化的"非文本"，这通常会导致变形，因为它们是用文化代码来读取的。然而，在适当的时候，可以构建新的代码，其中还包括那些导入的"文本"。这种"变形"的非常明显的例子是牛角面包、炸玉米饼和咖啡"即买即走"概念店，它们在其起源文化之外表现出来。现在说在我们的文化中，我们是否能够建立自己的代码来解释这些"文本"还为时过早（尽管在牛角面包方面，我们已经知道它没有发生）。

在过去的半个世纪或更长时间里，几乎全世界的年轻人都将美国从这种特殊的意义上解释"为"文化。我们通常将这种现象称为美国化；但全球化与美国化并不完全相同，尽管它肯定是相关的。我们上面提到的烹饪时尚具有美国化的元素：但它们不止这些，因为北美人传播的是从其他文化中提取的"变形文本"。重要的观察结果是，这些菜肴没有一种在全世界传播，直到它们在美国成为一种时尚。这种"牛角面包范式"也不仅仅适用于食物：伪知识分子运动，如"后现代主义"和"解构主义"，直到在美国被采纳（和修改）后，才在法国之外为人所知。我再一次提到我的个人经历：70 年代住在巴黎时，我跟随德里达参加研讨会。当时，在瑞典没有人听说过他。但不久之后，他的名气——以及他的追随者——从美国回归到我们身边。

从这个意义上说，美国是当代世界的发出者文化，它甚至可能是全球范围内唯一的发出者文化。这种发出者文化的概念不同于塔尔图学派所说的发出者与接收者的定位：具有前者的文化是发出者去适应接收者的理解和知识水平的文化，而在后一种文化中，是由接收者去适应。确切地说，发出者文化是一种文化，它在全球讯息流通中倾向于间接地接受发出者的一部分。相应地，接收者文化是在接收端更常见的一种文化。当全球化与美国化对立时，一种文化有能力决定将哪些文本投入流通，即使没有创造它们，而是在从其他文化库中提取它们之后使其变形，这一点尤为重要。我当然不想在此批评美国在当代世界中扮演这一角色。这只是世界历史上的一个事实。在其他历史条件下，其他文化一直是最终的发出者文化，尽管确实是规模较小，或者范围更有限的文化（古罗马、中世纪早期的拜占庭、17 世纪的法国、欧洲等）。

3. 第三种全球化模式：中心的变迁

最后一部分，我将继续讨论第三种情况，它在初级阶段涉及经济全球化，但也会在文化层面产生影响。我将再次提出一个本土观点（但类似的例子可以在世界上许多其他国家找到）。在资本主义的悠久历史中，从美第奇到洛克菲勒，甚至一些大公司，总是固定那几个国家的公司，即便在世界的其他一些地区他们都有活动甚至分支机构。尽管他们往往拥有相当大的权力和影响力，但直到最近，工业家们才感到有必要认同某个特定国家。近来，一些公司不仅拥有比许多国家更雄厚的经济资源，而且甚至没有受到国家划分的相关限制。

近年来，许多有着数百年历史的瑞典大公司已经与其他国家的公司联合起来，并将其总部迁往到另一个国家。就连持续拥有大多数瑞典客户的爱立信，也在考虑是否可能将其总部迁往伦敦。最有趣的案例得属瑞典汽车制造商。据称，瑞典汽车在欧洲和美国都享有比其他汽车更安全的声誉。但萨博多年来一直是北美通用汽车公司的一个部门，其巴士和卡车的分部最终被卖给了大众。大约两年前，沃尔沃将其个人汽车部门出售给了福特，而制造卡车和公共汽车的部门现在已经与雷诺合作，这一合作似乎给最后一家公司带来了真正的影响。因此，"瑞典汽车"这一标签似乎不再只是可以用来宣传那些没有任何瑞典特色的公司的一种意义上的效果。

这似乎是最严重的情境：它不仅融合了原有的文化，而且重新界定了文化的中心和界限。我们之前考虑过的全球化模式之一承认了将国家民族与其领域分离的可能性。现在我们面临一个文化根本不涉及国家民族的案例。这就是在全球化的第三种情境下发生的情况，即企业完全不再是国家民族的一部分。从长远来看，这可能是全球化最具戏剧性的模式：当文化在文化符号学的辩证法中被定义时，它不再是具有辖域的国家民族，而是如公司这样的其他事物。

认为这是一种不可能的情况是一种错觉：在历史的其他时刻，与国家民族的文化认同远非显而易见。例如，在欧洲中世纪，民族与文化相同的模式已经存在，但它是一个非常薄弱的模式。正如我们从无数的历史记载中所知道的，国王作为这种模式的最大代表，试图强化这一模式，但很长一段时间里，他并不是很成功：真正占主导地位的，是与郡或公爵领地的文化认同，它可以由欧洲不同地区的封建领地组成，分散在不同的国家之间。在这种模式下，国王只是公爵中的一员，而且他常常甚至不是最有权势的人。在另一个极端，文化可以与基督教世界（或许西方基督教世界，而不是东方文化）相对应。可以说，把文化与国家民族联系在一起的模式已经存在，但它从属于用一组分散的封建领地来识别它的模式以及另一种包含了基督教信徒统治的整个领域的模式。

同样，可以想象，我们现在生活在一个历史阶段，民族文化模式继续存在，但一种认同大公司的新模式已经开始占上风。在目前情况下，全球化很容易与美国化混淆：当今世界上许多最强大的公司都是北美公司，而且今天大多数公司也可能按照美国最先发明的代码运作。另一方面，美国也许是唯一一个仍然有足够实力在大公司中施展拳脚的国家。从这个意义上说，美国的国家模式仍然比较强大。司法部部长至少试图阻止微软完全接管文化。从这个意义上说，他们是在捍卫国家文化模式，而不是全球模式。

小　结

在这篇论文中，我设想了一些全球化的情境，并在文化符号学的框架内，提出了一些相应的模式。与可预期的相反，从一个天真的角度来看，所有这些模式，就像那些被论证了的模式一样，结果都是不对称的。这并不是说可能没有其他情境及其相应的模式会对全球化做出更可观的阐释。目前，不可能知道这些模式中的哪一种将在未来与全球化联系在一起。

IX. 符际间性分类法管窥[*]

摘要：

通常认为，对翻译进行符号学分析的特殊性源于两大理论，其一是雅柯布森的理论，其二是皮尔斯的理论。这两种理论独自存在，但更多时候是互有交涉。第一种理论是雅柯布森（1959：233）对"翻译"（translation）这一术语的延伸——"翻译"不仅包括他定义的"严格意义上的翻译"（"语际翻译"），即"用另一种语言解释一种语言符号"，而且也涵盖了其他两项："改变说法"（"语内翻译"），或说"同一语言中用一些语言符号解释另外一些语言符号"；"符际翻译"，即"用非语言符号系统的符号解释语言符号"。本文我们将重点探讨第二种理论。

皮尔斯理论模式也是隐喻，毋庸置疑，它取得了创造性的成就。就其意义而言，在亚里士多德之后，麦克思·布莱克（1962）确定了发现新事物的过程及探索甚至创造事物的方法的共性，而在此之前，一直没有人发现这一共性（见 Ricceur 1975；Sonesson 2015a）。隐喻很有可能是一个研究领域的起源。然而，如果该研究领域将取得丰硕的成果，那不可能仅遵循于这一个发现。这就是笔者在近期发表的论文（Sonesson 2014a，b）中提出以下建议的原因：我们是时候进一步使用隐喻了，也是时候讲清楚这三

---

[*] 对于丁达·戈尔莱的书《从翻译到转导：符号间性的本质》的评论（2015），塔尔图大学出版社。

种符际行为的差异了。丁达·戈尔莱（2015）在近期出版的一本书中清楚地表达了与笔者很不相同的观点。她试图把她所称的"引号中的'翻译'"（2015：9）与雅柯布森的语际翻译（即不带引号的翻译）区分开来，而转导似乎与雅各布森所提出的符际翻译相对应（索内松［Sonesson 2014b：268］在发表的论文中又称其为"移位"）。①

更值得一提的是，笔者对戈尔莱（Gorlée 1994）、苏珊·佩特里利（Susan Petrilli 2003）及彼得·特洛普（Peeter Torop 2003）等学者持批评态度，因为他们忽略了要在这些符号学行为的相似性之上去探究它们是如何具有差异性。在向这一成就致敬之后，笔者也想借此机会详述戈尔莱著作中对原隐喻未讲解到的部分，同时也想从戈尔莱所提出的观点中得到一些启发，这可能有助于推动在"引号中的'翻译'"意义层面上翻译符号学的研究。

一 基本符号过程内部的"翻译"

人们可以依靠戈尔莱（Gorlée 1994，2015）的著作去深入钻研各种各样的皮尔斯理论。戈尔莱通晓皮尔斯理论，包括那些极少数人只能在布鲁明顿获取的手稿中的理论。从这个意义上来说，戈尔莱的新著作，正如她早期发表的那本著作一样，是那些想要尽可能找出皮尔斯真正想要表达什么的研究者的源泉。也就是说，戈尔莱的新著作作为阐释皮尔斯理论的随身手册已经具有价值。然而，在此，我仅会谈及这一著作对"引号中的'翻译'"研究所做的贡献，即广为人知的符号间性的研究。

当然，戈尔莱把翻译研究与对皮尔斯哲学的解释结合在一起是有理可循的。确实，正如笔者在2014年发表的《翻译及其他意义行为》一文中谈到的，雅柯布森隐喻论后的第二种理论是用以识别目前的符际阐释过程的符号学方法，它源于皮尔斯的论点，即意指存在于将符号要素（包括再现体、对象、解释项）"翻译"（此处有引号）成其他符号中的一个过程。

---

① 对于相似并互补的观点，请参阅贾（2017），但这并未考虑到戈尔莱最近出版的书籍，也未考虑我的论文。

在戈尔莱的书中，通常情况下，这一理论从根本上被简化为将解释项"翻译"成其他解释项，等等。不论皮尔斯描述的现象是什么，它与任何一种广义上的雅柯布森式翻译都不能视为等同。在到如今也堪称经典的一篇文章中，雅克·德里达（Jacques Derrida 1967）用皮尔斯的解释项之链对索绪尔的结构主义语言学进行阐释，接着德里达选择将其推广至全世界（尽管其目的不只这一点：见索内松《现象学与符号学的相遇》一文）。泰伦斯·迪肯（Terrence Deacon 1997），从同样的解释项之链出发，最终提出了与索绪尔语言学（Sonesson 2006）无法区分的语言观，对其了解并不透彻。但他们可能并非全然错误。

事实上，皮尔斯所指的翻译可能就是这个意思，也可能有很多其他的含义。解释项可以有各种各样的含义，其中有的是基于语言系统层面的含义，也有的是基于某种特定的言语情境而产生的含义。根据前者，人们可以区分语义组合/聚合的二元性。就索绪尔的理论而言，更具体地来说，就叶尔姆斯列夫的理论而言，前者具有清晰的语法意义；广义上的"语义场"在德国古典语言学中更多的是指一种语义概念；总的来说，语言结构由关系网络组成，在索绪尔的结构主义语言学看来，语言结构是所指和能指修辞格的真实性。20 世纪 60 或 70 年代诞生了乔姆斯基的形而上学论，如果你是该理论的信仰者，你甚至可能在此基础上加上所有相关的理论，包括表层结构、深层结构、转换、过滤、制约条件及你自己的理论，但在近期针对形而上学论的实例中所涉及的相关理论少之又少。另外，所有的含义当然可能都来自一个具体情境和/或语境中的特定话语（discourse），该话语可能从简单的系统中的关联性实例展开，一方面涉入逻辑推理，另一方面涉入社会团体或或多或少的个人组织中。也许皮尔斯的翻译理论符合以上提到的所有案例，但随后需要对其进行区分。据我所知，普通语言学在研究语言意识内部的这些不同"翻译"方法之间的差异方面，还没有取得很大进展（在其他符号学资源中应该能找到相似的案例），但即使是基于相当经典见解的以上描述也比皮尔斯的"翻译"概念更先进。

显然易见，皮尔斯的翻译概念要比我们通常所说的翻译更基础。当然，皮尔斯的翻译概念可以改进，从而使"翻译"这一术语在一般的语言意义上获得更为精确的概念，这是可想而知的，但在我看来，戈尔莱在她的著作中并没有设法这样做。用皮尔斯的话来说，不要停止探究，我们需要寻找出皮尔斯作品集之外的一个更大的研究领域，探究我们是否只是为了理解皮尔斯所设想的"引号中的'翻译'"，或者探究我们是否想要掌握雅柯布森提出的语际翻译、语内翻译与符际翻译彼此之间的差异。

二 语言之间：翻译与符号翻译

人们可能理所当然地认为戈尔莱引号之外的翻译与雅柯布森的"语际翻译"是一回事。然而，该著作只有第二章（20 ff.）对翻译做出定义，这一定义（25 ff.，28 ff.）将发展为"符号翻译"的概念。戈尔莱（Gorlée 2015：20）称："翻译有一理想目标，那就是用另一种语言对等的文本材料来完整并单向地再现一种语言的源文本材料。"显而易见，这样的目标永远无法实现，因此必须转变为"符号翻译"。戈尔莱以多种方式试图限制"符号翻译"的本质，值得注意的是，在皮尔斯的"准心灵"中的"不完美"拟符号过程中，皮尔斯不是追求逻辑第三性的"完美"符号/……/，而是将其变得柔和（或弱化）。然而，它只有在文本中才取得进展，戈尔莱谈到翻译是一种试推法，她根据皮尔斯的情感解释项、能量解释项及逻辑解释项把符号学翻译与转导结合起来，如此一来，这种区别开始变得有意义。

然而，问题依然存在，即考虑到现实世界的严酷，或在这种情况下对于符号学本身，如何将符号行为的"理想目标"与其已实现的实际可能性分开。当然，这里没有简单的方法可以把一种语言翻译成另一种语言，也正如笔者提到的那样（见 Sonesson 2014a，b），当涉及不同的符号资源时，这些困难会加剧。但是，要么一个语际翻译的目标持续在两种尽可能地采用不同符号资源的文本之间建立一种特别紧密的对等关系，这时符号翻译就与翻译是一回事；要么符号翻译是另外一种有着不同目标的符号行为。如我们将看到的，我们有理由认为或许戈尔莱至少有时会打算采用后者的解释（但正如后面的章节提到的那样，符号翻译可能会逐渐变为转导）。

确实，这可能是真的，正如托马斯·蒙克（Thomas Munck 2000：4）所提到的那样，18 世纪的翻译人员"并不总是去追求'准确'"，他们可能更多地作为中介让一本原著去合乎目标读者的思维模式。在中世纪，即使是对原稿的抄袭与对原稿的评论也未作明显区分，这一点不足为奇。中世纪著作《曼德维尔游记》一发表就被迅速翻译成至少十种语言，伊恩·麦克莱德·希金（Ian Macleod Higgins 1997）对其不同的翻译版本进行了详细研究，正如研究中所显示的那样，的确，译者（人数甚至比使用同种语言的抄袭者还多）在文本中添加整个故事也没有问题，他们压制文本中的其他内容，甚至改变文本中观看事件的意识形态（比如当时的宗教立场）。据本人所知，对于当时伊恩·麦克莱德·希金认为"翻译"意味着什么，以及翻译是否适用于这种次级文本（这些文本甚至经常没有命名），这些都没有记载。不论使用了什么术语，那时的翻译理念明显不同于当代翻译理念。并且，从符号学的角度来看，关键任务是通过翻译重建我们当代的理念。

在其他文章中，笔者也提到过语际翻译是一种双重的语言传播行为。为了掌握翻译的本质，我们必须从这种语言传播行为的某种特定思想入手，这一点我在其他文章中提到过（见 Sonesson 1999；2014a，b）：按照这种模式，接收者（读者）也是能动主体，他们必须把来自发送者（译者）生产（翻译）的人工制品（译文）具体化为一个认知的对象；在语言传播中，接收者和发送者将只会拥有供他们使用的释义资源的重叠部分，因此，为了让这种传播行为获得成功，双方中的一方将必须收集另外一方的所有或部分资源；然而，如果发送者与接收者处于不同的文化中和/或使用不同的语言，这种交际传播会变得更加困难，更不用说两者使用不同的符号资源了；对于双重语言传播的三个参与者来说，这一点毋庸置疑。

鉴于这种传播模式，译者必须成为双重的能动主体——既要充当解释者，又要成为一个新文本的创造者。他或她在其中一种语言传播行为中是接收者，在另一种语言传播中又是发送者。因此，尽管程度可能不同，任何充分的翻译都需要考虑两种发送的语境和两种接收的语境。第一个发送者的语境来自原语言者/原作者，第二个发送者则来自译者本身。同样地，第一个接收者的语境来自翻译文本，第二个接收者的语境则来自译者本身。

对于存在双重语言传播行为的情形，在术语的准确意义上，两种语言传播的内容应该通过这两种行为能完全相同，但在雅柯布森所提的"语内翻译"和"符际翻译"内，基于不同的原因，这是不可能实现的。在一种语言传播行为中以及在将这种行为翻译成另一种有声语言，使得翻译成为双重语言传播行为中，这不是一个续发事件，但后者必须要考虑到原语言行为中发送者与接收者的情形以及当下正在进展的行为的状况。在整个过程中，译者尽可能地把相同的含义传递给读者，而读者应对这个不同和/或更有限的知识库。语际翻译由这个目标所引导尽可能地传递相同思想。这个过程中其他的符号学行为也是可能的，但如果行为不遵循这一规则，翻译不合格的例子就不会形成。

虽然戈尔莱从没有特别清楚地提到过，但她（Gorlée 2015：23，59，101 ff. 等）似乎反复暗示，索绪尔由所指和能指所组成的语言概念应该会使翻译变得很简单，然而这完全是误解。教授我普通语言学的老教授贝蒂尔·马尔姆贝里（Bertil Malmberg 1971，1974）从不厌倦观察，他提出：鉴于索绪尔结构主义语言学的概念，翻译应该是不可能的；然而，翻译又是必需的[①]。戈尔莱（Gorlée 2015：69 ff.）明显也有相同的观点，她在引用了萨丕尔·沃尔夫假说后，还是低估了其重要性。然而，当她引用叶尔姆斯列夫的经典例子时，即"我不知道"（I do not know）在不同的语言中甚至在不同的词语和词类层面上也会有不同的形式，她可能会夸大后者。她（70 ff.）仅使用和延伸叶尔姆斯列夫印欧语系相关例子。然而，根本的一点是，索绪尔的结构主义语言学跟萨丕尔·沃尔夫假说似乎一样会导致一个难题，而当面对翻译任务时，为了展示皮尔斯对此有解决方案，戈尔莱本该从这个难题入手。然而，即使在现有的这一案例中，她也不会完成任务，因为正如我们之前所见，皮尔斯的概念太过笼统而不能解释翻译本身的特殊性，更无法解释"引号中的'翻译'"。

[①] 西尔弗斯坦也提出了一个观点（2003：76 ff.）。

三 不同的符号资源之间

从表面上看，戈尔莱（Gorlée 2015：9）对于自己通过转导所要表达的意思更为清晰："它涉及‘"翻译"的平行'，这并不适用于语言，而适用于涉及不同学科的教义、教育和情感方面的非语言结构的媒介间性。"如果这个定义的后半部分相当费解，那么在专门用于转导的部分（Gorlée 2015：91 ff.）以及关于该术语的最终阐释（Gorlée 2015：231 ff.）中，情况会变得越发复杂。转导似乎可以通过翻译"从英文到中文的情书，从阿拉伯语到荷兰语的结婚证，从古意大利语到现代英语的歌剧剧本"等内容（Gorlée 2015：20，91）得以体现。这些都是非常有趣的例子，之后笔者将提出：以上引入的这些案例都是戈尔莱对符际行为讨论做出的重要贡献。但很明显，这些不是将一种符号资源转导为另一种符号资源的情况；相反，它们使翻译变得更加复杂，这是对某种特定的社会实践进行规划而产生的跨文化差异引起的。针对此情形，笔者认为我们不应该混淆语言与文化，这一点很重要：虽然墨西哥的西班牙语与西班牙的西班牙语没有太大差别，但文化习俗大不相同，尤其是两者对于礼貌行为的不同理解（见Dunér & Sonesson 2016）。但就目前而言，我们的基本任务是去找出区别语际翻译与雅柯布森所提出的符际翻译的方法。

戈尔莱（Gorlée 2015：17，101，109，etc.）在书中几处都提到一篇由迈克尔·西尔弗斯坦（Michael Silverstein 2003）撰写的文章，其标题为"翻译、转导与转换"。① 在这篇文章中，西尔弗斯坦对转导的定义（戈尔莱没有引用该定义）比起戈尔莱对转导各种各样的解释似乎更加复杂，但它仍然可能让我们了解这个关键性的问题：

> 重构源符号组织的过程（此处指的是一开始出现在源语言语境中有指称意义的词语和表达）通过另一种语言在目标语境中的表达，及

---

① 戈尔莱还在书中参考了基恩的文章（2013.10）。基恩应用了西尔弗斯坦提出的术语，但他把该术语应用到了更深奥的意义上："从无形到可见，从非物质到物质，从明白易懂到明智。"

可能通过有不同组织形式且多种多样的符号形态得以呈现。（让我们暂时规定，一般情况下，源语言和目标语言在多维度层面上是"相似"的。）（西尔弗斯坦 2003：83）

从这个意义上讲，"转导"显然不一定是雅柯布森提出的"语码转换"（符际翻译）。相反，就像戈尔莱提出的术语"符号学翻译"一样，西尔弗斯坦（和戈尔莱）定义的转导似乎被要求去表明以下观点：正如马尔姆贝里所说，翻译，虽然原则上是不可能的，但仍然是必需的。或者，换句话说，虽然雅柯布森与艾柯将香农—韦弗模式强加给了我们，但翻译不像编码和解码，看这些术语是用莫尔斯电码来代替我们平常所用的字母表，还是用"0"和"1"来代替在电脑显示器上出现的任何事物（见 Sonesson 1999）。这可以通过希尔勒设计的"中文房间"思维试验内部来完成，原因仅仅是已经有人在希尔勒的"中文房间"里制作完成一本文盲可以参考的书。如果我理解正确的话，根据西尔弗斯坦（Silverstein 2003：91）和戈尔莱（Gorlée 2015：117 ff.）的说法，转导和转换只是进一步远离不可能实现的语码转换这一翻译理想目标，但这正是我们通常所说的翻译（语际翻译）。

在进一步研究这个问题之前，详细说明"语际翻译"与雅柯布森的"符际翻译"之间的不同是非常有用的（根据西尔弗斯坦"源语言和目标语言在多维度层面上并不'相似'理念的转导"，我把雅柯布森的"符际翻译"当作是转导）。正如翁贝托·艾柯（Umberto Eco 2004）所评论的那样，从语言到电影再到静态图片的"翻译"必须在原基础上添加许多新的事实（人物的具体外观等）。正如我在其他地方所观察到的那样（Sonesson 2014a，b），这句评语可以通过指出从一种语言到另一种语言同样适用的方面来反驳，这一事实无疑激发了西尔弗斯坦和戈尔莱也对该事物使用新术语。然而，显而易见，这种信息差异（比如一张图片和一段语言之间）必然会更大。毕竟，从丰富的现实经验中选择相关的语言可能差异很大，但它总是在一个维度上变化，而其他一些符号资源则是多维的。

关于莎士比亚的戏剧《麦克白》，我们只知道它是一种语言文本，引起了很多包括奥森·威尔斯（Orson Welles）、黑泽明（Akira Kurosawa）和罗曼·波兰斯基（Roman Polanski）在内做出的电影解读；当然，它也是许多戏剧表现形式的起源，其中大部分都没有保存到现在，包括那些莎士比亚自己的戏剧。那我们只需考虑标题人物"麦克白"即可。将这个单一的人物"翻译"并展现出视觉形式，取决于许多不同方面的各种选择：皇冠的种类，头部的形状，鼻子的形状，脸颊轮廓，眼睛的颜色，胡须的种类等。当然，在电影院或图像中，你通常不会选择其中的许多参数（在某种程度上，除了以上列项中的皇冠和胡须）：你必须根据剧中特定演员的名字来做一个扩展的演员特征表。当然，在这种情况下，你对演员每个特征的个人选择是虚构的，但某些选择可能比其他选择更重要，并决定了要选择怎样的演员。另外，在绘画中，在动画电影中，或在看起来或多或少算普通电影但通过3D再现软件制作的电影中，我们有可能会零零散散地选择人物的特征。对于电影原声经典，一旦你决定了演员，你的大多数选择可能都会被设定好，但从不同角度、不同距离对他如何进行展示仍是个问题，口头文本则不需要做出这些决定。

然而，与语内转换不同，符际转换（在一般事例中）确实是一种双重的语言传播行为，必须把两种行为包含的发送事例和接收事例都考虑在内。但对于"引号中的'翻译'"仍然存在其他问题。因为，至少在目前，尽管语际翻译的目标是尽可能多地传达源文本的含义，但很少有人能制作出基于一部特定小说的电影。相反，小说只是新创作的托词，只有在极少数情况下（比如斯坦尼斯拉夫的《索拉里斯星》），小说本身比起只为了进行新创作而被当作托词的小说有更丰富的内容。这个例子可能与画家为著名的文学艺术作品所作的插图有所不同，如桑德罗·波提切利（Sandro Botticelli）、威廉·布莱克（William Blake）、居斯塔夫·多瑞（Gustave Doré）等人的画作，这些画作注定要依照但丁的《神曲》进行创作。在以上的所有情况中，在上述案例中，进一步的探究应阐明对作品来源、目的以及受创作时代背景的无形文化影响的忠实性会如何影响画作的创作，当然，画家个人的趣味偏好，也能一定程度解释围绕同一文学作品产生的不同画作之间的差异。

四 在相同的符号资源之内

戈尔莱似乎没有谈论任何由雅柯布森进行了区分的第二种"引号中的'翻译'"。尽管当她引用雅柯布森体系时提到过几次（有时，戈尔莱会混淆"语际翻译"与"语内翻译"，这样的事太容易发生了；[见 Gorlée 2015：113]），但她从没有深入研究过其本质。笔者在其他文章中提到过：有时，如果可控的因素是观众，雅柯布森的"语内翻译"则与语际翻译有相似之处，但如果可控的因素是指称对象，那两者则完全不同（见 Sonesson 2014a，b）。

在语内转换的情况下，似乎不需要双重的语言传播行为，至少不需要任何包含额外参与者的行为。首先，这一点似乎与翻译完全相反：在翻译中，你寻找一个新的表达式，以尽可能地保持内容相差不大，而在语内转换中，为了使指称对象变得更加真实，你替换一个新的符号，其内容部分保持不变，但其表达可能变得完全不同。在这种情况下，我们需要提及这种具有规律性的实例：当把指称对象的本质考虑在内时，你需要寻找适当的术语。

然而，如果我们假设替换词语是为了特定受众的利益，比如对所涉及的语言掌握有限的儿童或外国人，则语内转换会与翻译更加相似。当在翻译时，这里具有规律性的实例就是特定受众。你试图尽可能地传递相同的含义给对不同和/或有限制的知识库进行处理的接收者。这仍然不是双重的言语传播行为。这里也没有双重的群众。即使我们假设主体是根据他最初认为的意思进行"翻译"，他也不必考虑任何先前的行为及其条件——这与真正的翻译有所不同。然而，如果把视角从单词扩展到话语，语内"翻译"就似乎在很大程度上依赖于语外环境和符外环境。在某种程度上，感知情境中不作为真实对象存在的事物必须被"翻译"（或转换）成语言，而被感知的对象可以，至少一部分，被排除在"翻译"之外。不同的环境可能对"严格意义上的翻译"（语际翻译）产生影响，首先是因为语外环境和/或符外环境可能不同，其次则是因为重复的规则可能不同。

虽然它们位于同一种语言和相同的符号学资源中，但这些是对所使用的表达式进行更改的两个原因。当然，这引出了一个问题，即从一种语言到另一种语言的改变和/或从一种符号资源到另一种符号资源的改变是否也可能取决于这些原因。从一种语言到另一种语言的变化在受众中有其规律性的来源，这似乎相当明显，而不是对所指对象或其他任何事物的充分描述，但可能还存在其他并存的目标。例如，笔者或许可以在每种相对应的语言中与妻子讨论瑞典的现象和墨西哥的现象。对于从一种符号资源到另一种符号资源的篇章来说，比如从写作到图像，它显然取决于著名的教堂壁画中起到"穷人的圣经"之作用的那一部分的受众怎样转变，但对于这种情形是否可以推而广之，并不确定。一些指称对象，或者是一些关于指称对象的信息，用一种符号资源比起用另一种符号资源则更容易传达，这种观点是否可能有误？当然，这是戈特霍尔德·埃夫莱姆·莱辛（Gotthold Ephraim Lessing 1964 [1767]）在《拉奥孔》中的主张，即时间对象能更好地通过语言和图像中的空间对象呈现（见索内松对此的批判，Sonesson 1996a；2007a；2014b）。

五 "转导"的其他含义

如果我们认为戈尔莱在近来的著作中（Gorlée 2015：130 ff.）全面地提到了以上含有转导的三个例子，并且如果雅柯布森在谈论符际翻译（我谈论的是语码移位）的意义上采用这个术语，如此一来，要在以下事例中识别出转导就很难：亨利·索罗引用荷马诗歌及将其应用于美国自然景观上面的习惯、既是亨里克·易卜生（Henrik Ibsen），又是爱德华·格里格（Edvard Dali）创作的《皮尔金特组曲》，以及萨尔瓦多·达利（Salvador Dali）对《维纳斯》的解释和补充说明。可以肯定的是，格里格的音乐可以作为对易卜生的作品的一种"说明"，在这一方面则与波提切利、布莱克和多瑞对但丁作品所做的说明相似，但格里格所做的甚至比后者更多，因此它几乎不能与易卜生的作品齐头并进。这一点确实比戈尔莱的一些评论（Gorlée 2015：171 ff.）更能说明某种抽象的像似性，尤其是存在于格里格音乐里的北欧民间传说，或许格里格在人物和主题的塑造上没有使用很多易卜生的话。我之所以认为格里格的音乐能够成为易卜生作品的象征，或者是当格里格的音乐与易卜生的作品并置时的两者某些相同意义之象征，是因为，与对但丁作品所做的说明不同，音乐本身并没有多大的意义，它可以在视觉感知和/或其语言表达中找到对应关系（见 Monelle 1992；Agawu 2014）。即使在最好的情况下，这也只是我在其他文章中称为次要像似性的例子，即一旦你知道了其含义，你就可以在这个例子中找到其相似性（见 Sonesson 1998b）。易卜生和格里格的事例似乎也是戈尔莱（Gorlée 2015：174，178，198）在没有讨论它们的情况下引用涉及同一文本的"翻译拟合"的唯一情况。

更有意思的是戈尔莱提到的像翻译/转导（在语境中不清楚）的例子，比如"从英语到中文的情书，从阿拉伯语到荷兰语的合法婚姻合同，从古老的意大利语到现代英语的歌剧剧本"（Gorlée 2015：20，91）。类似于上一个例子的某事物显然适用于对含有格里格音乐的易卜生文本进行的英文翻译，事实上，甚至在此之前，原始文本就在某种程度上遵循着特定的韵律和/或遵守着押韵的限制。如果，除了将相同的思想从一种语言传达到另一种语言之外，你还必须遵循相同的韵律，或者让文本贴合另一种语言的韵律，又或让文本适应歌唱带来的限制（在相同或另一种语言中），那么除了翻译之外，还有其他模式可以规范你的任务。因此，可以说除了大部分真实地呈现易卜生的作品的意义之外，文学翻译还必须遵循来自韵律和押韵的约束性，并且当文本为格里格的音乐时，它还必须遵守可歌唱性的要求。在我看来，我们这里需要关注的是那些所谓"方案"或"脚本"中体现的不同传统，其中更明显的例子可能是用不同语言写情书或写契约的惯例，并且，正如我上面提到的那样，不同文化中的礼貌行为在很大程度上也是分享的同种语言。就目前的上下文而言，说明这一点会花费太多时间，所以我们无法对不同传统中形成的关于这种现象的不同观点进行讨论，但目前，我们必须认识到这有一些观点与阿尔弗雷·舒茨（Alfred Schutz）所谓"人际关系理论"有关，其中提到不同的社会拥有不同的组合（见索内松《看起来是 a》一文）。

在我看来，这些都不是雅柯布森想象中的符号间性。它们是不同的，但又类似于使用符号资源并使用特定的语言来保持不变的例子，也有内容非常相似的例子，但其内容的含义都经过了巧妙的设计，以便产生传统上应用诸如模仿和讽刺等术语的现象，以及钱拉·热奈特所描述的超文本的不同变体。米哈伊尔·巴赫金（Michael Bakhtin 1984；1986）和热奈特（Gérard Genette 1992）的著名研究试图深入研究该类话语，并在其后对其形式进行分类。尽管戈尔莱使用了几次"互文性"这个术语，但她并没有提及这些作者以及他们的贡献，对此我感到很惊讶。"互文性"是巴赫金针对这种现象进行讨论的法语术语，朱莉娅·克丽丝蒂娃（Julia Kristeva）因介绍该术语而闻名。尽管如此，戈尔莱（Gorlée 2015：201 ff.）给出的最后一个例子，即萨尔瓦多·达利对《米洛维纳斯》的解释和补充说明，显然属于这种情况。可以说，为了再次适应巴赫金的语言，由原始创造产生的社会认可目的，即社会认可目的的更深层次且其前一层次的内容由多种因素所决定，已经被添加了新的内容，从而产生仿拟和/或讽刺性意图，虽然它并不是让正在讨论中的作品与任何语言或符号资源相联系，而是与另一种特殊的艺术作品相联系，但要求存在符际关系。

在该文本中，人们可能想在哪里放入尤金·奈达（Eugene Nida 1959；2003）的观点，该观点是使圣经文本不仅适合特定受众的语言，还适合受众大体的世界知识和预想，甚至适合将景观转变为受众能认识的事物这一看法，所有这一切都是为了让其他文化中的人们相信圣经的核心信息。语言传播行为中，所有的翻译都含有适应接收者的某些方面，也含有适应在源语言传播行为不同部分中的发送者的方面（见 Sonesson 2014a，b）。但是，比如当符际行为包含语际行为时，它何时不再仅仅是一种翻译？显然，在某些时候，说服的目的变得至关重要。然而，这里的不同之处在于，虽然有一个源文本可以添加这些传教意图，但奈达肯定不会对这种需要超越原内容去认知的原始文本感兴趣——这与需要仿拟和讽刺存在的认知形成鲜明对比。

小　结

一方面，丁达·戈尔莱的新著作为发现不在普通市场出现的皮尔斯语录提供了丰富资源；另一方面，该著作试图超越雅柯布森提出的准认同，既雅各布森术语中的"语际翻译、语内翻译与符际翻译"。著作中也没有清楚叙述前一部分应该如何为后者做出贡献，特别是没有超出对皮尔斯著作的引用。本著作做出的贡献在于对转导概念的介绍，虽然其介绍不清楚，但提供了一些在研究符号间性时可以考虑在内的例子，正如本文所举的那些例子，这些例子包含了一些应用于翻译过程及其结果的更深层模式，且这些例子接近于巴赫金的概念，克里斯蒂娃将其命名为"互文性"，后来由热奈特以更严肃的方式进行探讨。我们有充分的理由向本著作致敬，它扩大了探究符号间性领域的范围，超越了罗曼·雅柯布森最疯狂的设想。

参考文献

CP = Peirce, Charles, S. (1931 – 1958). Collected Papers I – VIII. [Hartshorne, C., Weiss, P., Burks, A. (Eds.)] Cambridge: Harvard University Press [In – text references given as CP, followed by volume and paragraph numbers].

EP = Peirce, Charles. (1998). The Essential Peirce, Vols. I – II. [Ed. by the Peirce Edition Project.] Bloomington, Indianapolis: Indiana University Press [In – text references given as EP, followed by the volume number].

Abak, R. A. (2007). *An Inquiryinto Cultural Semiotics: Germainede Staël's Autobiographical Travel Accounts*. Lund: Lund University Press.

Addessi, E., Crescimbene, L., & Visalberghi, E. (2007). Do capuchin monkeys (Cebus apella) use tokens as symbols? *Proceedings of the Royal Society of London*, Series B, 274: 2579 – 2585.

Agawu, Kofi, (2014). *Playing with Signs: A Semiotic Interpretation of Classic Music*. Princeton, NJ: Princeton University Press.

Ahlner, Felix, & Zlatev, Jordan. (2010). Cross – modal iconicity: A cognitive semiotic approach to sound symbolism. *Sign Systems Studies*, 38 (1/4): 300 – 345.

Apperly, I. (2011). *Mindreaders: The cognitive basis of "theory of mind"*. Hove: Psychology Press.

Ariès, P., & Duby, G. (Eds.). (1985 – 1987). *Histoire de la vie privée*. Paris: Seuil.

Arnheim, R. (1966). *Toward a Psychology of Art*. London: Faber &

Faber.

Arnheim, Rudolf. (1969) . *Visual Thinking*. Berkeley. Los Angeles: University of California Press.

Arvidson, Sven, (2006) . *The Sphere of Attention: Context and Margin*. London: Kluwer Academic.

Austin, J. L. (1962) . *Sense and Sensibilia*. London: Oxford University Press.

Bachelard, G. (1949) . *La Psychanalysedufeu*. Paris: Gallimard. References are to the pocket edition, CollectionsIdées (Paris: Gallimard, 1971) .

Badcock, C. R. (2000) . *Evolutionary Psychology: A critical introduction*. Cambridge: Polity.

Bakhtin, M. (1919 – 1924) . *Art and Answerability: Early Philosophical Essays*, Michael, H. &Vadim, L. (Eds.), Austin: University of Texas Press, (1990) .

Bakhtin, M. (1986) . *Speech Genres and Other Late Essays*. Austin, TX: University of Texas Press.

Bakhtin, M. (1990) . *Art and Answerability*. Austin, TX: University of Texas.

Bakhtin, M. (1993) . *Toward a Philosophy of the Act*. Austin, TX: University of Texas.

Bakhtin, Mikhail, (1984) . *Problems of Dostoevsky's Poetics*. Manchester: Manchester University Press.

Barnouw, J. (1988) . Aesthetic for Schillerand Peirce: A Neglected Origin of Pragmatism, *Journal of the History of Ideas*, 49 (4) , 607 – 632. https://doi. org/10. 2307/2709676.

Barthes, Roland. (1964) . Rhétorique de l'image. *Communications*, 4: 40 – 51.

Bartlett, F. C. (1967) . Remembering: *A Study in Experimental and Social Psychology*. Cambridge: Cambridge University Press. (Original work published 1932) .

Bates, Elizabeth, (1979). *The Emergence of Symbols: Cognition and Communication in Infancy.* New York: Academic Press.

Batson, C. D. (2011). *Altruism in Humans.* NewYork: Oxford University Press.

Bayer, T. I. (2001). *Cassirer's Metaphysics of Symbolic Form: A Philosophical Commentary.* New Haven and London: Yale University Press.

Benveniste, É. (1966). *Problèmes de linguistique générale.* Paris: Gallimard.

Benveniste, É. (1969). Sémiologie de la langue, in *Semiotica* I: 1, pp. 1 – 12; and I. 2, pp. 127 – 135.

Bermúdez, J. L. (2005). *Philosophy of Psychology: A contemporary introduction.* New York: Routledge.

Bermúdez, J. L. (2010). *Cognitive Science: An introduction to the science of the mind.* Cambridge: Cambridge University Press.

Bertram, B. C. R. (1982). Problems with altruism. In *Current Problems in Sociobiology.* King's College Sociobiology Group, Eds., 251 – 268. Cambridge: Cambridge University Press.

Bierman, Arthur K. (1963). That there are no iconic signs, *Philosophy and Phenomenological Research.*

Black, Max, (1962). *Models and Metaphors: Studies in Language and Philosophy.* Ithaca, NY: Cornell University Press.

Blackmore, S. J. (1999). *The Meme Machine.* Oxford: Oxford University Press.

Bordon, Emmanuelle, & Vaillant, Pascal. (2002). Le status du signe iconique entre iconicité et intertextualité, *VISIO* 6 (4): 57 – 74.

Bouissac, P. (1999). *Semiotics and the Science of Memory.* Paper presented at the conference on Semiotics and the European Heritage, Dresden, February 1999.

Brentano, F. (1924 – 1928). *Psychologie vom Empirischen Standpunkt.* Leipzig: F. Meiner.

Bühler, K. (1934). *Sprachtheorie: die Darstellungsfunktion der Sprache.* Jena: Gustav FischerCalvino, I. (1983) *Palomar*, Torino: Einaudi.

Buss, D. M. (2012). *Evolutionary Psychology: The new science of the mind* (4th ed.). Boston, MA: Allyn & Bacon.

Cabak Rédei, A. (2007). *An Inquiry into Cultural Semiotics: Germaine de Staël's autobiographical travel accounts.* Lund: Lund University.

Call, Josep, Hribar, Alenka, & Sonesson, Göran (forthcoming). Recognition of pictures and video by a chimpanzee. In: Sinha, C, Sonesson, G., & Zlatev, J. (Eds.). *Signing up to be Human.*

Calvino, I. (1997) [2002]. *Tutte le cosmicomiche.* 1. Ed. Milano: Mondadori.

Carani, Marie. (1999). Voir, penser, décrire et percevoir l'objet visuel. L'épineuse question de l'applicabilité des modèles sémiotiques en domaine visual. *VISIO* 4 (2): 9 – 30.

Carruthers, P. (2013). *The Opacity of Mind: An integrative theory of self - knowledge.* Oxford: Oxford University Press.

Cassirer, E. (1910). *Substanzbegriff und Funktionsbegriff: Untersuchungen über die Grundfragen der Erkenntniskritik.* Berlin: Bruno Cassirer.

Cassirer, E. (1921). *IdeeundGestalt: Goethe, Schiller, Hölderlin, Kleist; FünfAufsätze.* Berlin: BrunoCassirer.

Cassirer, E. (1923 – 1929). *Philosophieder Symbolischen Formen* (Vol. 3). Berlin: BrunoCas – sirer; Vol. 1. *Die Sprache* (1923); Vol. 2. *Dasmythische Denken* (1925); Vol. 3. *Phänomenologieder Erkenntnis* (1929). Reprinted: Vol. 3. (Darm – stadt: Wissenschaftliche Buchgesellschaft, 1964), trans. Ralph Manheim as *The Philosophy of Symbolic Forms* (NewHaven, CT: Yale University Press, 1953 – 1957). Vol. 1, *Language* (1953); Vol. 2, *Mythical Thought* (1955); Vol. 3, *The Phenomenology of Knowledge* (1957).

Cassirer, E. (1928). *Zur Metaphysik der symbolischen Formen.* John, M. K. (Ed.), In Vol. 1 of Ernst Cassirer, *Nachgelassene Manuskripte und Texte.* John, M. K. & Oswald, S. (Eds.), Hamburg: Felix Meiner, (1995).

Cassirer, E. （1942）. *Zur Logik der Kulturwissenschaften Goteborg*: Elanders.

Cassirer, E. （1944）［1945］. *An Essay on Man*: *An Introduction to a Philosophy of HumanCulture*. New Haven, CT: Yale University Press.

Cassirer, E. （1945a）. *The Myth of the State* （Published pos thumously）. New Haven, CT: Yale University Press, （1946）.

Cassirer, E. （1945b）. Structuralism in Modern Linguistics, *Word* 1 （August）, 99 – 120. Reprinted in *Readings in Modern Linguistics* （8th ed.）, Malmberg: Bertil, 78 – 98. Stockholm: Scandinavian University Books, （1972）. References are to the reprint.

Cassirer, E. （1983）. Signs and cognitive processes: notes for a chapter in the history of semiotics. In *History of Semiotics*. Eschbach, A., & Trabant, J. （Eds.）, 169 – 190. Amsterdam/Philadelphia: John Benjamins.

Cassirer, E. （1998）. Hobbes's challenge. In *Descartes*, *Leibniz e a Modernidade*. L. R. dos Santos, P. M. S. Alves, & Cardoso, A. （Eds.）, 369 – 398. Lisboa: Editora Colibri （Quoted from English web version: http: // www. tau. ac. il/humanities/philos/dascal/papers/hobbes – challenge. htm）

Cassirer, E. （2003）. Pointing and placing. In *Pointing*: *Where language*, *culture*, *and cognition meet*. Kita, Sotaro （Ed.）, 243268. Mahwah, New Jersey: Lawrence Erlbaum.

Cavallin, Jens. （1990）. Content and Object: Husserl, Twardowski and Psychologism. *Doctoral Dissertation. Department of Philosophy*. University of Stockholm.

Cavalli – Sforza, L. L. （2001）. *Genes*, *Peoples and Languages*. London: Penguin.

Clark, A., & David, C. （1998）. The Extended Mind, *Analysis*, 58, 10 – 23.

Clark, H. （1996）. *Using Language*. Cambridge: Cambridge University Press.

Clayton, N. S., & Dickinson, A. （1998）. Episodic – like memory during cache recovery by scrub jays. *Nature*, 395 (6699), 272 – 274.

Colapietro, Vincent, (1989) . *Peirce's Approach to the Self*: *A semiotic perspective on human subjectivity*. New York: State University of New York Press.

Condon, W. S. (1980) . The relation of interactional synchrony to cognitive and emotional processes. In *The Relationship of Verbal and Nonverbal Communication*. M. R. Key (Ed.), 49 – 66. The Hague: Mouton.

Conley, T. (1990) . *Rhetoric in the European Tradition*. Chicago, IL: University of Chicago Press.

Coseriu, E. (1973) . *Teoría del lenguaje y lingüística general*. Madrid: Gredos. (Original work published 1962) .

Coseriu, E. (1978) . *Teoría del lengauage y lingüística general*. Madrid: Gredos.

Costall, A. (2005) . Socializing affordances. In *Theory and Psychology*, 5, 467 – 481.

Costall, A. (2007) . Bringing the body back to life: James Gibson's ecology of embodied agency. In T. Z. Ziemke, & R. Frank, Body, *Language and Mind*. Volume 1: *Embodiment* (pp. 55 – 83) . Berlin: Mouton de Gruyter.

Daddesio, T. C. (1995) . *Of Minds and Symbols*. Berlin & New York: Mouton de Gruyter.

Dascal, M. (1978) . *La Sémiologie de Leibniz*. Paris: Aubier Montaigne.

Davidsen, Erling, & Munkholm Davidsen, Helle. (2000) . Iconicity and evidence. In: Johansson, Troels Deng, Skov, Martin, Brogaard, Berit (Eds.), Iconicity — *A Fundamental Problem in Semiotics*. Aarhus: NSU Press, 81 – 90.

Davies, S. (2012) . *The Artful Species*: *Aesthetics, art, and evolution*. Oxford: Oxford University Press.

Dawkins, R. (1976) . *The Selfish Gene*. Oxford: Oxford University Press.

Dawkins, R. (1999) . *The Extended Phenotype*: *The long reach of the gene* (rev. ed.) . Oxford: Oxford University Press. (Original work published 1982) .

De Cuypere, Ludovic. (2008) . *Limiting the Iconic*: *From the Metatheo-*

retical *Founda tions to the Creative Possibilities of Iconicity in Language*. Amsterdam: Benjamin.

De Waal, F. (2006). *Our Inner Ape: A leading primatologist explains why we are who we are*. New York: Riverhead Books.

De Waal, F. (2009). *The Age of Empathy: Nature's lessons for a kinder society* (1st ed.). New York: Harmony Books.

Deacon, T. (1997). *The Symbolic Species: The Co – Evolution of Language and the Brain*. New York: Norton.

Deacon, T. (2003). Universal grammar and semiotic constraints. In Christiansen, Morton H, & Simon Kirby (eds)., *Language evolution*, 111 – 139. Oxford: Oxford University Press.

Deely, J. (1982). *Introducing Semiotic. Its history and doctrine*. Bloomington: Indiana University Press.

Deely, J. (1994). *New Beginnings: Early modern philosophy and post-modern thought*. Toronto: University of Toronto Press.

Deely, J. (2001). *Four Ages of Understanding*. Toronto: University of Toronto Press.

Deloache, J. (2004) Becoming symbol – minded. In *Trends in cognitive sciences*, 8, 2, 66 – 70.

DeLoache, Judy, S. & Burns, Nancy, M. (1994). Early understanding of the represen – tational function of pictures. *Cognition*, 52 (2): 83 – 110.

DeLoache, Judy, S. (2004). Becoming symbol – minded. *Trends in Cognitive Sciences*, 8 (2): 66 – 70.

Dennett, D. C. (1987). *The Intentional Stance*. Cambridge, MA: The MIT Press.

Derrida, Jacques, (1967). *De la Grammatologie*. Paris: Minuit.

Diamond, J. (2012). *The World until Yesterday: What can we learn from traditional societies?* London: Penguin.

Dijk, T. A. van, & Kintsch, W. (1983). *Strategies of Discourse Comprehension*. New York: Academic Press.

Dilworth, D. A. (2014). Gravity and Elective Attractions: The Provenanceof Peirce's Categories in Friedrichvon Schiller. *Cognitio Revista de filosofia*, 15 (1), 37 –72.

Doherty, M. J. (2008). *Theory of Mind: How children understand others' thoughts and feelings.* Hoboken: Taylor & Francis.

Donald, M. (1991). *Origins of the Modern Mind: Three stages in the evolution of culture and cognition.* Cambridge, MA: Harvard University Press.

Donald, M. (2001). *A Mind So Rare: The Evolutionof Human Consciousness.* NewYork: Norton.

Donald, M. (2010). The exographic revolution: neuropsychological sequelae. In *The Cognitive Lifeof Things: Recasting the Boundaries of the Mind*, Malafouris, L. & Renfrew, C. (Eds), Cambridge: Mc Donald Institute Mono – graphs, 71 –79.

Draaisma, D. (2000). *Metaphors of Memory: A history of ideas about the mind.* Cambridge: Cambridge University Press.

Dreyfus, H. L. (1992). *What Computers Still Can't Do: A critique of artificial reason.* Cambridge, MA: The MIT Press.

Drummond, John J. (1990). *Husserlian Intentionality and Non –foundational Realism: Noema and object.* Dordrecht: Kluwer Academic.

Dunbar, K. N. (2002). Understanding the role of cognition in science: The science as category framework. In *The Cognitive Basis of Science.* P. Carruthers, S. Stich, & M. Siegal, 154 – 170. Cambridge: Cambridge University Press.

Dunér, D., & Göran, S. (2016). Encounters: The Discovery of the Unknown. In *Human Life worlds: The Cognitive Semiotics of Cultural Evolution*, David, D. & Göran, S. (Eds), Hamburg: PeterLang.

Duner, David, & Sonesson, Goran, (2016). Encounters: The Discovery of the Unknown. In: Duner, David & Sonesson, Goran (Eds.), *Human Lifeworlds: The Cognitive Semiotics of Cultural Evolution*, 267 –300. Frankfurt/M. : Peter Lang.

Eco, U. (1968) . *La Struttura Assente.* Milano: Bompiani.

Eco, U. (1976) . *A Theory of Semiotics.* Bloomington Indiana University Press.

Eco, U. (1977) . The Influence of Roman Jakobsonon on the development of semiotics. In *Roman Jakobson: Echoes of His Scholarship*, Armstrong, D. & Schooneveld, C. H. V. (Eds), Lisse: Peter de Ridder, 39 – 58.

Eco, U. (1988) . *De los espejos y otros ensayos* (C. Moyana, Trans.). Barcelona. Lumen. [Spanish translation of *Sugliespecchi e altri saggi.* Milan: Fabri 1985] .

Eco, U. (1995) . *The Search for the Perfect Language.* Oxford: Blackwell.

Eco, U. (1997) . *Kant and the Platypus.* New York: Harcourt Brace.

Eco, U. (1999) . Kant and the Platypus, *Essays on Language and Cognition.* New York: Harcourt Brance & Co.

Eco, U. (2004) . The Plants of Shakespeare. In: *Mouse or Rat? Translation as Negotiation*, 9 – 31. London: Weidenfeld & Nicolson.

Elias, N. (1939) . *Über den Prozess der Zivilisation: Soziogenetische und psychogenetische Untersuchungen.* Basel: Haus zum Falken.

Emmeche, C. (2002) . The chicken and the Orphean egg: On the function of meaning and the meaning of function. In *Sign System Studies* 30, 1, 15 – 32.

Espe, H. (1983a) . Empirische Analyse visueller Zeichen: der Einfluss der Belichtungsdauer bei der Vergrössung auf die affektive Bedeutung von Schwarz – Weiss – Fotografien. In M. Krampen (Ed.), *Visuelle Kommunikation und/oder verbale Kommunikation* (pp. 92 – 121) . Hildesheim: Olms Verlag/ Hochschule der Künste.

Espe, H. (1983b) . Realism and some semiotic functions of photographs. In T. Borbé (Ed.), *Semiotics Unfolding: Proceedings of the second congress of the International Association for Semiotic Studies*, *Vienna* 1979 (vol. III, pp. 1435 – 1442) . Berlin: Mouton.

Ferris, M. (2002) . *Historia de la Hermenéutica* (A. P. Cortés, Trans) . Mexico City: Siglo XXI editores. (Italianoriginal: *Storia dell' ermeneutica.* Milan: Bompiani, 1988) .

Floch, Jean – Marie, (1984) . *Petites Mythologies de l'ail et l'esprit.* Paris: Hedès.

Fodor, J. (1987) . *Psychosemantics.* Cambridge, MA: The MIT Press.

Foucault, M. (1975) . *Surveiller et Punir.* Paris: Gallimard.

Foucault, M. (1994) . *Dits et Écrits.* Paris: Gallimard.

Foucault, M. (2008) . *Le Gouvernement de Soi et des Autres: Cours au collège de France* 1982 – 1983. Paris: Seuil.

Francis, R. C. (2011) . *Epigenetics: The Ultimate Mystery of Inheritance* (1st ed.) . New York: Norton.

Frank, R. M., Dirven, R., Ziemke, T., & Bernárdez, E . (Eds.), *Body, Language, and Mind,* vol. 1. Embodiment. Berlin, New York: Mouton de Gruyter, 85 – 128.

Frazer, J. (1890) . *The Golden Bough.* London: Macmillan. Quotations are from are print edition (Ware: Wordsworth, 1993) .

Friedman, J. B. (1981) . *The Monstrous Races in Medieval Art and Thought.* Cambridge, MA: Harvard University Press.

Galan, F. (1985) . *Historic Structures: The Prague School project,* 1928 – 1946. London: Croom Helm.

Gallagher, S. (2005) . *How the Body Shapes the Mind.* Oxford: ClarendonPress.

Gallagher, S. (2005b) . Phenomenological contributions to a theory of social cognition: The Aron Gurwitsch Memorial Lecture, 2003. *Husserl Studies,* 21, 95 – 110.

Gallagher, Shaun, & Zahavi, Dan, (2008) . *The Phenomenological Mind.* New York: Routledge.

Garfinkel, H. (1967) . *Studies in Ethnomethodology.* Englewood Cliffs, NJ: Prentice – Hall.

Geeraerts, D. (2010) *Theories of Lexical Semantics.* Oxford: University-Press.

Genette, Gerard, (1992) . *Palimpsestes: La Littérature au Second Degré.* Paris: Seuil.

Gibson, E. (1969) . *Principles of Perceptual Learning and Development.* Englewood Cliffs, NJ: Prentice – Hall.

Gibson, E., & Pick, A. (2000) . *An Ecological Approach to Perceptual Learning and Development.* Oxford: Oxford University Press.

Gibson, Eleanor, J. (1969) . *Principles of Perceptual Learning and Development.* Englewood Cliffs: Prentice – Hall.

Gibson, J. (1979) . *The Ecological Approach to Visual Perception.* Boston: Houghton Mifflin Co.

Gibson, J. (1980) . A prefatory essay on the perception of surfaces versus the perception of markings on a surface, in Hagen, Margaret, ed., *The Perception of Pictures*, Volume I: *Alberti's Window.* xi – xvii. New York: Academic Press.

Gibson, J. (1966) . *The Senses Considered as Perceptual Systems.* Boston: Houghton Mifflin Co.

Gibson, J. (1977) . The theory of affordances. In *Perceiving, Acting, and Knowing.* Shaw, R, & Bransford, J. (Eds.), 67 – 82. Hillsdel, N. J. : Lawrence Erlbaum.

Gibson, J. (1978) . The ecological approach to visual perception of pictures, *Leonardo*, 4: 2: 227 –235.

Gibson, J. (1982) . *Reasons for Realism: Selected Essays of James J. Gibson*, Edward, R. & Rebecca, J. (Eds), Hillsdale, NJ & London: Lawrence Erlbaum As – sociates.

Gibson, J. J. (1966) . *The Senses Considered as Perceptual Systems.* Boston: Houghton Mifflin Co.

Gibson, J. J. (1979) . *The Ecological Approach to Visual Perception.* Boston: Houghton Mifflin Co.

Gibson, J. J. (1982) . *Reasons for Realism. Selected Essays of James J. Gibson.* Reed, Edward, & Jones, Rebecca (Eds.) . Hillsdale, New Jersey: Lawrence Erlbaum.

Gibson, J. J. (1983) . *The Senses Considered as Perceptual Systems.* Westport, CT: Greenwood Press. (Original work published 1966) .

Ginzburg, Carlo. (2002) . Wooden Eyes: Nine Reflections on Distance. London: Verso. Goodman, Nelson. (1968) . *Languages of Art. An Approach to a Theory of Symbols*, London: Oxford University Press.

Gipper, H, (1959) . Sessel oder Stuhl. In *Sprache—Schlüsselzur Welt*, H. Gipper (Ed), Düs – seldorf: Schwann, 271 – 292.

Glass, A. L., Holyoak, K. J., & Santa, J. L. (1979). *Cognition.* Reading, MA: Addison Wesley Publishing Co.

Goodman, N. (1968) . *Languages of art.* London: Oxford University Press.

Gopnik, A. (2009) . *The Philosophical Baby: What children's minds tell us about truth, love, and the meaning of life.* New York: Farrar, Straus and Giroux.

Gorlee, Dinda, (1994) . *Semiotics and the Problem of Translation: with special reference to the semiotics of Charles S. Peirce.* Amsterdam: Rodopi.

Gorlee, Dinda, (2015) . *From Translation to Transduction: The glassy essence of intersemiosis.* Tartu: Tartu University Press.

Gould, S. J. (1999) . *Rocks of Ages: Science and Religionin the Fullness of Life.* NewYork: Ballantine Books.

Gould, S. J. (2000a) . *The Lying Stones of Marrakech: Penultimate reflections in natural history.* London: Jonathan Cape.

Gould, S. J. (2000b) . *Wonderful life: The Burgess Shale and the nature of history.* London: Vintage.

Gould, S. J. (2002) . *The Structure of Evolutionary Theory.* Cambridge, MA: Belknap Press of Harvard University Press.

Greimas, A. J. (1970) . *Du Sens.* Paris: Seuil.

Greimas, A. J., & Courtés, J. (1979) . *Sémiotique: Dictionnaire raisonné de la théorie du langage.* Paris: Hachette.

Grene, M. G., & Depew, D. J. (2004). *The Philosophy of Biology: An episodic history.* Cambridge: Cambridge University Press.

Groupe μ, (1970) [1977]. *Rhétorique de la Poésie.* Bruxelles: Editions Complexe.

Groupe μ, (1992). *Traité du Signe Visuel.* Paris: Seuil.

Gurwitsch, A. (1957). *Théorie du Champ de la Conscience.* Bruges: Desclée de Brouver.

Gurwitsch, A. (1964). *The Field of Consciousness.* Pittsburgh: Duquesne University Press.

Gurwitsch, A. (1974). *Phenomenology and the Theory of Science.* Evanston: Northwestern University Press.

Gurwitsch, A. (1974b). On The matization, *Research in Phenomenology*, 4 (1), 85 – 50.

Gurwitsch, A. (1979). *Human Encounters in the Social World.* Pittsburgh: Duquesne University Press.

Gurwitsch, A. (1985). *Marginal Consciousness.* Athens, Ohio: OhioUniversityPress.

Gurwitsch, A. (2000). *Introduction to Phenomenology.* Cambridge: Cambridge University Press.

Gusdorf, G. (1978). *Les sciences humaines et la pensée occidentale.* 8, *La conscience révolutionnaire: les idéologues.* Paris: Payot.

Habermas, J. (1962). *Strukturwandel der Öffentlichkeit: Untersuchungen zu einer Kategorie der Bürgerlichen Gesellschaft.* Neuwied: Politika.

Habermas, J. (1995). *Theorie des Kommunikativen Handelns.* Frankfurt: Suhrkamp.

Haser, V. (2005). *Metaphor, Metonymy, and Experientialist Philosophy: Challenging cognitive semantics.* Berlin: Mouton de Gruyter.

Heine, B., & Kuteva, T. (2007). *The Genesis of Grammar: A reconstruction.* Oxford: Oxford University Press.

Herder, J. G. (1968) . Auch eine Philosophie der Geschichte zur Bildung der Menschheit. In *Schriften*, 64 – 139. Stuttgart: Rowohlt.

Hermerén, G. (1983) . Aspects of Aesthetics. Lund: CWK Gleerups.

Higgins, Iain Macleod, (1997) . *Writing East: The "travels" of Sir John Mandeville*. Philadelphia: University of Pennsylvania Press.

Hjelmslev, L. (1943) . *Omkring Spogteorins Grundlæggelse*. Copenhagen: Akademisk Forlag.

Hjelmslev, L. (1971) . *Essais Linguistiques*. Paris: Minuit. (Original work published 1959. Copenhagen: Travaux du cercle linguistique de Copenhague.) .

Hobbes, T. (1968) . *Leviathan*. Harmondsworth: Penguin. (Original work published 1651) .

Hockett, C. F., & Altmann, S. A. (1968) . A note on design features. In *Animal communication: Techniques of study and results of research*. T. A. Sebeok (Ed.), 61 – 72. Bloomington: Indiana University Press .

Hockett, Charles, F, & Altmann, Stuart, A. (1968) . A note on design features. In: Sebeok, T. A. (Ed.), *Animal Communication: Techniques of Study and Results of Research*, Bloomington: Indiana University Press, 61 – 72.

Hoffman, D, (1998) . *Visualintelligence: How We Create What We See*. NewYork: Norton.

Hoffmeyer, J. (2005) . *Biosemiotik: En Afhandling om Livets Tegn Og Tegnenes Liv*. Charlottenlund: Ries. (Englishtranslation: *Biosemiotics: An Examination into the Signs of Life and the Life of Signs*. The University of Scranton-Press of Scranton, Pennsylvania, 2008) .

Holenstein, E. (1975) . *Jakobson ou le Structuralisme Phénoménologique: Présentation, biographie, bibliographie*. Paris: Seghers.

Holenstein, E. (1976) . *Linguistik, Semiotik, Hermeneutik: Plädoyers für eine strukturale Phänomenologie*. Vol. 1. Frankfurt am Main: Suhrkamp.

Horkheimer, M. (1967) . *Zur Kritik der instrumentellen Vernunft: aus den Vorträgen und Aufzeichnungen seitKriegsende*. Frankfurt am Main: S. Fischer.

Horkheimer, M., & Adorno, T. (1947). *Dialektik der Aufklärung.* Amsterdam: Querido.

Hrdy, S. B. (2009). *Mothers and Others: The evolutionary origins of mutual understanding.* Cambridge, MA: Belknap Press of Harvard University Press.

Hurley, S., & Chater, N. (Eds.). (2005). *Perspectives on imitation: From neuroscience to social science.* 1–2. Cambridge, MA: MIT Press.

Husserl, E. (1913/1968). *Logische Untersuchungen.* Tubingen: Niemeyer. Engl. translation, *Logical Investigations* (transl. J. N. Findlay), London and Henley: Routledge and Kegan Paul.

Husserl, E. (1936). *Husserliana: Gesammelte Werke. Bd 6, Die Krisis der europäischen Wis senschaften und die tranzendentale Phänomenologie; eine Einleitungindie phänomenologische Philosophie.* Haag: Nijhoff, 1976.

Husserl, E. (1939), *Erfahrung und Urteil.* Prag: Academia Verlagsbuchhandlung. English translation, *Experience and Judgment,* London: Routledge and Kegan Paul, (1975).

Husserl, E. (1950). *Cartesianische Meditationen und Pariser Vorträge. Husserliana: Gesammelte Werke. Bd 1.* Haag: Nijhoff.

Husserl, E. (1950a). *Cartesianische Meditationen und Pariser Vorträge.* Husserliana: Gesammelte Werke I. Haag: Nijhoff.

Husserl, E. (1950b). *Ideen zu einer reinen Phänomenologie und phänomenologischen Philosophie, Buch 1: Allgemeine Einführung in die reine Phänomenologie.* Husserliana: Gesammelte Werke III (new ed.). Haag: Nijhoff.

Husserl, E. (1954). *Die Krisis der europäischen Wissenschaften und die transzendentale Phänomenologie: eine Einleitung in die phänomenologische Philosophie. Husserliana: Gesammelte Werke. VI, 2. Aufl.* Haag: Nijhoff.

Husserl, E. (1962). *Phänomenologische Psychologie. Husserliana: Gesammelte Werke IX.* The Hague: Nijhoff.

Husserl, E. (1973). *Ding und Raum. Husserliana XVI.* The Hague:

Nijhoff.

Husserl, E. (1980). *Phantasie, Bildbewusstsein, Erinnerung.* Husserliana XXIII. The Hague: Nijhoff. Lotman, J. M., (1979) Culture as collective intellect and problems of artificial intelligence, in Russian Poetics in translation, 6, University of Essex, 1979; 84 – 96.

Husserl, E. (1980). *Phantasie, Bildbewusstsein, Erinnerung. Husserliana:* *Gesammelte Werke,* XXIII. The Hague: Nijhoff.

Hutchins, E. (1995). *Cognition in the Wild.* Cambridge, MA: MIT Press.

Ingarden, R. (1965). *Das Literarische Kunstwerk: Eine Untersuchung aus* *dem Grenzgebiet der Ontologie, Logik und Literaturwissenschaft* (3rd ed.). Halle: Max Niemeyer. (Original work published 1931).

Israel, J. I. (2001). *Radical Enlightenment: Philosophy and the making* *of modernity, 1650 – 1750.* Oxford: Oxford University Press.

Israel, J. I. (2006). *Enlightenment Contested: Philosophy, modernity and* *the emancipation of man 1620 – 1752.* Oxford: Oxford University Press.

Israel, J. I. (2010). *A Revolution of the Mind: Radical enlightenment and* *the intellectual origins of modern democracy.* Princeton, NJ: Princeton University Press.

Israel, J. I. (2011). *Democratic Enlightenment: Philosophy, revolution,* *and human rights, 1750 – 1790.* Oxford: Oxford University Press.

Itkonen, E. (1978). *Grammatical Theory and Metascience: A critical in-* *vestigation into the methodological and philosophical foundations of* "*autono-* *mous" linguistics.* Amsterdam: Benjamin.

Ivins, W. (1953). *Prints and Visual Communication.* Cambridge, MA: Harvard University Press.

Jablonka, E., & Lamb, M. J. (1999). *Epigenetic in Heritance and Evolu-* *tion: The Lamarckian dimension.* Oxford: Oxford University Press. (Original work published 1995).

Jablonka, E., & Lamb, M. J. (2005). *Evolution in Four Dimensions:*

Genetic, epigenetic, behavioral, and symbolic variation in the history of life. Cambridge, MA: MIT Press.

Jakobson, R. (1959). On linguistic aspects of translation. In *On Translation*. R. Brower (Ed.), 232 – 239. Cambridge, MA: Harvard University Press.

Jakobson, R. (1963). *Essais de linguistique générale.* Paris: Seuil.

Jakobson, R. (1990). *On Language.* L. Waugh & M. Monville – Borston (Eds.). Cambridge, MA: Harvard University Press.

Jappy, A. (2000). Iconicity, Hypoiconicity. In *The Digital Encyclopaedia of Charles S. Peirce*, ed. J. Quiroz, and R. Gudwin. http://www. digitalpeirce. fee. unicamp. br/jappy/hypjap. htm.

Jia, H. W. (2017). Roman Jakobson's Triadic Division of Translation Revisited. *Chinese Semiotic Studies* 13 (1): 31 – 46.

Jones, E. (2003). *The European Miracle: environments, economies, and geopolitics in the history of Europe and Asia* (3rd ed.). Cambridge: Cambridge University Press.

Kant, E. (1974). Beantworting auf der Frage: Was ist Aufklärung? In *Was ist Aufklärung?* Bahr, E. (Hrsg.), 8 – 16. Stuttgart: Reclam. (Originally published in 1783)

Keane, W. (2013). On spirit writing: materialities of language and the religious work of transduction. *Journal of the Royal Anthropological Institute* (*N. S.*) 19, 1 – 17.

Kennedy, J. M. (1974). *A Psychology of Picture Perception.* San Francisco: Jossey Bas, Inc.

Kohák, E. (1989). Preface. In E. Kohák (Ed.), *Jan Patočka. Philosophy and Selected Writings* (pp. ix – xiv). Chicago: University of Chicago Press;

Krampen, M. (1991). *Children's Drawings: Iconic coding of the environment.* New York: Plenum Press.

Krois, J. M. (1987). *Cassirer: Symbolic Forms and History.* . New Haven: Yale University Press.

Krois, J. M. (2007). Philosophical anthropology and the embodied cognition paradigm: on the convergence of two research programs. In *Embodiment in Cognition and Culture.* Krois, J. M., Rosengren, M., Steidele, A. & Westerkamp, D. (Eds.), 273 – 290. Amsterdam: John Benjamins.

Lakoff, G. (1972). Hedges: a Studyin Meaning Criteria and the Logic of Fuzzy Concepts. In*Papers from the 8th Regional Meeting of the Chicago Linguistic Society*, *April*14 – 16, Petanteauetal (Ed), Chicago: Chicago Linguistic Society, 183 – 228.

Lakoff, G., & Johnson, M. (1980). *Metaphors We Live By.* Chicago: University of Chicago Press.

Lakoff, G., & Johnson, M. (1999). *Philosophy in the Flesh: The embodied mind and its challenge to western thought.* New York: Basic Books.

Laland, K. N., & Brown, G. R. (2011). *Sense and Nonsense: Evolutionary perspectives on human behaviour* (2nd ed.). Oxford: Oxford University Press.

Lanigan, R. L. (1995). From Enthymeme to Abduction: The Classical Law of Logic and the Postmodern Rule of Rhetoric. In *Recovering Pragmatism's Voice*, Langsdorf, L., & Smith, A. (Eds.), Albany: State University of New York Press, 49 – 70.

Lanigan, R. L. (2010). What is Communicology? International Communicology Institute. webpage: http://communicology. org (Consultedon March1, 2016).

Lenninger, S. (2012). *When Similarity Qualifies as A Sign: A study in picture understanding and semiotic development in young children.* Lund: Lund University.

Lessing, G. E. (1964 [1767]). *Laokoon oder über die Grenzen der Malerei und Poesie.* Stuttgart: Philipp Reclam.

Lévi – Strauss, C. (1958). *Anthropologie Structurale*, 1. Paris: Plon.

Lindekens, R. (1971). *Eléments pour une Sémiotique de la Photographie.* Paris: Didier/Aimav.

Lipps, T. (1900). Aesthetische Einfühlung. *Zeitschrift für Psychologie und Physiologie der Sinnesorgane*, 22, 415 – 450.

Lipps, T. (1903) . Einfühlung, innere Nachahmung und Organempfind-ung. *Archiv für die Gesamte Psychologie*, 185 – 204.

Lotman, J. M., Uspenskij, B. A., Ivanov, V. V., Toporov, V. N., & Pjatigorski, A. M. (1975) . *Thesis on the Semioticstudy of Culture*. Lisse: The Peter de Ridder Press.

Lotman, M., & Uspensky, B. A. (Eds.) . (1976) . *Travaux sur les Systèmes de Signes*. Bruxelles: Editions Complexe.

Lotman, M., Uspensky, B. A., Ivanov, V. V., Toporov V. N., & Pyatig-orsky, A. M. (1975) . *Thesis on the Semiotic Study of Culture*. Lisse: The Peter de Ridder Press.

Lotman, Y. (1979) . Culture as collective intellect and problems of artifi-cial intelligence. *Russian Poetics in Translation*, 6. Essex: University of Essex.

Lotman, Y. (1990) . *Universe of the Mind: A semiotic theory of culture*. London: Tauris.

Lucid, D. (Ed.) . (1977) . *Soviet Semiotics*. Baltimore, MD: John Hopkins University Press.

Lucy, J. (1997) . Linguistic relativity. *In Annual Review of Anthropology*, 26, 291 – 312.

Mallery, Garrick. (1972 [1881]) . Sign Language among North Ameri-can Indians. The Hague, Paris: Mouton.

Malmberg, Bertil, (1971) . *Språkinlärning: en orientering och ett debat-tinlägg*. Stockholm: Aldus/Bonnier.

Malmberg, Bertil, (1974) . Derrida et la semiologie: Quelques notes mar-ginales. *Semiotica* 11: 189 – 199.

Malmberg, Bertil. (1977) . Signes et Symboles: Les Bases du Langage Humain, Paris: Picard.

Manetti, G. (1993) . *Theories of the Sign in Classical Antiquity*. Bloomington, Indian: Indiana University Press.

Maran, Timo. (2003) . Mimesis as a phenomenon of semiotic communication. *Sign Systems Studies*, 31 (1): 191 – 215.

Maran, Timo. (2007) . Mimicry. In: Bouissac, Paul, Lewis, Ann (Eds.), *Semiotics Encyclopedia* Online. E. J. Pratt Library, Victoria University. http: // www. semioticon. com/seo/.

Marbach, E. (1993) . *Mental Representation and Consciousness*: *Towards aphenomenological theory of representation and reference*. Dordrecht: Kluwer Academic Publishers.

Marbach, Eduard, (1993) . *Mental Representation and Consciousness*: *Towards a Phenomenological Theory of Representation and Reference*. Dordrecht: Kluwer Academic.

Marner, A. (1997) . Transsexuality, Metasemioticity and Photographic Surrealism, in VISIO. La Revue de l' association internationale de sémiotique visuelle vol. 2, nr 3 Automne 1997 – Hiver 1998. Maturana, H., & Varela, F. (1980) . *Autopoiesis and Cognition* – *The Realization of the Living*. Dordrecht: Reidel.

Merleau – Ponty, M. (1942) . *La Structure du comportement*. Paris: Presses Universitaires de France. (References are to the 7th ed. 1972) .

Merleau – Ponty, M. (1945) . *Phénoménologie de la perception*. Paris: ÉditionsGallimard. (References aretothereproductionintheseriesTEL1979) .

Merleau – Ponty, M. (1964) . Les relations avec autrui chez l' enfant. *Bulletin de Psychologie*, 236, XVIII, 3 – 6, 295 – 335.

Merleau – Ponty, M. (1972) . *La Structure du Comportement*. Paris: Referenas are to the 7th. ed. 1972. (Originally published in 1942)

Meyer, M. (1999) . *Histoire de la rhétorique*. Paris: Librairie générale française.

Miller, G. (2000) . *The Mating Mind*: *How sexual choice shaped the evolution of human nature*. London: Heinemann.

Mitchell, P. (1997) . *Introduction to Theory of Mind*: *Children, Autism and Apes*. London: Arnold.

Monelle, R. (1992) . *Linguistics and Semiotics in Music*. Chur: Harwood Academic.

Moran, D. (2005) . *Edmund Husserl*: *Founder of Phenomenology*. Cambridge: Polity Press.

Moscovici, S. (1981) . *L' âge des foules*: *Un traité historique de psychologie des masses*. Paris: Edition Complexe.

Mukarovsky, J. (1974) . *Studien zur strukturalistischen Ästhetik und Poetik*. Munchen: Hanser Verlag.

Mukařovský, J. (1978) . *Structure, Sign, and Function*: *Selected essays*. New Haven, CT: Yale University Press.

Munck, T. (2000) . *The Enlightenment*: *A comparative social history* 1721 – 1794. London: Arnold.

Nelson, K. (1996) . *Language in Cognitive Development*: *Emergence of the mediated mind*. Cambridge: Cambridge University Press.

Neusner, J., & Chilton, B. (Eds.) . (2005) . *Altruism in World Religions*. Washington, DC: Georgetown University.

Nida, Eugene A. (1959) . Principles of Translation as Exemplified by Bible Translating. In: Brower Reuben (ed) *On Translation*. Cambridge: Harvard University Press.

Nida, Eugene A. (2003) . Language and Culture: Two Similar Symbolic Systems. In: Petrilli, Susan (Ed.), *Translation Translation*, 413 – 424. Amsterdam and New York: Rodopi.

Noble, W., & Davidson, I. (1996) . *Human Evolution, Language and Mind*: *A psychological and archaeological inquiry*. Cambridge: Cambridge University Press.

Nordström, Gert, Z. (2000) . Semiotiken idag – lingvistisk imperialsim eller fenome nologisk narcissism, *Bild i skolan*, 1: 16 – 19.

Norman, D. (1999) . Affordance, Conventions and Design. In *Issue of Interactions*, May, 38 – 43. http: //jnd. org/dn. mss/affordance_ conventions_ and_ design_ part_ 2. html.

Nousetlesautres. (1995) . *La vie commune. Essai d'anthropologie générale*. Paris: Seuil.

Nowak, M., & Highfield, R. (2011). *Super Cooperators: Evolution, altruism and human behaviour or why we need each other to succeed.* Edinburgh: Canongate Books.

Osvath, M., & Osvath, H. (2008). Chimpanzee (Pan troglodytes) and orangutan (Pongo abelii) forethought: selfcontrol and pre – experience in the face of future tool use. *Animal Cognition*, 11, 661 – 674.

Parmentier, E. (1985). Signs's place in medias res: Peirce's concept of semiotic mediation. In Mertz, E., & Parmentier, R. (Eds.), *Semiotic Mediation: Sociocultural and psychological perspectives* (pp. 23 – 48). Orlando: Academic Press.

Parmentier, R. J. (2009). "Troubles with Trichotomies: Reflections on the Utility of Peirce's Sign Trichotomies for Social Analysis." *Semiotica* 177 (1/4): 139 – 155.

Parron, Carole, Call, Josep, & Fagot, Joël. (2008). Behavioural responses to photo – graphs by pictorially naive baboons (Papio anubis), gorillas (Gorilla gorilla) and chimpanzees (Pan troglodytes). *Behavioural Processes*, 78 (3): 351 – 357.

Patočka, Jan, (1996). *An Introduction to Husserl's Phenomenology.* Chicago: Open Court.

Peirce, C. S. (1931 – 1935, & 1958). *The Collected Papers of Charles Sanders Peirce.* Vols. I – VI [C. Hartshorne & P. Weiss, Eds., 1931 – 1935], Vols. VII – VIII [A. W. Burks, Ed., 1958]. Cambridge, MA: Harvard University Press. (Citations use the common form: CP vol. paragraph).

Peirce, C. S. (1998). *The Essential Peirce, Volume I – II.* Ed. by the Peirce Edition Project. Bloomington and Indianapolis: Indiana University Press.

Peirce, C. S. (i. 3 – 1913). *The Essential Peirce: Selected Philosophical Writings*, Vol. 2 (1893 – 1913), Peirce Edition Project. (Ed.), Bloomington: Indiana University Press, (1998). Cited as EP2.

Peissig, J., Young, M., Wasserman, E., & Biedermann, I. (2000). The pigeon's perception of depth – rotated shapes, in *Picture Perception in Ani-*

mals. Fagot, J., Ed., 37 – 70. Hove: Psychology Press.

Peissig, Jessie, J., Young, Michael, E., Wasserman, Edward, & BiEderman, Irving. (2000). The pigeon's perception of depth – rotated shapes. In: Fagot, J. (Ed.), *Picture Perception in Animals*, Hove: Psychology Press, 37 – 70.

Persson, T. (2008). *Pictorial primates*. Lund: Lund University [Dissertation].

Petrilli, Susan, (2003). Translation and Semiosis: Introduction. In: Petrilli, Susan (ed) *Translation Translation*, 17 – 37. Amsterdam and New York: Rodopi.

Piaget, J. (1945). *La formation du symbole chez l'enfant*. Neuchatel: Delachaux & Niestlé. Third edition 1967.

Piaget, J. (1967). *La psychologie de l' intelligence*. Paris: Armand Colin.

Piaget, J. (1970). *Epistémologie des sciences de l'homme*. Paris: Gallimard.

Ponzio, A. (1993). *Signs, Dialogue, andIdeology*. Amsterdam: Benjamins.

Popper, K. (1972). *Objective Knowledge*. Oxford: Clarendon Press.

Posner, R. (1989). What is Culture? Toward a semiotic explication of anthropological concepts. In *The Nature of Culture*. W. Koch (Ed.), 240 – 295. Bochum: Brochmeyer.

Poti, P., Kanngeiser, P., Saporiti, M., Amiconi, A., Bläsing, B., & Call, J. (to appear) Searching in the middle. Capuchins' and Bonobos' behavior during a spatial research task. To appear in *Journal of Experimental Psychology – Animal Behavior Processes*.

Premack, D., & Woodruff, G. (1978). Does the chimpanzee have a theory of mind? *Behavioral and Brain Sciences*, 4, 515 – 526.

Preston, S., & de Waal, F. (2002). Empathy: Its ultimate and proximate bases. *Behavioral and Brain Sciences*, 25, 1 – 72.

Prieto, L. (1966). *Messages et signaux*. Paris: PUF.

Prieto, L. (1975a) . *Pertinence et pratique. Essai de sémiologie*. Paris: Minuit.

Prieto, L. (1975b) . *Essai de linguistique et sémiologie générale*. Genève: Droz.

Radnitzky, G. (1970) . *Contemporary schools of metascience*: *I. Anglo – Saxon schools of metascience. II. Continentalschools of metascience* (2nd rev. ed.). Gotheburg: Akademiförl.

Ransdell, Joseph, (1989) . "Peirce est – il un phénoménologue?" *Ètudes Phénoménologiques* 9 – 10, 51 – 75. http://www.cspeirce.com/menu/library/aboutcsp/ransdell/phenom.htm.

Reuben (Ed.), *On Translation*, 11 – 31. Cambridge, Mass.: Harvard University Press.

Ricœur, P. (1975) . *La métaphore vive*. Paris, FR: Seuil.

Ricœur, P. (1990) . *Soi – mêmecommeunautre*. Paris: Seuil.

Richerson, P. J., & Boyd, R. (2005) . *Not by Genes Alone*: *How culture transformed human evolution*. Chicago, IL: University of Chicago Press.

Rosch, E. (1973) . On the Internal Structure of Perceptual and Semantic Categories. In *Cognitive Development and the Acquisition of Language*, Thomas, E. M. (Ed.), NewYork and London: Academic Press, 111 – 114.

Rosch, E. (1975) . Cognitive Reference Points. *Cognitive Psychology*, 7 (4), 532 – 547. http://doi.org/10.1016/0010 – 0285 (75) 90021 – 3.

Rosch, E. (1975b) . Cognitive representations of semantic categories. *Journal of Experimental Psychology*: *General*, 104 (3), 192 – 233.

Rosch, E. (1978) . Principles of Categorization. In *Cognitionand Categorization*, Eleanor, R., &Barbara, B. L. (EdS.), Hillsdale, NJ: LawrenceErlbaum, 27 – 48.

Rosch, E., & Mervis, C. B. (1975) . Family Resemblances: Studies in the Structure of Categories. *Cognitive Psychology*, 7 (4), 382 – 439, 573 – 605.

Rosch, E., Mervis, C. B., Gray, W., Johnson, D., & Boyes – Braem, P. (1976) . Basic Objects in Natural Categories. *Cognitive Psychology*, 8 (3),

382 – 439. http: //doi. org/10. 1016/0010 – 0285（76）90013 – X.

Rosenfeld, S.（2001）. *A Revolution in Language*: *The problem of signs in late eighteenth – century France.* Stanford, CA: Stanford University Press.

Rossano, M. J.（2003）. *Evolutionary Psychology*: *The science of human behavior and evolution.* Hoboken, NJ: John Wiley & Sons.

Rossi – Landi, F.（1983）. *Language as Work & Trade. A semiotic homology for linguistics & economics.* Massachusetts: Bergin & Garvey. Translation of Italian original 1968.

Rousseau, J. J.（1965）. *Discours sur l' origine et les fondements de l' inégalité parmi les homes.* Paris: Gallimard.（Original work published 1755）.

Rousseau, J. J.（2001）. *Du contrat social.* Paris: Garnier – Flammarion.

Saint – Martin, F.（1994）. Avant propos: Pour en finir avec la mutité de la peinture, Nouveaux actes sémiotiques, 34/35: 1 – 4.

Saussure, F.（1973）. *Cours de linguistique générale*（Edition critique par Tullio de Mauro）. Paris: Payot. 1974; *Fasc.* 4.（Edition critique par Rudolf Engler）. Wiesbaden: Harrassowitz.

Savage – Rumbaugh, S.（1998）. Scientific schiziphrenia with regard to the language act. In *Jean Piaget, Evolution and Development.* Langer & M. Killen（Eds.）, 145 – 169. Mahwah, NJ: Erlbaum.

Scheler, M.（1931）. *Wesen und Formen der Sympathie*: *Der Phänomenologie der Sympathiegefühle*（3rd ed.）. Bonn: Friedrich Cohen.

Schiller, F.（1795a）. Überdieäs the tische Erziehungdes Menschenineine Reihevon Brief – en. In *Die Horen* 1795, 1, 1, 7 – 48; 1, 2, 51 – 94; 2, 6, 45 – 124. Quoted from Friedrich Schiller, *The Oretische Schriften*, *Dritter Teil.* München: Deutscher Tachenbuch Verlag, 1966, 1 – 95.

Schiller, F.（1795b）. Übernaïveand sentimentale Dichtung. In *DieHoren* 1795, 11. VIII, 43 – 76; 1795, 12, I, 1 – 55; 1796, 1, VII, 75 – 122. Quotedfrom Fried – rich Schiller, *The Oretische Schriften*, *Dritter-Teil.* München: Deutscher Tachenbuch Verlag, 1966, 118 – 196.

Schütz, A.（1932）. *Dersinnhafte Aufbaudersozialen Welt.* Springer, Vienna; Newed. Suhrkamp, Frankfurt/M, 1974.

Schütz, A. (1940 – 1955). *Collected Papers* (Vol. 1). *The Problem of Social Reality*, Maurice, N. (Ed.), The Hague: Nijhoff, 1962.

Schütz, A. (1967). *Collected papers I.* The Hague: Martinus Nijhoff.

Schütz, A. (1974). *Der sinnhafte Aufbau der sozialen Welt: Eine Einleitung n die verstehende Soziologie.* Frankfurt am Main: Suhrkamp. (Original work published 1932).

Searle, J. (1969). *Speech Acts.* Cambridge: Cambridge University Press.

Searle, J. (1992). *The Rediscovery of Mind.* Cambridge, MA: TheMIT-Press.

Searle, J. (1995). *The Construction of Social Reality.* New York: The Free Press.

Searle, J. (1997). *The Mystery of Consciousness.* London: Granta.

Searle, J. (1999). *Mind, Language, and Society.* London: Phoenix.

Searle, John, R. (1995). Formal ontology, common sense, and cognitive science. *International Journal of Human – Computer Studies*, 43: 641 – 667.

Searle, John, R. (1995). The Construction of Social Reality. New York: The Free Press.

Sennett, R. (1977). *The Fall of Public Man.* Cambridge: Cambridge Uinverisity Press.

Shryock, A., & Smail, D. L. (2011). *Deep history: The architecture of past and present.* Berkeley, CA: University of California Press.

Shukman, A. (Ed.). (1984). *The semiotics of Russian culture.* Ann Arbor, MI: Michigan Slavic Contributions.

Silverstein, Michael, (2003). Translation, Transduction, Transformation: Skating "Glossando" on Thin Semiotic Ice. In: Paula G. Rubel & Abraham Rosman (Eds.), *Translating Cultures. Perspectiveson Translation and Anthropology*, 75 – 108. Oxford: Berg.

Simmel, Georg, (1971). *On Individuality and Social Forms: Selected Writings*, ed. David Levine. Chicago: University of Chicago Press.

Singer, M. (1984) . *Man's Glassy Essence*. Bloomington, IN: Indiana U-niversity Press.

Sinha, C. (1988) . *Language and Representation: A socio – naturalistic approach to human development*. New York: New York Univ. Press.

Sinha, C. (in press) Language as a biocultural niche and social institution. In: *New Directions in Cognitive Linguistics*, Evans, V., & Pourcel, S. (Eds.) . Amsterdam: John Benjamins.

Smail, D. L. (2008) . *On Deep History and The Brain*. Berkeley, CA: University of California Press.

Smith, B. & Varzi, A. (1999) . The niche, in *Noûs*, 33: 2, 198 – 222.

Smith, B. (1994) . Topological foundations of cognitive science, in *Topological Foundations of Cognitive Science*, Echenbach, C., Habel, C., & Smith, B. (Eds.) , 3 – 22: Hamburg: Graduiertenkolleg Kognitionswissenschaft.

Smith, B. (1995) . Formal ontology, common sense, and cognitive science. In *International Journal of Human – Computer* Studies, 43, 641 – 667.

Smith, B. (1999) . Truth and the visual field, in J. Petitit, F. J. Varela, B. Pachoud, & J. – M. Roy (Eds.), *Naturalizing Phenomenology* (pp. 317 – 329) . Stanford: Stanford University Press.

Smith, B., & Varzi, A. (1999) . The niche. *Noûs*, 33 (2), 198 – 222.

Smith, Barry. (1994) . Topological foundations of cognitive science. In: Echenbach, C., Habel, C., Smith, B. (Eds.), *Topological Foundations of Cognitive Science*. Hamburg: Graduiertenkolleg Kognitionswissenschaft, 3 – 22.

Smith, D. W. (2007) . *Husserl*. London: Routledge.

Sober, E. (2000) . *Philosophy of Biology* (2nd ed.) . Boulder, CO: Westview Press.

Sober, E., & Wilson, D. S. (1998) . *Unto Others: The evolution and psychology of unselfish behavior*. Cambridge, MA: Harvard University Press.

Sokolowski, R. (1974) . *Husserlian Meditations*. Evanston, IL: Northwestern University Press.

Sokolowski, R. (2000) . *Introduction to Phenomenology*. Cambridge:

Cambridge University Press.

Sonesson, G. (1978). *Tecken och handling. Från språkhandlingen till handlingens språk.* Lund: Doxa (Dissertation).

Sonesson, G. (1979). A plea for integral linguistics. In *Papers from the 5th Scandinavian Conference of Linguistics*, *II* (pp. 151 – 166). Stockholm: Almqvist & Wiksell International.

Sonesson, G. (1987). *Bildbetydelser i informationssamhället. Projektrapport.* Lund: Inst. för konstvetenskap.

Sonesson, G. (1988). *Methods and Models in Pictorial Semiotics*, Semiotics Project: Lund University.

Sonesson, G. (1989). *Pictorial Concepts: Inquiries into the Semiotic Heritage and Its Relevance for the Analysis of the Visual World.* Lund: ARIS/Lund University Press.

Sonesson, G. (1992). The semiotic function and the genesis of pictorial meaning. In Eero Tarasti (Ed.), *Center/Periphery in Representations and Institutions. Proceedings from the Conference of The International Semiotics Institute*, *Imatra*, *Finland*, *July* 1621, 1990, 211 – 156. Imatra: Acta Semiotica Fennica.

Sonesson, G. (1992a). *Bildbetydelser. Inledning till bildsemiotiken som vetenskap.* Studentlitteratur, Lund.

Sonesson, G. (1993). Beyond the Threshold of the People's Home. In *Combinación imagen sueca.* Castro, A., & Molin, H. A. (Eds.), 47 – 64. Umeå; Nyheteternas tryckeri.

Sonesson, G. (1994). Prolegomena to the semiotic analysis of prehistoric visual displays. In *Semiotica*, 100 (3/4), 267 – 332.

Sonesson, G. (1994a). Pictorial Semiotics, Perceptual Ecology, and Gestalt Theory. *Semiotica*, 99 (3/4), 319 – 399.

Sonesson, G. (1994b). Sémiotique Visuelle et écologie sémiotique. *RSSI*, 14 (1 – 2), (Printemps), 31 – 48.

Sonesson, G. (1994c). Prolegomena to a Semiotic Analysis of Prehistoric Visual Displays. *Semiotica*, 100 (3/4), (July 1994), 267 – 332.

Sonesson, G. (1995) . On pictorality. The impact of the perceptual model in the development of visual semiotics, in *The Semiotic Web* 1992/93: *Advances in visual semiotics*, Sebeok, Th., & Umiker – Sebeok, J., eds., 67 – 108. Mouton de Gruyter, Berlin & New York.

Sonesson, G. (1995b) . Livsvärlden mediering. Kommunikation i en kultursemiotisk ram. In Holmberg, C. G., & Svensson, J. (Eds.), *Medietexter och mediatolkningar*. Nora: Nya Doxa; 33 – 78.

Sonesson, G. (1996) . An essay concerning images. *From Rhetoric to Semiotics by Way of Ecological Physics*. Semiotica, 109 (1/2): 41 – 140.

Sonesson, G. (1996a) . The quadrature of the hermeneutic circle. In: *LSP and Theory of Translation: Acts of the XVI Vakki symposion*, *Text and Image*, *Vöjri*, *February* 10 – 12, 9 – 33. Vaasa.

Sonesson, G. (1997) . Approaches to the Lifeworld core of visual rhetoric. *VISIO*, 1 (3), 49 – 76.

Sonesson, G. (1997a) . The ecological foundations of iconicity. In *Semiotics Around the World: Synthesis in Diversity. Proceedings of the Fifth International Congress of the IASS*, Berkeley, June 12 – 18, 1994, Berlin & New York: Mouton de Gruyter, 739 – 774.

Sonesson, G. (1997b) . The multimediation of the Lifeworld, in *Semiotics of the Media: State of the art, projects, and perspetives*. Nöth, W. (Ed.), 61 – 78. Berlin & New York: Mouton de Gruyter.

Sonesson, G. (1998) . /entries/ In Paul Bouissac (Ed.) *Encyclopaedia of Semiotics*. New York & London: Oxford University Press.

Sonesson, G. (1998b) . That there are many kinds of iconical signs. *VISIO* 1 (1): 33 – 54.

Sonesson, G. (1998c) . The concept of text in cultural semiotics. In *Semiotiké. Trudy po znakovym sistemam/Sign system studies*, 26, 83 – 114. Tartu: Tartu University Press.

Sonesson, G. (1999a) . The Culture of Modernism, *VISIO*, 1 (3), 49 – 76.

Sonesson, G. (1999b) . The Life of Signs in Society—And Out of It. *Sign*

System Studies, 27, 88 – 127.

Sonesson, G. (2000) . Ego meets alter: The meaning of otherness in cultural semiotics. *Semiotica*, 128, 537 – 559.

Sonesson, G. (2000a) . Iconicity in the ecology of semiosis, In: Johansson, T. D., Skov, M., Brogaard, B. (Eds.), *Iconicity — A Fundamental Problem in Semiotics*. Aarhus: NSU Press, 59 – 80.

Sonesson, G. (2000b) . Action becomes art. Performance in the context of theatre, play, ritual — and life. *VISIO* 5 (2) (Automne 2000: Les arts de l'action/Action Art, van Mechelen, & M., Sonesson, G. (Eds.)), 105 – 122.

Sonesson, G. (2000c) . Bridging nature and culture in cultural semiotics. Published in *Ensayos Semióticos*, *Dominios*, *modelos y miradas desde el cruce de la naturaleza y la cultura*. Proceedings of the 6th International Congress of the IASS, *Guadalajara*, *Mexico*, *July* 13 *to* 19, Gimate – Welsh, A. (Ed.), 1005 – 1016. México: Porrúa.

Sonesson, G. (2000d) . Action becoming art: "Performance" in the context of theatre, play, ritual – and life. *VISIO*, 5, 3, 105 – 122.

Sonesson, G. (2001) . From Semiosis to Ecology. On the theory of iconicity and its consequences for the ontology of the Lifeworld. In Andrew W. Quinn (Ed.), Cultural Cognition and Space Cognition/Cognition culturelle et cognition spatiale *VISIO*, 6/2 385110.

Sonesson, G. (2002) . Dos modelos de la globalización. *Criterios*, *LaHabana*, 33, 107 – 134.

Sonesson, G. (2003) . Spaces of urbanity. From the village square to the boulevard. In Sarapik, Virve, & Tuur, Kadri (Eds.), Place and location II: The city – topias and reflection. Talinn: Estonian Academy of Arts, 25 – 54.

Sonesson, G. (2003a) . Three Scenarios for Globalisation: A View from Cultural Semiotics. In *Logica*, *Dialogica*, *Ideological*: *Isegnitrafunzionalitàedeccedenza*, ed. Petrilli, S., & Calefato, P. (Milano: Mimesis), 385 – 396.

Sonesson, G. (2003b) . Uber die Möglichkeit von bildhaften Metaphern. Zeitschrift für Semiotik: Metaphern in Bild und Film, Gestik, Theater und Musik, 5 (1 – 2), 25 – 38.

Sonesson, G. (2004). The globalization of Ego and Alter. An essay in cultural semiotics. *Semiotica*, 148 – 1/4, 153 – 174.

Sonesson, G. (2004a). Does Ego Meet Alter—in the Global Village? A Viewfrom Cultural Semiotics. *Semiologia Culturii* 7, 95 – 119.

Sonesson, G. (2005). Current issues in pictorial semiotics. Lecture four: From the Linguistic Model to Semiotic Ecology: Structure and Indexicality in Pictures and in the Perceptual World. Published online at the *Semiotics Institute Online*. http: //www. chass. utoronto. ca/epc/srb/cyber/Sonesson4. pdf.

Sonesson, G. (2006). The Meaning of Meaningin Biology and Cognitive Science: ASemiotic Reconstruction. *Sign Systems Studies*, 34 (1), 135 – 214.

Sonesson, G. (2006a). Current Issues in Pictorial Semiotics. Lecture three: From the Critique of the Iconicity Critique to Pictorality. Published online *at the Semiotics Institute Online*. http: //www. chass. utoronto. ca/epc/srb/cyber/Sonesson3. pdf.

Sonesson, G. (2006b). The meaning of meaning in biology and cognitive science. A semiotic reconstruction. In *Sign system studies* 34: 1, Torop, P., Lotman, M., Kull, K., eds., 135 – 213. Tartu, Tartu University Press.

Sonesson, G. (2006c). *Current Issues in Pictorial Semiotics*. Lecture one: *The Quadrature of the Hermeneutic Circle*. First conference of a series published online at the Semiotics Institute Online. Revised version in August 2006: http: //www. chass. utoronto. ca/epc/srb/cyber/Sonesson1. pdf.

Sonesson, G. (2007a). Den allra nyaste Laokoon. Lessing i ljuset av moddern semiotik. In Rossholm, Goran, & Sonesson, Göran (Eds.), *Konstverk och konstverkan*, Stehag & Stockholm: Symposion, 96 – 128.

Sonesson, G. (2007b). From the meaning of embodiment to the embodiment of meaning. In T. Ziemke, J. Zlatev, & R. Frank (Eds.), *Body, Language, and Mind* (pp. 85 – 128). Berlin & New York: Mouton de Gruyter.

Sonesson, G. (2007c). The Extensions of Man Revisited: From Primary to Tertiary Embodiment. In *Embodiment in Cognition and Culture*, ed. John

Krois, Mats Rosengren, Angela Steidle, and Dirk Westerkamp, 27 – 56. Amsterdam: Benjamins.

Sonesson, G. （2008）. Prolegomena to a general theory of iconicity. Considerations on language, gesture and pictures. In: Willems, K., DeCuypere, L. （Eds.）, *Naturalness and Iconicity in Language.* Amsterdam: Benjamins, 47 – 72.

Sonesson, G. （2008a）. Beyond Methods and Models: Semiotics as a Distinctive Discipline and an Intellectual Tradition. In *Signs—International Journal of Semiotics*, 277 – 319. Electronic publication: http: //vip. iva. dk/sis/index. php? journal = signs&page = article&op = view&path% 5B% 5D = 17&path%5B% 5D = 51.

Sonesson, G. （2009a）. New considerations on the proper study of man — and, marginally, some other animals. *Cognitive Semiotics*, 4 （Spring）, 134 – 169.

Sonesson, G. （2009b）. The view from Husserl's lectern: Considerations on the role of phenomenology in cognitive semiotics. *Cybernetics and Human Knowing*, 16 （3 – 4）, 107 – 148.

Sonesson, G. （2010）. Semiosis and the elusive final interpretant of understanding. *Semiotica*, 179 – 1/4, 145 – 258.

Sonesson, G. （2012a）. The Foundation of Cognitive Semiotics in the Phenomenology of Signs and Meanings. *Intellectica* 58 （2）: 207 – 239.

Sonesson, G. （2012a）. Between homeworld and alienworld: A primer of cultural semiotics. In *Sign culture. – Zeichen: Kultur Festschrift for RolandPosner.* E. W. B. Hess – Lüttich （Ed.）, 315 – 328. Würzburg: Königshausen & Neumann.

Sonesson, G. （2012b）. The Meanings of Structuralism: Considerations on Structures and Gestalten, with Particular Attention to the Masks of Lévi – Strauss. *Segnie Comprensione* 26 （78）: 84 – 101.

Sonesson, G. （2012b）. The Meanings of Structuralism: Considerations on Structures and Gestalten, with Particular Attention to the Masks of Lévi – Strauss. *Segnie comprensione*, 26 （78）, 84 – 101.

Sonesson, G. (2012c) . Semiotics Inside – Outand/or Outside – In: How to Understand Everything and (with Luck) Influence People. *Signata*, 2, 315 – 348.

Sonesson, G. (2012d) . Semiosis beyond signs. On two or three missing links on the way to human beings. *In The Symbolic Species Evolved* (pp. 81 – 93). Springer, Dordrecht.

Sonesson, G. (2012e) . The foundation of cognitive semiotics in the phenomenology of signs and meanings. *Intellectica*, 58, 207 – 239.

Sonesson, G. (2013a) . Divagations on alterity. In *Writing, Voice, Text: Festschrift for Augusto Ponzio*. S. Petrilli (Ed.), 137 – 142. New York: Legas.

Sonesson, G. (2013b) . The natural history of branching: Approaches to the phenomenology of firstness, secondness, and thirdness. *Signs and Society*, 1 (2), 297 – 325.

Sonesson, G. (2013c) . New rules for the spaces of urbanity. *International Journal for the Semiotics of Law – Revue internationale de Sémiotique uridique*. doi: 10. 1007/s11196 – 013 – 9312 – 2.

Sonesson, G. (2013c) . The picture between mirror and mind: From phenomenology to empirical studies in pictorial semiotics. In *Origins of Pictures – Anthropological Discourses in Image Science*, Chemnitz, March 30 – April 1, 2011. K. Sachs – Hombach & J. R. J. Schirra (Eds.), 270 – 310. Köln: Halem Verlag.

Sonesson, G. (2014) . Translation and other acts of meaning: In between cognitive semiotics and semiotics of culture. *Cognitive Semiotics*, 7, 249 – 280.

Sonesson, G. (2015a) . Bats Out of the Belfry: The Nature of Metaphor, with Special Attention to Pictorial Metaphors. *Signs and Media*, 11, 74 – 104.

Sonesson, G. (2015b) . Phenomenology meets Semiotics: Two Not So Very Strange Bedfellows at the End of their CinderellaSleep. *Metodo*, 3 (1), 41 – 62. Forthcoming. Bodies without Souls and Behaviour without Meanings: A Critique of Radical Enactionism, (in preparation) .

Sonesson, G., & Zlatev, J. (2008) . Conclusions of the SEDSU project. In Sinha, C., Sonesson, G., & Zlatev, J. (Eds.), *Signing up to the Hu-*

man. （In preparation）.

Sonesson, Göran, （2012c）. Semiosis beyond Signs: On Two or Three Missing Links on the Way to Human Beings. *In The Symbolic Species Evolved*, ed. T. Schilhab, S. Stjernfelt, and T. Deacon, 81 – 96. Dordrecht: Springer.

Sonesson, Goran, （2014a）. Translation as a double act of communication. A perspective from the semiotics of culture. In: Wang, Yongxiang, & JI, Haihong（Eds. ）*Our World: a Kaleidoscopic Semiotic Network. Acts of the* 11th *World Congress of Semiotics of IASS in Nanjing*, October5 – 9, 2012, *Vol.* 3, 83 – 101. Nanjing: Hohai University Press.

Sonesson, Goran, （2015a）. Bats out of the belfry: The nature of metaphor, with special attention to pictorial metaphors. *Signs and Media* 11, 74 – 104.

Sonesson, Goran, To appear New Reflections on the Problem （s） of Relevance. In: Nasu, Hisashi, & Strasheim, Jan, （Eds. ）, *Relevance and Irrelevance: Theories, Factors and Challenges.* Berlin: de Gruyter.

Spiegelberg, H. （1956）. Husserl's and Peirce's phenomenologies: coincidence or interaction. *Philosophy and Phenomenological Research*, 17, 164 – 185.

Spiegelberg, H. （1960）. *The Phenomenological Movement: An Historical Introduction.* The Hague: Nijhoff.

Stein, E. （1917）. *Zum Problem der Einfühlung.* Halle: Buchdruckerei des Waisenhauses.

Steinbock, A. J. （1995）. *Home and Beyond: Generative Phenomenology after Husserl.* Evanston, IL: Northwestern University Press. 324. Signs and Society.

Sterelny, K., & Griffiths, P. E. （1999）. *Sex and Death: An introduction to philosophy of biology.* Chicago, IL: University of Chicago Press.

Stjernfelt, F. （2000）. Mereology and Semiotics, in *Sign Systems Studies*, vol. 28, Tartu, 73 – 98.

Stjernfelt, F. （2007）. *Diagrammatology: An investigation on the borderline of phenomenology, ontology, and semiotics.* Dordrecht: Springer.

Stueber, K. （2006）. *Rediscovering Empathy: Agency, folk psychology, and the human sciences.* Cambridge, MA: MIT Press.

Stueber, K. (2013). Empathy. In *Stanford Encyclopedia of Philosophy*. Retrieved from http://plato. stanford. edu/entries/empathy/. Last consulted on February 26, 2015.

Suchman, L. A. (1987). *Plans and Situated Actions: The problem of human – machine communication.* Cambridge: Cambridge University Press.

Tarde, G. (1910). *L'opinion et la foule.* Paris: Alcan.

Tesnière, L. (1954c). *Éléments de syntaxe structural.* Paris: Klincksieck, 1959.

Thompson, E. (2007). *Mind in Life: Biology, phenomenology, and the sciences of mind.* Cambridge, MA: Belknap (Harvard University Press).

Thompson, E. (2007). *Mind in Life: Biology, phenomenology, and the sciences of mind.* Cambridge, MA: Belknap Press. (New edition 2010).

Thornhill, R., & Grammar, K. (1999). The Body and Face of Woman: One Ornament that Signals Quality? In *Evolution and Human Behavior*, 20 (2), 1999, 105 – 120.

Thurlemann, Felix, (1900). *Vom Bild zum Raum. Beitrage zu einer semiotischen Kunstwissenschaft.* Köln: DuMont.

Todorov, T. (1982). *La Conquêtedel' Amérique. Laquestiondel'autre.* Paris. Seuil, (1989).

Todorov, T. (1995). *La vie commune: Essai d'anthropologie générale.* Paris: Seuil.

Tomasello, M. (1999). *The Cultural Origins of Human Cognition.* Cambridge, MA: Harvard University Press.

Tomasello, M. (2008). *Origins of Human Communication.* Cambridge, MA: MIT Press.

Tomasello, M. (2009). *Why We Cooperate.* Cambridge, MA: MIT Press.

Tomasello, M. (2014). *A Natural History of Human Thinking.* Cambridge, MA: Harvard University Press.

Tomasello, Michael. (1999). *The Cultural Origins of Human Cognition.*

Cambridge: Harvard University Press.

Torop, P. (2003) . Semiotica de traduccion, traduccion de la semiotica. *Entretextos: Revista Electrónica Semestral de Estudios Semióticos de la Cultura* 1, http: //www. ugr. es/ ~ mcaceres/entretextos/pdf/entre1/torop1. pdf (Accessed August 20, 2014) .

Toulemont, R. (1962) . *L'essence de la société selon Husserl.* Diss.

Trevarthen, C., & Logotheti, K. (1989) Child and culture: Genesis of co – operative knowing, in *Cognition and Social Worlds.* Gellatly, A., Rogers, D., & Sloboda, J. (Eds.), 37 – 56. Oxford: Clarendon Press.

Tversky, A. (1977) . Features of Similarity. *Psychological Review*, 84 (4), 327 – 352. https: //doi. org/10. 1037/0033 – 295X. 84. 4. 327.

Uexküll, J. V. (1928) [1973] . *Theoretische Biologie.* Frankfurt/M. : Suhrkamp.

Uexküll, J. V. (1956) . *Streifzüge durch die Umwelten von Tieren und Menschen — Bedeutungslehre.* Hamburg: Rowohlt.

Umiker – Sebeok, J., & Th. A. Sebeok, (1981) . Clever Hans and Smart Simians: The Self – Fulfilling Prophecy and Kindred Methodological Pitfalls. *Anthropos* 76: 89 – 165.

Vaillant, Pasca, l. (1997) . Interaction entre modalités sémiotiques. De l' icône à la langue. Thèse de doctorat. Paris: Université Paris – Sud (Orsay) .

Varela, F. J., Thompson, E., & Rosch, E. (1991) . *The Embodied Mind: Cognitive science and human experience.* Cambridge, MA: MIT Press.

Verene, D. P. (2001) . Introduction: The Development of Cassirer's Philosophy. In *Cassirer's Metaphysics of Symbolic Forms: A Philosophical Commentary*, by Thora IlinBayer, New Haven and London: Yale University Press, 1 – 37.

Vico, G. (1725) . *Principi di una scienza nuova intorno alla natura delle nazioni, Neapel.* (3 ed., 1744); Transl. T. G. Bergin & M. H. Fisch, *The New Science.* Ithaca, NY: Cornell University Press, 1968; New ed. (2008), *La scienza nuova.* Milano: Biblioteca Universale Rizzol.

Vico, G. (2004) . *Opere di Giambattista Vico.* 8, *La scienza nuova* 1730. Bologna: Il Mulino.

Von, W., & Georg, H. (1971) . *Explanation and Understanding.* Ithaca, NY: Cornell University Press.

Vygotsky, L. (1962) . *Thought and language.* Cambridge, MA: The MIT Press.

Wallman, J. (1992) . *Aping Language.* Cambridge: Cambridge University Press.

Welton, D. (2000) . *The Other Husserl: The horizons of transcendental phenomenology.* Bloomington, IN: Indiana University Press.

Wiley, N. (2006) . Pragmatismand the Dialogical Self. *International Journal for Dialogical Science*, 1, 5 – 21.

Wilson, D. S. (1997) . Altruism and organism: Disentangling the themes of multilevel selection theory. In Multilevel selection. A symposium organized by David Sloan Wilson. *American Naturalist*, 150, Supplement, 122 – 134.

Wilson, E. O. (2002) . *On Human Nature: With a new preface.* Cambridge, MA: Harvard University Press.

Wilson, R. A., & Keil, F. C. (Eds.) (1999) . *The MIT Encyclopedia of the Cognitive Sciences.* Cambridge, MA: MIT Press.

Wollheim, Richard. (1980) . *Art and Its Objects.* Cambridge: Cambridge University Press.

Yates, F. (1964) . *Giordano Bruno and the Hermetic tradition.* London: Routledge & K. Paul.

Yates, F. (1966) . *The Art of Memory.* London: Routledge & K. Paul.

Zahavi, D. (2003) . *Husserl's Phenomenology.* Stanford, CA: Stanford University Press.

Zahavi, D. (2014) . *Self and Other: Exploring subjectivity, empathy, and shame.* Oxford: Oxford University Press.

Zlatev, J. (2003) . Meaning = Life (+ Culture) . An outline of a unified biocultural theory of meaning. *Evolution of Communication*, 4 (2) , 253 – 296.

Zlatev, J. (2005) . What's in a schema? Bodily mimesis and the grounding of language. In B. Hampe (Ed.), *Fromperception to Meaning: Image schemas in cognitive linguistics* (pp. 323 – 342) . Berlin: Mouton de Gruyter.

Zlatev, J. (2007) . Embodiment, language and mimesis. In T. Ziemke, J. Zlatev, & R. Frank (Eds.), *Body, Language and Mind: Vol. 1. Embodiment* (pp. 297 –338) . Berlin: Mouton de Gruyter.

Zlatev, J. (2008) . The co – evolution of intersubjectivity and bodily mimesis. In J. Zlatev, T. Racine, C. Sinha, & E. Itkonen (Eds.), *The Shared Mind: Perspectives on intersubjectivity* (pp. 215 – 244) . Amsterdam: John BenjaminsPublishing Company.

Zlatev, J. (2008b) . From proto – minesis to language: Evidence from primatology and social neuroscience. *Journal of Physiology*, Paris.

Zlatev, J. (2009a) . Levels of Meaning Embodiment and Communication. *Cybernetics and Human Knowing* 163 (4): 149 – 174.

Zlatev, J. (2009b) . The semiotic hierarchy: Life, consciousness, signs and language. *Cognitive Semiotics*, 4, 169 – 200.

Zlatev, J., & SEDSU – Project. (2006) . Stages in the Evolution and Development of Sign Use (SEDSU) . In, *The Evolution of Language: Proceedings of the 6th International Conference (EVOLANG6)* . A. Cangelosi, A. D. Smith, & K. Smith (eds.), 379 – 388. New Jersey: World Scientific.

图书在版编目（CIP）数据

认知符号学：自然、文化与意义的现象学路径／
（瑞典）约伦·索内松著；胡易容等译 . --北京：社会
科学文献出版社，2019. 10（2024. 8 重印）
（传播符号学书系）
ISBN 978-7-5201-5435-2

Ⅰ.①认…　Ⅱ.①约…②胡…　Ⅲ.①符号学　Ⅳ.
①H0

中国版本图书馆 CIP 数据核字（2019）第 185425 号

·传播符号学书系·

认知符号学：自然、文化与意义的现象学路径

著　　者／〔瑞典〕约伦·索内松（Göran Sonesson）
译　　者／胡易容　梅　林　董明来　等

出 版 人／冀祥德
责任编辑／张建中
责任印制／王京美

出　　版／社会科学文献出版社 · 马克思主义分社（010）59367126
　　　　　地址：北京市北三环中路甲 29 号院华龙大厦　邮编：100029
　　　　　网址：www. ssap. com. cn
发　　行／社会科学文献出版社（010）59367028
印　　装／唐山玺诚印务有限公司

规　　格／开　本：787mm×1092mm　1/16
　　　　　印　张：21　字　数：331 千字
版　　次／2019 年 10 月第 1 版　2024 年 8 月第 2 次印刷
书　　号／ISBN 978-7-5201-5435-2
定　　价／98. 00 元

读者服务电话：4008918866